Die begründungsabhängige Gestaltungserklärung

Europäische Hochschulschriften

Publications Universitaires Européennes
European University Studies

Reihe II
Rechtswissenschaft

Série II Series II
Droit
Law

Bd./Vol. 3722

PETER LANG
Frankfurt am Main · Berlin · Bern · Bruxelles · New York · Oxford · Wien

Attila Michael Kali

Die begründungsabhängige Gestaltungserklärung

Ein Beitrag zur Kündigung von Miet- und Arbeitsverträgen

PETER LANG
Europäischer Verlag der Wissenschaften

Bibliografische Information Der Deutschen Bibliothek
Die Deutsche Bibliothek verzeichnet diese Publikation in der Deutschen Nationalbibliografie; detaillierte bibliografische Daten sind im Internet über <http://dnb.ddb.de> abrufbar.

Zugl.: Bochum, Univ., Diss., 2003

Gedruckt auf alterungsbeständigem,
säurefreiem Papier.

D 294
ISSN 0531-7312
ISBN 3-631-51335-6

Printed in Germany 1 2 3 4 5 7

www.peterlang.de

Meinem Baby

Vorwort

Vorliegende Arbeit lag der Juristischen Fakultät der Ruhr-Universität Bochum als Dissertation vor. Ich danke ganz besonders Herrn Prof. Dr. Christoph Krampe für die Betreuung und die zügige Begutachtung der Arbeit. Danken möchte ich auch Herrn Prof. Dr. Karlheinz Muscheler für die ebenso rasche wie engagierte Zweitberichterstattung. Mein Dank gilt ferner Herrn Prof. Dr. Peter Axel Windel für die Anregung zu dem Thema.

Frau Prof. Dr. Maximiliane Kriechbaum hat mich in wiederholten Gesprächen immer wieder ermutigt und in der entscheidenden Phase zu Beginn der Arbeit nachhaltig unterstützt. Ich bedanke mich hierfür ganz herzlich. Meinem Bruder Dr. Arpad Wolfgang Kali und Martin Maties danke ich für hilfreiche Gedanken, Magdalena Frost für das Korrekturlesen. Herr Rechtsanwalt und Notar Dr. Heinz-Dieter Heescher hat mir durch die Zurverfügungstellung der technischen Hilfsmittel die Erstellung eines druckfähigen Manuskripts ermöglicht. Ich danke ihm vielmals.

Dank gebührt schließlich auch der nordrhein-westfälischen Graduiertenförderung, die das Vorhaben durch Gewährung eines Promotionsstipendiums unterstützt hat.

Ich widme dieses Buch einer ganz und gar außergewöhnlichen Frau, die ich in der Sternstunde meines Lebens traf, und deren Liebe und Freundschaft mir so bedeutsam wurden, daß ich mich ihrer mein Leben lang erinnern werde, meiner Claudi.

Gelsenkirchen, April 2003 Attila Michael Kali

Inhaltsübersicht

Inhaltsverzeichnis

§ 1 Gegenstand der Untersuchung

I. Inhalt der Gestaltungserklärung

Die vorliegende Arbeit untersucht die Frage, ob der Inhaber eines Gestaltungsrechts[1] zu dessen wirksamer Ausübung in der Gestaltungserklärung den Gestaltungsgrund angeben muß. Die Namen der drei Hauptkomponenten dieses Beitrags sind damit gefallen: Gestaltungsrecht, Gestaltungsgrund und Gestaltungserklärung. Die Analyse der ersten beiden Elemente, insbesondere ihr Verhältnis zueinander, dient dem Ziel, den Inhalt der Gestaltungserklärung zu bestimmen. Es soll herausgearbeitet werden, ob die Grundangabe zum wesensnotwendigen Bestandteil der Erklärung zählt, damit im Zeitpunkt ihres Zugangs beim Gestaltungsgegner die Gestaltungswirkung ausgelöst wird. Es geht also nicht darum, ob und wann eine Gestaltungserklärung materiell gerechtfertigt ist und zur Rechtsänderung führt. Im Vordergrund steht auch nicht die Erforschung der theoretischen Natur des Gestaltungsrechts, sondern die bei diesem Recht anzutreffende Kombination von Recht (Gestaltungsrecht) und Rechtsgeschäft (Gestaltungserklärung)[2]. Ziel ist es, das Beziehungsgeflecht dieser beiden Rechnungseinheiten[3] zu klären, um hierdurch Rückschlüsse für den Inhalt der Gestaltungserklärung zu erlangen.

Man stößt zunächst auf die Frage, ob sich der Inhalt einer Gestaltungserklärung darin erschöpft, daß sie sich als Gestaltungserklärung darstellt, oder ob darüber hinaus auch die Angabe des Gestaltungsgrunds zum wesensnotwendigen Gehalt der Gestaltungserklärung gehört. Sind also zum Beispiel Arbeitgeber und Vermieter beziehungsweise Arbeitnehmer und Mieter verpflichtet, in ihrer Gestaltungserklärung den Gestaltungsgrund anzuführen, um das Rechtsverhältnis auflösen zu können?

Zweifelhaft ist nicht nur, ob überhaupt ein Erfordernis der Grundangabe besteht. Vielmehr ist auch zu klären, wie ausführlich die Begründung sein muß[4]. Verlangt die Begründung die Angabe der gesetzlichen Bezeichnung oder der begründenden Tatsachen[5], oder müssen gar schon die Beweismittel bezeichnet werden[6]? Fernerhin ist zu überlegen, ob es beim Vorliegen mehrerer Gestaltungsgründe genügt, in der Erklärung nur einen Grund zu nennen, den anderen aber zu verschweigen, oder ob dagegen alle dem Gestaltenden bereits bekannten Gründe anzugeben sind[7].

---

1 Zum Begriff des Gestaltungsrechts vgl. Seckel S. 12.
2 Vgl. Bötticher S. 4.
3 So Bötticher S. 4.
4 BAG AuR 1960, 90, 91; BB 1999, 1710; APS/Preis Grundlagen D Rn. 40, 44; Lent JZ 1959, 728.
5 Vgl. Lent AcP 152, 401, 406.
6 BAGE 14, 65, 68; BGHZ 27, 220, 225.
7 Vgl. Lent AcP 152, 401, 408 f.; Nikisch (2. Auflage) § 48 II 4, S. 569.

II. Verletzungsfolge

Weiterhin ist erörterungsbedürftig, welche Rechtsfolgen sich gegebenenfalls aus dem Fehlen der Grundnennung ergeben[8]. So könnte die unterlassene Begründung zur Nichtigkeit[9] der Gestaltungserklärung oder aber lediglich zu Auskunfts- und Schadensersatzansprüchen[10] des Gestaltungsgegners führen[11]. Nimmt man letzteres an, so stellt sich die Folgefrage[12], worin der Schaden des Betroffenen besteht, worauf also dessen Schadensersatzanspruch gerichtet ist[13].

III. Rechtliche Stellung der Begründung

Schließlich ist noch die Rechtsnatur der Begründung zu klären. Insoweit lassen sich zwei Erscheinungsformen unterscheiden[14]. Die Grundangabe kann einmal wesensnotwendiger Inhalt der Gestaltungserklärung sein. Dogmatisch geht es hierbei nicht darum, ein zusätzliches Tatbestandsmerkmal zur Gestaltungserklärung hinzuzufügen, sondern die Begründung als einen integrierenden, das heißt unselbständigen materiellen Bestandteil des Ausübungsaktes selbst zu begreifen[15]. Auf der anderen Seite läßt sich die Begründung auch als Formerfordernis auffassen. Dann steht sie außerhalb des eigentlichen Erklärungsaktes. Ein Formerfordernis in diesem Sinne bedeutet ein zusätzliches Attribut, das nicht zu den inhaltlichen Voraussetzungen für die Ausübung eines Rechts gehört[16]. Diese beiden Modalitäten der instrumentalen Ausgestaltung des Begründungserfordernisses sind deshalb auseinanderzuhalten, weil die genaue Klassifizierung der Begründung präjudiziell für mehrere Folgefragen ist. So sind zum Beispiel die Möglichkeiten des Nachschiebens von Gestaltungsgründen oder die Rechtsfolgen eines Verstoßes gegen die Begründungspflicht verschieden je nachdem, ob man die Grundangabe als Inhaltselement der Erklärung

---

8 Vgl. Falter S. 41 ff.; Galperin BB 1966, 1458, 1459; Grunsky JuS 1964, 97; Hungerbühler S. 72 ff.; Nikisch § 48 II 5, S. 693.

9 Vgl. Maus Handbuch VI B Nr. 71.

10 Z. B. BAG NJW 1963, 1267 ff.; Zöllner 52. DJT D, S. 142 für die Kündigung eines Arbeitsverhältnisses; Sternel IV Rn. 38 für die Kündigung eines Wohnraummietverhältnisses.

11 Über den damit angesprochenen Unterschied von nur schuldrechtlichen und unmittelbar (dinglich) wirkenden Kündigungsbeschränkungen informieren BAG AuR 1960, 93, 94; Maus Handbuch VI B Nr. 398 ff.; Molitor S. 194 ff.; Nikisch § 48 I 2, S. 687, 688; Ulmer FS Möhring, S. 295, 307 ff.; von Stebut S. 87.

12 Dazu BAG AuR 1960, 90, 91; Frey AuR 1960, 91, 92; Hungerbühler S. 75 Fußnote 1; Monjau BB 1969, 1042, 1045.

13 Im Verwaltungsrecht herrschte vor Inkrafttreten des VwVfG am 01.01.1977 eine ähnliche Kontroverse: An erster Stelle stand die Frage, ob Verwaltungsakte überhaupt einer Begründung bedürfen, zweitens die, wie bejahendenfalls die Begründung auszusehen habe und drittens schließlich das Problem, welche Rechtsfolgen der Inhalt einer vorhandenen, eine nicht vorhandene oder eine formell fehlerhafte Begründung haben. Vgl. dazu Schick JuS 1971, 1. Verwaltungsakte unterlagen nur aufgrund allerdings recht zahlreicher Einzelvorschriften einer gesetzlichen Begründungspflicht, bis schließlich in § 39 I VwVfG die generelle Pflicht zur Begründung von Verwaltungsakten statuiert wurde, vgl. Scheffler DÖV 1977, 767, 768.

14 Vgl. Falter S. 14.

15 Vgl. Sternel IV Rn. 363, 469.

16 Vgl. Falter S. 15.

oder als Formerfordernis auffaßt[17]. Die in der Rechtsprechung häufig anzutreffende Verquickung von Inhalt und Form kann von daher nicht überzeugen[18].

IV. Vergleich zum Verfahrensrecht

1. Anführungslast

Zur Verdeutlichung der Problematik ist ein Blick auf die verfahrensrechtliche Situation zu werfen. Weist der Gestaltungsgegner die Gestaltungserklärung zurück und kommt es sonach zum Prozeß, muß derjenige, der sich auf sein Gestaltungsrecht beruft, die Tatsachen, die es begründen[19], darlegen[20]. Wenn also aus dem Rechts- ein Gerichtsfall wird, trifft den Berechtigten die Pflicht, dem anderen die Gestaltungsgründe mitzuteilen[21]. Es fragt sich nun, ob ein vergleichbarer Begründungszwang dem Gestaltenden auch schon außergerichtlich, die Klagebegründung gleichsam vorwegnehmend[22], auferlegt werden kann[23], oder ob vielmehr eine klare Trennung zwischen der materiellen Ebene der Gestaltung und der formellen Ebene eines Streits über diese Gestaltung zu ziehen ist[24].

2. Beweislast

Von dieser Anführungslast ist die Beweislast zu unterscheiden. Eine Beweispflicht trifft im materiellen Privatrecht denjenigen, der von einem Rechte Gebrauch machen will, im allgemeinen nicht[25]. Es wird gemeinhin als selbstverständlich angenommen, daß das materielle Recht an die tatsächlichen Zustände und Ereignisse seine Gebote, Verbote und Gewährungen knüpft, ohne auf den Beweis zu achten[26]. Dieses

---

17 Dazu unten bei Fußnote 953.

18 Vgl. die Nachweise bei Falter S. 14 Fußnote 1.

19 Damit sind die grundabhängigen Gestaltungsrechte gemeint. Zu diesem Begriff und der insoweit anders verteilten Darlegungs- und Beweislast bei den grundunabhängigen Gestaltungsrechten unten bei Fußnote 85, 155, 179.

20 APS/Preis Grundlagen D Rn. 40; Larenz/Wolf AT § 15 Rn. 91; MK/Schwerdtner vor § 620 BGB Rn. 143; Preis S. 116; Schaub § 125 Rn. 52; Soergel/Heintzmann § 564 b BGB a. F. Rn. 97; Spinti AR-Blattei D Kündigungsschutz III/C; von Stebut S. 39; Winterstein S. 89; Stahlhak-ke/Preis/Vossen Rn. 461; Zöllner 52. DJT D, S. 142. Dies beruht auf der Rosenbergschen Normentheorie, wonach die Partei, die sich auf die für sie günstige Norm beruft, die tatsächlichen Voraussetzungen darlegen und beweisen muß (Rosenberg Beweislast § 9 II 1, S. 98, 99). Für den Kündigungsschutzprozeß ist die Beweislastverteilung klarstellend in § 1 II 4 KSchG geregelt. Ausführlich dazu Becker-Schaffner BB 1992, 557 ff.; Urban S. 231 ff.

21 APS/Preis Grundlagen D Rn. 40; Hungerbühler S. 89; MK/Schwerdtner vor § 620 BGB Rn. 143; Preis S. 116; Reuss AuR 1960, 1, 3; Spinti AR-Blattei D Kündigungsschutz III/C; von Stebut S. 39; Waechter DB 1962, 571, 572; Winterstein S. 89; Zöllner 52. DJT D, S. 142.

22 Vgl. Bub/Treier/Grapentin IV Rn. 20.

23 Vgl. Waechter DB 1962, 571, 572.

24 So dezidiert BAGE 7, 304, 309. Nach dieser Auffassung wird einer Separierung von materiellem Recht und Prozeßrecht das Wort geredet, vgl. Becker AcP 188, 24, 64.

25 Kipp FS Martitz, S. 211, 218; Pohle FS Dölle II, S. 317, 330.

26 Pohle FS Dölle II, S. 317, 330; Stein/Jonas/Leipold § 286 ZPO Rn. 54.

Dogma[27] beruht im wesentlichen auf der Überlegung, daß die Rechtssicherheit in einem für einen Rechtsstaat schwerlich tragbaren Grad erschüttert wäre, wenn schon die außerforensische Beweislosigkeit zu Rechtsfolgen führen würde[28]. Denn die entscheidende Vorfrage für das Problem der Beweislosigkeit im materiellen Recht, nämlich die, wem gegenüber, wie und wann der außergerichtliche Beweis einer Tatsache zu führen ist, kann nicht endgültig und befriedigend gelöst werden[29]. Von daher braucht etwa der Notwehrausübende keinen Beweis für das Recht, in dessen Ausübung er sich des rechtswidrigen Angriffs erwehren will[30]. Anders kann die Rechtslage dann sein, wenn der Gegner schuldlos das Recht nicht kennt. Hier muß der Berechtigte dem Betroffenen Nachweise beibringen, wenn ihm daran gelegen ist, ihn in Verschulden zu versetzen, weil dieser zum Beispiel nur so in Verzug gerät (§ 286 IV BGB) oder der verschärften Haftung unterliegt (§ 990 BGB)[31]. Nur ausnahmsweise macht das bürgerliche Recht über diese allgemeinen Grundsätze hinaus die Geltendmachung von Rechten oder die Erhaltung von Rechtspositionen von bestimmten, dem Gegner zu erbringenden Nachweisungen abhängig (§§ 111 S. 2, 174 S. 1, 179 I, 1160 BGB)[32].

Man darf daher feststellen, daß den Gestaltungsberechtigten allenfalls eine vorprozessuale Begründungspflicht treffen kann. Beweisen muß er die behaupteten Gestaltungsgründe dagegen erst im Prozeß[33].

V. Forschungsstand

Die hier allgemein aufgeworfene Thematik findet ihren akademischen Diskussionsschwerpunkt im Rahmen des Anfechtungsrechts gemäß §§ 119 ff. BGB[34]. Demgegenüber steht in der Praxis die Kündigung eines Arbeitsverhältnisses im Vordergrund des Interesses[35]. Dabei ist das Bestreben, bei Kündigungen des Arbeitsvertrages im vorprozessualen Stadium eine Bekanntgabe der die Kündigung rechtfertigenden Gründe zu fordern, jedoch weniger aus dogmatischen Überlegungen entstanden, als von praktischen Bedürfnissen geleitet[36]. Demgegenüber setzt diese Untersuchung den Schwerpunkt auf eine eher theoretisch begründete Herleitung des Begründungszwangs. Anfechtungs- und Kündigungsrecht nehmen insofern eine wissenschaftliche Sonderstellung ein, als für die übrigen Gestaltungsrechte die Begründungspflicht kaum erörtert wird. Umso wichtiger erscheint es deshalb darauf hinzuweisen, daß das Anfechtungs- und Kündigungsrecht nur einen Ausschnitt aus

---

27 Zur Bedeutung dieses Begriffs und seiner Konnotation vgl. Röhl § 19 II, S. 141.
28 Vgl. Pohle FS Dölle II, S. 317, 329.
29 Dazu Pohle FS Dölle II, S. 317, 329, 330.
30 Kipp FS Martitz, S. 211, 218.
31 Vgl. Kipp FS Martitz, S. 211, 218.
32 Kipp FS Martitz, S. 211, 218; Pohle FS Dölle II, S. 317, 328.
33 Kipp FS Martitz, S. 211, 219; Pohle FS Dölle II, S. 317, 330; Stein/Jonas/Leipold § 286 ZPO Rn. 54.
34 Becker AcP 188, 24, 25 Fußnote 2, 42.
35 Vgl. Grunsky JuS 1964, 97; Sternel FS Seuss, S. 281 Fußnote 1.
36 Vgl. Falter S. 2.

der allgemeineren und übergeordneten Frage nach der Bedeutung einer Begründung für die Ausübung von Gestaltungsrechten darstellen[37]. Den bisherigen Untersuchungen fehlt häufig diese Einbettung der Grundangabe in den übergeordneten Rechtszusammenhang. Ihnen ist deshalb auch die Schwäche gemeinsam, daß sie sich auf eine mehr oder weniger punktuelle Erörterung von Einzelproblemen beschränken und so verwandte Fragestellungen und übergreifende Zusammenhänge nicht hinreichend berücksichtigen. Hier wird deshalb zunächst auf höherer Abstraktionsebene der Inhalt der Gestaltungserklärung als solcher erforscht. Deduktiv sind anschließend die allgemeinen Grundsätze auf die Kündigungserklärung zu übertragen.

---

37 Falter S. 4; Medicus AT Rn. 724; Söllner AR-Blattei D Kündigung II/C V; Sternel FS Seuss, S. 281.

1. Kapitel

Gestaltungsrecht und Gestaltungsgrund

Bevor die Frage nach dem Inhalt der Gestaltungserklärung sinnvoll untersucht werden kann, sind zunächst die theoretischen Grundlagen des Gestaltungsrechts zu erläutern. Die Charakteristika des Gestaltungsrechts und insbesondere die Abgrenzung zum materiellrechtlichen Anspruchsbegriff sind wegweisend für das Generalthema.

§ 2 Begriff und Wesen des Gestaltungsrechts

I. Begriff

Gängig werden Gestaltungsrechte definiert als subjektive Rechte[38], die die Besonderheit aufweisen, daß der Berechtigte durch einseitigen Gestaltungsakt eine Veränderung der bestehenden Rechtslage herbeiführen kann[39]. Die einseitige Ausübung von Gestaltungsrechten kann entweder durch Rechtsgeschäft und zwar meistens durch Willenserklärung (zum Beispiel Kündigung) oder durch eine sonstige Rechtshandlung (zum Beispiel Aneignung) erfolgen[40]. Wenn jedoch das Bedürfnis nach einer eindeutigen, nach Außen für Dritte erkennbaren Regelung besteht[41], ist zur Wirksamkeit prozessuales Handeln, insbesondere die Erhebung einer Klage oder die Stellung eines Antrags, erforderlich[42]. Die Rechtsgestaltung tritt in diesen Fällen erst durch rechtskräftiges Urteil ein (zum Beispiel Aufhebung und Scheidung der Ehe nach §§ 1313, 1564 BGB)[43]. Jene außergerichtlich geltend zu machenden Gestaltungsrechte werden zuweilen - als Gestaltungsrechte im engeren Sinn - diesen Gestaltungsklagerechten gegenübergestellt[44], um die Beschränkung der Rechtsausübung zu verdeutlichen, der der Gestaltungsberechtigte durch das Erfordernis der Klageerhebung respektive Antragstellung unterliegt[45]. Zum Teil wird aber

---

38 Nach heute herrschender Ansicht bilden die Gestaltungsrechte neben Herrschafts- und Forderungsrechten die dritte Gruppe der subjektiven Rechte, vgl. Bydlinski S. 11; Steinbeck S. 18 ff.

39 Becker AcP 188, 24, 25; Bötticher S. 1; Brox AT Rn. 580; Bucher S. 92; Bydlinski S. 5; Enneccerus/Nipperdey AT I 1 § 73 I 3, S. 441; Grimm S. 14; Larenz/Wolf AT § 15 Rn. 78; Leverenz Jura 1996, 1; Medicus AT Rn. 79; Pawlowski AT Rn. 322; Preis S. 109; Söllner S. 26; Steinbeck S. 20.

40 Brox AT Rn. 580; Bydlinski S. 7; von Tuhr AT I § 7 III, S. 161, 162.

41 Vgl. Dölle FS Bötticher, S. 93, 95; Steinbeck S. 23.

42 Bucher S. 96.

43 Bydlinski S. 7; von Tuhr AT I § 7 III, S. 161, 162.

44 Vgl. Becker AcP 188, 24, 30; Bötticher FS Dölle, S. 41, 54; Brox AT Rn. 581; Dölle FS Bötticher, S. 93; Larenz/Wolf AT § 15 Rn. 94; Leverenz Jura 1996, 1, 5; Medicus AT Rn. 84; Schlosser § 3 I, S. 29 ff. - Bucher S. 97 nennt die Gestaltungsklagerechte „judizielle Gestaltungsrechte".

45 Grimm S. 106.

auch bestritten, daß den Gestaltungsklagen ein privatrechtliches Recht auf Rechtsänderung, also ein Gestaltungsrecht, zugrunde liegt[46].

II. Wesen

Neben den Figuren des Anspruchs und Gestaltungsklagerechts stellt das Gestaltungsrecht die dritte Grundform zur Gestaltung von Rechtsverhältnissen dar[47]. Das Wesen dieses subjektiven Rechts besteht in der Hauptsache in dem Nichtangewiesensein des Gestaltungsberechtigten auf die Mitwirkung des Gestaltungsgegners[48]. Das Gestaltungsrecht steht damit in diametralem Gegensatz zu der Hauptgruppe der subjektiven Rechte, dem Anspruch gemäß § 194 BGB[49]. Der Unterschied[50] zwischen den Ansprüchen einerseits und den Gestaltungsrechten andererseits zeigt sich deutlich in der Wirkungsweise ihrer Ausübung[51]. Beim Anspruch kann der Rechtsinhaber sein Recht nicht ohne Hilfe des Schuldners realisieren[52]. Die bloße Geltendmachung eines Anspruchs, die Anspruchserhebung[53], greift nicht unmittelbar in die Rechtsstellung des Verpflichteten ein[54]. Sie hat allein zur Folge, daß eine bereits bestehende Verhaltenspflicht des Schuldners aktualisiert[55] und individualisiert[56] wird. Dieser mag zwar verpflichtet sein, die geforderte Leistung zu erbringen. Dies ändert jedoch nichts daran, daß es letztlich seiner freien Entscheidung unterliegt, dieser Pflicht nachzukommen oder nicht[57]. Erst wenn der Verpflichtete seinen Willen betätigt (beispielsweise die Forderung erfüllt), ändert sich die Rechtslage (erlischt die Forderung, § 362 BGB)[58]. Im Falle der Nichtleistung des Schuldners ist der Gläubiger auf die Einschaltung des staatlichen Vollstreckungsapparates zur Befriedigung seines Anspruchs angewiesen[59]. Anderes gilt für den Inhaber eines Gestaltungsrechts, der den angestrebten Erfolg von sich aus herbeiführen kann[60]. Durch Ausübung des

46 Vgl. Arens S. 30; Dölle FS Bötticher, S. 93 ff.; Hungerbühler S. 49; MK/Wolf § 1564 BGB Rn. 25; Roth S. 137; Stein/Jonas/Schumann vor § 253 ZPO Rn. 44; Stein/Jonas/Schlosser § 611 ZPO Rn. 1 und unten bei Fußnote 532.

47 Becker AcP 188, 24, 25.

48 Bötticher FS Dölle, S. 41, 43; Bydlinski S. 6.

49 Zwischen dem Gestaltungsrecht und dem Anspruch steht das bereits angesprochene Gestaltungsklagerecht. Mit jenem hat es gemein, daß dem Berechtigten aufgrund seines Rechts auch ohne Mitwirkung des Betroffenen zu der Gestaltung verholfen wird; mit diesem, daß der Berechtigte eines Urteils bedarf, um die Gestaltung zu erreichen. Vgl. Bötticher FS Dölle, S. 41, 54.

50 Vgl. Becker AcP 188, 24, 28; Steinbeck S. 21.

51 Grunsky JuS 1964, 97, 100; Steinbeck S. 21.

52 Grunsky JuS 1964, 97, 100.

53 Vgl. Bucher S. 67.

54 Steinbeck S. 21.

55 Bucher S. 91; Steinbeck S. 21.

56 Grunsky JuS 1964, 97, 100.

57 Grunsky JuS 1964, 97, 100.

58 Steinbeck S. 21.

59 Becker AcP 188, 24, 28.

60 Vgl. Grunsky JuS 1964, 97, 100.

Gestaltungsrechts kann der Berechtigte einseitig und allein[61] in den Bestand potentieller Pflichten[62] einer anderen Person eingreifen[63]. Auch ohne dessen (bei den Gestaltungsrechten im engeren Sinn sogar ohne gerichtliche) Mitwirkung wird seine Rechtsstellung verändert[64]. Durch diese unilaterale Herbeiführung der Wirksamkeit besitzt das Gestaltungsrecht als sogenanntes Selbsthilferecht[65] zugleich eine vollstreckungs- und prozeßrechtliche Dimension: Rechtsausübung und Vollstreckung erfolgen uno actu[66]. Diese Machtstellung des Gestaltungsberechtigten bedeutet letztlich ein Abgehen von dem schuldrechtlichen Mitwirkungs- und Vertragsprinzip nach § 311 I BGB[67], wonach sich Rechtsverhältnisse zwischen Rechtssubjekten nur mit wechselseitigem Einverständnis ändern können[68].

§ 3 Arten der Gestaltungsrechte

Um die zahlreichen verschiedenartigen Gestaltungsrechte besser erfassen zu können, werden sie nach vielfältigen Kriterien unterteilt[69]. Die folgende Auffächerung erfolgt mit dem Ziel einer ersten Filterung. Es soll damit verdeutlicht werden, welche Einteilungskriterien für die vorliegende Untersuchung beachtlich sind. Auf Klassifizierungen, die sich schon vorweg als dafür unergiebig erweisen, wird nicht eingegangen. Zu der für diese Arbeit richtungweisenden Systematisierung gehört hiernach die Gliederung nach der Wirkung und der Entstehung der Gestaltungsrechte. Endlich sind noch die Gestaltungsgegenrechte gesondert anzuführen.

---

61 Es bleibt den Parteien freilich unbenommen, die Gestaltungswirkung auch durch eine Willensübereinkunft (zum Beispiel durch Aufrechnungsvertrag) herbeizuführen. Vgl. Leverenz Jura 1996, 1, 2; von Tuhr AT II 1 § 53 I, S. 206.

62 Die Gestaltungsrechte setzen voraus, daß Forderungs- oder Herrschaftsrechte bestehen, die dann durch einseitige Erklärung des Gestaltungsberechtigten verändert werden. Sie sind insofern sekundäre Rechte. Vgl. Pawlowski AT Rn. 325; Seckel S. 14; Zitelmann IPR II III, S. 32.

63 Medicus AT Rn. 89; Steinbeck S. 21.

64 Steinbeck S. 21.

65 Becker AcP 188, 24, 25; Preis S. 109; Steinbeck S. 22.

66 Becker AcP 188, 24, 26; Steinbeck S. 22.

67 von Tuhr AT II 1 § 53 I, S. 203 bezeichnet es als ein auf der Idee der Rechtsgleichheit beruhendes und der deutschen Rechtsordnung zugrunde liegendes Axiom, daß Rechtsverschiebungen normalerweise durch den übereinstimmenden Willen der Beteiligten erfolgen. Vgl. auch § 105 S. 1 GewO, geändert durch das 3. Gesetz zur Änderung der GewO und sonstiger gewerberechtlicher Vorschriften (Bundestagsdrucksache 14/8796).

68 Bötticher FS Dölle, S. 41, 43, 45; Falter S. 4; Grimm S. 15; Knütel NJW 1970, 121, 123; Larenz/Wolf AT § 15 Rn. 78 Fußnote 54; Leverenz Jura 1996, 1, 5; Medicus AT Rn. 81; Preis S. 110; Steinbeck S. 22.

69 Bucher S. 94; Grimm S. 14; Medicus AT Rn. 82.

I. Wirkung

Je nach Umgestaltung der Rechtslage unterscheidet man rechtsvernichtende, rechtserzeugende und rechtsändernde Gestaltungsrechte[70]. Die praktisch wichtigste Gruppe stellen die rechtsaufhebenden Gestaltungsrechte dar[71]. Zu diesen durch ihre Gestaltungswirkung stets auch die Rechtsstellung Dritter[72] (der Gestaltungsgegner) berührenden Vernichtungsrechten[73] zählen Anfechtung, Rücktritt, Widerruf einer Schenkung, Kündigung des Dienst-, Miet- und Gesellschaftsverhältnisses, Gesellschafter- und Vereinsausschluß[74].

II. Entstehung

Wenn jemand imstande sein soll, durch seinen alleinigen Willen eine Rechtsänderung herbeizuführen, so bedarf er dazu einer besonderen Rechtsmacht[75]. Diese Rechtsmacht ergibt sich entweder unmittelbar aus dem Gesetz oder kann vertraglich begründet werden (zum Beispiel Optionsrecht, vereinbarte Kündigungsmöglichkeit)[76].

1. Grundabhängige Gestaltungsrechte

Die aus rechtsverleihendem Rechtssatz oder Rechtsverhältnis abgeleitete subjektive Gestaltungsbefugnis kann die Ausübung des Rechts entweder an das Vorliegen bestimmter Voraussetzungen knüpfen oder in das Belieben des Rechtsinhabers stellen[77]. Diese besonderen Voraussetzungen tatsächlicher Art[78], die für das Entstehen und Fortbestehen[79] der meisten rechtsaufhebenden Gestaltungsrechte Voraussetzung sind, stellen den Gestaltungsgrund dar[80]. So bedarf die außerordentliche Kündigung eines Miet- und Arbeitsverhältnisses durch Vermieter und Arbeitgeber eines wichtigen Grundes (§§ 543, 569, 626 BGB), die ordentliche Kündigung des Mietverhältnisses über Wohnraum eines berechtigten Interesses des Vermieters (§ 573 BGB), die ordentliche Kündigung eines Arbeitsverhältnisses durch

---

70 Brox AT Rn. 580; Bucher S. 94; Bydlinski S. 8; Grimm S. 14; Hungerbühler S. 26; Seckel S. 14, 15; Steinbeck S. 20; von Tuhr AT I § 7 III, S. 161 ff.

71 Flume AT II § 11 3, S. 136, 137; Grimm S. 40; Hungerbühler S. 26; Larenz/Wolf AT § 15 Rn. 85.

72 Vgl. Flume AT II § 11 3, S. 137.

73 So Seckel S. 15.

74 Hungerbühler S. 25, 26.

75 Galperin BB 1966, 1458 für die Kündigung des Arbeitsverhältnisses; Hungerbühler S. 32; von Tuhr AT II 1 § 53 I, S. 203, 204.

76 Bötticher S. 9; Bydlinski S. 7; Larenz SBT II 1 § 52 III c, S. 334; Leverenz Jura 1996, 1, 5; Medicus AT Rn. 81; Preis S. 109, 110; von Tuhr AT II 1 § 53 I, S. 203, 204.

77 Vgl. Grimm S. 35; MK/K. Schmidt § 767 ZPO Rn. 82.

78 So Lent AcP 152, 401, 404.

79 Zum nachträglichen Wegfall von Gestaltungsgründen vgl. Grimm S. 13 ff.; speziell für Kündigungsgründe Molitor S. 276 ff.

80 Becker AcP 188, 24; Grimm S. 34; Larenz/Wolf AT § 15 Rn. 96; Leverenz Jura 1996, 1, 6.

den Arbeitgeber der sozialen Rechtfertigung (§ 1 KSchG)[81], und die Anfechtung einer Willenserklärung setzt das Vorliegen eines Anfechtungsgrundes (§§ 119-123 BGB) voraus[82]. Diese Art von Gestaltungsrechten, bei denen der Eintritt des Gestaltungserfolges vom Vorliegen eines Gestaltungsgrundes abhängig ist, werden im Folgenden grundabhängige[83] Gestaltungsrechte genannt[84].

2. Grundunabhängige Gestaltungsrechte

Manche Gestaltungsrechte können jedoch frei[85], willkürlich und ohne Berufung auf einen bestimmten objektiven Tatbestand ausgeübt werden[86]. Die Bewirkung des Gestaltungserfolges ist weder durch Gesetz noch durch vertragliche Vereinbarung an einen Gestaltungsgrund gebunden[87]. Das ist überwiegend bei den rechtsgeschäftlich begründeten Gestaltungsrechten der Fall, also etwa bei dem vertraglich eingeräumten Optionsrecht[88] oder dem vereinbarten Rücktrittsrecht[89]. Aber auch bei den gesetzlich gewährten Gestaltungsrechten ist mitunter ein Gestaltungsgrund entbehrlich. Hierzu zählen die meisten Formen der ordentlichen[90] Kündigung von Dauerschuldverhältnissen[91], also zum Beispiel die arbeitsrechtliche Arbeitgeberkündigung in den vom Kündigungsschutzgesetz nicht erfaßten Fällen (§§ 14, 23 KSchG)[92], die Kündigung durch den Arbeitnehmer[93], die Kündigung eines Werkvertrages durch den Besteller (§ 649 BGB)[94] oder die Kündigung eines

---

81 Zur rechtlichen Konstruktion der Kündigung nach § 1 KSchG und der damit verbundenen Problematik der Einstufung der Rechtfertigungsgründe als Gestaltungsgründe vgl. Hueck/von Hoyningen-Huene § 1 KSchG Rn. 123 ff.; Hungerbühler S. 226 ff. und unten bei Fußnote 1247.

82 Vgl. Grimm S. 34.

83 Die Formulierung stammt von Hungerbühler S. 24, 25.

84 Falter S. 6 und Knütel NJW 1970, 121, 123 bezeichnen Gestaltungsrechte, die vom Bestehen eines rechtfertigenden Grundes abhängen, als kausale Gestaltungsrechte. Hierzu Hungerbühler S. 25 Fußnote 1. Vgl. auch MK/K. Schmidt § 767 ZPO Rn. 82.

85 Zu den sogenannten „freien Kündigungen" vgl. Reuss AuR 1960, 1, 4.

86 Grunsky JuS 1964, 97; Hueck/Nipperdey I § 56 VI 2, S. 552; K. Schmidt JuS 2000, 1096, 1097 ff.; Larenz SBT II 1 § 52 III c, S. 334; MK/K. Schmidt § 767 ZPO Rn. 82; Nikisch § 48 II 5, S. 693. Vgl. auch Staudinger/Peters § 649 BGB Rn. 4.

87 Becker AcP 188, 24, 35; Grimm S. 34; Hungerbühler S. 25, 32; Lent AcP 152, 401; Nikisch § 48 II 5, S. 693; Reuss AuR 1960, 1, 4.

88 Becker AcP 188, 24, 35; MK/K. Schmidt § 767 ZPO Rn. 82.

89 Grimm S. 34; Pawlowski AT Rn. 324. Der Rücktritt aufgrund eines gesetzlichen Rücktrittsrechts ist dagegen regelmäßig (Ausnahme: Rücktritt vom Reisevertrag nach § 651 i BGB) an das Vorliegen eines Rücktrittsgrundes gebunden, so etwa gemäß §§ 323, 324, 326 BGB, 13 a UWG. Vgl. Grimm S. 39.

90 Vgl. Staudinger/Neumann vor § 620 BGB Rn. 100; Sternel FS Seuss, S. 281, 282. - Dagegen ist die außerordentliche Kündigung eines Dauerschuldverhältnisses stets von einem Kündigungsgrund, dem wichtigen Grund, abhängig. Vgl. Grimm S. 37.

91 Bei der ordentlichen Kündigung wird also anders als in den Fällen der außerordentlichen Kündigung der Beendigungsfreiheit, die den Parteien von Dauerschuldverhältnissen grundsätzlich zusteht, Vorrang vor dem Interesse am Fortbestand des Verhältnisses und dem Grundsatz „pacta sunt servanda" eingeräumt. Vgl. Grimm S. 36, 37.

92 Adomeit AR-Blattei D Kündigung IX/A I 3; Reuss AuR 1960, 1, 4; Stahlhacke/Preis/Vossen Rn. 347.

93 Hungerbühler S. 32; Reuss AuR 1960, 1, 4.

94 Palandt/Sprau § 649 BGB Rn.1; Staudinger/Peters § 649 BGB Rn. 4.

Darlehens nach §§ 488 III, 608 BGB[95]. Abschließend sei noch das Ausschlagungsrecht einer Erbschaft oder eines Vermächtnisses erwähnt, das mit dem jeweiligen Anfall (§§ 1942 I, 2176 BGB) entsteht, ohne daß es des Vorliegens weiterer Tatsachen bedarf[96]. Auch das dem Verbraucher (§ 13 BGB) nach § 355 BGB eingeräumte Widerrufsrecht kann ohne weitere Voraussetzung ausgeübt werden[97].

Bei diesen grundunabhängigen[98] Gestaltungsrechten ist die Gestaltungsbefugnis dem zu gestaltenden Rechtsverhältnis immanent[99]. Die Parteien haben durch den Vertragsabschluß selbst sich wechselseitig die Autonomie eingeräumt, das Vertragsverhältnis durch einfache Erklärung zu beenden[100]. Das Gestaltungsrecht entsteht also ohne weiteres mit dem Rechtsverhältnis[101]. Ein besonderer Gestaltungsgrund ist zur Legitimation[102] der Gestaltungsmacht des Rechtsinhabers nicht erforderlich. Schranken der Rechtsausübung bilden nur die privatrechtlichen Generalklauseln (§§ 134, 138 I, 242, 826 BGB) sowie das Schikaneverbot in § 226 BGB[103].

III. Gestaltungsgegenrechte

1. Besondere Gegenrechte

Unter Gegenrechten im allgemeinen werden solche Rechte verstanden, die es dem Berechtigten ermöglichen, ein gegen ihn gerichtetes Recht eines anderen zu neutralisieren, ihm seine Wirkung oder doch einen Teil seiner Wirkung zu nehmen[104]. Hierunter fallen in erster Linie die vom Gesetz meist als Leistungsverweigerungsrechte bezeichneten Einreden[105], die sich vornehmlich gegen Ansprüche richten[106]. In einigen Fällen gibt das Gesetz aber auch dem von einem Gestaltungsrecht Betroffenen die Befugnis, diesem Recht mit einem eigenen Gestaltungsrecht zu begegnen[107]. Ebenso wie das einfache Gestaltungsrecht ist dieses entweder durch

---

95 Weitere Beispiele finden sich bei Grimm S. 36.

96 Hungerbühler S. 32; Lent AcP 152, 401.

97 Vgl. MK/K. Schmidt § 767 ZPO Rn. 82.

98 Die Formulierung stammt von Hungerbühler S. 25. Adomeit AR-Blattei D Kündigung IX/A I 3 und Galperin DB 1964, 1114 sprechen bei der einen Kündigungsgrund nicht voraussetzenden ordentlichen Kündigung von abstrakter Kündigung.

99 Galperin DB 1964, 1114; Hungerbühler S. 32.

100 Sternel FS Seuss, S. 281.

101 Hungerbühler S. 32.

102 Grimm S. 35.

103 Vgl. Becker AcP 188, 24, 25; Sternel FS Seuss, S. 281, 282.

104 Larenz/Wolf AT § 15 Rn 87.

105 Roth S. 139 bezeichnet die peremptorischen Einreden als Gestaltungsbeklagtenrechte. Dazu kritisch Krampe AcP 191, 163, 165, 166.

106 Jahr JuS 1964, 125, 127; Kipp FS Martitz, S. 211, 217; Larenz/Wolf AT § 15 Rn. 87.

107 Medicus AT Rn. 86. Bydlinski S. 122; Preis S. 348 sprechen insoweit von Gegengestaltungsrecht oder Gestaltungsgegenrecht.

einfache Willenserklärung oder durch Klage auszuüben[108]. Im letzten Fall kann man von einem Gestaltungsgegenklagerecht sprechen[109].

2. Zurückweisungs- und Widerspruchsrechte

Paradigmatisch wird das Recht, ein einseitiges (gestaltendes) Geschäft eines anderen wegen dessen mangelnder Legitimation durch unverzügliche Zurückweisung unwirksam zu machen, den Gestaltungsgegenrechten zugerechnet (Zurückweisungsrechte gemäß §§ 111 S. 2, 174 S. 1, 353 S. 1, 410 I 2, 1160 II BGB)[110]. Ebenfalls zu den Gestaltungsgegenrechten zählt das Recht, einer einseitigen Erklärung (unverzüglich) zu widersprechen[111]. Genannt seien das Recht des Aufrechnungsgegners, der Aufrechnung (§ 396 I 2 BGB)[112], und das Recht des Mieters, der Kündigung seines Wohnraummietverhältnisses zu widersprechen (§ 574 BGB)[113]. Das Widerspruchsrecht des Betriebsrats gegen eine Arbeitgeberkündigung nach § 102 III BetrVG läßt sich nicht ohne weiteres den Gestaltungsgegenrechten eingliedern. Denn nicht der Betriebsrat, sondern der Arbeitnehmer ist Betroffener der Kündigung. Ungeachtet der Divergenz zwischen Kündigungsempfänger und Widerspruchsberechtigtem weist dieses Recht aber solche Parallelen zu den übrigen Gestaltungsgegenrechten auf, die es rechtfertigen, es ebenfalls in diese Gruppe einzustufen[114].

§ 4 Bedeutung und Abgrenzung des Gestaltungsgrunds

I. Rechtserzeugender Tatbestand

Im Rahmen der grundabhängigen Gestaltungsrechte ist der Gestaltungsgrund Tatbestandselement des Gestaltungsrechts[115]. Wenn alle Tatbestandsmerkmale dieser Gestaltungsbasis gegeben sind, kann die einseitige Gestaltung der Rechtsbeziehung gerechtfertigt und damit wirksam sein[116]. Denn erst mit dem Eintritt der den Gestaltungsgrund bildenden Tatsachen entsteht für den Gestaltungsberechtigten ein

---

108 Medicus AT Rn. 86.

109 Medicus AT Rn. 86.

110 Larenz/Wolf AT § 15 Rn. 88.

111 von Tuhr AT II 1 § 53 I, S. 205 Fußnote 19.

112 von Tuhr AT II 1 § 53 I, S. 205 Fußnote 19.

113 Vgl. Bötticher FS Dölle I, S. 41, 43 Fußnote 4; Larenz/Wolf AT § 15 Rn. 88; Medicus AT Rn. 86.

114 In diesem Zusammenhang ist noch auf die Vorschrift des § 613 a VI BGB hinzuweisen. Die Norm regelt das Widerspruchsrecht des Arbeitnehmers gegen den Übergang seines Arbeitsverhältnisses auf den Betriebs- oder Betriebsteilerwerber. Das Widerspruchsrecht entspricht der ständigen Rechtsprechung des BAG und des EuGH und ist nun in Gesetzesform gegossen.

115 Adomeit AR-Blattei D Kündigung IX/A I 1; Grimm S. 34; Hungerbühler S. 32.

116 Adomeit AR-Blattei D Kündigung IX/A I 1; Leverenz Jura 1996, 1, 6; Staudinger/Keßler § 723 BGB Rn. 57.

subjektives Privatrecht, das Gestaltungsrecht[117]. Liegt also kein ausreichender Gestaltungsgrund vor, so ist eine trotzdem ausgesprochene Gestaltungserklärung nichtig, weil ihre Wirksamkeit an den den Gestaltungsgrund bildenden Tatbestand geknüpft ist[118].

Liegt ein Gestaltungsgrund vor, ist beispielshalber eine Willenserklärung mit einem Willensmangel behaftet oder ein Arbeitsverhältnis mit einem wichtigen Kündigungsgrund belastet, so hätte der Gesetzgeber hieran unmittelbar die Nichtigkeitsfolge knüpfen können[119]. Bei einem derartigen Lösungsmodell wäre keine weitere Handlung des Berechtigten mehr erforderlich, um die Unwirksamkeit seiner Erklärung beziehungsweise des Rechtsverhältnisses herbeizuführen[120]. Der Gesetzgeber ist dieser Konstruktion für den Bereich der Gestaltungsrechte jedoch nicht gefolgt. Die einen Willensmangel aufweisende Willenserklärung ist in der Regel nicht ipso iure nichtig[121]. Ebensowenig wird ein Arbeitsverhältnis mit Eintritt eines wichtigen Grundes ipso iure beendet[122]. Eine unmittelbare Nichtigkeitswirkung wie zum Beispiel bei den §§ 117 I, 118, 134, 138 BGB hat der Gesetzgeber bei den §§ 119 ff. und 626 BGB nicht statuiert[123]. Vielmehr hat das Vorliegen eines Gestaltungsgrundes als unmittelbare Rechtswirkung nur die Entstehung des Gestaltungsrechts zur Folge[124]. Der Gestaltungserfolg tritt erst mit dem Zugang der vom Erklärenden abzugebenden Gestaltungserklärung ein[125]. Die Herbeiführung der Rechtsgestaltung wird auf diese Weise ins Belieben des Gestaltungsberechtigten gestellt, der das Wahlrecht hat, die ihm eingeräumte Rechtsmacht auszuüben oder darauf zu verzichten[126]. Die Bedeutung des Gestaltungsgrundes erschöpft sich also in der das Gestaltungsrecht erzeugenden Wirkung. Sein Vorliegen ist notwendige, aber nicht hinreichende Bedingung zur wirksamen Verschiebung der Rechtslage. Zum Eingriff in den Bestand potentieller Rechtspflichten ist zusätzlich der Zugang der Gestaltungserklärung beim Betroffenen erforderlich[127].

---

117 Hungerbühler S. 34; Staudinger/Keßler § 723 BGB Rn. 57.

118 Staudinger/Keßler § 723 BGB Rn. 57.

119 Zu den einzelnen Lösungsmöglichkeiten des Gesetzgebers Brox AT Rn. 333 ff.; Hungerbühler S. 58.

120 Vgl. Brox AT Rn. 335.

121 Es gibt aber auch Willensmängel, die das Gesetz für so beachtlich hält, daß die Willenserklärungen von vornherein keine Rechtswirkung entfalten. Dazu Brox AT Rn. 335.

122 Vgl. Hungerbühler S. 58; Oetker S. 269.

123 Brox AT Rn. 335 ff.; Hungerbühler S. 58.

124 Hungerbühler S. 58.

125 Hungerbühler S. 34; Oetker S. 269, 270.

126 Brox AT Rn. 338; Hungerbühler S. 58.

127 Vgl. Bucher S. 91.

II. Entstehungszeitpunkt

1. Gesetzlich geregelt

Zur Bewirkung der Rechtsgestaltung ist nicht ausreichend, daß irgendwann einmal ein Gestaltungsgrund und eine Gestaltungserklärung vorlagen. Vielmehr muß der Gestaltungsgrund zu einem ganz bestimmten Zeitpunkt bestanden haben[128]. Zum Teil wird das Problem des maßgeblichen Beurteilungszeitpunkts vom Gesetz selbst geregelt. So muß nach § 119 I BGB der Irrtum bei der Abgabe der Willenserklärung vorhanden sein[129]. Eine ausdrückliche Regelung enthält auch § 2336 II BGB, wonach zu einer wirksamen Pflichtteilsentziehung der Grund für die Entziehung im Moment der Testamentserrichtung existieren muß[130]. Schließlich datiert § 434 I 1 BGB den für die Mangelfreiheit einer Sache maßgeblichen Beurteilungszeitpunkt auf den Augenblick des Gefahrübergangs[131].

2. Allgemeiner Grundsatz

Fehlt eine normative Regelung, wird - gelegentlich ohne Begründung - der allgemeine Grundsatz herangezogen, wonach der Gestaltungsgrund zum Zeitpunkt der Rechtsausübung vorliegen muß[132]. Der Termin der Rechtsausübung wird jedoch nicht einheitlich bestimmt.

Nach überwiegender Ansicht ist die Wirksamkeit zum Beispiel einer Kündigung nach den Verhältnissen zum Zeitpunkt des Zugangs[133] der Erklärung zu beurteilen[134]. Dieser Moment sei für die Beurteilung der Wirksamkeit der Kündigungserklärung maßgeblich[135]. Soweit die Festlegung auf diesen Zeitpunkt überhaupt begründet

---

128 Vgl. Grimm S. 76.

129 Vgl. Grimm S. 53; Hungerbühler S. 204.

130 Vgl. Grimm S. 104 Fußnote 498; Palandt/Edenhofer § 2336 BGB Rn. 2.

131 Vgl. BGH NJW 2001, 66, 67 zu § 459 BGB a. F. - Allerdings wird in Rechtsprechung und Literatur teilweise die Meinung vertreten, der Mangel müsse noch im Zeitpunkt der mündlichen Verhandlung vorliegen, auf die das Urteil ergeht, in welchem über das Käuferbegehren entschieden wird. So z. B. OLG Düsseldorf NJW-RR 1998, 265; Palandt/Putzo § 462 BGB a. F. Rn. 9.

132 Vgl. Grimm S. 104 Fußnote 498; Hueck/von Hoyningen-Huene § 1 KSchG Rn. 156; MK/Schwerdtner § 626 BGB Rn. 62; MK/Ulmer § 723 BGB Rn. 19; Soergel/Hadding § 723 BGB Rn. 11, 12; Staudinger/Keßler § 723 BGB Rn. 58; Staudinger/Preis § 626 BGB Rn. 58.

133 Eine Ausnahme von diesem Grundsatz bildet die sogenannte Verdachtskündigung, die nach dem Erkenntnisstand der letzten mündlichen Verhandlung in der Tatsacheninstanz zu beurteilen ist, vgl. Belling RdA 1996, 223, 224. Stellt sich die Unschuld des auf Verdacht gekündigten Arbeitnehmers erst nach Abweisung seiner Kündigungsschutzklage heraus, so kann ihm ein Anspruch auf Wiedereinstellung zustehen (BAGE 16, 72; BAG NZA 1997, 1340).

134 Hungerbühler S. 207; Palandt/Weidenkaff § 543 BGB Rn. 55; Staudinger/Sonnenschein § 564 BGB a. F. Rn. 69; Wank RdA 1993, 79, 83. So auch die Stellungnahme des Deutschen Mietgerichtstages e. V. zu § 573 III 2 BGB, abgedruckt bei Börstinghaus/Eisenschmid § 573 BGB S. 500.

135 Ständige Rechtsprechung des BAG, vgl. BAG 15.07.1971 AP § 1 KSchG Nr. 83; BB 1985, 800; Ascheid Rn. 219; Grimm S. 74, 75, 84, 85; Hueck/von Hoyningen-Huene § 1 KSchG

wird, geschieht dies unter Berufung auf die Rechtsnatur der Kündigung als einer einseitigen Willenserklärung mit Gestaltungswirkung[136] oder unter Hinweis auf den Umstand, daß nur die bereits ausgesprochene Kündigung Streitgegenstand des Kündigungsschutzprozesses ist[137] beziehungsweise daß die Klagefrist nach § 4 S. 1 KSchG mit dem Zugang der Kündigungserklärung zu laufen beginnt[138].

Vertreter der anderen Auffassung befinden, daß nicht der Zugang, sondern die Abgabe der Willenserklärung der maßgebliche Zeitpunkt für die Beurteilung der Wirksamkeit der Kündigung sei[139]. Gestützt wird dieser Standpunkt auf den in § 130 II BGB zum Ausdruck kommenden Gedanken, wonach es auf die Wirksamkeit der Willenserklärung ohne Einfluß ist, wenn der Erklärende nach der Abgabe stirbt oder geschäftsunfähig wird[140].

Gegen die Heranziehung des Rechtsgedankens des § 130 II BGB spricht, daß der Zeitpunkt der Abgabe der Erklärung nur für solche Gültigkeitsvoraussetzungen der Erklärung, Umstände und Eigenschaften maßgeblich ist, die in der Person des Erklärenden liegen[141]. Die materielle Berechtigung zur Kündigung wird aber größtenteils durch ein rechtserhebliches Verhalten des Kündigungsgegners ausgelöst. Ausschlaggebend sollte vielmehr sein, daß eine Willenserklärung erst mit ihrem Zugang Wirksamkeit entfaltet (§ 130 I 1 BGB). Nach dem allgemeinen Grundsatz, daß alle Voraussetzungen zur Bewirkung des erstrebten Rechtserfolges beim Eintritt des letzten Tatbestandsteils vorliegen müssen[142], ist es deshalb ausreichend, wenn im Zeitpunkt des Zugangs der Erklärung der Gestaltungsgrund vorliegt[143]. Nach Zugang eintretende Umstände können der unwirksamen Gestaltungserklärung niemals zur Wirksamkeit verhelfen[144]. Tritt in der Zeit zwischen Abgabe und Zugang der Gestaltungserklärung ein hinreichender Gestaltungsgrund ein, fehlt es somit für die Herbeiführung der Gestaltungswirkung zumindest nicht am Erfordernis der materiellen Gestaltungsbefugnis[145]. Forderte man jedoch in der Gestaltungserklärung eine Bezugnahme auf den zwischen Abgabe und Zugang eingetretenen Gestaltungsgrund, dürfte die Wirksamkeit der Erklärung hieran regelmäßig scheitern. Wirksam wäre die Erklärung nur in dem Fall, in dem eine Gestaltungserklärung unter ausdrücklicher Nennung eines konkreten Gestaltungsgrundes abgegeben wird, dessen

---

Rn. 156; KR/Etzel § 1 KSchG Rn. 259; Löwisch § 1 KSchG Rn. 76; Stahlhacke/Preis/Vossen Rn. 644; Emmerich/Sonnenschein § 564 BGB a. F. Rn. 30.

136 Hueck/von Hoyningen-Huene § 1 KSchG Rn. 156.

137 Löwisch § 1 KSchG Rn. 76.

138 Nikisch DB 1953, 647, 648.

139 So LG Köln WuM 2001, 195; Grimm S. 75 Fußnote 307; Herschel Anm. ArbG Münster EzA § 1 KSchG Nr. 11 1983; Sternel IV Rn. 23.

140 So Herschel Anm. ArbG Münster EzA § 1 KSchG Nr. 11 1983.

141 Dazu MK/Einsele § 130 BGB Rn. 15.

142 Vgl. Westermann Schwerpunkte Rn. 362, 368.

143 Hungerbühler S. 205. So auch die Stellungnahme des Deutschen Mietgerichtstages e. V. zu § 573 III 2 BGB, abgedruckt bei Börstinghaus/Eisenschmid § 573 BGB S. 500.

144 Dies ist allgemein anerkannt, vgl. Falter S. 102; Staudinger/Sonnenschein § 564 b BGB a. F. Rn. 184.

145 Hungerbühler S. 205.

Eintritt der Erklärende für den Zeitraum zwischen Abgabe und Zugang seiner Gestaltungserklärung erwartet[146].

III. Abgrenzung

Der rechtstechnische Begriff des Gestaltungsgrundes meint nicht den objektiven Zweck der Gestaltungserklärung[147]. Hierunter versteht man das Ziel der Herbeiführung des Gestaltungserfolges, bei der ordentlichen wie der außerordentlichen Kündigung also die Beendigung des Rechtsverhältnisses[148]. Ebensowenig ist unter dem Gestaltungsgrund der Beweggrund, das Motiv, aus dem heraus, und der subjektive Zweck, zu dessen Erreichung die Gestaltungserklärung abgegeben wird, zu verstehen[149]. Denn ein so verstandener Gestaltungsgrund findet sich bei jedem Gestaltungsrecht, also auch bei den grundunabhängigen[150].
Beispiel[151]: Der Arbeitnehmer spricht eine ordentliche Kündigung aus, um das Arbeitsverhältnis zu beenden (objektiver Zweck), um eine besser vergütete Stelle annehmen zu können (subjektiver Zweck), und außerdem, weil er persönliche Differenzen mit seinem Arbeitgeber hat (Beweggrund).

Darüber hinaus werden der subjektive Zweck und das Motiv des Gestaltenden in den wenigsten Fällen festzustellen sein[152]. Deshalb verlangen sowohl das Erfordernis der Rechtssicherheit als auch pragmatische Gesichtspunkte, nicht innere Vorstellungen des Erklärenden, sondern einen äußeren Tatbestand zur Gestaltungsvoraussetzung zu erheben[153]. Der Gestaltungsgrund, der solcherart nur den grundabhängigen Gestaltungsrechten eigen ist, wird sonach geformt durch einen Sachverhalt, der den gesetzlich normierten oder vertraglich vereinbarten Tatbestand erfüllt, an den als Rechtsfolge die Entstehung des Gestaltungsrechts geknüpft ist[154].

§ 5 Die auszuscheidenden Gestaltungsrechte

Aus den vorstehenden Schilderungen ergibt sich, daß drei Kategorien der Gestaltungsrechte vom weiteren Gang der Untersuchung auszunehmen sind.

---

146 Vgl. Hungerbühler S. 206.
147 Vgl. Hungerbühler S. 32.
148 Hungerbühler S. 32; Molitor S. 202 f.
149 Adomeit AR-Blattei D Kündigung IX/A II; Hungerbühler S. 33.
150 Adomeit AR-Blattei D Kündigung IX/A II.
151 Hungerbühler S. 33.
152 Adomeit AR-Blattei D Kündigung IX/A II.
153 Adomeit AR-Blattei D Kündigung IX/A II.
154 Adomeit AR-Blattei D Kündigung IX/A II; Hungerbühler S. 33.

I. Grundunabhängige Gestaltungsrechte

1. Fehlen eines Gestaltungstatbestandes

Wenn die Ausübung eines grundunabhängigen Gestaltungsrechts und dieses selbst eines besonderen Grundes nicht bedürfen, sondern nach freiem Entschluß und Belieben erfolgen können, braucht auch in der Erklärung gegenüber dem Gegner kein Grund angegeben zu werden[155]. Bei den grundunabhängigen Gestaltungsrechten, also insbesondere bei den ordentlichen Kündigungen außerhalb des KSchG[156], kann die Frage nach der Angabe des Gestaltungsgrundes demnach sinnvollerweise gar nicht auftauchen[157]. Vielmehr geht es hier von Rechts wegen lediglich um die Mitteilung des Gestaltungsmotivs[158]. Selbst wenn eine Begründung hinzugefügt werden sollte, so wird sie damit nicht zum Inhalt der Erklärung und gewinnt nicht rechtliche Relevanz, sie hat allenfalls die Bedeutung eines Beweggrunds[159]. Die Fragestellung, ob der Gestaltende bei den grundabhängigen und insbesondere bei den grundunabhängigen Gestaltungsrechten Beweggrund oder Motiv anzugeben hat, ist jedoch strikt von derjenigen zu trennen, ob der Gestaltungsgrund zu nennen ist. Ausschließlich der zuletzt genannte Aspekt ist Stoff dieser Arbeit. Nur der Gestaltungsgrund bildet den hier zu untersuchenden Angabegegenstand, wenn es darum geht, dem Gestaltenden eine Begründungspflicht aufzuerlegen. Das Problem, ob der Erklärende das Motiv seiner Rechtsausübung offenbaren muß, wird in diesem Beitrag nicht ausführlicher behandelt[160]. Im folgenden sei nur der Vollständigkeit halber und angesichts der Verwandtschaft beider Problemkreise auf einige grundsätzliche Aspekte hingewiesen.

2. Gestaltungsmotiv

Die Frage nach einer Mitteilungspflicht der Motive läßt sich vernünftig nur dann stellen, wenn diesen für die Rechtsgestaltung überhaupt rechtliche Relevanz zukommt[161]. Denn sind die inneren Beweggründe völlig gleichgültig, wäre nicht einzusehen, warum der Gestaltende sie mit dem Ausübungsakt angeben müßte. Nach früherer Rechtsauffassung waren die Motive etwa des Kündigenden rechtlich

---

155 Adomeit AR-Blattei D Kündigung IX/A III 1; Grunsky JuS 1964, 97; Hueck/Nipperdey I § 56 VI 2, S. 552; Knütel NJW 1970, 121, 122 Fußnote 6; Lent AcP 152, 401; Medicus SBT Rn. 242; Otto FS Wiese, S. 353, 372; Reuss AuR 1960, 1, 4; Schaub § 123 Rn. 66; Sternel FS Seuss, S. 281, 282; von Stebut S. 37. Nach Nikisch § 48 II 5, S. 693 entspricht diese Rechtsauffassung allgemeiner Ansicht.

156 Zur Frage, ob die ordentliche Kündigung nach § 1 KSchG ein grundabhängiges Gestaltungsrecht darstellt, vgl. unten bei Fußnote 1247.

157 So zutreffend Mittelstein/Stern § 75 6, S. 459.

158 Falter S. 39; Lent AcP 152, 401; Mittelstein/Stern § 75 6, S. 459; Otto FS Wiese, S. 353, 372.

159 Hueck/Nipperdey I § 56 VI 2, S. 553; Lent AcP 152, 401; Nikisch § 48 II 5, S. 693.

160 Vgl. zu diesem Fragenkreis Urban S. 192 ff.

161 Vgl. Adomeit AR-Blattei D Kündigung IX/A I 2; Hungerbühler S. 25 Fußnote 1; Urban S. 115 ff.; von Stebut S. 71, 72.

unerheblich[162]. Selbst wenn sie verwerflicher Art waren, konnten sie die Gültigkeit der Erklärung nicht beeinflussen[163]. Heute hat sich hingegen zunehmend die Erkenntnis durchgesetzt, daß die Kündigung kein rein abstraktes und damit von dem zugrunde liegenden Motiv losgelöstes, indifferentes Rechtsgeschäft ist, das schon durch den bloßen Beendigungswillen des Erklärenden gerechtfertigt ist[164]. Deshalb sind nicht allein der äußere Tatbestand und die Umstände der Kündigungserklärung, sondern auch der innere Beweggrund, das Motiv des Kündigenden anhand der allgemeinen Regelungen des Bürgerlichen Rechts auf einen Sitten- beziehungsweise Treueverstoß zu überprüfen[165]. So kann die Kündigung, wie sich schon aus § 13 II 1 KSchG ergibt[166], einen Verstoß gegen die guten Sitten (§ 138 I BGB) bedeuten, wenn ihr Beweggrund gröblich der Rechtsmoral entgegensteht, zum Beispiel weil die Arbeitnehmerin unsittliche und anstößige Zumutungen abgelehnt hat[167]. Darüber hinaus unterliegt die Gestaltungsrechtsausübung auch der allgemeinen zivilrechtlichen Generalklausel des § 242 BGB[168]. Der Grundsatz von Treu und Glauben bildet eine allen Rechten, Rechtslagen und Rechtsnormen immanente Inhaltsbegrenzung[169], deren Überschreitung nicht nur zu einer Schadensersatzpflicht, sondern zur Unwirksamkeit des Ausübungsaktes führen kann[170]. Diese Ausführungen belegen die Bedeutung der Motive für eine erfolgreiche Rechtsgestaltung. Die Frage nach einer hierauf gerichteten Offenbarungspflicht ist somit legitim.

Praktische Bedeutung erlangt diese Erkenntnis von der Bedeutung der Motive des Gestaltenden und einer diesbezüglichen Begründungslast insbesondere bei der ordentlichen Kündigung des Arbeitgebers außerhalb des Kündigungsschutzgesetzes[171]. Die materielle Wirksamkeit einer solchen Kündigung ist nicht an einen äußeren Gestaltungstatbestand im oben beschriebenen Sinne gebunden[172]. Weil infolgedessen die Überprüfung eines objektiven Kündigungstatbestandes ausscheidet, rücken die inneren Kündigungsmotive und die Frage einer diesbezüglichen materiellrechtlichen Mitteilungspflicht des Kündigenden ins juristische Blickfeld[173]. In diesem Zusammenhang ist ein Urteil des BAG[174] vom 21.02.2001 von Bedeutung. In seiner Entscheidung nimmt der Senat die vom BVerfG in einer der Entscheidungen zur Kleinbetriebsklausel angestellte Überlegung zur Zulässigkeit von Arbeitgeber-

162 Nikisch § 48 V 3, S. 705.
163 Adomeit AR-Blattei D Kündigung IX/A I 2; Nikisch § 48 V 3, S. 705; Schaub § 123 Rn. 79.
164 Adomeit AR-Blattei D Kündigung IX/A I 2; Nikisch § 48 V 3, S. 705; Schaub § 123 Rn. 79; Urban S. 111; von Stebut S. 72.
165 Vgl. Urban S. 115 für die Kündigung des Arbeitsverhältnisses und Roquette § 564 BGB a. F. Rn. 17 für die Kündigung des Mietverhältnisses.
166 Vgl. dazu BAG ZIP 2001, 2242, 2244; Gragert NZA 2000, 961, 965.
167 Schaub § 123 Rn. 79; von Stebut S. 43, 72.
168 Boemke JuS 2001, 1133; Urban S. 115 ff.
169 Boemke JuS 2001, 1133.
170 So bereits BAG BB 1961, 484; Annuß BB 2001, 1898, 1899.
171 Vgl. dazu Löwisch BB 1997, 782, 789; MünchArbR/Wank § 122 Rn. 30; Otto FS Wiese, S. 353, 370 ff.; Stahlhacke FS Wiese, S. 513, 523, 524; Urban S. 73 ff.
172 Vgl. Urban S. 238.
173 Vgl. dazu Adam AuR 2001, 41, 46; Falter S. 31 ff.; Löwisch BB 1997, 782, 789; Otto FS Wiese, S. 353, 371; Urban S. 192 ff.
174 BAG ZIP 2001, 2242 ff.

kündigungen außerhalb des Kündigungsschutzes auf und baut sie in Richtung eines auf § 242 BGB gestützten allgemeinen Kündigungsschutzes „zweiter Klasse" aus[175]. Unter anderem ging das Gericht auf das Problem ein, ob sich die Kündigung des Arbeitgebers bereits deshalb als unwirksam darstellte, weil dem Kündigungsschreiben selbst keine Begründung zu entnehmen war[176]. Begründung bedeutet bei einer nicht dem Kündigungsschutz unterliegenden und damit grundunabhängigen ordentlichen Kündigung jedoch nicht Angabe des Kündigungsgrunds, sondern des Kündigungsmotivs[177]. Nach Ansicht des BAG erfordert es der verfassungsrechtlich gebotene Mindestschutz des Arbeitsplatzes vor privater Disposition nicht, die Angabe des Kündigungsgrundes (im Sinne von Motiv) zur Wirksamkeitsvoraussetzung der Kündigung zu erheben[178].

Abschließend sei noch erwähnt, daß der Perspektivwechsel vom Kündigungsgrund zum Kündigungsmotiv auch Auswirkungen auf die Verteilung der Darlegungs- und Beweislast im Kündigungsprozeß hat. Anders als im Kündigungsschutzprozeß nach dem Kündigungsschutzgesetz trägt außerhalb des Geltungsbereichs dieses Gesetzes nicht der Arbeitgeber, sondern der Arbeitnehmer die Beweislast[179]. Die ausdrückliche Beweislastregelung des § 1 II 4 KSchG gilt insoweit nicht. Der Arbeitnehmer ist nach § 46 II ArbGG in Verbindung mit §§ 256 I, 495 ZPO gehalten, die ordentliche Arbeitgeberkündigung mittels allgemeiner Feststellungsklage abzuwehren. Nach der Rosenbergschen Normentheorie muß der Arbeitgeber als Anspruchsgegner außerhalb des Kündigungsschutzgesetzes lediglich den Entstehungstatbestand seiner Rechtsposition, also den Ausspruch einer Kündigungserklärung darlegen und gegebenenfalls beweisen[180]. Hingegen ist es nicht Sache des Arbeitgebers, die Kündigung auch sachlich zu rechtfertigen[181]. Vielmehr ist grundsätzlich der Arbeitnehmer darlegungs- und beweispflichtig dafür, daß die Kündigung aufgrund von Rechtsvorschriften rechtsunwirksam ist, die außerhalb des Kündigungsschutzgesetzes zur Unwirksamkeit der Erklärung führen[182]. Denn bei diesen allgemeingültigen Kontrollnormen handelt es sich um das an sich bestehende ordentliche Kündigungsrecht vernichtende Einwendungen[183]. Die Merkmale dieser Regelungen sind also dem Gekündigten günstig und damit auch von ihm zu beweisen[184].

Dies vorausgeschickt erklärt sich auch der Regelungsgehalt des § 355 I 2 BGB. Das dem Verbraucher eingeräumte Widerrufsrecht ist nach dem oben gesagten ein grundunabhängiges Gestaltungsrecht und damit willkürlich ausübbar. Die einzige

---

175 Annuß BB 2001, 1898; Gragert/Wiehe NZA 2001, 934, 935.
176 BAG ZIP 2001, 2242, 2243, 2244.
177 Vgl. Otto FS Wiese, S. 353, 374.
178 BAG ZIP 2001, 2242, 2244.
179 Vgl. Urban S. 237.
180 Vgl. Urban S. 238.
181 Vgl. Preis NZA 1997, 1256, 1269.
182 Gragert NZA 2000, 961 969; Löwisch BB 1997, 782, 787; MünchArbR/Wank § 122 Rn. 39; Otto FS Wiese, S. 353, 374; Otto Personale Freiheit S. 244; Preis NZA 1997, 1256, 1269.
183 Vgl. Otto FS Wiese, S. 353, 374.
184 Vgl. Urban S. 231.

rechtliche Bestimmung, in der explizit die Entbehrlichkeit einer Begründung der Ausübung eines Gestaltungsrechts fixiert wurde, kann sich deshalb nicht auf einen gesetzlich konturierten Gestaltungstatbestand, sondern lediglich auf das Gestaltungsmotiv des Erklärenden beziehen. Den Gestaltungsgrund kann der Verbraucher also gar nicht angeben, sein Motiv kann er zwar nennen, er braucht es aber nicht.

II. Rechtsbegründende und rechtsändernde Gestaltungsrechte

Die genannten Rechte werden hier nicht näher besprochen, weil sich die grundabhängigen Gestaltungsrechte überwiegend bei der Gruppe der rechtsvernichtenden Gestaltungsrechte finden[185]. Zwar können auch rechtsbegründende und rechtsändernde Gestaltungsrechte im Einzelfall grundabhängig sein[186]. Dabei handelt es sich jedoch um ausgefallene Sonderfälle, die aus diesem Grund hier außer Betracht bleiben sollen.

III. Gestaltungsklagerechte

Unabhängig von der Frage, ob die Gestaltungsklagerechte überhaupt unter die Gestaltungsrechte zu rubrizieren sind[187], stellt sich insoweit nicht das Problem der Begründung ihrer Ausübung. Denn mit dem Erfordernis der Klageerhebung tritt die zivilprozessuale Vorschrift über den notwendigen Inhalt der Klage in Kraft, die auch eine Begründung der Klage vorsieht (§ 253 II Nr. 2 ZPO)[188]. Der Begründungszwang kann in diesen Fällen also nicht bezweifelt werden. Er findet seine Grundlage freilich nicht im materiellen, sondern im Prozeßrecht[189].

Zusammengefaßt behandelt diese Studie also alle grundabhängigen, rechtsvernichtenden Gestaltungsrechte, die durch privatrechtliche Erklärung ausgeübt werden.

§ 6 Nachschieben von Gestaltungsgründen

Die rechtsdogmatische Grundfrage nach der Notwendigkeit einer Begründung bei Ausübung von Gestaltungsrechten[190] ist isoliert nur vereinzelt zum Gegenstand eingehender Untersuchungen gemacht worden[191]. Zumeist wird dieser Punkt im Zusammenhang mit der Problematik des Nachschiebens von Gestaltungsgründen

---

185 Hungerbühler S. 26.

186 Vgl. die Beispiele bei Hungerbühler S. 27.

187 Vgl. zu dieser Frage oben bei Fußnote 46 und unten bei Fußnote 532.

188 Lent AcP 152, 401, 402.

189 Falter S. 5; Lent AcP 152, 401, 402.

190 Die zweite Zentralfrage im Komplex der Gestaltungsrechte beschäftigt sich mit dem Problem ihrer Übertragbarkeit. Vgl. nur Bydlinski S. 18 ff.; Steinbeck S. 13 ff.; Waltermann S. 1 ff.

191 Vgl. z. B. Becker AcP 188, 24 ff.; Lent AcP 152, 401 ff.

behandelt[192]. Im folgenden ist deshalb zunächst das Phänomen Nachschieben von Gestaltungsgründen zu präzisieren. Anschließend werden die hierfür bedeutsamen Folgewirkungen aufgezeigt, die sich bei Favorisierung eines Begründungszwangs ergeben.

I. Begriffsbestimmung

Eine genaue Definition des Begriffs des Nachschiebens von Gestaltungsgründen ist weder in der Rechtsprechung noch in der Literatur zu finden[193]. Die vorhandenen Begriffsbestimmungen sind lediglich Umschreibungen[194]. Beim Nachschieben von Gestaltungsgründen geht es im wesentlichen um die Frage, ob auch noch nach Abgabe einer Gestaltungserklärung bisher nicht genannte Gründe zu ihrer Rechtfertigung mit Rückwirkung auf den Zeitpunkt ihres Ausspruchs geltend gemacht werden können[195]. Dabei lassen sich drei Unterfälle unterscheiden[196].

II. Unterfälle

1. Nachholen der Grundangabe

In dieser Fallkonstellation enthält die Gestaltungserklärung keinen Hinweis auf den (tatsächlich oder nur vermeintlich bestehenden) Gestaltungsgrund[197]. Zwar wird teilweise für erforderlich gehalten, daß vor dem Nachschieben ein Grund für die Kündigung angegeben sein muß; sei es bei Ausspruch der Kündigung oder durch eine nachgeholte Begründung im Prozeß[198]. Die erstmalige Nennung eines Grundes könne rein begrifflich kein Nachschieben von Gestaltungsgründen darstellen[199]. Dieser Standpunkt verkennt jedoch, daß es sich beim Nachschieben auch um ein normatives Problem handelt, so daß es nicht ausschließlich auf rein begriffliche Argumentationen ankommen kann[200]. Gibt der Berechtigte keinerlei Grund an, so ist die Gestaltungserklärung als auf alle bis zum Zeitpunkt der Erklärung vorhandenen Gründe gestützt anzusehen[201]. Die Erklärung selbst schafft in diesem Fall die Zäsur ohne Rücksicht auf den Willen des Berechtigten[202]. Später entstandene Gründe gelten in diesem Sinne als nachträglich eingeführt[203].

---

192 Vgl. Falter S. 1; Grunsky JuS 1964, 97 ff.; Hungerbühler S. 28; Reuss AuR 1960, 1, 2.
193 Winterstein S. 5.
194 Winterstein S. 5.
195 Vgl. BGHZ 27, 220 ff.; Falter S. 72; Hungerbühler S. 21; MünchArbR/Wank § 118 Rn. 23; Schaub § 123 Rn. 68; Sternel FS Seuss, S. 281, 286.
196 Vgl. Hungerbühler S. 21.
197 Vgl. Falter S. 72.
198 Winterstein S. 6.
199 Winterstein S. 6.
200 Ähnlich Becker AcP 188, 24, 49 Fußnote 73.
201 Becker AcP 188, 24, 49 Fußnote 73.
202 Becker AcP 188, 24, 49 Fußnote 73.
203 Vgl. Becker AcP 188, 24, 49 Fußnote 73.

Bei der Fallgestaltung des Nachholens der Grundangabe ist zu untersuchen, ob eine solche Gestaltungserklärung mangels Grundangabe nichtig ist oder ob der Erklärende dem Ausübungsakt noch dadurch Wirksamkeit verleihen kann, indem er den Gestaltungsgrund, der die Gestaltung rechtfertigt, nachträglich angibt.

2. Ersetzendes Nachschieben

Die Gestaltungserklärung wurde zwar unter Angabe eines Grundes ausgesprochen. Dieser Grund hat sich aber nachträglich als unzureichend oder unzutreffend erwiesen[204]. Die so geartete Erklärung ist mangels Rechtfertigung durch den genannten Gestaltungsgrund nichtig, es sei denn, es könnte zu ihrer Legitimation anstelle des angegebenen Grundes ein anderer Gestaltungsgrund nachgeschoben werden[205]. Dem Erklärenden geht es mit anderen Worten darum, den zunächst angeführten unzureichenden oder unzutreffenden Grund nachträglich durch einen hinreichenden zu ersetzen, die Gründe also auszutauschen[206].

Teilweise wird innerhalb des ersetzenden Nachschiebens dem sogenannten „Auswechseln" der Gründe eine gesonderte Bedeutung beigemessen[207]. Ein Auswechseln der Gestaltungsgründe wird dann angenommen, wenn hierdurch die Gestaltungserklärung in ihrem Wesen geändert wird[208]. Während also das gewöhnliche ersetzende Nachschieben die Essenz der Erklärung unberührt läßt, ist die Wesensveränderung Kennzeichen des Auswechselns[209]. Die Gegner eines generellen Begründungszwangs verfolgen mit der Kreierung dieser Fallgruppe das Ziel, der nachträglichen Berufung auf ursprünglich nicht verwendete Gestaltungsgründe im Einzelfall eine materiale Schranke zu setzen[210]. Trotz fehlender Begründungspflicht soll das Nachschieben nicht schrankenlos zulässig sein, sondern nur insoweit, als nicht die materielle Substanz[211] der Erklärung angetastet wird[212]. Diese Argumentation erinnert an das parallele Problem im Verwaltungsprozeß. Die überwiegende Ansicht hält dort ein Nachschieben von Gründen auch nach Klageerhebung für prinzipiell zulässig[213]. Anderes soll nur dann gelten, wenn hierdurch der Verwaltungsakt in seinem Wesen verändert oder die Rechtsverteidigung des Klägers beeinträchtigt wird[214].

---

204 Hungerbühler S. 123.
205 Hungerbühler S. 123.
206 Hungerbühler S. 123.
207 Vgl. BAG NJW 1980, 2486; Birk Anm. BAG AP § 626 BGB Nr. 1 Bl. 415, 416, 417.
208 Birk Anm. BAG AP § 626 BGB Nr. 1 Bl. 415, 416, 417.
209 Birk Anm. BAG AP § 626 BGB Nr. 1 Bl. 415, 416, 417.
210 Vgl. Birk Anm. BAG AP § 626 BGB Nr. 1 Bl. 415, 417.
211 Birk Anm. BAG AP § 626 BGB Nr. 1 Bl. 415, 417.
212 Am Ende seines Urteils berührt das BAG NJW 1980, 2486 die Frage des Auswechselns von Kündigungsgründen im Prozeß. Es läßt aber dahingestellt, ob ein Auswechseln zulässig ist oder ob eine neue Kündigung ausgesprochen werden muß. Ein Auswechseln der Kündigungsgründe sieht der Senat dann als gegeben an, wenn „die Kündigung einen völlig anderen Charakter erhält". Vgl. Birk Anm. BAG AP § 626 BGB Nr. 1 Bl. 415, 416, 417.
213 Kopp/Schenke § 113 VwGO Rn. 64.
214 BVerwGE 64, 358; 71, 368; 80, 96; Kopp/Schenke § 113 VwGO Rn. 64.

In der Rechtswirklichkeit nehmen die Fallgestaltungen des ersetzenden Nachschiebens eine wesentlich größere Rolle ein als die zuvor geschilderte Konstellation des Nachholens der Grundangabe[215]. Das Fehlen jeglicher Grundangabe ist im Geschäftsleben weit seltener als die Angabe eines unzutreffenden oder unzureichenden Grundes[216].

3. Ergänzendes Nachschieben

Beim ergänzenden Nachschieben geht es um die Fälle, in denen die Gestaltungserklärung unter Angabe eines für sich allein unzureichenden oder teilweise unzutreffenden Grundes abgegeben wurde und bei denen später zur Unterstützung, Erläuterung, Ergänzung und Ausfüllung[217] weitere Gründe vorgebracht werden[218]. Das nachträgliche Geltendmachen weiterer Tatsachen soll also lediglich dazu dienen, die in der Gestaltungserklärung zum Gestaltungsgrund angeführten Tatsachen zu konkretisieren und zu substantiieren[219].

III. Nachschieben während und außerhalb des Prozesses

Das Nachschieben von Gestaltungsgründen ist sowohl vor als auch während eines Rechtsstreits denkbar[220]. Vor Klageerhebung geht es vor allem darum, daß auf Rückfrage des Gestaltungsgegners hin ein Grund für die ohne Grundangabe abgegebene Gestaltungserklärung dargelegt wird[221]. Zwischen dem Gestaltungsberechtigten und dem Gestaltungsgegner bestehen nämlich oftmals Meinungsverschiedenheiten über das Vorliegen oder das Gewicht des zunächst genannten Grundes[222]. Diese Unklarheit will der Erklärende durch das Nachschieben beseitigen[223]. Nach Klageerhebung überwiegen dagegen diejenigen Fallkonstellationen, in denen Gründe ersetzend oder ergänzend nachgeschoben werden. Denn oft stellt sich erst im Prozeß heraus, daß der zunächst genannte Grund die Gestaltungserklärung nicht zu rechtfertigen vermag[224].

---

215 Vgl. Hungerbühler S. 123.
216 Hungerbühler S. 123.
217 Vgl. Schmidt-Futterer/Blank § 564 b BGB a. F. Rn. 252.
218 Hungerbühler S. 217.
219 Palandt/Putzo vor § 620 BGB Rn. 57.
220 Hungerbühler S. 23; Schaub § 123 Rn. 68 ff.
221 Hungerbühler S. 23.
222 Hungerbühler S. 123.
223 Grunsky JuS 1964, 97, 99; Hungerbühler S. 123.
224 Hungerbühler S. 23.

IV. Vorprozessuales Nachschieben

Das Nachschieben von Gestaltungsgründen ist nicht uneingeschränkt zulässig. Außerhalb eines Prozesses kann es nur aus materiellrechtlichen Gründen ausgeschlossen sein. Während früher die Zulässigkeit des Auswechselns von Gestaltungsgründen in Literatur und Rechtsprechung[225] vor allem unter den Gesichtspunkten von Treu und Glauben, Rechtsmißbrauch und Vertrauensschutz diskutiert wurde[226], mehren sich die Stimmen, die das Nachschieben erstrangig von der Art und Weise abhängig machen, wie Gestaltungsrechte ausgeübt werden müssen[227]. Die Frage nach der Zulässigkeit des Nachschiebens wird also mit dem Problem verknüpft, ob die Gestaltungserklärung die Angabe des Gestaltungsgrundes enthalten muß[228]. Im folgenden wird deshalb dargelegt, wie sich ein unterstellter Begründungszwang auf die Möglichkeit des Nachholens der Grundangabe, des ersetzenden und des ergänzenden Nachschiebens auswirkt.

1. Nachholen der Grundangabe

Wird angenommen, daß das Fehlen einer Begründung nicht nur zu einer Schadensersatzpflicht des Gestaltenden führen kann, sondern der Gestaltungserklärung die Wirksamkeit nimmt, liegt es auf der Hand, das Nachschieben von Gestaltungsgründen als unzulässig zu betrachten[229]. Dies gilt nach der Rechtsprechung des BAG auch dann, wenn die fraglichen Umstände dem Kündigenden erst später bekannt geworden sind[230]. Denn wenn die Kündigung in mehreren, zeitlich

---

225 Z. B. BGHZ 27, 220 ff.

226 Nach Becker AcP 188, 24, 29 Fußnote 73 handelt es sich bei der Frage des Nachschiebens in erster Linie um eine normative Kategorie, bei der es um den Schutz des Gestaltungsgegners geht. Vgl. auch Hungerbühler S. 28.

227 BAG NJW 1986, 3159 = NZA 1986, 674; BGH NJW 1984, 2091, 2093; Falter S. 73; Grunsky JuS 1964, 97; Hungerbühler S. 30 ff.; Lent AcP 152, 401, 403, 410 ff.; Lessmann JuS 1970, 504, 505; Schellhammer BGB Rn. 414; Staudinger/Coing (11. Auflage) § 143 BGB Rn. 4; Sternel IV Rn. 39; Sternel FS Seuss, S. 281, 286; Zöllner 52. DJT D, S. 142.

228 BAG NJW 1986, 3159 = NZA 1986, 674; APS/Preis Grundlagen D Rn. 46; Flume DB 1979, 1637; Grunsky JuS 1964, 97; Hess/Schlochauer/Glaubitz § 102 BetrVG Rn. 43; Hueck/Nipperdey I § 56 VI 3, S. 553; Lent AcP 152, 401, 403; Lessmann JuS 1970, 504, 505; Löwisch § 1 KSchG Rn. 85; Medicus AT Rn. 723; MK/Mayer-Maly/Busche § 143 BGB Rn. 8; Nikisch § 48 II 5, S. 695; Preis S. 116; Reuss AuR 1960, 1, 2; Schellhammer BGB Rn. 414; Stahlhacke/Preis/Vossen Rn. 77; Staudinger/Coing (11. Auflage) § 143 BGB Rn. 4; Sternel IV Rn. 39; Sternel FS Seuss, S. 281, 286; Waechter DB 1962, 571, 572; Zöllner 52. DJT D, S. 142.

229 So zu § 15 III BBiG BAG AP § 15 BBiG Nr. 1 1972; AP § 15 BBiG Nr. 4 1976; LAG Köln LAGE § 15 BBiG Nr. 5 1987; LAG Hamburg LAGE § 15 BBiG Nr. 11 1997; APS/Preis Grundlagen D Rn. 44; APS/Biebl § 15 BBiG Rn. 27; APS/Rolfs § 9 MuSchG Rn. 94; ErfK/Schlachter § 15 BBiG Rn. 9; Falter S. 73; Flume DB 1979, 1637; Grunsky JuS 1964, 97; Hungerbühler S. 30, 31; Kittner/Zwanziger/Appel § 89 Rn. 17; KR/Pfeiffer § 9 MuSchG Rn. 132 f; Lent AcP 152, 401, 411; MK/Mayer-Maly/Busche § 143 BGB Rn. 8; Preis S. 116; Stahlhacke/Preis/Vossen Rn. 75 zu § 15 III BBiG, Rn. 855 f zu § 9 III 2 MuSchG; Staudinger/Preis § 626 BGB Rn. 30; Sternel IV Rn. 40, 365; Sternel FS Seuss, S. 281, 286: einem rechtlichen Nichts kann nichts wirksam nachgeschoben werden.

230 BAG AP § 15 BBiG Nr. 1 1972; bestätigt durch BAG AP § 15 BBiG Nr. 4 1976; Kittner/Däubler/Zwanziger § 15 BBiG Rn. 47.

aufeinander folgenden Teilakten erfolgen könnte, wäre die Gestaltungserklärung zunächst schwebend unwirksam[231]. Ein solcher Schwebezustand ist für den ersten Teilakt der Erklärung mit ihrem Wesen nicht zu vereinbaren[232]. Es entspricht nämlich einem allgemeinen Grundsatz[233], daß einseitige Rechtsgeschäfte wie zum Beispiel die Kündigung, denen eine Wirksamkeitsvoraussetzung fehlt, nicht nur schwebend unwirksam, sondern unheilbar nichtig sind[234].

Aus Gründen der Rechtssicherheit kann sich der Kündigende somit immer nur auf die Tatsachen berufen, die im Kündigungsschreiben angegeben wurden[235]. Im Rahmen einer gerichtlichen Auseinandersetzung über die Wirksamkeit der Kündigung ist er mit nicht angegebenen Gründen ausgeschlossen[236].

2. Ersetzendes Nachschieben

Kennzeichnend für diese Sachverhaltsgruppe ist, daß der Gestaltende bei Ausspruch der Erklärung einen Gestaltungsgrund angegeben hat. Der Ausübungsakt ist also nicht wegen gänzlich unterbliebener Begründung nichtig. Insofern unterscheidet sich diese Konstellation vom Nachholen der Grundangabe, wo die Erklärung aus diesem Grunde endgültig nichtig ist. Der Gestaltungsakt ist aber auch nicht etwa deshalb nichtig, weil die gegebene Begründung materiell falsch war. Allein in der unzutreffenden Grundangabe kann kein Verstoß gegen ein unterstelltes Begründungserfordernis gesehen werden. Denn insoweit muß es unerheblich sein, ob die mitgeteilten Umstände geeignet sind, den Gestaltungsakt auch materiell zu rechtfertigen[237]. Der Begründungspflicht wird vielmehr schon dann Rechnung getragen, wenn der Gestaltende seine subjektiven Gestaltungsüberlegungen offenbart hat. Zur Einhaltung der Begründungspflicht genügt es demnach, wenn nur der vermeintlich rechtfertigende Gestaltungsgrund in der Gestaltungserklärung angegeben wird[238]. Denn der Begründungszwang dient dem Verfahrensschutz des Gestaltungsgegners, der sich ein Bild davon machen können soll, warum das Rechtsverhältnis aufgehoben wird. Es geht nicht darum, die Gestaltungserklärung einer formellen Begründungspflicht zu unterwerfen oder gar die materielle Gestaltungsbefugnis anzutasten[239]. Das so verstandene Begründungserfordernis entspricht damit in seiner Ausgestaltung - nicht hinsichtlich der Rechtsnatur[240] - der formellen

---

231 BAG AP § 15 BBiG Nr. 1 1972.
232 BAG AP § 15 BBiG Nr. 1 1972.
233 Eine Ausnahme findet sich in § 180 S. 2, 3 BGB, vgl. BAG AP § 15 BBiG Nr. 1 1972.
234 BAG AP § 15 BBiG Nr. 1 1972; AP § 15 BBiG Nr. 4 1976; AP § 102 BetrVG Nr. 2 1972; Söllner Anm. BAG AP § 15 BBiG Nr. 1 Bl. 797; Staudinger/Bork vor §§ 158 ff. BGB Rn. 38.
235 Kittner/Däubler/Zwanziger § 15 BBiG Rn. 47.
236 Kittner/Zwanziger/Appel § 89 Rn. 17; Stahlhacke/Preis/Vossen Rn. 75.
237 So auch Kipp FS Martitz, S. 211, 216 zur Begründung einer Forderung.
238 So zu § 9 III 2 MuSchG auch APS/Rolfs § 9 MuSchG Rn. 94; Kittner/Däubler/Zwanziger § 9 MuSchG Rn. 46; KR/Pfeiffer § 9 MuSchG Rn. 132 f.; Hungerbühler S. 79, 82, 83.
239 Sternel FS Seuss, S. 281, 288.
240 Der hier vertretene Begründungszwang stellt weder eine Formpflicht noch eine materielle Gestaltungsbeschränkung dar. Vgl. dazu unten bei Fußnote 847.

Begründungspflicht von Verwaltungsakten nach § 39 I VwVfG und den qualifizierten Formvorschriften des besonderen Kündigungsschutzrechts (§§ 569 IV, 573 III 1 BGB, 9 III 2 MuSchG, 15 III BBiG und 102 I BetrVG). Hier wie dort ist unerheblich, ob die vom Erklärenden angeführten Gesichtspunkte auch in der Sache zutreffend sind[241].

Die unter Angabe eines unzutreffenden Gestaltungsgrunds abgegebene Gestaltungserklärung ist also jedenfalls nicht wegen Verletzung des Begründungszwangs nichtig. Sie geht aber deshalb ins Leere[242], ist also nichtig, weil der Gestaltungsgrund, auf den sie sich bezog, im Zeitpunkt der Rechtsausübung nicht bestand[243]. Anders ließe sich nur dann entscheiden, wenn der Gestaltende befugt wäre, den unzutreffenden Gestaltungsgrund nachträglich durch den zutreffenden zu ersetzen, so daß statt der Angabe des falschen jetzt die Angabe des richtigen Gestaltungsgrunds zum Inhalt der Gestaltungserklärung gehören würde[244]. Ein solches ersetzendes Nachschieben ist bei Annahme eines Begründungszwangs, der die Grundangabe als einen integrierenden, unselbständigen materiellen Bestandteil des Ausübungsaktes selbst begreift[245], jedoch ausgeschlossen. Gehört nämlich die Grundangabe zum Inhalt der Gestaltungserklärung, so würde sich durch die Auswechslung des genannten unzutreffenden Grundes durch einen zutreffenden nachträglich der Inhalt der Gestaltungserklärung verändern[246]. Es würde sich also nicht mehr um die ursprüngliche, sondern um eine andere Gestaltungserklärung handeln[247]. Eine derartige Manipulation durch nachträgliche Inhaltsänderung widerspricht aber den allgemeinen Lehren[248] über den Inhalt von Willenserklärungen[249]. Danach steht der Inhalt und damit die Rechtswirkung einer Gestaltungserklärung bei Zugang objektiv fest (§ 130 I 2 BGB). Der Gestaltende ist folglich nicht befugt, der Gestaltungserklärung durch das Nachschieben eines zutreffenden Gestaltungsgrunds noch nachträglich einen anderen als den ursprünglichen Inhalt zu geben[250]. Zwar ist es dem Gestaltungsberechtigten anheim gestellt, ob er von seiner Gestaltungsbefugnis überhaupt Gebrauch machen und gegebenenfalls, welches von mehreren ihm zustehenden Gestaltungsrechten er ausüben will[251]. Deshalb steht es auch in seinem Belieben, welchen Gestaltungsgrund er zum Inhalt seiner Gestaltungserklärung erheben will[252]. Hat der Berechtigte die Erklärung jedoch einmal abgegeben, und ist sie dem Betroffenen zugegangen, ist ihr Inhalt endgültig fixiert

---

241 MünchArbR/Berkowsky § 147 Rn. 44 zu § 102 I BetrVG; Kopp/Ramsauer § 39 VwVfG Rn. 2.
242 Vgl. Grimm S. 104.
243 Vgl. Hungerbühler S. 127.
244 Hungerbühler S. 128.
245 Vgl. zu den beiden möglichen Erscheinungsformen der Begründung im Sinne eines Inhaltselements oder eines Formerfordernisses bereits oben bei Fußnote 14.
246 Hungerbühler S. 31.
247 Hungerbühler S. 31.
248 Vgl. nur Staudinger/Gursky § 873 BGB Rn. 147; Staudinger/Ertl (12. Auflage) § 873 BGB Rn. 100.
249 Vgl. Hungerbühler S. 128; Medicus AT Rn. 297 ff.
250 Vgl. Hungerbühler S. 128.
251 Hungerbühler S. 125.
252 Hungerbühler S. 125.

und für den Erklärenden bindend geworden[253]. Diese allgemeine Regel, wonach einseitige empfangsbedürftige, dem Adressaten zugegangene Willenserklärungen nicht mehr einseitig widerrufen werden können, wird vom Gesetz nur in den §§ 873 II, 875 II BGB durchbrochen[254]. Mit dem Zugang der Gestaltungserklärung verliert der Erklärende demnach seine bis zu diesem Zeitpunkt durch § 130 I 2 BGB grundsätzlich zugebilligte Abänderungsbefugnis[255]. Es ist ihm deshalb verwehrt, den Erklärungsinhalt noch nachträglich zu verändern[256]. Der Gestaltungsgegner kann sich, sofern ihm nicht spätestens zugleich mit der Erklärung ein Widerruf zugeht, vom Moment des Zugangs der Erklärung an in der Regel darauf verlassen, daß die Erklärung den Gestaltenden bindet[257].

Im Ergebnis schadet die Angabe eines unzutreffenden Grundes also auch dann, wenn ein zutreffender in Wirklichkeit vorhanden ist, weil eben nur die Angabe des unzutreffenden Grundes zum Inhalt der Gestaltungserklärung gehört und das Nachschieben des zutreffenden Grundes zu einer nachträglichen und deshalb unzulässigen Änderung des Inhalts der ursprünglichen Gestaltungserklärung führen müßte[258]. Die Gestaltungserklärung ist mit anderen Worten nichtig, weil das mit ihr ausgeübte Gestaltungsrecht nicht bestand und das tatsächlich bestehende durch sie nicht ausgeübt wurde[259]. Da dem Gestaltungsakt demnach bereits aus materiellrechtlichen Gründen die Wirksamkeit versagt wird, bedarf es des „Umwegs" über die prozessuale Unbeachtlichkeit des Nachschiebens durch eine Begrenzung des Streitstoffs auf die angegebenen Gründe nicht. Nicht mitgeteilte Gründe bleiben bereits unter materiellen und nicht erst unter formellen Gesichtspunkten unberücksichtigt. Hierin liegt der entscheidende Unterschied gegenüber der Einordnung der Begründung als Formerfordernis wie sie den noch zu besprechenden Formvorschriften des sozialen Miet- und besonderen Kündigungsschutzrechts eigen ist[260].

3. Ergänzendes Nachschieben

Beim ergänzenden Nachschieben dient das nachträgliche Vorbringen weiterer Tatsachen lediglich der Konkretisierung und Erläuterung der in der Gestaltungserklärung zum Gestaltungsgrund angegebenen Tatsachen. Der ursprünglich mitgeteilte Grund soll also nicht durch einen anderen ersetzt werden[261],

---

253 Larenz/Wolf AT § 26 Rn. 46.

254 Larenz/Wolf AT § 26 Rn. 46; Staudinger/Ertl (12. Auflage) § 873 BGB Rn. 100. Im Rahmen des § 929 S.1 BGB ist die Frage umstritten, ob die Parteien an eine erklärte Einigung gebunden sind, bevor die Übergabe erfolgt und damit der Erwerbsvorgang abgeschlossen ist. Der überwiegende Teil der Literatur und die Rechtsprechung (z. B. BGHZ 7, 111, 115) lehnen eine solche Bindungswirkung ab. Vgl. Staudinger/Wiegand § 929 BGB Rn. 82 ff.

255 Vgl. Staudinger/Dilcher § 130 BGB Rn. 59.

256 Hungerbühler S. 125.

257 Larenz/Wolf AT § 26 Rn. 46.

258 Vgl. Hungerbühler S. 151; Lent AcP 152, 401, 411.

259 von Tuhr AT II 1 § 53 I 4, S. 216 Fußnote 68.

260 Vgl. unten bei Fußnote 313.

261 Hungerbühler S. 219.

vielmehr bleibt der ursprünglich mitgeteilte Gestaltungsgrund maßgeblich[262]. Da beim ergänzenden Nachschieben die Identität der Gestaltungserklärung erhalten bleibt[263], wird es von Literatur und Rechtsprechung für zulässig erklärt[264].

Wichtig ist in diesem Zusammenhang deshalb die Abgrenzung zwischen der (zulässigen) Erläuterung mitgeteilter Kündigungsgründe und dem (unzulässigen) Nachschieben neuer Kündigungsgründe[265]. Die Grenze zwischen Substantiierung und Darlegung neuer Kündigungsgründe beziehungsweise der Erweiterung des Kündigungssachverhalts kann dabei nicht generell, sondern nur im Einzelfall bestimmt werden[266]. Hierzu vertritt das BAG[267] im Rahmen des § 102 I BetrVG die Auffassung, die Erläuterungen zu den dem Betriebsrat mitgeteilten Kündigungsgründen dürften weder zusätzliche Kündigungsgründe noch Vorwürfe oder Tatsachen enthalten, die den bisherigen Vortrag erst zu einem kündigungsrechtlich relevanten Grund machen oder dem Kündigungsgrund erheblich mehr Gewicht verleihen[268].

4. Erneute Gestaltungserklärung

Bei Unzulässigkeit des (nachholenden und ersetzenden) Nachschiebens von Gestaltungsgründen ist zur Herbeiführung der Rechtsgestaltung erforderlich, daß der Gestaltungsberechtigte seine Erklärung unter Angabe eines zutreffenden Gestaltungsgrundes wiederholt[269]. Denn der Grund wurde durch die unwirksame Kündigung nicht etwa verbraucht oder konsumiert[270]. Die Heranziehung eines neuen Grundes ist also nicht gänzlich ausgeschlossen, sie bedarf lediglich einer erneuten Ausübung des Gestaltungsrechts[271]. Dieser Gegensatz verliert zwar an Schärfe, wenn man in der Geltendmachung des neuen Grundes die erneute Gestaltungserklärung[272]

---

262 Hungerbühler S. 219, 224.

263 Vgl. Hungerbühler S. 31.

264 BAGE 2, 245, 252; BAG NJW 1981, 2316, 2317; NZA 1986, 674, 676; NZA 1997, 761, 762; APS/Dörner § 626 BGB Rn. 49; APS/Koch § 102 BetrVG Rn. 166; Esser/Schmidt SAT I 1 § 20 IV 2 c, S. 334; GK/Kraft § 102 BetrVG Rn. 139; Hueck/von Hoyningen-Huene § 1 KSchG Rn. 165; Hungerbühler S. 219; Kittner/Däubler/Zwanziger § 102 BetrVG Rn. 110; Kittner/Zwanziger/Appel § 89 Rn. 18; KR/Etzel § 102 BetrVG Rn. 70; Lent AcP 152, 401, 414, 416; MünchArbR/Berkowsky § 147 Rn. 42; Oehmann BB 1953, 627, 628; Palandt/Putzo vor § 620 BGB Rn. 57; Rinke NZA 1998, 77, 81; Schmidt-Futterer/Blank § 564 b BGB a. F. Rn. 252; Stahlhacke/Preis/Vossen Rn. 855 f; Waechter DB 1962, 571, 572; Winterstein S. 8, 13.

265 Dazu Hungerbühler S. 220 ff.; Esser/Schmidt SAT I 1 § 20 IV 2 c, S. 334 Fußnote 69; Rinke NZA 1998, 77, 81.

266 APS/Koch § 102 BetrVG Rn. 166.

267 BAG NZA 1997, 761, 762.

268 Vgl. Rinke NZA 1998, 77, 81.

269 Hungerbühler S. 22; Lent AcP 152, 401, 411; Sternel IV Rn. 40.

270 Sternel FS Seuss, S. 281, 284. Zur Konsumtion von Gestaltungsrechten durch dessen wirksame Ausübung vgl. unten bei Fußnote 648.

271 Lent AcP 152, 401, 411.

272 Nach Becker AcP 188, 24, 50 Fußnote 76 sei es freilich zu pauschal, in jedem Nachschieben von Gestaltungsgründen die Ausübung eines neuen Gestaltungsrechts zu erblicken. Daran ist soviel richtig, daß sich die Wertung des Nachschiebens als Neuerklärung an den §§ 133, 157 BGB zu orientieren hat und nicht an schematischen Lösungen.

erblickt[273]. Die wiederholte Ausübung des Gestaltungsrechts ist aber vielfach ungünstiger oder gar nicht mehr möglich[274], so daß der Erklärende daran interessiert ist, die ursprüngliche Gestaltungserklärung durch das Nachschieben vor der Nichtigkeit zu bewahren[275]. Dies bedarf an Hand von Beispielen einer näheren Erläuterung.

5. Rechtsnachteile

a) Zeitpunkt der Gestaltung

Der Erklärende ist bei den ex nunc wirkenden Gestaltungserklärungen wie der Kündigung, bei denen der Zeitpunkt des Zugangs der Gestaltungserklärung maßgebend ist für den Zeitpunkt des Eintritts der Rechtswirkung, schon deshalb an der Wirksamkeit seiner ursprünglichen Gestaltungserklärung interessiert, weil eine Wiederholung die Gestaltungswirkung erst zu einem späteren Termin herbeiführen würde[276].

Erstes Beispiel [277]: Der Arbeitgeber A kündigt dem Arbeitnehmer B am 01.03. fristlos, weil B an diesem Tag seinen Arbeitsanweisungen nicht Folge geleistet hat. Im Kündigungsschutzprozeß am 25.03. erkennt A, daß das Arbeitsgericht den einmaligen Ungehorsam nicht als wichtigen Grund im Sinne des § 626 I BGB ansieht, so daß seine außerordentliche Kündigung vom 01.03. unwirksam wäre. Deshalb trägt A nunmehr zusätzlich vor, B habe ihn am 01.03. auch bestohlen, was auch bewiesen wird. Für das angerufene Gericht ergibt sich jetzt folgende Fragestellung: Kann der wichtige Grund des Diebstahls zur Stützung der andernfalls unwirksamen Kündigung rückwirkend zum 01.03. nachgeschoben werden, so daß das Arbeitsverhältnis bereits zum 01.03. aufgelöst wurde? Oder ist der Kündigung vom 01.03. die Wirksamkeit zu versagen, so daß das Vorbringen des Diebstahls im Prozeß als erneute Kündigung gewertet werden muß, die das Arbeitsverhältnis dann erst ab dem 25.03. beendet hat? Für A hätte dies die nachteilige Konsequenz, daß B für die Zeit vom 01.03. bis 25.03. noch Gehalt verlangen könnte (§ 615 BGB[278])[279]. Dieser zeitliche Unterschied wird dabei umso bedeutsamer, je später der zweite Grund vorgetragen wird[280].

---

273 Lent AcP 152, 401, 411, 412.
274 Hungerbühler S. 22; Lent AcP 152, 401, 412 ff.
275 Hungerbühler S. 23.
276 Hungerbühler S. 22; Lent AcP 152, 401, 413, 414.
277 Nach Hungerbühler S. 21.
278 Die dem Arbeitgeber obliegende Zuweisung von Arbeit ist eine kalendermäß bestimmte Mitwirkungshandlung im Sinne des § 296 BGB (BAG NJW 1985, 935, 2662). Der Arbeitgeber, dessen Kündigung unwirksam ist, kommt daher in Annahmeverzug, ohne daß es eines Arbeitsangebotes des Arbeitnehmers bedarf, vgl. Palandt/Heinrichs § 296 BGB Rn. 2.
279 Hungerbühler S. 169; Winterstein NZA 1987, 728, 731.
280 Vgl. Lent AcP 152, 401, 414.

Zweites Beispiel [281]: V hat sich dem K gegenüber zur Lieferung von Anzugstoffen verpflichtet. Am 30.08. erklärt V jedoch den Rücktritt vom Vertrag, weil ihn K Dritten gegenüber zu Unrecht der Begehung strafbarer Handlungen bezichtigt hatte. K weist die Berechtigung des V zum Rücktritt zurück, fordert ihn zur Lieferung auf und klagt nach dessen endgültiger Verweigerung auf Schadensersatz. Als V im Prozeß erkennt, daß das Gericht ehrverletzende Äußerungen bei einfachen Güterumsatzverträgen nicht als hinreichenden Rücktrittsgrund anerkennt[282], bringt er vor, seine Rücktrittserklärung vom 30.08. lasse sich auf eine positive Vertragsverletzung des K Ende August stützen. Wäre dieses Nachschieben zulässig, hätte die Rücktrittserklärung vom 30.08. den Kaufvertrag aufgelöst, bevor der Schadensersatzanspruch des K entstanden ist[283]. Gelänge es V hingegen nicht, seiner ursprünglichen Rücktrittserklärung durch Nachschieben eines zutreffenden Rücktrittsgrundes Wirksamkeit zu verleihen, machte er sich schadensersatzpflichtig.

b) Fristgerechtigkeit der Gestaltung

Der Gesichtspunkt des Zeitpunkts der Gestaltung entfällt zwar bei den ex tunc wirkenden Gestaltungserklärungen wie der Anfechtung, weil die angegriffene Willenserklärung hier stets von Anfang an vernichtet wird (§ 142 I BGB)[284]. Insoweit ist unerheblich, ob bereits die ursprüngliche Anfechtungserklärung oder erst ihre Wiederholung wirksam ist[285]. Es ergibt sich also keine Differenz in der Wirkung, ob man sich mit der ersten Anfechtung begnügt oder für den zweiten bekannt gewordenen Grund eine gesonderte Erklärung fordert[286]. Viele Gestaltungserklärungen müssen jedoch innerhalb bestimmter Fristen erklärt werden[287]. Daher wird eine Wiederholung der Gestaltungserklärung häufig daran scheitern, daß die Ausschlußfrist inzwischen abgelaufen ist[288]. Bei entfristeten Erklärungen kommt nur die Verwirkung[289] (§ 242 BGB) in Betracht, die aber nur in Ausnahmefällen Bedeutung erlangen kann[290].

Beispiel[291]: Der aus einem Lebensversicherungsvertrag bezugsberechtigte Kläger verlangte nach dem Tod des Versicherungsnehmers von der beklagten Versiche-

---

281 Nachgebildet nach RG JW 27, 1632; vgl. auch Hungerbühler S. 161 f.
282 So BGH LM (1) § 276 BGB.
283 Hungerbühler S. 162.
284 Hungerbühler S. 22, 23; Lent AcP 152, 401, 413.
285 Hungerbühler S. 22, 23.
286 Lent AcP 152, 401, 413.
287 Z. B. §§ 121, 124, 626 II BGB.
288 Hungerbühler S. 23; Lent AcP 152, 401, 412; Medicus AT Rn. 723; MK/Schwerdtner § 622 BGB Anhang Rn. 266 speziell zum Problem der Verzahnung des präventiven Kündigungsschutzes durch den Betriebsrat (§ 102 I BetrVG) mit dem repressiven Kündigungsschutz des Kündigungsschutzgesetzes (§ 1 II 2, 3 KSchG). Zur Unterscheidung zwischen präventivem und repressivem Kündigungsschutz s. Preis S. 70 ff.
289 Staudinger/Peters § 194 BGB Rn. 18; Staudinger/Neumann vor § 620 Rn. 32.
290 Galperin BB 1966, 1458, 1465; Lent AcP 152, 401, 412.
291 Nach BGH NJW 1969, 604. Der Sachverhalt ist abgedruckt bei Lessmann JuS 1970, 504, 505.

rungsgesellschaft Auszahlung der Versicherungssumme. Mit der Begründung, der Versicherungsnehmer habe im Versicherungsantrag verschwiegen, daß er herzkrank und deshalb in ärztlicher Behandlung gewesen sei, focht diese den Vertrag am 07.01.1963 wegen arglistiger Täuschung an. Mit Schreiben vom 20.12.1963 stützte die Beklagte ihre Anfechtung zusätzlich darauf, der Versicherungsnehmer habe trotz einer diesbezüglichen Frage im Versicherungsantrag verheimlicht, daß er bereits vorher bei einer anderen Gesellschaft den Abschluß einer Lebensversicherung beantragt hatte. Dieser Umstand war der Beklagten seit dem 25.01.1962 bekannt gewesen.

Im Prozeß mißlang der Beklagten der Nachweis des zunächst genannten Anfechtungsgrunds. Sie hätte deshalb nur obsiegen können, wenn sie befugt gewesen wäre, den zweiten Anfechtungsgrund zur Rechtfertigung ihrer andernfalls nichtigen Anfechtungserklärung vom 07.01.1963 nachzuschieben[292]. Die Geltendmachung des zweiten Grundes wurde vom BGH[293] jedoch als erneute Anfechtungserklärung gewertet, die wegen Fristablaufs (§ 124 BGB) ebenfalls nichtig war[294].

6. Zwischenergebnis

Die Beispiele verdeutlichen die weitreichende Folgewirkung, die mit einem Begründungszwang einhergehen würde. Wenn man eine Angabe der Gestaltungsgründe in der Gestaltungserklärung fordert, kann man sich überzeugend gegen deren nachträgliches Vorbringen wenden[295]. Die Möglichkeit des ersetzenden Nachschiebens[296] wird insofern durch die Frage der Begründungspflicht präjudiziert[297]. In dieser Fern- respektive Präjudizwirkung zeigt sich die praktische Bedeutung der Postulierung einer generellen Begründungspflicht, so daß hier die entscheidende Relevanz des Themas zu verorten ist[298].

V. Prozessuales Nachschieben

Der Gestaltungsberechtigte erkennt oft erst während des Rechtsstreits, daß der ursprünglich von ihm herangezogene Gestaltungsgrund nicht ausreicht oder insgesamt nicht zutrifft[299]. Die Frage, ob ein nachträglich vorgetragener Grund durch Nachschieben mit Rückwirkung auf die erste Gestaltungserklärung oder nur als gesonderte Erklärung verwertet werden kann, stellt sich daher am häufigsten im

---

292 Hungerbühler S. 143.
293 BGH NJW 1969, 604.
294 Vgl. Hungerbühler S. 143.
295 MK/Mayer-Maly/Busche § 143 BGB Rn. 8.
296 Vgl. Hungerbühler S. 124.
297 Vgl. Falter S. 73 Fußnote 1.
298 Lent AcP 152, 401, 403; Medicus AT Rn. 723.
299 Hungerbühler S. 123; Winterstein S. 1; Winterstein NZA 1987, 728.

Prozeß[300]. Bei der Lösung dieser Problematik sind drei verschiedene Ebenen zu differenzieren[301].

1. Materielle Ebene

Auch beim Nachschieben im Prozeß handelt es sich in erster Linie um ein materiellrechtliches und erst in zweiter Linie um ein prozeßrechtliches Problem[302]. Daher ist beim prozessualen Nachschieben zunächst den dargestellten materiellrechtlichen Beschränkungen Beachtung zu schenken[303].

2. Formell-materielle Ebene

Im sozialen Wohnraummietrecht und besonderen Kündigungsschutzrecht finden sich Vorschriften, die wegen ihrer rechtlichen Doppelnatur[304] im Zwischenbereich[305] zwischen materiellem und formellem Privatrecht anzusiedeln sind. Diesen auf das Verfahren bezogene Vorschriften ist gemein, daß jeweils nicht erst prozessual, sondern bereits vorprozessual (in der Kündigungserklärung, im Anhörungsverfahren) nicht vorgetragene Gestaltungsgründe in einem nachfolgenden gerichtlichen Verfahren ausgeschlossen werden.

a) Soziales Wohnraummietrecht

So weisen die §§ 573 III 2, 575 a I BGB in ihren tatbestandlichen Voraussetzungen materiellrechtliche Bezüge auf, weil sie an ein vorprozessuales Verhalten, die Angabe von Kündigungsgründen in der Kündigungserklärung, anknüpfen. Andererseits legt die Formulierung der Norm („berücksichtigt") es nahe, die Rechtsfolgen eines Gesetzesverstoßes nicht bereits auf materieller Ebene, sondern erst im Prozeßrecht zu suchen.

---

300 Hungerbühler S. 123; Winterstein S. 1.

301 Vgl. Becker AcP 188, 24, 41, 42; Birk Anm. BAG AP § 626 BGB Nr. 1 Bl. 415, 416; Falter S. 73 ff., 98; Hess/Schlochauer/Glaubitz § 102 BetrVG Rn. 43; Löwisch § 1 KSchG Rn. 85 ff.; Schaub § 123 Rn. 68; Spinti AR-Blattei D Kündigungsschutz III/D; Zöllner/Loritz § 22 I 6, S. 278.

302 Hungerbühler S. 23; Lent AcP 152, 401, 416.

303 Schaub § 123 Rn. 68; Spinti AR-Blattei D Kündigungsschutz III/D.

304 Zur Doppelnatur oder Doppelcharakter einer Norm Zöllner AcP 190, 471, 478 Fußnote 24, 485. Speziell zu § 564 b III BGB a. F., der Vorgängerregelung des heutigen § 573 III 2 BGB, Becker AcP 188, 24, 63 Fußnote 112.

305 Zu solchen Grenzbereichen vgl. Roth S. 139; Zöllner AcP 190, 471, 485.

b) Besonderes Kündigungsschutzrecht

In diesen Zusammenhang passen auch die Vorschriften der §§ 9 III 2 MuSchG, 15 III BBiG und 102 I BetrVG. Nach den beiden ersten Normen muß der Kündigende[306] dem Kündigungsgegner die Kündigungsgründe anzeigen. Der letztgenannte Rechtssatz zwingt den Arbeitgeber, dem Betriebsrat die Kündigungsgründe mitzuteilen. Die Vorschrift betrifft also das betriebsverfassungsrechtliche Verhältnis Arbeitgeber-Betriebsrat[307], nicht das individualarbeitsrechtliche Verhältnis Arbeitgeber-Arbeitnehmer[308]. Obwohl keine der drei Bestimmungen eine dem § 573 III 2 BGB entsprechende ausdrückliche Präklusionsregelung enthält[309], schneiden sie, wie § 573 III 2 BGB[310] dem Vermieter, dem Kündigenden im Prozeß die Berufung auf (gewisse), im Anhörungsverfahren nach § 102 I BetrVG[311] beziehungsweise im Kündigungsschreiben nach §§ 9 III 2 MuSchG, 15 III BBiG nicht mitgeteilte Kündigungsgründe ab[312].

c) Rechtsnatur der Begründung

In diesem Kontext ist auf den bereits angedeuteten[313] Unterschied zu der Denkweise zurückzukommen, die in der Grundangabe nicht ein Formerfordernis, sondern einen wesensnotwendigen Bestandteil der Gestaltungserklärung selbst erblickt. Stuft man die Begründung als Bestandteil der rechtsgeschäftlichen Erklärung selbst ein[314], so ist die Wirksamkeit der Erklärung ausschließlich nach der gegebenen Begründung

---

306 § 15 III BBiG gilt sowohl für den Ausbildenden als auch den Auszubildenden, vgl. APS/Biebl § 15 BBiG Rn. 26; KR/Weigand § 15 BBiG Rn. 94.

307 Becker AcP 188, 24, 42; von Stebut S. 33; Wank RdA 1987, 129, 131.

308 Nach Frey BB 1953, 1070, 1071; Reuss AuR 1960, 1, 5 ist aus § 66 I BetrVG 1952, der Vorgängerregelung des heutigen § 102 I BetrVG, der Schluß zu ziehen, daß erst Recht dem Arbeitnehmer gegenüber die Kündigungsgründe mitgeteilt werden müssen. Diese Ansicht wird von Schwerdtner JZ 1973, 377, 379; Löwisch DB 1975, 349, 351 zum heutigen § 102 I BetrVG geteilt. - Dagegen Becker AcP 188, 24, 39, 40 Fußnote 46; Hungerbühler S. 235; Oehmann BB 1953, 1072.

309 Darauf weist auch Zöllner 52. DJT D, S. 142 im Hinblick auf § 15 III BBiG zutreffend hin.

310 Zu § 564 b III 1. Halbsatz BGB a. F. Sternel FS Seuss, S. 281, 286.

311 Vgl. APS/Koch § 102 BetrVG Rn. 169; Becker-Schaffner DB 1996, 426, 427; DKK/Kittner § 102 BetrVG Rn. 75, 76; KR/Etzel § 102 BetrVG Rn. 190 b; Löwisch § 1 KSchG Rn. 86; MK/Schwerdtner § 622 BGB Anhang Rn. 263 ff.; MünchArbR/Berkowsky § 144 Rn. 29; Rinke NZA 1998, 77, 78, 80; Schaub § 123 Rn. 68; Stahlhacke FS Wiese, S. 513, 520; Stahlhacke/Preis/Vossen Rn. 271 zu § 102 I BetrVG. Allgemein zu präventiven Kündigungsschutzverfahren als Wirksamkeitsvoraussetzung für die Kündigung und dem daraus resultierenden Verbot der Nachholung der einzuhaltenden Erfordernisse nach Abschluß des Verfahrens APS/Preis Grundlagen G Rn. 13.

312 So zu § 15 III BBiG BAG AP § 15 BBiG Nr. 1 1972; AP § 15 BBiG Nr. 4 1976; LAG Köln LAGE § 15 BBiG Nr. 5 1987; LAG Hamburg LAGE § 15 BBiG Nr. 11 1997; APS/Preis Grundlagen D Rn. 44; APS/Biebl § 15 BBiG Rn. 27; APS/Rolfs § 9 MuSchG Rn. 94; ErfK/Schlachter § 15 BBiG Rn. 9; Grunsky JuS 1964, 97; Hungerbühler S. 30, 31; Kittner/Zwanziger/Appel § 89 Rn. 17; KR/Pfeiffer § 9 MuSchG Rn. 132 f; KR/Weigand § 15 BBiG Rn. 92, 94; Preis S. 116; Stahlhacke/Preis/Vossen Rn. 75 zu § 15 III BBiG, Rn. 855 f zu § 9 III 2 MuSchG; Staudinger/Preis § 626 BGB Rn. 30.

313 Vgl. oben bei Fußnoten 14, 260.

314 Vgl. Sternel IV Rn. 29, 40.

zu beurteilen[315]. Reicht diese zur Rechtfertigung nicht aus, so ist der Gestaltungsakt unwirksam[316]. Dies gilt selbst bei Existenz anderer Gestaltungsgründe, die objektiv die intendierte Rechtsverschiebung legitimieren könnten. Denn diese Gründe können aus den bereits dargelegten Gründen materiellrechtlich nicht herangezogen werden[317]. Anders beurteilt sich die Rechtslage, wenn die Grundangabe - wie nach den §§ 573 III 1 BGB[318], 9 III 2 MuSchG, 15 III BBiG und 102 I BetrVG - nicht zum Inhalt der Gestaltungserklärung gehört, sondern ein Formerfordernis darstellt. Ebenso wie bei der Grundangabe als Inhaltselement[319] ist zunächst auch bei der Grundnennung als Formzwang unerheblich, ob die angezeigten Umstände geeignet sind, die Kündigung auch materiell zu rechtfertigen[320]. Da also die Benennung der zutreffenden Gründe keine Wirksamkeitsvoraussetzung ist[321], wird man eine durch unzulässige Kündigungsgründe gestützte Kündigungserklärung nicht bereits als formunwirksam einordnen können[322]. Materiellrechtlich gedacht können nach dieser im Unterschied zur erstgenannten Betrachtungsweise nicht offenbarte, aber im Zeitpunkt der Rechtsausübung objektiv vorhandene Kündigungsgründe nachgeschoben werden. Da die Grundangabe nicht zum Inhalt der Gestaltungserklärung zählt, können unzutreffende oder unzureichende Gründe nachträglich durch andere ersetzt werden[323]. Der Zugang der Erklärung bildet in diesem Fall mangels nachheriger Inhaltsveränderung keine zeitliche Schranke. Der Gestaltungsakt ist daher materiell wirksam. Von dieser nach Bürgerlichem Recht zu beurteilenden Gestaltungserklärung ist aber das Geltendmachen der vollzogenen Gestaltung im Prozeß zu trennen[324]. Die vor dem Prozeß außerhalb oder sogar während des Prozesses nach Bürgerlichem Recht vollzogene Gestaltung interessiert nach dem Verhandlungsgrundsatz das Gericht erst dann, wenn sie ihm durch eine Prozeßhandlung (Behaupten oder Bestreiten) zur Kenntnis gebracht wird[325]. Genau dieses Vorbringen wird dem Gestaltenden durch die genannten Vorschriften bezüglich solcher Gründe verwehrt, die er in dem Kündigungsschreiben respektive in der Betriebsratsanhörung nicht mitgeteilt hat. Der Streitstoff wird auf die jeweils angegebenen Kündigungsgründe begrenzt[326]. Das hat

---

315 Lent AcP 152, 401, 411.
316 Lent AcP 152, 401, 411.
317 Vgl. oben bei Fußnote 245.
318 Zur Bedeutung des § 573 III BGB insbesondere des Satzes zwei vgl. ausführlicher unten bei Fußnote 1382.
319 Vgl. oben bei Fußnote 238.
320 So zu § 102 I BetrVG MünchArbR/Berkowsky § 147 Rn. 44.
321 APS/Rolfs § 9 MuSchG Rn. 94.
322 Kittner/Däubler/Zwanziger § 9 MuSchG Rn. 46; Kittner/Däubler/Zwanziger § 102 BetrVG Rn. 73, 75, 77; KR/Pfeiffer § 9 MuSchG Rn. 132 f.
323 Hungerbühler S. 30.
324 Zeiss Rn. 213.
325 Zeiss Rn. 213.
326 So zu § 102 I BetrVG: APS/Koch § 102 BetrVG Rn. 169; Becker-Schaffner DB 1996, 426, 427; DKK/Kittner § 102 BetrVG Rn. 75, 76; KR/Etzel § 102 BetrVG Rn. 190 b; Löwisch § 1 KSchG Rn. 86; MK/Schwerdtner § 622 BGB Anhang Rn. 263 ff.; MünchArbR/Berkowsky § 144 Rn. 29; Rinke NZA 1998, 77, 78, 80; Schaub § 123 Rn. 68; Stahlhacke/Preis/Vossen Rn. 271.
Zu §§ 9 III 2 MuSchG, 15 III BBiG: § 15 III BBiG BAG AP § 15 BBiG Nr. 1 1972; AP § 15 BBiG Nr. 4 1976; LAG Köln LAGE § 15 BBiG Nr. 5 1987; LAG Hamburg LAGE § 15 BBiG Nr. 11 1997; APS/Preis Grundlagen D Rn. 44; APS/Biebl § 15 BBiG Rn. 27; APS/Rolfs § 9 MuSchG Rn. 94; ErfK/Schlachter § 15 BBiG Rn. 9; Grunsky JuS 1964, 97;

zur Folge, daß materiellrechtlich die Gestaltung zwar bewirkt ist, die hierauf gegründete Prozeßhandlung aber unbeachtlich bleibt[327]. Die Kündigung ist damit mittelbar[328] infolge des prozessualen Korrekturmechanismus[329] letztlich wirkungslos[330].

Zusammengefaßt ergibt sich, daß zutreffende, bei Rechtsausübung zwar objektiv vorhandene, aber nicht mitgeteilte Kündigungsgründe nach der ersten Auffassung bereits auf der Ebene des materiellen, nach der anderen Sichtweise hingegen erst auf der Ebene des formellen Rechts nicht berücksichtigt werden.

d) Folgefragen

Das durch ein derartiges Normverständnis bedingte Neben- und Ineinander[331] von formellem und materiellem Recht[332] fördert mehrere spezifische Probleme zu Tage. Von grundlegender Bedeutung ist die Frage, wie sich diese Normen im Grenzbereich beider Rechtsmaterien in die Gesamtregelung des Rechts einfügen. Die genannten Vorschriften sanktionieren vorprozessuale, das heißt materiellrechtliche Versäumnisse bei der Kündigungsbegründung erst im Verfahrensstadium. Möglicherweise müssen Vermieter und Arbeitgeber in der Prozeßstation mit einer umfassenden, globalen Präklusion von Gestaltungsgründen rechnen. Sie sind dann genötigt, eine erneute Kündigungserklärung auszusprechen, was häufig ungünstiger oder sogar unmöglich ist. Die besondere Brisanz besteht darin, inwieweit eine derartige Ausschlußwirkung mit dem materiellen Recht, also den materiellrechtlichen Nachschiebebarrieren konvergiert. Es ist evident, daß eine generelle Freiheit von Begründungszwang und eine dadurch ermöglichte weitgehende Nachschiebebefugnis[333] mit einer globalen Präklusion im Verfahren kollidiert[334] und hierdurch faktisch[335]

Hungerbühler S. 30, 31; Kittner/Zwanziger/Appel § 89 Rn. 17; KR/Pfeiffer § 9 MuSchG Rn. 132 f; KR/Weigand § 15 BBiG Rn. 92, 94; Preis S. 116; Stahlhacke/Preis/Vossen Rn. 75 zu § 15 III BBiG, Rn. 855 f zu § 9 III 2 MuSchG; Staudinger/Preis § 626 BGB Rn. 30.

327 Vgl. Zeiss Rn. 213.

328 So BAG NZA 1995, 363, 365.

329 So Rinke NZA 1998, 77, 78.

330 Vgl. auch BAG NJW 1981, 2772; Esser/Schmidt SAT I 1 § 20 IV 2 c, S. 335; Fischer-Dieskau/Pergande/Schwender/Franke § 564 b BGB a. F. Anm. 43; Hueck FS BAG, S. 243, 262 zu § 102 I BetrVG; MK/Voelskow (2. Auflage) § 564 b BGB a. F. Rn. 68; Nassall MDR 1985, 893, 897 zu § 564 b BGB a. F.; Palandt/Putzo vor § 620 BGB Rn. 57; Schmidt-Futterer/Blank § 564 b BGB a. F. Rn. 248; Soergel/Heintzmann § 564 a BGB a. F. Rn. 11, 14; Winterstein S. 88 zu § 102 I BetrVG; Winterstein NZA 1987, 728 zu § 102 I BetrVG; Wolter S. 266, 267 zu § 564 b III BGB a. F. Nach Erman/Jendrek § 564 b BGB a. F. Rn. 40 ist die im Rahmen des § 564 b III BGB a. F. geführte Kontroverse (Unwirksamkeit der Kündigung oder nur Beschränkung des Prozeßstoffs) ein für die Praxis bedeutungsloser Streit um Worte.

331 Zum Ineinandergreifen individualrechtlicher und betriebsverfassungsrechtlicher Schutzvorschriften vgl. von Stebut S. 32.

332 Vgl. allgemein Zöllner AcP 190, 471, 480 Fußnote 28.

333 Hess/Schlochauer/Glaubitz § 102 BetrVG Rn. 43; Preis S. 116.

334 Preis S. 116. Zur Lösung von Kollisionsproblemen beim Aufeinandertreffen verschiedener Rechtssysteme für den Bereich des Kündigungsrechts vgl. Preis S. 88 ff.

335 So Preis S. 116, 117.

in ihr Gegenteil verkehrt wird[336]. Für den Gestaltenden gerät diese gesetzliche Antinomie mitunter zur „Rechtstücke[337]" und zum prozessualen Stolperstein. So wird er häufig erst in der gerichtlichen Auseinandersetzung nicht nur über die Unzulänglichkeit des von ihm ursprünglich als ausreichend erachteten Grundes belehrt. Darüber hinaus muß er gewahren, daß die materiellrechtlichen Vorschriften, auf die er sein Augenmerk richtete, für sich genommen nur die halbe Wahrheit[338] bedeuteten. Juristisch nicht vorgebildete[339] beziehungsweise rechtlich nicht beratene[340] Vermieter und Arbeitgeber trifft die Präklusion oft unversehens, weil sie über keine vertieften Kenntnisse im BGB oder BetrVG verfügen[341]. Ihnen hat sich die - wegen des Zusammenspiels der Normen erforderliche - Erkenntnis verschlossen, die materiellen und hybrid-formell-materiellen Normen als Sinneinheit, als zusammengehörende Teile einer Gesamtregelung zu begreifen.

Zwar hat der Gesetzgeber im September des Jahres 2001 den für diese Sondierung relevanten Gesetzeskomplex des sozialen Mietrechts (§§ 569 IV, 573 III BGB) textlich und systematisch neu gefaßt. Der aufgezeigte Normkonflikt innerhalb der Rechtsmaterien wurde dabei aber nur unvollständig beseitigt. So normiert § 573 III 1 BGB, in Übereinstimmung mit den §§ 9 III 2 MuSchG, 15 III BBiG und 102 I BetrVG, lediglich, daß eine Begründung erfolgen muß. Stehen dem Gestaltenden mehrere Gründe zur Verfügung, so ist wie bei den arbeitsrechtlichen Regelungen fraglich, ob er alle oder nur ganz bestimmte Umstände angeben muß[342]. Hinsichtlich des Umfangs der Begründung hat der Erklärende wiederum die Synergieeffekte der materiellen und formellen Bestimmungen zu beachten, will er im Prozeß nicht eine weitgehende Präklusion erleiden.

Die oben dargestellte Unausgewogenheit zwischen formellem und materiellem Recht kann auch unter kündigungsrechtlicher Perspektive erfasst werden[343]. Eine unter allgemeinen kündigungsschutzrechtlichen Gesichtspunkten favorisierte grundsätzliche Nachschiebemöglichkeit erführe jedenfalls durch besondere Kündigungsschutzvorschriften (§§ 573 III 2 BGB, 9 III 2 MuSchG, 15 III BBiG und 102 I BetrVG) eine merkliche Entwertung[344]. So könnte zum Beispiel der Arbeitgeber von einer im allgemeinen zugebilligten Nachschiebebefugnis nur Gebrauch machen, wenn kein Betriebsrat besteht[345]. Angesichts dieses Spannungsverhältnisses wird deshalb auch

336 Vgl. Galperin/Löwisch § 102 BetrVG Rn. 30; Herschel/Löwisch § 1 KSchG Rn. 80.
337 So Honsell AcP 186, 115, 152.
338 Vgl. Zöllner AcP 190, 471, 474.
339 Auf diesen Aspekt weist Rinke NZA 1998, 77, 79 zutreffend hin.
340 Vgl. Hinz NZM 2001, 264, 272.
341 Vgl. Gamillscheg FS BAG, S. 117, 124.
342 Zu dieser Frage ganz allgemein Lent AcP 152, 401, 408 f.; speziell zur Kündigung im Arbeitsrecht Nikisch (2. Auflage) § 48 II 4, S. 569; Reuss AuR 1960, 1, 2.
343 Legt man die Betonung auf die präventive Kündigungsschutzvorschrift des § 102 I BetrVG (vgl. APS/Preis Grundlagen G Rn. 10), läßt sich auch eine Kollision zwischen präventivem und repressivem Kündigungsschutz konstatieren.
344 In diese Richtung LAG Hamburg LAGE § 15 BBiG Nr. 11 1997; Kittner/Däubler/Zwanziger § 102 BetrVG Rn. 109.
345 Kittner/Däubler/Zwanziger § 102 BetrVG Rn. 109; Preis S. 116, 117.

zu untersuchen sein, inwieweit eine Forderung nach einer Synchronisierung von allgemeinem und besonderem Kündigungsschutz gerechtfertigt erscheint.

3. Formelle Ebene

Es ist allgemein anerkannt, daß nachgeschobene Gestaltungsgründe aus verfahrensrechtlichen Erwägungen zurückgewiesen werden können[346]. Im Zivilprozeß kommen jene Präklusionsvorschriften in Betracht, die eine Zurückweisung wegen verspäteten prozessualen Vorbringens ermöglichen[347]. Zu diesen, der Verhütung von Prozeßverschleppungen dienenden Normen, zählen insbesondere die §§ 282, 296, 530, 531 ZPO[348]. Für das arbeitsgerichtliche Verfahren bestehen eine Reihe von prozessualen Verspätungsvorschriften[349] im Arbeitsgerichtsgesetz, die ebenfalls der Beschleunigung des Verfahrens dienen[350]. So verkürzt zum Beispiel § 47 I ArbGG die Einlassungsfrist[351] und § 59 S. 1 ArbGG die Einspruchsfrist[352] auf eine Woche. Durch § 56 II ArbGG wird die Dauer des Verfahrens in bezug auf den Vortrag von Angriffs- und Verteidigungsmitteln begrenzt[353]. Die Regelung entspricht dem § 296 I ZPO[354]. Neben § 9 I ArbGG, welcher generell der Verkürzung von Arbeitsgerichtssachen dienen soll, ist insbesondere § 61 a ArbGG zu beachten, der speziell die Beschleunigung von Kündigungsschutzverfahren im Auge hat[355]. Zusätzlich kommen schließlich über § 46 II ArbGG auch die allgemeinen Beschleunigungsvorschriften der ZPO (§§ 296 II, 532 ZPO) zur Anwendung[356]. In diesen Kontext ist auch der Ausschluß von Tatsachen durch die Rechtskraft respektive eine „allgemeine rechtskraftfremde Präklusion" zu verorten. Diesem Thema widmet sich das vierte Kapitel der Studie.

---

346 BAG NJW 1980, 2486; Birk Anm. BAG AP § 626 BGB Nr. 1 Bl. 415, 417; Falter S. 73; Hungerbühler S. 87, 225; MK/Schwerdtner § 622 BGB Anhang Rn. 262; Oehmann BB 1953, 627, 628; Palandt/Putzo vor § 620 BGB Rn. 36; Schaub § 123 Rn. 72; Schwerdtner NZA 1987, 361, 362; Waechter DB 1962, 571, 572; Winterstein S. 125.

347 Vgl. Zöllner/Loritz § 22 I 6, S. 278.

348 Hungerbühler S. 87, 225; Rosenberg/Schwab/Gottwald § 84, S. 451 ff.; Zeiss Rn. 204 ff.

349 Vgl. MK/Schwerdtner § 622 BGB Anhang Rn. 262.

350 Löwisch § 1 KSchG Rn. 87; Winterstein S. 125.

351 Nach § 274 III 1 ZPO gilt für den Zivilprozeß eine Frist von zwei Wochen.

352 Vgl. demgegenüber § 339 I ZPO, wonach die Einspruchsfrist zwei Wochen beträgt.

353 Winterstein S. 125.

354 Winterstein S. 125.

355 Dazu Schaub § 123 Rn. 72; Winterstein S. 125.

356 Winterstein S. 125.

2. Kapitel

Die Angabe des Gestaltungsgrunds

§ 7 Übersicht der gesetzlichen und vertraglichen Regelung

I. Gesetzliche Regelung

Der Gesetzgeber hat eine unstimmige Regelung geschaffen. Der den relevanten Themenkomplex erfassende Normenbestand kann kein lückenloses System vorweisen[357]. Prägenden Eindruck hinterläßt vielmehr die disparate Einzelgesetzgebung, die nur vereinzelt einen Begründungszwang statuiert. Die insgesamt unübersichtliche und widersprüchliche Regelung im geltenden Recht[358] entspricht im wesentlichen derjenigen im Verwaltungsrecht vor Inkrafttreten des VwVfG[359]. So unterlagen Verwaltungsakte nur aufgrund diverser Einzelvorschriften einer gesetzlichen Begründungspflicht, bis schließlich in § 39 I VwVfG die generelle Pflicht zur Begründung von Verwaltungsakten statuiert wurde[360]. Eine solche dem § 39 I VwVfG[361] vergleichbare Regelung, die eine generelle Begründungspflicht der Gestaltungsrechtsausübung vorschreibt, existiert bisher nicht[362]. Die Fälle, in denen das Gesetz eine Begründungspflicht respektive deren Entbehrlichkeit ausdrücklich festlegt, bilden die Ausnahme. Die insoweit normierten Sachverhaltskonstellationen finden sich in erster Linie im Wohnraummietrecht und im Arbeitsrecht, also in Rechtsbereichen, die durch eine reale Imparität der Vertragsparteien und die Verfolgung antinomischer Interessen gekennzeichnet werden. In der Regel bedarf es zur Umgestaltung der Rechtslage keiner Begründung des Ausübungsaktes[363]. Bei den weitaus meisten Gestaltungsrechten (zum Beispiel Anfechtung, Aufrechnung, Rücktritt, Kündigung außerhalb von Arbeits- und Wohnraummietverhältnissen) fehlt ein verbindlicher Maßstab. Es wird weder eine Begründungspflicht angeordnet, noch wird umgekehrt deren Abkömmlichkeit ausdrücklich hervorgehoben.

II. Bedeutung der Grundangabe

Das Gesetz kennt drei differierende Gestaltungsbeschränkungen abgestufter Intensität, die sich in ihrer Wirkung erheblich voneinander unterscheiden. Zum einen kann

---

357 Becker AcP 188, 24, 36.
358 So Wank RdA 1992, 225, 231 zur Rechtslage im Arbeitsrecht.
359 Vgl. dazu oben in Fußnote 13.
360 Vgl. Scheffler DÖV 1977, 767, 768.
361 Vgl. zu dieser Norm oben in Fußnote 13.
362 Im Rahmen der Überlegungen zur Reform des Kündigungsschutzrechts wird vorgeschlagen, den Arbeitgeber generell zu zwingen, seine Kündigungsgründe bei Ausspruch der Kündigung in vollem Umfang zu nennen und ihn mit anderen Gründen für die Rechtfertigung jedenfalls dieser Kündigung auszuschließen. Vgl. Becker/Rommelspacher ZRP 1976, 40, 43; Hueck/von Hoyningen-Huene Einleitung Rn. 69; Wank RdA 1992, 225, 231; Zöllner 52. DJT D, S. 142.
363 Becker AcP 188, 24, 36.

die Grundangabe Formerfordernis dergestalt sein, daß bei dessen Nichtbeachtung der Ausübungsakt nichtig ist[364]. Die Mitteilung der Gestaltungsgründe muß in diesem Fall bereits bei Ausspruch der Gestaltungserklärung erfolgen. Zuweilen räumt der Gesetzgeber dem Gestaltungsgegner lediglich einen schuldrechtlichen Anspruch auf Mitteilung der Gestaltungsgründe ein. Der gegen diese Pflicht verstoßende Gestaltende hat Schadensersatzansprüche zu gewärtigen, nicht hingegen die unmittelbare Nichtigkeit seiner Gestaltungserklärung. Eine ganz andere Frage ist dann, ob sich ein derartiger Schadensersatzanspruch auf den durch die Kündigung selbst entstandenen Schaden mit der Folge erstrecken kann, daß der Arbeitnehmer weiterzubeschäftigen wäre[365]. Weil die Grundanzeige in dieser Konstellation keine Ausübungsvoraussetzung, sondern lediglich ein Auskunftsproblem darstellt, muß der Berechtigte die Gründe auch erst nach Ausspruch seiner Erklärung und zudem erst auf Verlangen des Betroffenen offenbaren. Die geringste Gestaltungsbeschränkung trifft den Gestaltenden, für den die Begründung seines Ausübungsaktes lediglich eine Obliegenheit darstellt. Deren Verletzung führt also weder zur Nichtigkeit der Erklärung noch zu Schadensersatzansprüchen. Der Gestaltende muß lediglich mit Rechtsnachteilen (vgl. § 93 b II ZPO) rechnen[366]. Auch in dieser Gruppe wird die Obliegenheit erst auf Verlangen des Betroffenen aktiviert.

III. Gesetzliche Regelungsdichte

Die gesetzliche Regelungsdichte überwiegt in den Bereichen des Arbeitsrechts und des sozialen Wohnraummietrechts. Daher bietet es sich an, diesen Sektionen den Komplex der übrigen Gestaltungsrechte gegenüberzustellen.

1. Arbeitsrecht

Im arbeitsrechtlichen Kontext legen § 9 III 2 MuSchG und § 15 III BBiG dem kündigenden Arbeitgeber einen Begründungszwang hinsichtlich seiner Kündigungserklärung auf[367]. Schließlich hat der Arbeitgeber im Rahmen der Anhörung des Betriebsrates diesem die Kündigungsgründe mitzuteilen (§ 102 I 2 BetrVG). Nach diesen Vorschriften ist die Grundangabe ein Formerfordernis[368].

Die §§ 626 II 3 BGB, 1 III 1 2. Halbsatz KSchG gewähren dem gekündigten Arbeitnehmer gegen den Arbeitgeber einen Anspruch auf Mitteilung der Kündigungsgründe[369]. Nach § 64 II Seemannsgesetz[370] ist der Kapitän verpflichtet, die

---

[364] Hungerbühler S. 75, 76; Kittner/Zwanziger/Appel § 89 Rn. 16.
[365] Vgl. BAG AuR 1960, 90, 91; Hungerbühler S. 75 Fußnote 1.
[366] Vgl. Palandt/Weidenkaff § 546 a BGB a. F. Rn. 13.
[367] Dazu Kittner/Zwanziger/Appel § 89 Rn. 16.
[368] Zu der Frage, ob sich die Nichtigkeitsfolge der Kündigung bei § 9 III 2 MuSchG und § 15 III BBiG aus § 125 BGB oder aus § 134 BGB ergibt, vgl. Falter S. 42 ff.
[369] Vgl. zum ganzen MünchArbR/Wank § 118 Rn. 21.
[370] Vom 26.07.1957 (BGBl. II S. 713).

außerordentliche Kündigung und deren Grund unverzüglich in das Schiffstagebuch einzutragen und eine von ihm unterzeichnete Abschrift der Eintragung dem Besatzungsmitglied auszuhändigen. Diese Eintragung hat keine konstitutive Wirkung, sondern lediglich beweissichernde Funktion[371]. Die Grundangabe ist in diesem Komplex als schuldrechtliche Auskunftspflicht ausgestaltet.

2. Wohnraummietrecht

Die Angabe der Kündigungsgründe ist gesetzlich vorgeschrieben für die ordentliche und erleichterte Vermieterkündigung (§§ 573 III 1, 573 a III BGB), für die außerordentliche Vermieterkündigung mit gesetzlicher Frist (§§ 573 d I, 575 a I in Verbindung mit §§ 573 III 1, 573 a III BGB) sowie für die außerordentliche fristlose Kündigung aus wichtigem Grund durch Vermieter oder Mieter (§ 569 IV BGB)[372]. Die Begründung nach diesen Vorschriften ist materiellrechtliche Wirksamkeitsvoraussetzung der Kündigung wie im vergleichbaren Fall der §§ 9 III 2 MuSchG, 15 III BBiG, 102 I 2 BetrVG[373].

3. Rechtslage im übrigen

Bei der Entziehung des Pflichtteils muß der Entziehungsgrund nach § 2336 II BGB in der letztwilligen Verfügung angegeben werden. Endlich findet sich noch in § 355 I 2 BGB die umgekehrte Regelung, daß der Widerruf des Verbrauchers keiner Begründung[374] bedarf[375].

4. Gestaltungsgegenrechte

Die Gestaltungsgegenrechte verdienen deshalb eine gesonderte Betrachtung, weil ihre Ausübung grundsätzlich begründet werden muß. Die Grundangabe ist bis auf eine Ausnahme Wirksamkeitsvoraussetzung. Bei den Zurückweisungsrechten wird vom Gesetz klar zum Ausruck gebracht, daß die Zurückweisung unter Hinweis auf den Zurückweisungsgrund erfolgen muß[376]. So verlangen die §§ 111 S. 2, 174 S. 1, 353 S. 1, 410 I 2, 1160 II BGB[377], daß die Zurückschlagung der einseitigen Erklärung

---

371 APS/Dörner § 64 SeemG Rn. 1.

372 Vgl. Palandt/Weidenkaff § 542 BGB Rn. 14, § 568 BGB Rn. 9.

373 Vgl. Palandt/Weidenkaff § 569 BGB Rn. 23, § 573 BGB Rn. 48.

374 Nach dem oben bei Fußnote 158 Gesagten ist hiermit das Gestaltungsmotiv des Erklärenden und nicht etwa ein Gestaltungsgrund gemeint.

375 Dem öffentlichen Recht zuzuordnen und deshalb nur in einer Fußnote erwähnt sei noch § 60 II 2 VwVfG, wonach die Kündigung eines öffentlichrechtlichen Vertrages begründet werden „soll".

376 Kipp FS Martitz, S. 211, 217; von Tuhr AT II 1 § 53 I 4, S. 214.

377 Aus § 1160 BGB ergibt sich, daß das Gesetz die Einrede in bezug auf das Erfordernis der Angabe des Grundes anders behandelt, als die Gestaltungsgegenrechte: Die Zurückweisung einer Kündigung oder Mahnung muß unter Angabe des Grundes erfolgen (§ 1160 II BGB),

„aus diesem Grunde" erfolge[378]. Auch der Widerspruch des Betriebsrats gegen die Arbeitgeberkündigung muß unter Angabe der in § 102 III BetrVG genannten Widerspruchsgründe erfolgen[379]. Zwar enthält das Gesetz keine entsprechende ausdrückliche Vorschrift[380]. Gemäß § 102 II 1 BetrVG müssen lediglich die Bedenken des Betriebsrats eine Begründung aufweisen. Doch der Widerspruch nach § 102 III BetrVG stellt nur eine qualifizierte Form der Bedenken dar[381], so daß § 102 II 1 BetrVG auch insoweit (also nicht nur bezüglich der Frist) für den Widerspruch gilt[382]. Nach § 574 b I 2 BGB soll der Mieter auf Verlangen des Vermieters über die Gründe seines Widerspruchs (§ 574 BGB) unverzüglich Auskunft zu erteilen. Die Bestimmung weist Besonderheiten hinsichtlich des Zeitpunkts und der Qualität des Rechtsbefehls auf. Die Begründung braucht nicht bereits bei Ausspruch des Widerspruchs, und außerdem „soll" sie nur auf Verlangen des Vermieters erfolgen. Im Unterschied zu den übrigen Gestaltungsgegenrechten bedeutet die Grundangabe für den Widerspruch des Mieters nach der positiven Regelung also keine Wirksamkeitsvoraussetzung. Die Vorschrift ähnelt in ihrer rechtlichen Konstruktion insofern den §§ 626 II 3 BGB, 1 III 1 2. Halbsatz KSchG. Im Unterschied zu diesen statuiert jene allerdings keine Pflicht, sondern eine bloße Obliegenheit („soll") des Mieters zur Grundangabe[383].

IV. Vertragliche Regelung

Entsprechend den gesetzlichen ist auch bei den vertraglichen Gestaltungsbeschränkungen zu unterscheiden, ob die Angabe Wirksamkeitsvoraussetzung sein soll oder lediglich dem Gestaltungsgegner ein Anspruch auf Mitteilung der Gestaltungsgründe eingeräumt wird[384]. Die einen werden als unmittelbar dinglich[385] wirkende, die anderen als schuldrechtliche Kündigungsbeschränkungen bezeichnet[386]. Was von den Parteien gewollt ist, muß im Wege der Auslegung ermittelt werden[387]. Es entspricht dabei der subsidiär eingreifenden gesetzlichen Auslegungsregel des

während § 1160 I BGB für den Widerspruch gegen die hypothekarische Klage, der als Einrede konzipiert ist, die Angabe des Grundes nicht verlangt. Vgl. von Tuhr AT II 1 § 53 I 4, S. 214, 215 Fußnote 63, der diese gesetzliche Diskrepanz nicht als bloßes Redaktionsversehen ansieht.

378 BAG NJW 1981, 2374, 2375 zu § 174 BGB; Palandt/Heinrichs § 111 BGB Rn. 5; von Tuhr AT II 1 § 53 I 4, S. 214.

379 Hess/Schlochauer/Glaubitz § 102 BetrVG Rn. 83, 86; GK/Kraft § 102 BetrVG Rn. 105.

380 Vgl. Galperin/Löwisch § 102 BetrVG Rn. 82.

381 Galperin/Löwisch § 102 BetrVG Rn. 80.

382 GK/Kraft § 102 BetrVG Rn. 104.

383 Palandt/Weidenkaff § 546 a BGB a. F. Rn. 13.

384 Esser/Schmidt SAT I 1 § 20 II, S. 329; Hueck/Nipperdey I § 56 VI 1, S. 552; Schaub § 123 Rn. 65.

385 Zur Kritik an dieser Terminologie vgl. von Stebut S. 87.

386 Molitor S. 194 ff.; Oetker S. 290 ff.; von Stebut S. 87.

387 Vgl. APS/Preis Grundlagen D Rn. 22; Hueck/Nipperdey I § 56 VI 1, S. 552; Reuss AuR 1960, 1, 4; Schaub § 123 Rn. 65.

§ 125 S. 2 BGB, daß die Kündigung ohne Einhaltung der vereinbarten Form im Zweifel nichtig ist[388].

1. Dingliche Kündigungsbeschränkungen

Die Vereinbarung einer dinglichen Kündigungsbeschränkung ist nicht wegen Verstoßes gegen § 137 S. 1 BGB unwirksam[389]. Zwar ist die Norm auf Gestaltungsgeschäfte, welche ebenfalls Verfügungscharakter haben[390], entsprechend anwendbar[391]. Dies gilt jedoch nur dann, wenn sich die Gestaltungsgeschäfte auf ein veräußerliches Recht im Sinne des § 137 S. 1 BGB beziehen[392]. Die Vorschrift setzt also das Bestehen eines veräußerlichen Rechts voraus[393]. Bei den einschlägigen Vereinbarungen zwischen Vermieter und Mieter beziehungsweise Arbeitgeber und Arbeitnehmer ist der Inhalt des Kündigungsrechts selbst Gegenstand der Übereinkunft[394]. Die Absprache, daß ein gesetzlich vorgesehenes Kündigungsrecht beschränkt oder abbedungen wird, ist als abstrakter, verfügender Vertrag zu qualifizieren, der ein aus dem Dauerschuldverhältnis erwachsenes Gestaltungsrecht betrifft[395]. Der jeweilige Miet- oder Arbeitsvertrag wird von den Parteien dahingehend geändert, daß die Kündbarkeit ohne Grundangabe ausgeschlossen ist[396]. Dieser vertragliche Ausschluß der Veräußerlichkeit wird von § 137 S. 1 BGB nicht verboten[397]. Die gegenüber dem betroffenen Vertragspartner übernommene Verpflichtung, das Kündigungsrecht nur unter bestimmten Voraussetzungen (Grundangabe) auszuüben, wird also nur deshalb für wirksam gehalten, weil sie dogmatisch nicht als Entäußerung rechtsgeschäftlicher Handlungsfähigkeit, sondern als Inhaltsbestimmung und Modifizierung des ursprünglichen Vertrages qualifiziert wird[398]. Diese Inhaltsbestimmung beschränkt das Recht selbst und nicht nur die Fähigkeit, darüber zu verfügen[399].

---

388 Vgl. APS/Preis Grundlagen D Rn. 24, 44. - Anderer Ansicht ohne Begründung MK/Schwerdtner vor § 620 BGB Rn. 146: im Zweifel keine Wirksamkeitsvoraussetzung.

389 Vgl. von Stebut S. 91.

390 Palandt/Heinrichs vor § 104 BGB Rn. 17. So ist beispielsweise die Kündigung als rechtsvernichtendes Gestaltungsrecht eine Verfügung über das gekündigte Recht, weil der Bestand des Rechtsverhältnisses unmittelbar betroffen wird, vgl. APS/Preis Grundlagen D Rn. 3; Esser/Schmidt SAT I 1 § 20 II, S. 328.

391 MK/Mayer-Maly/Armbrüster § 137 BGB Rn. 12. In der durch § 102 VI BetrVG zugelassenen Vereinbarung zwischen Arbeitgeber und Betriebsrat, daß Kündigungen der Zustimmung des Betriebsrats bedürfen, steckt eine Ausnahme zu § 137 S. 1 BGB, vgl. MK/Mayer-Maly/Armbrüster § 137 BGB Rn. 24.

392 Vgl. Staudinger/Dilcher § 137 BGB Rn. 11.

393 Däubler NJW 1968, 1117, 1118.

394 Vgl. Staudinger/Dilcher § 137 BGB Rn. 13 zu § 399 Fall 2.

395 von Stebut S. 88.

396 von Stebut S. 87; von Tuhr AT II 1 § 60 II, S. 371 Fußnote 42.

397 Däubler NJW 1968, 1117, 1120.

398 von Stebut S. 91.

399 Esser/Schmidt SAT I 1 § 20 II, S. 329; von Stebut S. 91.

Der Verstoß gegen eine dingliche Kündigungsbeschränkung findet seine Sanktion in der Nichtigkeit der Willenserklärung[400]. Eine trotz Vorliegens der Einschränkung ausgesprochene Kündigung ist unwirksam[401].

2. Schuldrechtliche Kündigungsbeschränkungen

Aus dem Grundsatz der Vertragsfreiheit (vgl. auch § 137 S. 2 BGB) wird allgemein gefolgert, daß auch solche vertraglich vereinbarte Kündigungsbeschränkungen zulässig sind, die nicht zur Unwirksamkeit einer dennoch ausgesprochenen Kündigung führen und damit auch keinen Bestandsschutz darstellen, sondern nur Schadensersatzansprüche begründen[402].

Das Wesen schuldrechtlicher Kündigungshindernisse besteht demgemäß darin, daß eine Kündigung, für sich genommen, wirksam ausgesprochen werden kann. Der Ausspruch einer solchen an sich wirksamen Erklärung verstößt aber gegen vertragliche Pflichten des Kündigenden, der bei Verschulden zu einer Schadensersatzpflicht des Gestaltenden aus dem Gesichtspunkt der schuldhaften Vertragsverletzung führen kann[403].

3. Vertragliche Regelungsdichte

Entsprechend der gesetzlichen Regelung konzentrieren sich auch die rechtsgeschäftlichen Abreden im Arbeits- und sozialen Mietrecht[404]. Grundangabe als formale Wirksamkeitsvoraussetzung wird zum Beispiel für die arbeitsrechtliche Kündigung gelegentlich in Einzelverträgen, Betriebsvereinbarungen und Tarifverträgen[405] vereinbart[406]. In gleicher Weise kann der Bestandsschutz von Wohnungsmietern durch Beschränkungen des Kündigungsrechts des Vermieters über die gesetzliche Regelung hinaus erweitert werden[407].

---

400 BAG AuR 1960, 93, 94; Emmerich/Sonnenschein § 564 BGB a. F. Rn. 32; Hueck/Nipperdey I § 56 VI 1, S. 552; Schaub § 123 Rn. 65; von Stebut S. 87.

401 Grunsky JuS 1964, 97, 98.

402 von Stebut S. 89.

403 BAG AuR 1960, 93, 94; Esser/Schmidt SAT I 1 § 20 II, S. 329; Nikisch § 48 I 2, S. 687, 688; Oetker S. 290, 291; von Stebut S. 91.

404 Vgl. von Stebut S. 80.

405 Tarifliche Formvorschriften stehen den gesetzlichen gleich, so daß deren Verletzung nach § 125 S. 1 BGB die Nichtigkeit der Erklärung wegen Formmangels zur Folge hat, vgl. BAG BB 1978, 405; BB 1999, 1710; Nikisch § 48 II 3, S. 690; Palandt/Heinrichs § 125 BGB Rn. 6.

406 APS/Preis Grundlagen D Rn. 20, 21; Hueck/Nipperdey I § 56 VI 1, S. 552; Hungerbühler S. 75 Fußnote 3, 96; Schaub § 123 Rn. 65; von Stebut S. 80.

407 von Stebut S. 80.

§ 8 Der Meinungsstand in Lehre und Judikatur

Im folgenden werden zunächst die in Lehre und Rechtsprechung vertretenen beiden Grundauffassungen skizziert. Dies geschieht aus Gründen der Veranschaulichung in bewußter Vereinfachung und Außerachtlassung der stattlichen Zahl von Mittelmeinungen[408].

Fraglos müssen Gestaltungsrechte durch Gestaltungserklärung ausgeübt werden[409]. Zur Herbeiführung der Gestaltungswirkung sind also zwei Grundvoraussetzungen unabdingbar: ein Gestaltungsrecht und eine Gestaltungserklärung der entsprechenden Kategorie, also zum Beispiel ein Anfechtungsrecht und eine Anfechtungserklärung[410]. Zweifelhaft ist aber, ob darüber hinaus eine rechtliche Beziehung zwischen den beiden Elementen, dem konkreten Gestaltungsrecht und der Gestaltungserklärung, bestehen muß und gegebenenfalls, wie sich diese Beziehung auf den Inhalt der Gestaltungserklärung auswirkt[411]. Hierzu streiten zwei Grundauffassungen um Anerkennung[412].

I. Herrschende Ansicht

Nach der herrschenden Meinung besteht keine rechtliche Beziehung zwischen dem konkreten Gestaltungsrecht und der Gestaltungserklärung. Liegt objektiv ein Gestaltungsgrund und damit ein Gestaltungsrecht im Zeitpunkt der Rechtsausübung vor, und geht dem Gestaltungsgegner eine Gestaltungserklärung der entsprechenden Kategorie zu, so tritt die Gestaltungswirkung ohne weitere Wirksamkeitsvoraussetzungen ein[413]. Mangels eines spezifischen Verhältnisses zwischen konkretem Gestaltungsrecht und Gestaltungserklärung braucht sich letztere auch nicht auf einen bestimmten Gestaltungsgrund zu beziehen[414]. Wird in der Gestaltungserklärung dennoch ein Gestaltungsgrund angegeben, handelt es sich dabei nur um einen Hinweis[415]. Die Grundangabe wird dadurch also nicht zum wesensnotwendigen Inhalt der Gestaltungserklärung[416].

1. Konsequenz für das Nachschieben

Daraus ergibt sich für die Zulässigkeit des Nachschiebens folgende Situation. Da die Mitteilung des Gestaltungsgrundes keine Ausübungsvoraussetzung bildet, ist auch

---

408 Vgl. zu diesen nur MK/Mayer-Maly/Busche § 143 BGB Rn. 7.
409 Vgl. Hungerbühler S. 29.
410 Hungerbühler S. 29.
411 Vgl. Hungerbühler S. 29.
412 Vgl. Hungerbühler S. 29.
413 BAGE 14, 65, 67.
414 Hungerbühler S. 29.
415 BGHZ 27, 220, 225; Lent AcP 152, 401, 411; Waechter DB 1962, 571, 572.
416 BAGE 14, 65, 68; Lent AcP 152, 401, 411.

eine ohne Grundangabe abgegebene Gestaltungserklärung wirksam[417]. Der Erklärende kann deshalb auch noch nachträglich Gründe zu ihrer Rechtfertigung nennen, kann die Grundangabe also nachholen[418]. Gleichermaßen ist auch ersetzendes und ergänzendes Nachschieben möglich[419]. Weil die Grundangabe nicht zum wesensnotwendigen Inhalt der Gestaltungserklärung gehört, können unzutreffende oder unzureichende Gründe nachträglich durch andere ersetzt oder ergänzt werden[420].

2. Befürworter

Diesen Standpunkt vertreten der BGH[421], das BAG[422] und das überwiegende Schrifttum[423] für die ordentliche und außerordentliche Kündigung des Dienst- und Arbeitsverhältnisses sowie nicht geschützter (Wohnraum-) mietverhältnisse[424]. Das BAG[425] hat die Möglichkeit des Nachschiebens von Kündigungsgründen lediglich für den Fall in Frage gestellt, daß der Kündigende im Prozeß die Kündigungsgründe völlig auswechselt[426]. Vom Blick des materiellen Rechts aus sieht also insbesondere das BAG keine Möglichkeit für eine Beschränkung des Nachschiebens von Kündigungsgründen, da die arbeitsrechtliche Kündigung zu ihrer Wirksamkeit keiner Begründungspflicht unterliegt[427]. Das Gericht kann dem Nachschieben demnach lediglich betriebsverfassungsrechtlich[428] und prozessual Einhalt gebieten[429].

II. Gegenansicht

Dagegen ist nach der anderen Meinung erforderlich, daß sich jede wirksame Gestaltungserklärung, mit der ein grundabhängiges Gestaltungsrecht ausgeübt werden soll, auf einen konkreten Gestaltungsgrund bezieht[430]. Diese Beziehung zwischen Gestaltungsrecht und Gestaltungserklärung wird dadurch hergestellt, daß die Angabe des (tatsächlich oder nur vermeintlich bestehenden) Gestaltungsgrunds, auf dem

---

417 Hungerbühler S. 30.
418 APS/Preis Grundlagen D Rn. 46; Hungerbühler S. 30; Lent AcP 152, 401, 410.
419 APS/Preis Grundlagen D Rn. 46; Hungerbühler S. 30.
420 Hungerbühler S. 30.
421 BGHZ 27, 220, 225; BGH NJW 1984, 2091, 2093.
422 BAGE 14, 65, 69; BAG NJW 1980, 2486.
423 APS/Preis Grundlagen D Rn. 39; Hueck/Nipperdey I § 56 VI 1, 3, S. 552, 553; Hueck/von Hoyningen-Huene § 1 KSchG Rn. 159; Hungerbühler S. 56; Kittner/Zwanziger/Appel § 89 Rn. 15; Larenz SBT II 1 § 52 III d, S. 336; MK/Schwerdtner vor § 620 BGB Rn. 91, 143; MünchArbR/Wank § 118 Rn. 21 ff.; Schellhammer BGB Rn. 414; Stahlhacke/Preis/Vossen Rn. 70; Waechter DB 1962, 571, 572; Zöllner/Loritz § 22 I 5, S. 277.
424 OLG Karlsruhe NJW 1982, 2004; OLG Zweibrücken MDR 1981, 185; Fischer-Dieskau/Pergande/Schwender/Franke § 564 BGB a. F. Anm. 7.5 b; Sternel FS Seuss, S. 281, 282, 283, 287.
425 BAG NJW 1980, 2486. Zu diesem Urteil APS/Preis Grundlagen D Rn. 47.
426 Zu diesem Sonderfall des ersetzenden Nachschiebens oben bei Fußnote 207.
427 Vgl. Birk Anm. BAG AP § 626 BGB Nr. 1 Bl. 415, 416; Zöllner/Loritz § 22 I 6, S. 278.
428 Von den besonderen Vorschriften der §§ 15 III BBiG, 9 III 2 MuSchG einmal abgesehen.
429 Vgl. Birk Anm. BAG AP § 626 BGB Nr. 1 Bl. 415, 416, 417.
430 Hungerbühler S. 30.

das auszuübende Gestaltungsrecht nach Sicht des Gestaltenden beruhen soll, zum wesensnotwendigen Inhalt der Gestaltungserklärung gezählt wird[431].

1. Konsequenz für das Nachschieben

Da die Angabe des Gestaltungsgrunds zum wesensnotwendigen Inhalt der Gestaltungserklärung gehört, muß der Gestaltungsgrund bei Abgabe der Erklärung ausdrücklich oder doch schlüssig angegeben werden[432]. Eine ohne Grundangabe abgegebene Gestaltungserklärung ist also unvollständig und wegen Unbestimmbarkeit ihres wesensnotwendigen Inhalts nichtig. Ein Nachholen der Grundmitteilung ist damit unzulässig[433]. Ebenso ist nach dieser Einschätzung auch ein ersetzendes Nachschieben ausgeschlossen. Denn nach Ausspruch und Zugang der Gestaltungserklärung steht ihr Inhalt, ihre Identität fest, so daß der Gestaltende hieran gebunden ist[434]. Lediglich ergänzendes Nachschieben ist auch nach dieser Auffassung rechtlich möglich, da hierdurch der ursprünglichen Gestaltungserklärung keine neue Identität verliehen wird[435].

2. Befürworter

Diese Argumentation vertritt eine verbreitete und im Vordringen befindliche Meinung[436] für die Anfechtungserklärung nach §§ 143[437], 2081[438] BGB, für die Rücktrittserklärung[439] und für den Widerruf einer Schenkung nach § 531 I BGB[440].

---

431 Hungerbühler S. 30; Lent AcP 152, 401, 407, 408, 411; Sternel IV Rn. 29, 40.

432 Hungerbühler S. 30.

433 Hungerbühler S. 31; Staudinger/Preis 626 BGB Rn. 30.

434 Vgl. Hungerbühler S. 125, 128 und oben bei Fußnote 250.

435 Dazu oben bei Fußnote 261.

436 Nach Flume DB 1979, 1637 ist diese Auffassung für den Bereich der Anfechtungserklärung nach § 143 BGB herrschend.

437 So mit unterschiedlicher Nuancierung BGH LM Nr. 5 zu § 119 BGB; BGH MDR 1955, 24, 25; NJW 1968, 2099; NJW 1972, 45; BB 1984, 1317, 1318; BGHZ 88, 240, 245; 91, 324, 332; Bork AT Rn. 906; Flume AT II § 31 2, S. 560, 561; Flume DB 1979, 1637; Jauernig/Jauernig § 143 BGB Rn. 2; Kipp FS Martitz, S. 211, 216; Lessmann JuS 1970, 504, 505; Medicus AT Rn. 724; MK/Mayer-Maly/Busche § 143 BGB Rn. 9, 10; Palandt/Heinrichs § 143 BGB Rn. 3; Schellhammer BGB Rn. 2422; Soergel/Hefermehl § 143 BGB Rn. 2; Staudinger/Coing (11. Auflage) § 143 BGB Rn. 4; Staudinger/Roth § 143 BGB Rn. 10, 11; von Tuhr AT II 1 § 53 I 4, S. 215. - Anderer Ansicht sind RGZ 65, 86, 88; Becker AcP 188, 24, 43, 44; Erman/Palm § 143 BGB Rn. 1.

438 RG JW 1911, 656 f.; OLG Köln NJW 1956, 1522 f. (andere als die geltend gemachten Gründe kann das Gericht nicht nachprüfen); MK/Leipold § 2081 BGB Rn. 16; Soergel/Loritz § 2081 BGB Rn. 8; Staudinger/Otte § 2081 BGB Rn. 12; von Lübtow I S. 331, 332. - Anderer Ansicht, es braucht also kein Grund der Anfechtung angegeben zu werden, sind BayObLG FamRZ 1989, 1346, 1347; FamRZ 1992, 226; Palandt/Edenhofer § 2081 BGB Rn. 2.

439 RGZ 142, 268, 274 (anders für die Kündigung); BGHZ 11, 80, 86; Palandt/Heinrichs § 276 BGB Rn. 126.

440 RG WarnRspr 1915 Nr. 281, S. 435, 436; WarnRspr 1940 Nr. 5, S. 12; bestätigt durch BGHZ 31, 77, 81 (letztere Entscheidung bezieht sich primär auf das Heimfallrecht nach dem

Ferner ist beim Vereinsausschluß[441] der Ausschließungsgrund in der Ausschließungserklärung anzugeben[442], und die Aufrechnungserklärung nach § 388 S. 1 BGB muß nicht nur den Aufrechnungswillen des Erklärenden klar zum Ausdruck bringen. Darüber hinaus hat sie auch die Forderungen, die durch die Aufrechnung getilgt werden sollen, deutlich zu bezeichnen[443]. Bei den materiellrechtlichen Einreden, die nach herrschender Ansicht zu den Gestaltungsrechten zählen[444], erscheint es schließlich schon selbstverständlich[445], daß bei der Erhebung der Grund (Verjährung, nichterfüllter Vertrag und so weiter) genannt wird[446].

Sternel[447] bejaht die Begründungspflicht der Kündigung bei allen Mietverhältnissen und nicht nur bei solchen über Wohnraum, die Kündigungsschutz genießen. Zu § 70 HGB a. F. befand Schröder[448], der Kündigende müsse in seiner Erklärung die Gründe angeben, aus denen er die Befugnis zur außerordentlichen Kündigung ableitet. Andernfalls sei die Willenserklärung unwirksam.

Reichsheimstättengesetz vom 19.07.1940 [RGBl. I S. 1027]); Erman/Seiler § 531 BGB Rn. 1; Knütel NJW 1970, 121, 123.

441 BGHZ 87, 337, 343; Becker AcP 188, 24, 44 Fußnote 61; Hungerbühler S. 120; Knütel NJW 1970, 121, 123; Staudinger/Weick § 35 BGB Rn. 50.

442 Becker AcP 188, 24, 67 Fußnote 123 zieht hieraus den Schluß, daß sich eine Begründungspflicht umso eher annehmen läßt, je eher das Rechtsverhältnis zwischen den Beteiligten subordinationsrechtliche Züge annimmt.

443 Knütel NJW 1970, 121, 123; Lent AcP 152, 401, 403; Staudinger/Gursky § 388 BGB Rn. 11.

444 Bötticher FS Dölle I, S. 41, 49; Enneccerus/Nipperdey AT I 1 § 73 I 3 c, S. 442 Fußnote 15; Jahr JuS 1964, 293; Krampe AcP 191, 163, 165; Larenz/Wolf AT § 15 Rn. 87, § 18 Rn. 67; Roth S. 34, 132; von Tuhr AT I § 10 I, S. 197. Zwar ist die Einrede kein Aufhebungsrecht. Gleichwohl kann man sie aber als Gestaltungsrecht bezeichnen, weil eine Anspruchsgestaltung auch darin liegt, daß der Anspruch in seiner Wirkung gehemmt wird (so Enneccerus/Nipperdey AT I 1 § 73 I 3 c, S. 442 Fußnote 15). Das Einrederecht ist damit nur ein besonderes Gestaltungsrecht, weil seine Ausübung andere Wirkungen hat, als die Ausübung anderer Gestaltungsrechte, vgl. Jahr JuS 1964, 293, 305. Damit ist auch eine weitere Parallele zu den allgemeinen Gestaltungsrechten aufgezeigt. Ebenso wie bei diesen bedarf es bei jenen zur Herbeiführung der Wirkungen im Regelfall der Ausübung des Einrederechts. Die Ausübung, die durch Geltendmachung oder Berufung auf den Einredetatbestand erfolgt, erfordert jedoch keine rechtsgeschäftliche Willenserklärung, sondern nur eine tatsächliche Willensäußerung, vgl. Larenz/Wolf AT § 15 Rn. 87; Roth S. 126. Nur ausnahmsweise wirkt die Einredelage auch ipso iure. Vgl. dazu Jahr JuS 1964, 293, 302; Roth S. 129. - Demgegenüber hat Seckel S. 19, 20 die Einreden aus den Gestaltungsrechten ausgeklammert, vgl. dazu Bötticher FS Dölle I, S. 41, 50.

445 Nach Roth S. 130 dürfte diese Frage deshalb in der Praxis auch selten eine Rolle spielen.

446 Kipp FS Martitz, S. 211, 217; Knütel NJW 1970, 121, 123; Oertmann ZHR 78, 1, 28, 29; Roth S. 132. - Anderer Ansicht ist von Tuhr AT II 1 § 53 I 4, S. 214, 215 Fußnote 63, unter Hinweis auf die Tatsache, daß das Gesetz die Einrede in § 1160 I BGB in bezug auf das Erfordernis der Angabe des Grundes anders behandelt, als das zu den Gestaltungsgegenrechten zählende Zurückweisungsrecht in § 1160 II BGB. Vgl. bereits oben in Fußnote 377. Die Problematik, ob die Leistungsverweigerung in abstrakter Form genügt, oder vielmehr die Bezugnahme auf einen Einredetatbestand erforderlich ist, ist in Rechtsprechung und Literatur kaum vertieft worden, vgl. Roth S. 130. Dies ist auf die geringe praktische Relevanz dieser Frage zurückzuführen, vgl. vorherige Fußnote.

447 Sternel IV Rn. 36; Sternel FS Seuss, S. 281, 292 ff.

448 Schlegelberger/Schröder § 70 HGB a. F. Rn. 12.

Überdies gehen Lent[449] und Hungerbühler[450] davon aus, daß bei allen grundabhängigen Gestaltungsrechten, also auch bei der Kündigung eines Arbeitsverhältnisses[451], die Angabe des Gestaltungsgrundes zum Inhalt der Gestaltungserklärung gehöre.

III. Ergebnis

Die außerordentliche Kündigung insbesondere des Arbeitsverhältnisses stellt nach alledem eine Ausnahmeerscheinung innerhalb der Gestaltungsrechte dar. Sie muß nach der vorherrschenden Ansicht anders als die genannten anderen Gestaltungsrechte nicht begründet werden. Deshalb ist es gerechtfertigt, den weiteren Gang der Darstellung auf dieses Aufhebungsrecht zu konzentrieren. Hierzu werden zunächst die allgemeinen, für alle Gestaltungsrechte gültigen Grundsätze entwickelt. Anschließend wird die (außerordentliche und ordentliche) Kündigung von Dienst- und Mietverhältnissen untersucht, um eventuell bestehende Eigentümlichkeiten dieser Gestaltungsrechte herauszustellen.

§ 9 Begründung von Gestaltungsrechten als Individualisierungsproblem

Ausgangspunkt der folgenden theoretischen Untersuchung ist die dogmatische[452] Frage, ob das durch die Erklärung ausgeübte Gestaltungsrecht zu seiner Individualisierung der Angabe des Grundes bedarf[453], oder ob die Individualität des Aufhebungsrechts[454] sich allein nach der Art und dem Inhalt der herbeizuführenden Rechtswirkung bestimmt[455]. Die Beantwortung dieser Frage hängt von der rechtlichen Wirkung mehrerer Gestaltungsgründe ab[456].

I. Mehrere Gestaltungsgründe

Einigkeit herrscht insoweit, daß beim Vorliegen eines Gestaltungsgrundes die Existenz eines Gestaltungsrechts angenommen wird[457]. Solange also nicht mehrere Gestaltungsgründe konkurrieren, erzeugt ein Gestaltungsgrund ein Gestaltungsrecht[458]. Streitig ist dagegen die rechtliche Bedeutung des einzelnen Gestaltungsgrunds, wenn mehrere Gestaltungsgründe derselben Kategorie, also

449 Lent AcP 152, 401, 408, 411.
450 Hungerbühler S. 64.
451 Dafür speziell auch Reuss AuR 1960, 1, 2.
452 Vgl. Reuss AuR 1960, 1, 2.
453 Lent AcP 152, 401, 407.
454 Wir nehmen ein solches als Beispiel.
455 Vgl. Hellwig § 10 III, S. 79.
456 Vgl. Grunsky JuS 1964, 97, 99; Hungerbühler S. 37.
457 Hungerbühler S. 35.
458 Hungerbühler S. 35.

zum Beispiel diverse wichtige Gründe im Sinne des § 626 I BGB gleichzeitig gegeben sind[459]. Dann stellt sich die Frage, ob auch bei der Kollision von Gestaltungsgründen jeder Gestaltungsgrund ein besonderes Gestaltungsrecht erzeugt (Rechtsmehrheit) oder ob vielmehr trotz Vorliegens mehrerer Gestaltungsgründe nur ein Gestaltungsrecht (Rechtseinheit) besteht[460].

Wie in der Konkurrenzlehre[461] überhaupt, so finden sich auch in diesem Ausschnitt hieraus - ähnlich der Lehre von der Anspruchskonkurrenz[462] - viele Unklarheiten. Der Gesetzgeber hat schon keine Bestimmung über die Kollision von Ansprüchen getroffen. Seine Ansicht ging dahin, daß eine allgemeine, alle Konkurrenzfälle umfassende Vorschrift nicht zu formulieren sei[463]. So hat er die Lösung des Problems der Wissenschaft überantwortet[464]. Erst recht mußte das Parallelproblem bei den Gestaltungsrechten unbehandelt bleiben[465], da der Begriff des Gestaltungsrechts den Verfassern des BGB noch unbekannt war[466]. In der Wissenschaft hat bisher nur die Anspruchskonkurrenz[467] ausführliche dogmatische Behandlung erfahren[468]. Der Fragenkomplex innerhalb der Gestaltungsrechte wird nur in Einzelfällen[469] erörtert, wobei die Sachlage noch dadurch zusätzlich kompliziert wird, daß die Problematik der Rechtseinheit oder Rechtsmehrheit für die einzelnen Gestaltungsrechte nicht einheitlich beantwortet wird[470]. Primär stehen die Gestaltungsklagerechte im Fokus des Interesses[471]. Auch in dieser Untersuchung soll weder eine umfassende theoretische Erfassung des ganzen Konkurrenzproblems noch des Ausschnitts der Gestaltungsgründe erfolgen. Dies ist nicht das Ziel dieser Arbeit. Hinzuweisen ist im folgenden nur auf den Zusammenhang zwischen dem Inhalt der Gestaltungserklärung und der rechtlichen Bedeutung mehrerer Gestaltungsgründe.

---

459 Hungerbühler S. 35.
460 Vgl. Arens S. 33.
461 Vgl. zu Konkurrenzfragen ganz allgemein Röhl § 74, S. 583 ff.
462 Vgl. Georgiades S. 1. Dazu unten bei Fußnote 568.
463 Georgiades S. 1.
464 Motive I, S. 278 = Mugdan I, S. 506; Schubert/Jakobs S. 1246.
465 Als Ausnahmebestimmung ist § 475 BGB a. F. zu nennen, der klarstellt, daß sich die Gewährleistung stets auf den einzelnen Mangel bezieht. Vgl. Hellwig § 10 III 1, S. 80 Fußnote 6 a; Jauernig/Vollkommer § 475 BGB a. F. Rn. 1.
466 Erst Hellwig § 1 I 5, S. 2, § 10 III, S. 79 ff.; Zitelmann IPR II III 1, S. 32 ff. und insbesondere Seckel S. 12 haben nachgewiesen, daß es sich bei den Gestaltungsrechten neben Ansprüchen und Herrschaftsrechten um eine besondere Kategorie von subjektiven Rechten handelt. Vgl. Grunsky JuS 1964, 97, 101 Fußnote 43.
467 Vgl. Georgiades S. 1.
468 Seckel S. 47 Fußnote 137 läßt die Frage der Kollision und der Konkurrenz mehrerer Gestaltungsrechte ausdrücklich unberührt. Die Unterschiede zwischen Kollision und Konkurrenz zeigt Röhl § 74 I, S. 583 auf.
469 Lent I S. 179 ff.; zur außerordentlichen Kündigung Nikisch (2. Auflage) § 48 II 4, S. 569.
470 Hungerbühler S. 35. Vgl. exemplarisch Nikisch (2. Auflage) § 48 II 4, S. 569, der zwischen außerordentlicher Kündigung und Anfechtung unterscheidet.
471 Vgl. zum Beispiel Arens S. 33; Nikisch AcP 154, 271, 291.

II. Zwei Grundthesen

1. Differenzierende Ansicht

Die herrschende Ansicht befürwortet bei den einer Begründung bedürfenden Gestaltungsrechten, also Anfechtung[472], Rücktritt und Widerruf einer Schenkung[473], Rechtsmehrheit. Dagegen nimmt sie bei der Kündigung des Dienst- und Arbeitsverhältnisses, deren Ausübung nicht begründet werden muß, Rechtseinheit an[474]. Liegen mehrere Tatsachen vor, von denen jede für sich allein zur Kündigung berechtigen würde, besteht nach dieser Überzeugung also dennoch nur ein Kündigungsrecht. Die mehreren Gestaltungsgründe bilden hiernach lediglich unterschiedliche Gesichtspunkte, die das eine Gestaltungsrecht mehrfach begründen[475]. Nach der überwiegenden Ansicht stellt die Kündigung danach ein systemwidriges Gestaltungsrecht dar.

Daraus ergibt sich für die Begründungspflicht der Kündigung folgendes Bild. Da auch bei mehreren Kündigungsgründen nur ein Kündigungsrecht besteht, ist zur Individualisierung der Kündigungserklärung nicht erforderlich, daß sie sich auf einen dieser rechtlichen Gesichtspunkte bezieht[476]. Die Gestaltungserklärung muß nicht den jeweiligen Bezugspunkten dergestalt zugeordnet werden, daß aus ihr ersichtlich wird, auf welche der Erklärende seine Kündigung stützen will. Individualisiert wird die Kündigung schon genügend durch das Arbeitsverhältnis, zu dessen Beendigung sie erklärt worden ist, und durch das Datum ihrer Erklärung, so daß unter dieser Hinsicht mangels näherer gesetzlicher Regelung die Erfüllung weiterer Umstände nicht erforderlich ist[477]. Die Angabe des Kündigungsgrundes gehört daher nach dieser Meinung nicht zum rechtsgeschäftlichen Teil der Erklärung der Kündigung[478].

---

472 RGZ 57, 358, 362; RG WarnRspr 1916 Nr. 7, S. 11 f.; RGZ 100, 205, 206 f.; BGHZ 34, 32, 39; BGH NJW 1966, 39. Vorbezeichnete Entscheidungen sprechen sich zwar nicht ausdrücklich für Rechtsmehrheit aus, sind aber nur vor diesem Hintergrund verständlich. Von Rechtsmehrheit beim Vorliegen mehrerer Anfechtungsgründe geht auch Flume DB 1979, 1637 aus. Explizit für Rechtsmehrheit Gernhuber BR S. 54; Hellwig § 10 III 1, S. 80; Lent I S. 180; Nikisch (2. Auflage) § 48 II 4, S. 569; von Tuhr AT I § 10 V, S. 202; von Tuhr AT II 1 § 53 I 4, S. 215.

473 RG WarnRspr 1915 Nr. 281, S. 435, 436; 1940 Nr. 5, S. 12; bestätigt durch BGHZ 31, 77, 81, 82 (letztere Entscheidung bezieht sich primär auf das Heimfallrecht nach dem Reichsheimstättengesetz vom 19.07.1940 [RGBl. I S. 1027]).

474 BAGE 14, 65, 69; BAG NZA 1986, 674; Nikisch (2. Auflage) § 48 II 4, S. 569.

475 Hungerbühler S. 36.

476 Hungerbühler S. 36.

477 BAGE 14, 65, 69.

478 BAGE 14, 65, 67.

2. Gegenmeinung

Nach der anderen Ansicht[479] erzeugt dagegen auch bei der Kündigung - ebenso wie bei den anderen grundabhängigen Gestaltungsrechten - jeder Gestaltungsgrund ein selbständiges Gestaltungsrecht[480]. Bei der außerordentlichen Kündigung (§§ 543, 569, 626 BGB) formt demnach jeder wichtige Grund ein außerordentliches Kündigungsrecht[481]. Es liegen ebenso viele Kündigungsrechte wie Kündigungsgründe vor[482]. Diese Meinung hat somit zur Folge, daß es kein Kündigungsrecht an sich gibt. Vielmehr bringt jeder Kündigungsgrund ein ganz konkretes Kündigungsrecht hervor[483]. Die Kündigung nimmt sich als systemkonformes Gestaltungsrecht aus.

Dieser Standpunkt wirkt sich auf die Begründungspflicht der Kündigung folgendermaßen aus. Gesetzliche Bestimmungen, die - vergleichbar den §§ 366 II, 367 I, 396 I 2, 396 II BGB - das Konkurrenzverhältnis mehrerer Kündigungsgründe regeln, existieren nicht[484]. Dieses Fehlen einer normativen Präzisierung führt dazu, sie ersatzweise vom Kündigungsberechtigten zu verlangen[485]. Denn damit festgestellt werden kann, welches Kündigungsrecht durch den Gestaltenden ausgeübt werden sollte, muß sich die Kündigungserklärung auf einen ganz bestimmten Kündigungsgrund beziehen. Aus diesem Grunde gehört die Mitteilung des Kündigungsgrundes zum wesensnotwendigen Inhalt der Kündigungserklärung[486].

III. Rechtseinheit oder Rechtsmehrheit

Vorstehende Ausführungen haben den Konnex zwischen der Beurteilung des Vorliegens mehrerer Gestaltungsgründe und dem Inhalt der Gestaltungserklärung verdeutlicht. Die unterschiedliche Bewertungsmöglichkeit des gleichzeitigen Vorliegens mehrerer Gestaltungsgründe bildet hiernach die Ursache des zuvor aufgezeigten Meinungsstreits über die Ausübungsvoraussetzungen grundabhängiger Gestaltungsrechte[487]. Da bei der Kündigung verschiedene Kündigungsgründe im Gegensatz zu den anderen Gestaltungsrechten nur ein Kündigungsrecht erzeugen, muß die Kündigungserklärung - wiederum im Gegensatz zu den anderen Gestaltungsrechten - auf den Kündigungsgrund nicht Bezug nehmen. Die Analysierung des Konkurrenzverhältnisses mehrerer Gestaltungsgründe bildet insofern eine

---

479 Grunsky JuS 1964, 97, 101 f.; Hellwig § 10 III 1, S. 80; Hungerbühler S. 37; Knütel NJW 1970, 121, 123; Lent AcP 152, 401, 407 f.; Lent JZ 1959, 728, 729; Reuss AuR 1960, 1, 2; von Tuhr AT II 1 § 53 I 4, S. 216.

480 Demgegenüber scheint Becker AcP 188, 24, 45 der Überzeugung zu sein, daß mehrere Gestaltungsgründe generell nur ein Gestaltungsrecht entstehen lassen.

481 Hungerbühler S. 37.

482 Hungerbühler S. 37.

483 Lent AcP 152, 401, 407.

484 Vgl. Becker AcP 188, 24, 46.

485 Hiergegen verwahrt sich Becker AcP 188, 24, 46 ausdrücklich.

486 Knütel NJW 1970, 121, 123, 124.

487 Vgl. Hungerbühler S. 35.

entscheidende Weichenstellung bei der Bestimmung der Wesensmerkmale einer Gestaltungserklärung. Im folgenden ist deshalb zu klären, ob sich die von der herrschenden Literatur und der Rechtsprechung insoweit vertretene Sonderstellung und Systemwidrigkeit der Kündigung rechtfertigen läßt oder ob diese vielmehr ohne sachlichen Grund einen Fremdkörper unter den Gestaltungsrechten verkörpert.

1. Argumentation des BAG für Rechtseinheit

In seinem Urteil zur außerordentlichen Kündigung des Arbeitsverhältnisses hat sich das BAG[488] mit der Sichtweise von Lent[489] und Reuss[490] auseinandergesetzt und es ausdrücklich abgelehnt, daß jeder wichtige Grund ein eigenes Kündigungsrecht schafft. Das Gericht führt aus, es gebe, „mögen auch noch so viele Kündigungsgründe bestehen, nur ein einziges Kündigungsrecht, nämlich das Recht, das bis dahin noch bestehende Arbeitsverhältnis durch den Gestaltungsakt der Kündigung zu beenden"[491]. Sei dies erst einmal durch eine berechtigte Kündigung geschehen, so verlören alle später eintretenden oder erst jetzt bekanntgewordenen Kündigungsgründe ihre rechtliche Bedeutung, da jetzt kein Arbeitsverhältnis mehr bestehe, das noch gestaltet werden könne[492]. Weitere Begründungen zugunsten der Auffassung von der Rechtseinheit finden sich in der Rechtsprechung nicht.

2. Widerlegung

a) Konkurrenz von Gestaltungsrechten vor Rechtsausübung

Der Gedankengang des BAG kann nicht überzeugen. Es geht nämlich nicht um die Frage, ob nach Herbeiführung der Gestaltungswirkung durch Zugang der Kündigungserklärung noch weitere Kündigungsrechte entstehen können[493]. Vielmehr ist zu beleuchten, ob dem Kündigungsberechtigten vor der Abgabe seiner Kündigungserklärung mehrere Kündigungsrechte zustehen können[494]. In diesem Zusammenhang stellt es nichts Außergewöhnliches dar, wenn mehrere Rechte derart auf denselben Erfolg gerichtet sind, daß mit Erlöschen des einen auch die übrigen untergehen[495]. Dafür bieten gerade die Gestaltungsrechte anschauliche Beispiele. So hat der über einen Sachmangel arglistig getäuschte Käufer das Wahlrecht, ob er den Kaufvertrag nach § 123 BGB anfechten will oder ob er es vorzieht, vom Vertrag zurückzutreten oder zu mindern[496]. Optiert er für die Anfechtung, so erlischt der Kaufvertrag rückwir-

488 BAGE 14, 65, 69.
489 Lent AcP 152, 401, 407.
490 Reuss AuR 1960, 1, 2.
491 BAGE 14, 65, 69.
492 BAGE 14, 65, 69.
493 Vgl. Hungerbühler S. 38.
494 Hungerbühler S. 38.
495 Grunsky JuS 1964, 97, 100.
496 Vgl. Grunsky JuS 1964, 97, 100.

kend (§ 142 I BGB), so daß für Rücktritt oder Minderung kein Raum mehr ist. Gleichwohl kann es nicht zweifelhaft sein, daß dem Käufer zunächst mehrere Gestaltungsrechte zustehen, die, soweit sie den Bestand des Kaufvertrages betreffen, auf denselben Erfolg gerichtet sind[497]. Daß mit Ausübung des einen Rechts auch das andere erlischt, ist eine andere Frage. Ähnlich ist auch die Rechtslage bei der Gesamtschuld, bei der dem Gläubiger mehrere Forderungen zustehen, die Erfüllung durch einen Gesamtschuldner aber die Forderungen gegen die übrigen Schuldner ebenfalls zum Erlöschen bringt (§ 422 I 1 BGB)[498]. Schließlich sei noch auf die akzessorischen Rechte hingewiesen. Mit dem Untergang des gesicherten Rechts erlischt regelmäßig auch das Sicherungsrecht (zum Beispiel §§ 767 I 1, 1252 BGB). Die Abhängigkeit mehrerer Rechte voneinander ist vor diesem Hintergrund also eine unserer Rechtsordnung immanente Erscheinung[499].

b) Juristische Kausalität

Aber auch wenn man sich die Rechtslage nach erfolgter Gestaltung vergegenwärtigt, erweist sich die Betrachtungsweise des BAG als Trugschluß. Grundlage der folgenden Überlegung ist die Ähnlichkeit zwischen Naturgesetzen und Rechtsgesetzen, die beide als Konditionalprogramm[500] strukturiert sind[501]. Wegen dieser Affinität zwischen Naturgesetzen und Rechtsnormen wird der Zusammenhang von Tatbestand und Rechtsfolge als „juristische Kausalität" aufgefaßt[502].

Die Begründung des BAG zieht aus dieser Idee der „juristischen Kausalität", die von seinem Standpunkt aus nicht anders als analog der natürlichen Kausalität aufgefaßt werden kann[503], die praktische Konsequenz, daß eine Rechtsfolge nicht zweimal entstehen, ein bereits erloschenes Recht nicht mehr aufgehoben werden kann[504]. Der Senat knüpft in seiner Entscheidung sogar noch einen Schritt früher an. Da das Arbeitsverhältnis bereits durch die erste Kündigung aufgelöst wurde, ist nicht nur die Ausübung, sondern schon die Entstehung weiterer Kündigungsrechte ausgeschlossen. Bereits der Erzeugung eines gesonderten Kündigungsrecht wird also ein „natürlicher" Riegel vorgeschoben.

Wäre diese Sicht zutreffend, könnte ein Rechtsgeschäft, das bereits wegen Sittenwidrigkeit nichtig ist, nicht mehr angefochten werden, Eigentum, das bereits rechtsgeschäftlich erworben wurde, nicht mehr ersessen oder ererbt werden[505], eine beglichene Forderung nicht mehr verjähren und ein Vereinsmitglied, das bereits

497 Grunsky JuS 1964, 97, 100.
498 Vgl. Grunsky JuS 1964, 97, 100.
499 Vgl. Grunsky JuS 1964, 97, 100.
500 Dazu Röhl § 29, S. 217 ff.
501 Röhl § 17 III, S. 128, 129.
502 Röhl § 17 III, S. 129.
503 Vgl. Röhl § 17 III, S. 129.
504 Vgl. Lent AcP 152, 401, 414; Röhl § 17 III, S. 129.
505 Vgl. Kipp FS Martitz, S. 211, 221.

ausgetreten ist, könnte nicht mehr ausgeschlossen werden[506]. Auf diesem rein begrifflichen Gedanken aufbauend entsprach es auch der früheren herrschenden Meinung, daß ein nichtiges Rechtsgeschäft nicht angefochten, und daß ein Eigentümer nicht mehr zum Eigentümer gemacht werden kann[507].

Das BAG wie die zitierte frühere herrschende Ansicht gelangen zu ihrer Fehlvorstellung, indem sie die körperweltliche Auffassung von Rechten und Rechtswirkungen für mehr als ein Bild, für eine Wahrheit nehmen und daraus Schlußfolgerungen ziehen, die der inneren Berechtigung entbehren und sich vermeiden lassen, wenn man rechtliche Zusammenhänge nicht wie Gegenstände der Körperwelt betrachtet[508]. Nach der naturwissenschaftlichen Auffassung der Rechtswirkungen ist es zwar folgerichtig zu sagen, daß ein entstandenes Recht nicht zum zweiten Male entstehen, so wenig wie ein brennendes Licht angezündet werden kann[509]. Ein erloschenes Recht kann nicht wiederholt zum Erlöschen gebracht oder mit einem anderen Bild ausgedrückt, ein untergegangenes nicht erneut zerstört werden, so wenig wie ein am Meeresboden liegendes Schiff untergehen oder ein Toter getötet werden kann[510].

Eine solche Betrachtungsweise erscheint zwar leichter vorstellbar[511]. Letztlich erweist sie sich aber als verfehlte Begriffsjurisprudenz, weil sie den Begriffen, die doch bloß Namen sind, eine eigene Realität verleiht[512]. Löst man sich hingegen von dieser mechanischen oder organischen Sichtweise, ist gegen eine doppelte Begründung derselben Rechtsfolge nichts einzuwenden, weil zwei Gründe desselben Rechtsgebotes bedenkenlos miteinander konkurrieren können[513]. So kann etwa ein Mietverhältnis auch nacheinander von zwei Seiten wirksam gekündigt werden[514]. Ebenso kann dasselbe Rechtsgeschäft aus zwei Gründen nichtig sein, zum Beispiel wegen eines Formfehlers und zugleich wegen Geisteskrankheit einer Partei. Deshalb kann auch ein nichtiges Rechtsgeschäft zusätzlich angefochten werden. Es handelt sich auch hierbei nur um eine Mehrheit von Gründen für die Nichtexistenz der Willenserklärung[515]. In Teilbereichen hat sich diese Erkenntnis von den rechtlichen Doppelwirkungen bereits durchgesetzt. So entspricht es der heute herrschenden Meinung, daß auch nichtige Willenserklärungen nach den §§ 119 ff. BGB angefochten werden können[516]. Ebenfalls anfechtbar sind unwirksame Rechtshandlungen des (zukünftigen) Insolvenzschuldners nach den §§ 129 ff. InsO, da die Wirksamkeit des Geschäfts nicht als Voraussetzung für die

506 Röhl § 17 III, S. 129.
507 Vgl. Kipp FS Martitz, S. 211, 212, 221.
508 Vgl. Kipp FS Martitz, S. 211, 212.
509 Kipp FS Martitz, S. 211, 220.
510 Kipp FS Martitz, S. 211, 220.
511 Kipp FS Martitz, S. 211, 220. Vgl. auch Nikisch AcP 154, 271, 291 zum Gestaltungsklagerecht bei mehreren Auflösungsgründen.
512 Röhl § 17 III, S. 129.
513 Kipp FS Martitz, S. 211, 220; Lent AcP 152, 401, 414, 415; Röhl § 17 III, S. 130.
514 Kipp FS Martitz, S. 211, 223; Röhl § 17 III, S. 130.
515 Kipp FS Martitz, S. 211, 225; Röhl § 17 III, S. 130.
516 Bork AT Rn. 927; Flume AT II § 31 6, S. 566, 567; Lent AcP 152, 401, 414, 415; Palandt/Heinrichs Überblick vor § 104 BGB Rn. 35.

Anfechtbarkeit angesehen wird[517]. So ist die Anfechtung zulässig, wenn die Handlung trotz ihrer Unwirksamkeit eine gläubigerbenachteiligende Wirkung tatsächlicher Art entfaltet[518]. Dies korrespondiert schließlich mit dem von der herrschenden Meinung im Verwaltungsprozeßrecht vertretenen Standpunkt, wonach die Anfechtungsklage auch gegen einen nichtigen Verwaltungsakt mit dem Ziel der Aufhebung des Verwaltungsakts statthaft ist[519]. Diese These folgt aus Wortlaut, Systematik, Teleologie und Entstehungsgeschichte des § 43 II 2 VwGO[520]. Wenn dort ausdrücklich postuliert ist, daß die grundsätzliche Subsidiarität der Feststellungsklage gegenüber Leistungs- oder Gestaltungsklagen nicht eintritt, soweit die Feststellung der Nichtigkeit eines Verwaltungsakts begehrt wird, so impliziert diese Formulierung die Statthaftigkeit[521] einer Anfechtung nichtiger Verwaltungsakte[522]. Die vom pseudonaturwissenschaftlichen Denken[523] geprägte Argumentation des BAG zum Beweis der These von der Rechtseinheit beim Vorliegen mehrerer Kündigungsgründe hat sich demgegenüber von dem Bild der Zerstörung einer körperlich vorhandenen Wirkung noch nicht losgerissen[524]. Sie vermag deshalb nicht zu überzeugen[525].

3. Gegenargument der natürlichen Auffassung

Die Denkweise, dem Kündigungsberechtigten könnten mehrere außerordentliche Kündigungsrechte gleichzeitig zustehen, widerstrebt den Vertretern einer „natürlichen Auffassung"[526]. Für die Entscheidung zugunsten von Rechtseinheit oder Rechtsmehrheit bei Gestaltungsrechten kann jedoch nicht ausschlaggebend sein, daß die Annahme von Rechtseinheit begreiflicher und einfacher erscheint[527]. Nach dem oben gesagten ist man nämlich zumindest seit der Abhandlung von Kipp[528] davon abgekommen, rechtliche Zusammenhänge wie Gegenstände der Körperwelt zu betrachten. Deshalb kann es auch hier nur darum gehen zu prüfen, welche der

---

517 FK/Dauernheim § 129 InsO Rn. 48; Hess/Weis/Wienberg I § 129 InsO Rn. 13.

518 FK/Dauernheim § 129 InsO Rn. 48.

519 BVerwGE 18, 154, 155; Kopp/Schenke § 42 VwGO Rn. 3.

520 Kopp/Schenke § 42 VwGO Rn. 3.

521 Tettinger/Wahrendorf § 15 Rn. 11.

522 Eine entgegengesetzte Regelung findet sich zum Beispiel in § 1317 III BGB. Der frühere Streit, ob eine geschiedene Ehe noch aufgehoben werden kann oder nicht, ist durch diese Vorschrift vom Gesetzgeber entschieden worden. Eine bereits durch Scheidung aufgelöste Ehe kann nicht mehr aufgehoben werden. Vgl. Staudinger/Klippel § 1314 BGB Rn. 3, § 1317 BGB Rn. 21.

523 Vgl. Flume AT II § 31 6, S. 566 Fußnote 24.

524 Vgl. Röhl § 17 III, S. 130.

525 Grunsky JuS 1964, 97, 100; Hungerbühler S. 38.

526 So Nikisch AcP 154, 271, 283, 291, der deshalb für Gestaltungsklagerechte bei mehreren Auflösungsgründen nur ein Gestaltungsklagerecht annimmt und nach dem aus einem Sachverhalt auch nur ein materiellrechtlicher Anspruch, wenn auch unter verschiedenen rechtlichen Gesichtspunkten (Anspruchsgrundlagen), entspringen kann. Dazu sogleich ausführlicher.

527 Hungerbühler S. 38.

528 Kipp FS Martitz, S. 211 ff.

beiden Auffassungen sich dogmatisch besser begründen läßt und zu billigeren Ergebnissen führt[529].

4. Parallele zu Gestaltungsklagerechten und Ansprüchen

a) Gestaltungsklagerechte

Die Kontroverse, ob mehrere Gestaltungsgründe nur ein oder mehrere Gestaltungsrechte erzeugen, erinnert an ein entsprechendes Problem bei den Gestaltungsklagen[530]. Von daher ist zu untersuchen, ob sich für unsere Frage Rückschlüsse aus der Behandlung der analogen Schwierigkeit bei den Gestaltungsklagen ziehen lassen. Im Kontext dieser Klagen stellt sich jedoch nicht nur die Frage, ob aus mehreren Gestaltungsgründen ebenso viele Gestaltungsrechte entspringen[531]. Vielmehr steht schon auf der Ebene zuvor, also bevor man auf die Konkurrenzproblematik stößt, das Bestehen eines privatrechtlichen Rechts auf Rechtsänderung als solches im Streit[532]. So herrscht Uneinigkeit, ob die Gestaltungsklagen auf einem öffentlichrechtlichen Anspruch gegen den Staat auf Vornahme der Gestaltung oder einem privatrechtlichem Gestaltungsrecht oder schließlich ohne Bezugnahme auf Kategorien des subjektiven Rechts auf einem bloßen Antrag unter Angabe eines Gestaltungsgrundes gründen[533]. Logisch vorrangig ist deshalb zu klären, ob den Gestaltungsklagen überhaupt eine subjektive Befugnis in der Gestalt eines materiellrechtlichen Gestaltungsrechts zugrunde liegt. Nur wenn die Existenz eines solchen Rechts bejaht werden kann, lassen sich die in diesem Zusammenhang gewonnenen Ergebnisse auf unser Parallelproblem transformieren[534].

Für die Existenz eines privatrechtlichen Rechts auf Rechtsänderung spricht, daß schon die „juristische Entdeckung" des Begriffs der Gestaltungsrechte durch Seckel[535] eng mit der Dogmatik der Gestaltungsurteile verbunden war[536]. Als Gestaltungsrechte wurden die Rechte angesehen, deren Ausübung einer Partei die Möglichkeit gibt, im Wege der Selbsthilfe die gleichen Rechtswirkungen herbeizuführen wie bei einem Gestaltungsurteil[537]. Das Gestaltungsurteil oder jedenfalls die gerichtliche Durchsetzung des Gestaltungsrechts bildete dabei entwicklungsgeschichtlich nicht selten eine Vorstufe der privaten Gestaltungserklä-

---

529 Vgl. Hungerbühler S. 38.
530 Hungerbühler S. 49.
531 Vgl. etwa Nikisch AcP 154, 271, 291.
532 Für die praktische Rechtsanwendung ist dieser Streit freilich bedeutungslos, vgl. Stein/Jonas/Schlosser § 611 ZPO Rn. 1.
533 Vgl. Arens S. 30; Dölle FS Bötticher, S. 93 ff.; Hungerbühler S. 49; Roth S. 137; Stein/Jonas/Schumann vor § 253 ZPO Rn. 44; Stein/Jonas/Schlosser § 611 ZPO Rn. 1.
534 Vgl. Hungerbühler S. 49.
535 Seckel S. 1 ff.
536 Vgl. BAG EzA § 322 ZPO Nr. 9.
537 BAG EzA § 322 ZPO Nr. 9.

rung[538]. Ob eine Gestaltungsklage oder ein Gestaltungsrecht gewählt wird, um zum Beispiel die Auflösung eines Rechtsverhältnisses zu erschweren, ist vielfach mehr eine „Stilfrage"[539] und von der Entscheidung des Gesetzgebers abhängig[540]. Zuweilen können die Berechtigten auch zwischen beiden Gestaltungsmöglichkeiten optieren, was die Affinität beider Figuren besonders deutlich unterstreicht. So kann beispielsweise bei der Auflösung einer OHG statt der Auflösungsklage nach § 133 HGB die normale außerordentliche Kündigung aus wichtigem Grund zugelassen werden[541]. Das Gestaltungsurteil ist demnach nicht notwendige, sondern bloß hinreichende Bedingung zur Veränderung der Rechtslage[542]. Die Gestaltungsklagen des Handelsrechts werden deshalb gelegentlich[543] auch als „unechte" Gestaltungsklagen bezeichnet, was verdeutlichen soll, daß bei diesen Klagen im Kontrast zu den echten die Gestaltungswirkung auch anders herbeigeführt werden kann[544].

Die legislatorische Einstufung eines Rechts als Gestaltungs- oder Gestaltungsklagerecht wird im wesentlichen von folgendem Gesichtspunkt bestimmt[545]: Der den Gestaltungsklagen als solchen innewohnende Zweck liegt in der prävenierenden staatlichen (gerichtlichen) Kontrolle der mit diesen Klagen angestrebten Ziele[546]. Dort nämlich, wo von vornherein ein Allgemeininteresse betroffen ist oder die Rechtssicherheit mit ihren Forderungen auftritt, nimmt der Staat a priori eine Kontrollfunktion insofern wahr, als er die Partei nicht mehr selbst gestalten läßt, sondern sie auf die Rolle des Bittstellers verweist[547]. Anders entscheidet der Gesetzgeber diejenigen Fallgestaltungen, in denen eine Gestaltung durch private einseitige Erklärung ohne Nachteil für die Allgemeinheit und die Beteiligten der Partei überlassen werden kann[548]. Der Staat begnügt sich hier damit, eine gerichtliche Nachprüfung folgen zu lassen, wenn der Gestaltungsgegner die Gestaltung nicht gelten lassen will und deswegen Rechtsschutz ersucht[549]. Allein diese unterschiedlichen Zielsetzungen (nachträgliche beziehungsweise vorträgliche Rechtskontrolle) haben also letztlich dazu geführt, daß die Gestaltung in dem einen Fall durch Willenserklärung, in dem anderen Fall durch Urteil erfolgt. Gestaltungsrecht und Gestaltungsklagerecht unterscheiden sich dadurch aber nicht ihrem Inhalt nach. Allein das Ausübungsmittel[550], also die Form, differiert[551]. Denn beide Rechte haben gemein, daß der Berechtigte

538 BAG EzA § 322 ZPO Nr. 9.
539 Bötticher FS Dölle I, S. 41, 66.
540 Vgl. BAG EzA § 322 ZPO Nr. 9, das insoweit auf die verschiedenen Gesetzesänderungen im Mieterschutzrecht hinweist.
541 BGHZ 31, 295, 300; Arens S. 32; Baumbach/Hopt § 133 HGB Rn. 18; Hungerbühler S. 50; Stein/Jonas/Schumann vor § 253 ZPO Rn. 41.
542 Vgl. Becker AcP 188, 24, 31.
543 Die Einteilung in echte beziehungsweise unechte Gestaltungsklagen hat sich nach Becker AcP 188, 24, 31 Fußnote 24 allerdings bis heute in der Zivilprozeßwissenschaft nicht durchsetzen können. Ablehnend zum Beispiel Stein/Jonas/Schumann vor § 253 ZPO Rn. 41.
544 Vgl. Becker AcP 188, 24, 31.
545 Dölle FS Bötticher, S. 93, 95.
546 Dölle FS Bötticher, S. 93, 95.
547 Dölle FS Bötticher, S. 93, 95; Medicus AT Rn. 84.
548 Dölle FS Bötticher, S. 93, 95.
549 Dölle FS Bötticher, S. 93, 95.
550 Bydlinski S. 7.
551 Dölle FS Bötticher, S. 93, 94.

zur Herbeiführung der Gestaltung jedenfalls nicht der Mitwirkung des Gestaltungsgegners bedarf[552]. Es ist deshalb legitim, die Notwendigkeit gerichtlicher Durchsetzung nur als eine Qualifizierung oder Formalisierung[553] der Ausübung eines einseitigen Gestaltungsrechts anzusprechen[554]. Für den Begriff des Gestaltungsrechts ist die Ausübung durch Willenserklärung nicht zwingend notwendig[555]. Das zur Ausübung der Gestaltung erforderliche Mittel ist für die Einordnung unter die Gestaltungsrechte insofern irrelevant[556]. Der Nachdruck liegt vielmehr auf der Verleihung des subjektiven Privatrechts und nicht auf der vorgeschriebenen Form seiner Ausübung[557].

Als Fazit der vorstehenden Betrachtungen kann man daher mit der herrschenden Ansicht[558] gerechtfertigt behaupten, daß auch den Gestaltungsklagen ein vom öffentlichrechtlichen Anspruch auf Erlaß eines Urteils[559] zu unterscheidendes privatrechtliches Recht auf Rechtsänderung, also ein Gestaltungsrecht zugrunde liegt. Die Gestaltungsklagerechte stellen lediglich formalisierte Gestaltungsrechte dar[560]. Die im Komplex der Gestaltungsklagen entwickelten Grundsätze können deshalb für unsere Thematik fruchtbar gemacht werden.

Für § 133 HGB ist anerkannt, daß mehrere Gestaltungsgründe auch mehrere selbständige Gestaltungsrechte entstehen lassen[561]. Hat beispielshalber ein

---

552 Der Berechtigte braucht ihm deshalb keine Willenserklärung auf dem Wege über § 894 ZPO abzutrotzen, vgl. Bötticher FS Dölle I, S. 41, 54.

553 So Dölle FS Bötticher, S. 93, 96.

554 Bötticher FS Dölle I, S. 41, 54.

555 Bydlinski S. 8 Fußnote 19.

556 Bydlinski S. 8; Rosenberg/Schwab/Gottwald § 94 I 2, S. 526, 527.

557 Vgl. Bötticher FS Dölle I, S. 41, 55; Rosenberg/Schwab/Gottwald § 94 I 2, S. 526, 527; Roth S. 138.

558 BGHZ 97, 304, 308; Arens S. 31; Baumbach/Lauterbach/Hartmann Grundzüge vor § 253 ZPO Rn. 10; Bötticher FS Dölle I, S. 41, 54, 55; Habscheid S. 210; Hellwig § 58 II 2, S. 467; Lent II S. 288; Medicus AT Rn. 83 f.; MK/Wolf § 1564 BGB Rn. 25; Nikisch AcP 154, 271, 288, 289; Rosenberg/Schwab/Gottwald § 94 I 2, S. 526, 527; Seckel S. 48 nimmt ein gestrecktes Gestaltungsrecht, zusammengesetzt aus Rechtsgeschäft und Staatsakt an, vgl. Roth S. 137 Fußnote 84.

559 Zu diesem sogenannten Klagerecht Hellwig § 58 II 2, S. 467.

560 Auch das BAG EzA § 322 ZPO Nr. 9 betont die Ähnlichkeit von Gestaltungsrecht und Gestaltungsklage und beruft sich dabei auf Bötticher FS Dölle I, S. 41, 42 ff. Larenz/Wolf AT § 15 Rn. 94 zählen die Gestaltungsklagerechte zu den Gestaltungsrechten im weiteren Sinn, weil die endgültig erst vom Gericht vorzunehmende Gestaltung von einem Willensakt des Berechtigten, eben der Klageerhebung, abhängig ist und weil der Gestaltungsgegner auch hier, falls das Gestaltungsklagerecht besteht, die durch das Gericht erfolgende Gestaltung hinnehmen muß. Nach Bruns ZZP 78, 264, 273 unterscheidet sich das privatrechtliche Gestaltungsrecht vom Gestaltungsklagerecht lediglich „instrumental", indem es die Einleitung eines Prozesses in der Schwebe läßt, während letzteres Prozeßeinleitung und Gestaltungsinitiative verknüpft. Geßler/Hefermehl/Hüffer § 245 AktG Rn. 9 sehen wegen der Notwendigkeit gerichtlicher Mitwirkung in dem Gestaltungsklagerecht eine besondere Ausprägung eines Gestaltungsrechts. - Anderer Ansicht sind Henckel S. 31 f.; Henckel Prozeßrecht und materielles Recht S. 81; Schlosser § 36 I, II, S. 366 ff., der völlig auf die Vorstellung eines zwischen dem Kläger und Beklagten bestehenden zivilrechtlichen Rechts verzichtet. Vgl. dazu Roth S. 137 f.

561 Arens S. 34; Hellwig § 10 III, S. 79. - Anders Nikisch AcP 154, 271, 291, der einen Gesamttatbestand annimmt, was aber jedenfalls bei wichtigen Gründen, die in keinem inneren Zusammenhang stehen, nicht überzeugt.

Gesellschafter Gesellschaftsvermögen veruntreut und außerdem das Wettbewerbsverbot verletzt (§ 113 IV HGB), stehen den übrigen Gesellschaftern zwei selbständige, durch Klageerhebung auszuübende Auflösungsrechte zu[562]. Wenn nach dem Gesellschaftsvertrag anstelle der Auflösungsklage die einfache Kündigung eines Gesellschafters für die Auflösung aus wichtigem Grund genügen soll[563], spricht der Gleichbehandlungsgrundsatz dafür, auch in diesem Fall zwei selbständige Kündigungsrechte anzunehmen. Der Vergleich spricht also für Rechtsmehrheit auch bei den einfachen Gestaltungsrechten[564].

Entsprechendes gilt für das der aktienrechtlichen Anfechtungsklage zugrunde liegende privatrechtliche Gestaltungsrecht auf Aufhebung eines rechtswidrigen Hauptversammlungsbeschlusses (§ 243 AktG). Auch hier hat der Aktionär, wenn ein Hauptversammlungsbeschluß mehrfach gegen Gesetz oder Satzung verstößt, nicht etwa nur ein mehrfach begründetes Anfechtungsrecht. Vielmehr lassen die mehreren Gesetzes- oder Satzungsverstöße ebenso viele selbständige Anfechtungsrechte entstehen[565].

Liegen einer Gestaltungsklage bei Existenz mehrerer Gestaltungsgründe mehrere selbständige Gestaltungsrechte zugrunde, läßt sich daraus schließen, daß auch bei den Gestaltungsrechten im engeren Sinn[566] jeder Gestaltungsgrund ein Gestaltungsrecht erzeugt[567].

b) Anspruchseinheit und Anspruchsmehrheit

Die Meinungsverschiedenheit hinsichtlich der Konkurrenz mehrerer Gestaltungsgründe findet auch bei einer anderen Art subjektiver Rechte, den Ansprüchen, sein Pendant[568]. So kann ein Sachverhalt die Voraussetzungen mehrerer Anspruchsgrundlagen verwirklichen[569]. Eine Leistungsstörung erfüllt beispielshalber oft zugleich einen Deliktstatbestand: Ein ärztlicher Kunstfehler bedeutet gleichzeitig eine Verletzung des Behandlungsvertrages wie auch ein Delikt (Körperverletzung nach § 823 I BGB). Ähnlich bildet eine schuldhafte Beschädigung der Mietsache durch den Mieter eine Vertragsverletzung und ein Delikt (Eigentumsverletzung nach § 823 I BGB)[570]. Endlich sei noch auf das Schulbeispiel des Straßenbahnunfalls hingewiesen. Der Verletzungsvorgang, bei dem der Straßenbahnfahrgast zu Schaden kommt, löst neben der vertraglichen und allgemeinen deliktischen Haftung

---

562 In Betracht kommen auch Ausschließungsrechte nach § 140 I HGB, vgl. Hungerbühler S. 50.

563 Nach herrschender Ansicht können die Berechtigten zwischen beiden Gestaltungsmöglichkeiten wählen, vgl. BGHZ 31, 295, 300; Arens S. 32; Baumbach/Hopt § 133 HGB Rn. 18; Becker AcP 188, 24, 31; Hungerbühler S. 50 und oben bei Fußnote 541.

564 Vgl. Hungerbühler S. 50.

565 Arens S. 47, 50; Hungerbühler S. 51.

566 Vgl. oben bei Fußnote 44.

567 Hungerbühler S. 51.

568 Grunsky JuS 1964, 97, 101; Hungerbühler S. 38, 39.

569 Vgl. Georgiades S. 1; Staudinger/Peters § 195 BGB Rn. 18.

570 Medicus SAT Rn. 356.

zusätzlich noch die Gefährdungshaftung nach § 1 I Haftpflichtgesetz aus. In allen diesen Fällen stellt sich die Frage, ob mehrere Ansprüche gegeben sind, wenn dieselbe Leistung aufgrund mehrerer materiellrechtlicher Normen gefordert werden kann oder ob dann lediglich ein, wenn auch mehrfach begründeter Anspruch vorliegt[571].

Die überwiegende Ansicht nimmt zwei beziehungsweise im Straßenbahnfall drei materiellrechtliche Ansprüche an, obwohl der Schuldner nur einmal Schadensersatz leisten muß[572]. Nach dieser insbesondere von Dietz[573] begründeten Lehre von der Anspruchskonkurrenz bestehen die einzelnen Ansprüche grundsätzlich selbständig nebeneinander[574]. Ausnahmen im Sinne einer wechselseitigen Beeinflussung werden dabei anerkannt[575].

Demgegenüber wird insbesondere von Georgiades[576] die neuere Lehre vertreten, daß der eine Sachverhalt auch nur einen Anspruch erzeugt, der freilich mehrfach (aus Vertrag und Delikt) begründet ist[577]. Dafür wird die Bezeichnung Anspruchsnormenkonkurrenz (Mehrheit von Anspruchsgrundlagen) vorgeschlagen[578]. Nach dieser Ansicht hat der verletzte Straßenbahnfahrgast folglich nur einen einheitlichen Schadensersatzanspruch, der nur vielmalig begründet ist, da er sich auf drei rechtliche Gesichtspunkte, nämlich Vertragsverletzung, unerlaubte Handlung und Gefährdungshaftung stützen läßt[579].

Will man die Überlegungen dieser neueren Lehre auf Gestaltungsrechte übertragen, sind zwei grundlegende Aspekte zu beachten. Bei der Problematik Anspruchseinheit oder Anspruchsmehrheit wird gefragt, ob aus einem Lebenssachverhalt, etwa einem Straßenbahnunfall, ein Schadensersatzanspruch oder mehrere entstehen[580]. Anders sieht die Rechtslage hingegen bei der außerordentlichen Kündigung aus. Hier ist zweifelhaft, ob zum Beispiel aus der Unterschlagung vom 10.03. und der körperlichen Tätigkeit vom 15.03., also zwei verschiedenen Sachverhalten, ein oder zwei Kündigungsrechte entstehen[581]. Auch die Vertreter der Lehre von der Anspruchseinheit bei Mehrheit der Anspruchsgrundlagen nehmen bei mehreren Lebenssachverhalten mehrere materiellrechtliche Ansprüche an[582]. Daher wäre es,

---

571 Vgl. Grunsky JuS 1964, 97, 101.

572 RGZ 49, 92; 62, 329; 66, 86; 66, 363; 74, 434; 75, 116; 77, 317; 85, 185; 88, 317; 97, 11; 102, 77; 103, 263; 116, 231; 118, 141; BGHZ 9, 301, 302; 17, 214; 24, 188, 191; 32, 194, 203; 46, 140; Arens AcP 170, 392, 393; Lent I S. 72; Medicus SAT Rn. 356.

573 Dietz S. 9 ff.

574 Vgl. Esser/Schmidt SAT I 1 § 4 I 4, S. 69.

575 Staudinger/Peters § 195 BGB Rn. 20.

576 Georgiades S. 140, 144-146, 163 f., 167, 172 f., 206.

577 Larenz/Wolf AT § 18 Rn. 36 ff.; Nikisch AcP 154, 271, 282. Weitere Nachweise bei Arens AcP 170, 392, 393 Fußnote 6.

578 Medicus SAT Rn. 356. Vgl. dazu unten bei Fußnote 1626.

579 Vgl. Hungerbühler S. 39; Nikisch AcP 154, 271, 282.

580 Georgiades S. 1; Hungerbühler S. 39; Nikisch AcP 154, 271, 283; Staudinger/Peters § 195 BGB Rn. 18.

581 Hungerbühler S. 40.

582 Vgl. Georgiades S. 148.

übertrüge man diese Lehre auf die Konkurrenzproblematik bei den Gestaltungsrechten, nur konsequent, bei Vorliegen mehrerer Kündigungsgründe aus mehreren Sachverhalten mehrere Kündigungsrechte anzunehmen[583]. Freilich gibt es auch Fallgestaltungen, bei denen mehrere Gestaltungsgründe nicht mehreren, sondern nur einem Sachverhalt entspringen[584]. Täuscht zum Beispiel der Verkäufer den Käufer arglistig über die Beschaffenheit der Ware, so ist sowohl der Tatbestand des § 123 I BGB als auch der des § 119 II BGB erfüllt[585]. Dann fragt sich, ob sowohl ein Anfechtungsrecht wegen arglistiger Täuschung als auch ein Anfechtungsrecht wegen Eigenschaftsirrtum entstanden ist[586]. Im Unterschied zum oben genannten Beispielsfall der außerordentlichen Kündigung wegen verschiedener Vorkommnisse liegt hier häufig nur ein Lebenssachverhalt vor. Im Zuge des Verkaufsgesprächs, in dem der Käufer vom Verkäufer über die Warenbeschaffenheit arglistig getäuscht wurde (§ 123 I BGB), gab jener wegen seines Irrtums über die Eigenschaft der Ware (§ 119 II BGB) seine Willenserklärung ab. Im Gegensatz zur außerordentlichen Kündigung wegen mehrerer getrennter Vorgänge könnte es hier also näher liegen, aus ähnlichen Erwägungen wie bei der Anspruchskonkurrenz Rechtseinheit anzunehmen[587].

Aber gerade diese angesprochenen Erwägungen, die die Vertreter der Lehre von der Anspruchseinheit im Auge haben, stützen die Theorie von der Rechtsmehrheit. Denn die neue Ansicht von der Anspruchsnormenkonkurrenz argumentiert in erster Linie von den Erfordernissen des Prozeßrechts her[588]. Ihr Ziel war es, den materiellrechtlichen und den prozeßrechtlichen Anspruchsbegriff in die ihrer Ansicht nach unerläßliche Übereinstimmung zu bringen[589]. Bei dieser Ausrichtung der Prozessualisten an der Zivilistik erwüchsen nach älterer materieller Sicht aus mehreren

---

583 Hungerbühler S. 40.

584 Vgl. Becker AcP 188, 24, 45, 46.

585 In der Entscheidung BGH NJW 1979, 160, 161 vertrat der Senat die Ansicht, eine auf arglistige Täuschung gestützte Anfechtung enthalte zugleich die Behauptung eines Irrtums über diejeni ge Tatsache, über die der Anfechtende getäuscht worden sein will. Die Arglistanfechtung (§ 123 BGB) könne deshalb die Irrtumsanfechtung (§ 119 II BGB) in sich schließen. Die Entscheidung beruft sich dabei auf BGHZ 34, 32, 39, 40, wonach es eine Frage der Auslegung sei, ob in der Anfechtung wegen arglistiger Täuschung zugleich eine solche wegen Irrtums im Sinne des § 119 II BGB zu erblicken ist. Flume DB 1979, 1637 stimmt dem Urteil im Grundsatz zu. Der Autor merkt aber gleichzeitig kritisch an, daß mit der Anfechtung wegen arglistiger Täuschung bezüglich einer Eigenschaft der Kaufsache nicht automatisch auch eine Anfechtung wegen Irrtums geltend gemacht werde. Vielmehr bedürfe es einer durch Auslegung zu ermittelnden Erklärung, aus der sich ergibt, daß die Anfechtungserklärung auf beide Anfechtungsgründe gestützt wird. Der Käufer müßte z. B. erklären, er fechte „wegen arglistiger Täuschung und Irrtums über die Beschaffenheit der Kaufsache" seine Willenserklärung an (vgl. Hungerbühler S. 158 zu BGHZ 34, 32 ff.). Beruft sich der Anfechtende weder ausdrücklich noch konkludent auf den Irrtum nach § 119 II BGB, ist ihm ein Nachschieben dieses Gestaltungsgrundes aus den bereits aufgezeigten Erwägungen ausgeschlossen (so auch Flume DB 1979, 1637). Zu der dann auftauchenden Frage der Umdeutung der Erklärung vgl. Hungerbühler S. 158 ff.

586 Vgl. Hungerbühler S. 40.

587 Vgl. Hungerbühler S. 40.

588 Vgl. Arens AcP 170, 392, 394.

589 Vgl. Georgiades S. 240; Grunsky JuS 1964, 97, 101; Nikisch AcP 154, 271, 283; Schwab FS Lüke, S. 793, 794. Dazu unten bei Fußnote 1622.

konkurrierenden Anspruchsnormen trotz inhaltsgleicher Rechtsfolge auch mehrere prozessuale Ansprüche[590]. Die Annahme einer Mehrheit prozeßrechtlicher Ansprüche trotz der Identität der Parteien, der eingeklagten Leistung und ihrer tatsächlichen Grundlage im alten und neuen Prozeß, allein weil der Kläger sich nun auf einen neuen Rechtsgrund beruft, führte aber zu unlösbaren Schwierigkeiten[591]. Die Häufung von Verfahren wäre die Folge der zwischen den Normen (angeblich) bestehenden Anspruchskonkurrenz[592]. Um diese Unzulänglichkeiten der Lehre von der Anspruchskonkurrenz zu beseitigen[593], wurden im Anschluß an Nikisch[594] mehrere Ansprüche des materiellen Rechts, die sich aus demselben Sachverhalt ergeben, zu einem materiellrechtlichen Anspruch neuer Art zusammengefaßt[595]. Hiervon erhoffte man sich in erster Linie eine Klärung der Streitgegenstandsproblematik[596], im übrigen aber auch eine gerechtere Lösung materiellrechtlicher Fragen[597].

Fordert man - mit Recht - für die Individualisierung des prozessualen Anspruchs die Rückbesinnung auf das materielle Recht[598], so ist die Annahme von Rechtsmehrheit beim Vorliegen mehrerer Gestaltungsgründe geboten. Denn im vierten Kapitel dieser Abhandlung wird sich zeigen, daß befriedigende Ergebnisse gerade dann erzielt werden, wenn jedem konkret geltend gemachten Gestaltungsgrund bei der Fixierung des Streitprogramms entscheidende Bedeutung zukommt. Deshalb zwingt die Ausrichtung des Streitgegenstands am materiellen Recht auch nicht dazu, mehrere aus einem Sachverhalt hervorgehende Gestaltungsgründe zu einem Gestaltungsrecht zu vereinigen. Vielmehr entspricht es geradezu der formellen Behandlung des Gestaltungsgrundes, wenn auf materieller Ebene aus jedem Gestaltungsgrund ein gesondertes Gestaltungsrecht aufkeimt.

Außerdem wollten die Befürworter von der Anspruchseinheit neben den verfahrensrechtlichen auch die sich bei Annahme von Anspruchskonkurrenz ergebenden materiellrechtlichen Schwierigkeiten lösen. Nimmt man beim Straßenbahnunfall drei Ansprüche an, kann der Verletzte den einen Anspruch abtreten, dagegen die restlichen zurückbehalten[599]. Für den Schuldner, der dann zwei Gläubigern (§ 428 BGB) gegenübersteht, vergrößert sich dadurch das Prozeßrisiko[600]. Die viel kritisierte

---

590 Böhm FS Kralik, S. 83, 85; Rosenberg/Schwab/Gottwald § 95 III 1, S. 531, 532; Zeiss Rn. 306.

591 Beys ZZP 105, 145, 151; Böhm FS Kralik, S. 83, 85, 86; Fasching Rn. 1151; Jauernig § 37 III 1 u. 2, S. 143; Rosenberg/Schwab/Gottwald § 95 III 1, S. 531, 532; Schwab JuS 1965, 81, 82; Zeiss Rn. 306.

592 Fasching Rn. 1151; Jauernig § 37 III 2, S. 143; Stein/Jonas/Schumann (20. Auflage) Einleitung Rn. 266.

593 Beys ZZP 105, 145, 156; Fasching Rn. 1152; Georgiades S. 240; Schwab JuS 1965, 81, 84.

594 Nikisch AcP 154, 271 ff.

595 Beys ZZP 105, 145, 156; Habscheid FS Schwab, S. 181, 193; Larenz/Wolf AT § 18 Rn. 36 ff.; Larenz/Canaris SBT II 2 § 83 VI 1, S. 597; Medicus SAT Rn. 356; Musielak/Musielak Einleitung Rn. 72; Rimmelspacher S. 175 ff.; Rosenberg/Schwab/Gottwald § 95 III 4, S. 533.

596 Vgl. Hungerbühler S. 41.

597 Vgl. Georgiades S. 179.

598 Dazu ausführlich unten bei Fußnote 2294.

599 Grunsky JuS 1964, 97, 101.

600 Vgl. Hungerbühler S. 41.

Schwäche der Lehre von der Anspruchskonkurrenz, die eine selbständige Abtretung der „konkurrierenden Ansprüche" für möglich hält, kann somit überwunden werden[601]. Derartige Erwägungen treffen aber auf die meisten Gestaltungsrechte nicht zu, da diese nicht selbständig, sondern grundsätzlich nur mit der Gläubiger- oder Schuldnerstellung im ganzen übertragbar sind[602].

Aus dem sich um den Anspruchsbegriff drehenden Theorienstreit läßt sich die Erkenntnis ziehen, daß im wesentlichen rein praktische Überlegungen zur Beantwortung der Frage herangezogen werden, ob nur ein oder mehrere Rechte vorliegen[603]. Diese Vorgehensweise ist bei der Behandlung der entsprechenden Fragen bei den Gestaltungsrechten besonders gerechtfertigt. Denn wie bereits dargelegt wurde, kannten die Schöpfer des BGB noch nicht die besondere Gruppe der Gestaltungsrechte, weshalb es ihnen auch an den theoretischen Grundlagen fehlte[604]. Aus diesem Grunde ist im weiteren Gang der Darstellung zu prüfen, ob die Annahme von Rechtseinheit oder Rechtsmehrheit zu billigeren Ergebnissen führt[605].

5. Beschränkung der Rechtsausübung

Die folgenden zwei Beispielsfälle sollen zeigen, daß zum Schutz des Gestaltungsberechtigten die Annahme geboten ist, jeder Gestaltungsgrund gebe ein selbständiges Gestaltungsrecht. Die Sachverhalte repräsentieren solche Konstellationen, in denen der Gestaltungsberechtigte die Gestaltungswirkung nicht unter allen Umständen, sondern nur bei Vorliegen bestimmter Gestaltungsgründe herbeiführen will[606].

Erstes Beispiel[607]: Der Arbeitgeber geht zutreffend davon aus, daß er von seinem Arbeitnehmer verleumdet wurde. Außerdem vermutet er, von ihm bestohlen worden zu sein. Wegen dieses Diebstahlverdachts[608] kündigt er dem Arbeitnehmer fristlos. Im Kündigungsschutzprozeß stellt sich die Unschuld des verdächtigen Arbeitnehmers heraus, was auch zu dessen Gunsten zu berücksichtigen ist[609].

Nach der herrschenden Meinung sieht die Rechtsfolge wie folgt aus: Wegen der Verleumdung lag objektiv ein außerordentliches Kündigungsrecht vor. Außerdem hat der Arbeitgeber auch eine außerordentliche Kündigungserklärung abgegeben. Daher wurde das Arbeitsverhältnis wirksam aufgelöst. Dieses Ergebnis ist dann unbefriedigend, wenn der Arbeitgeber nicht daran gedacht hat, die Verleumdung zum Anlaß

---

601 Georgiades S. 179.
602 Vgl. Bydlinski S. 26 ff.; Grunsky JuS 1964, 97, 101 Fußnote 42.
603 Grunsky JuS 1964, 97, 101.
604 Grunsky JuS 1964, 97, 101; Hungerbühler S. 41, 42.
605 Vgl. Grunsky JuS 1964, 97, 101.
606 Vgl. zur materiellrechtlichen Ausschaltungsbefugnis bei mehreren Gestaltungsgründen Becker AcP 188, 24, 58 Fußnote 97; Hungerbühler S. 60.
607 Vgl. Grunsky JuS 1964, 97, 101; Hungerbühler S. 42.
608 Zur Verdachtskündigung Schaub § 125 Rn. 129 ff.
609 Schaub § 125 Rn. 131.

einer Kündigung zu nehmen. So ist denkbar, daß der Arbeitnehmer die ihm bisher übertragenen Aufgaben zufriedenstellend gelöst hat, weshalb der Arbeitgeber wegen des Vorkommnisses die gute Arbeitskraft nicht verlieren wollte[610]. Das Arbeitsverhältnis könnte trotzdem gegen den Willen des Arbeitgebers aufgehoben worden sein. Diese Gefahr besteht gerade dann, wenn der Arbeitnehmer, der während des Kündigungsschutzprozesses das Interesse am Fortbestand des Arbeitsverhältnisses verliert und davon loskommen will, eine eigene Verfehlung vorbringt, aufgrund derer das Arbeitsgericht dann die Beendigung des Verhältnisses feststellen müßte[611]. In einem solchen Fall steht den Parteien auch nicht die Möglichkeit offen, das aufgelöste Arbeitsverhältnis neu zu begründen. Denn wenn der gekündigte Teil froh ist, von einer ihm lästig gewordenen Bindung befreit zu sein, wird er seinerseits auch nicht die Bereitschaft zeigen, den Vertrag zu erneuern[612].

Vor diesem Ergebnis schreckt jedoch auch die herrschende Ansicht zurück. Sie will daher einen bei Kündigungsausspruch nicht genannten Kündigungsgrund nur dann verwerten, wenn der Kündigungsberechtigte nachträglich erklärt, sich auf diesen Grund auch berufen zu wollen[613]. Das BAG läßt dem Kündigenden dabei die Wahl, ob er nachschieben oder den später aufgefundenen Kündigungsgrund zur Abgabe einer erneuten Kündigungserklärung verwerten will[614].

Diese Praxis sieht sich grundlegenden Bedenken ausgesetzt. Wären mehrere Gestaltungsgründe lediglich mehrere rechtliche Gesichtspunkte und könnte der Gestaltungsberechtigte noch im Prozeß darüber entscheiden, auf welchen dieser rechtlichen Aspekte er sich berufen will, dann stünde bei Zugang der Gestaltungserklärung objektiv noch nicht fest, ob die Rechtswirkung eingetreten ist oder nicht[615]. Dies aber widerspricht der Art und Weise, wie Gestaltungsrechte ausgeübt werden. Denn wenn die Kündigung in mehreren, zeitlich aufeinander folgenden Teilakten erfolgen könnte, wäre die Gestaltungserklärung zunächst schwebend unwirksam[616]. Ein solcher Schwebezustand ist für den ersten Teilakt der Erklärung mit ihrem Wesen nicht zu vereinbaren[617]. Es entspricht nämlich einem allgemeinen Grundsatz[618], daß dem von einem Gestaltungsgeschäft Betroffenen keine Ungewißheit und kein Schwebezustand zugemutet werden kann[619]. Im Interesse der Rechtsklarheit müssen Kündigungen entweder von Anfang an wirksam oder unwirksam sein, da andernfalls die Ausübung des Gestaltungsrechts zum unkalkulierbaren Lotteriespiel würde[620]. Deshalb hat es der Erklärende, ist die Gestaltungserklärung einmal zuge-

---

610 Grunsky JuS 1964, 97, 101.
611 Vgl. Hungerbühler S. 42.
612 Grunsky JuS 1964, 97, 101.
613 BGHZ 40, 13, 16.
614 BAGE 6, 257, 264.
615 Vgl. Hungerbühler S. 43.
616 BAG AP § 15 BBiG Nr. 1 1972.
617 BAG AP § 15 BBiG Nr. 1 1972.
618 Eine Ausnahme findet sich in § 180 S. 2, 3 BGB, vgl. BAG AP § 15 BBiG Nr. 1 1972.
619 Staudinger/Bork vor §§ 158 ff. BGB Rn. 38.
620 Preis S. 345.

gangen, nicht mehr in der Hand zu bestimmen, ob die Rechtswirkung eingetreten sein soll oder nicht[621].

Diese konstruktiven Schwierigkeiten werden vermieden, wenn man anerkennt, daß jeder Gestaltungsgrund ein eigenes Gestaltungsrecht erzeugt. Mit dieser Maßgabe bestand dann im Beispielsfall nicht ein außerordentliches Kündigungsrecht an sich, sondern das ganz konkrete Kündigungsrecht aufgrund der Verleumdung. Dieses Kündigungsrecht hat der Arbeitgeber mit seiner Gestaltungserklärung aber nicht ausgeübt. Vielmehr wollte er das seiner Meinung nach wegen des (vom Arbeitnehmer gar nicht begangenen) Diebstahls bestehende Kündigungsrecht erheben. Da ein solches nicht bestand, ging seine Kündigungserklärung ins Leere. Sie ist also nichtig. Das Arbeitsverhältnis besteht demnach fort. Es ist nicht etwa gegen den Willen des Arbeitgebers erloschen, weil objektiv ein Kündigungsrecht aufgrund der Verleumdung bestand[622].

Zweites Beispiel[623]: Der Käufer ficht seine Kauferklärung noch vor Gefahrübergang an, weil ihn der Verkäufer über die Warenbeschaffenheit getäuscht habe. Im Prozeß wird jedoch geklärt, daß dem Verkäufer keine Täuschung zur Last gelegt werden kann.

Wäre man mit der überwiegenden Meinung der Ansicht, die Wirksamkeit einer Anfechtungserklärung beurteile sich ausschließlich danach, daß objektiv ein Anfechtungsgrund und eine Anfechtungserklärung vorliegen, wäre der Kaufvertrag vernichtet. Denn der Tatbestand des § 119 II BGB ist im Beispielsfall erfüllt. In weiterer Konsequenz wäre der Anfechtende mit der Ersatzpflicht aus § 122 I BGB belastet. Die Sperrwirkung des § 122 II BGB griffe nicht ein, weil der Verkäufer den Käufer nicht getäuscht hat, also auch dessen Irrtum nicht kannte. Dieses Resultat kann schwerlich befriedigen, weil der Käufer ohne die irrige Annahme einer Täuschungshandlung wahrscheinlich gar nicht angefochten hätte[624]. Wegen der Ersatzpflicht nach § 122 I BGB hätte er von einer Anfechtung nach § 119 II BGB abgesehen und sich mit der bestehenden Rechtslage abgefunden, falls das Geschäft nicht zu ungünstig für ihn ist[625]. Häufig kann der Anfechtungsberechtigte auch nicht ohne weiteres entscheiden, ob die Ursachen des Eigenschaftsirrtums ausschließlich bei ihm liegen oder ob er vom anderen Teil arglistig getäuscht wurde[626]. Es wäre daher ein Risiko für ihn, wegen arglistiger Täuschung anzufechten, so daß er deshalb, wenn er seiner Sache nicht ganz sicher ist, von einer Anfechtung ganz Abstand nehmen wird[627].

621 Vgl. Hungerbühler S. 43.
622 Grunsky JuS 1964, 97, 101; Hungerbühler S. 43.
623 Vgl. Grunsky JuS 1964, 97, 101; Hungerbühler S. 43, 44.
624 Grunsky JuS 1964, 97, 101; Hungerbühler S. 44.
625 Hungerbühler S. 44.
626 Hungerbühler S. 61, 62.
627 Hungerbühler S. 62.

Anerkennt man, daß es kein Anfechtungsrecht an sich gibt, vielmehr jeder Anfechtungsgrund ein gesondertes Anfechtungsrecht erzeugt, läßt sich auch dieser Fall befriedigend lösen. Dann stand dem Käufer zwar ein Anfechtungsrecht wegen Eigenschaftsirrtums zur Seite. Dieses Recht hat der Gestaltende aber nicht ausgeübt. Vielmehr wollte er das seiner Meinung nach wegen arglistiger Täuschung bestehende Anfechtungsrecht ausüben. Da ein solches aber nicht bestand, ist seine Anfechtungserklärung nichtig. Der Kaufvertrag besteht fort, so daß für eine Ersatzpflicht nach § 122 I BGB kein Raum ist[628].

Diese beiden Fälle haben verdeutlicht, warum es zum Schutz des Gestaltungsberechtigten geboten ist, in jedem Gestaltungsgrund ein gesondertes Gestaltungsrecht zu erblicken. Nur so läßt sich dem Bedürfnis des Gestaltenden nach einer Beschränkung seiner Gestaltungsbefugnis auf ganz bestimmte Gestaltungsgründe konstruktiv Rechnung tragen.

6. Beschränkung der Erlöschenswirkung

Die folgende Argumentation korrespondiert spiegelbildlich mit der vorhergehenden. Während es zuvor um die Möglichkeit der Beschränkung der Rechtsausübung auf einzelne Gestaltungsrechte ging, soll nunmehr die infolge von Ausschlußfristen, Verwirkung, Konsumtion, Verzicht und Verzeihung herbeigeführte Erlöschenswirkung auf einzelne Gestaltungsrechte begrenzt werden. Der Untergang des Gestaltungsrechts aufgrund der Versäumung von Ausschlußfristen, Verwirkung oder Konsumtion tritt unabhängig von einem diesbezüglichen Willen des Gestaltungsberechtigten ein. Demgegenüber setzen Verzicht und Verzeihung einen auf Erlöschen des Gestaltungsrechts gerichteten Willen des Rechtsinhabers voraus.

a) Ausschlußfristen, Verwirkung und Konsumtion

aa) Angenommen, dem Gestaltenden steht ein Gestaltungsgrund und damit auch ein Gestaltungsrecht zur Verfügung. Versäumt er die Ausschlußfrist (etwa des § 626 II BGB) für die Ausübung des Gestaltungsrechts, hat das die materiellrechtliche Wirkung, daß sein Gestaltungsrecht erlischt[629]. Kompliziert wird die Rechtslage dann, wenn mehrere Gestaltungsgründe existieren. Liegen zum Beispiel mehrere wichtige Gründe (§ 626 I BGB) vor, von denen jeder für sich allein die außerordentliche Kündigung rechtfertigen würde, ist nach der herrschen Auffassung nur ein außerordentliches Kündigungsrecht gegeben[630]. Auch nach dieser Meinung läuft

628 Vgl. Hungerbühler S. 44.

629 Für das Widerrufsrecht nach § 530 BGB Jauernig/Vollkommer zu §§ 530-533 BGB Rn. 7; allgemein Seckel S. 39.

630 BAG NZA 1986, 674.

aber für jeden Kündigungsgrund eine gesonderte Ausschlußfrist[631]. Fraglich ist dann jedoch, welche Wirkung der Fristablauf bei Konkurrenz mehrerer Gestaltungsgründe hat. Hier zeigt sich die entscheidende Schwäche der nur ein Kündigungsrecht befürwortenden Sichtweise. Der Fristablauf bezüglich des einen wichtigen Grund darstellenden Vorkommnisses kann nicht das materiellrechtliche Erlöschen des Gestaltungsrechts zur Folge haben, solange dieses noch auf weitere, nicht verfristete wichtige Gründe gestützt werden kann[632]. Als Alternative böte sich eine Präklusionswirkung dergestalt an, daß die zuerst bekannt gewordenen Begebenheiten nicht mehr zur Rechtfertigung einer außerordentlichen Kündigung herangezogen werden können. Die Tatsachen verlören durch den Fristablauf die Eigenschaft, als wichtiger Grund bewertet zu werden[633]. Das Ergebnis mutet seltsam an. Liegt nur ein wichtiger Grund vor, bewirkt der Fristablauf das materielle Erlöschen des Kündigungsrechts. Liegen mehrere Gründe vor, führt das Verstreichenlassen der Frist jedenfalls bei den zuerst bekannt gewordenen Gründen zur Präklusion. Erst wenn auch der letzte Grund verfristet ist, könnte das Gestaltungsrecht erlöschen. Doch nicht allein diese Diskrepanz erscheint bedenklich. Auch die Präklusionswirkung als solche führt zu unbefriedigenden Ergebnissen. So muß es dem Kündigenden auch noch nach Fristablauf möglich sein, auf ein Geschehnis zurückzugreifen, um dadurch neue Tatsachen zu unterstützen, die für sich allein eine außerordentliche Kündigung nicht rechtfertigen würden[634].

Beispiel[635]: Der Arbeitnehmer schläft am 01.03. eine Stunde während der Arbeitszeit an seinem Arbeitsplatz. Diese Verfehlung allein wird dem Arbeitgeber regelmäßig noch kein außerordentliches Kündigungsrecht gewähren. Dafür wäre mehrmaliges Einschlafen während der Arbeitszeit erforderlich. Wiederholt der Arbeitnehmer aber zum Beispiel sein Verhalten am 20.03. und 10.04., so wären die vorhergehenden Vorkommnisse jeweils wegen Ablaufs der Zweiwochenfrist des § 626 II BGB präkludiert. Der Arbeitgeber könnte seinem unzuverlässigen Arbeitnehmer also nicht außerordentlich kündigen, sondern müßte ihn weiterhin beschäftigen[636].

Diese Konsequenz nimmt auch die herrschende Meinung nicht in Kauf, sondern geht mit Recht davon aus, daß Gestaltungsgründe trotz Fristablaufs nicht präkludiert werden[637]. Damit setzt sie sich aber in Widerspruch zu ihrer Aussage, nach der es bei Fristversäumung so angesehen wird, als ob der wichtige Grund fehlte[638]. Die an sich verbrauchten außerordentlichen Kündigungsgründe sollen auch für weitere,

---

631 Lent AcP 152, 401, 407 f. Ebenso für jede Verfehlung im Sinn des § 530 BGB RG WarnRspr 1915 Nr. 281, S. 435, 436; WarnRspr 1940 Nr. 5, S. 12; ebenso BGHZ 31, 77, 81, wo es primär um das Heimfallrecht nach dem Reichsheimstättengesetz geht.

632 Vgl. Hungerbühler S. 45.

633 Vgl. Hungerbühler S. 45.

634 Molitor S. 283.

635 Vgl. Hungerbühler S. 46.

636 Vgl. Hungerbühler S. 46.

637 MK/Schwerdtner § 626 BGB Rn. 238; Molitor S. 283.

638 MK/Schwerdtner § 626 BGB Rn. 234.

später ausgesprochene außerordentliche Kündigungen Bedeutung behalten[639]. Sie sollen in die Beurteilung der Unzumutbarkeit der Fortsetzung des Dienstverhältnisses einfließen können[640].

Eine solche widerspruchsvolle Lösung kann überwunden werden, wenn man die Sicht teilt, die in jedem wichtigen Grund ein selbständiges Kündigungsrecht ausmacht[641]. Für die Wirkung der Ausschlußfrist kann man dann klar zwischen Gestaltungsgrund und Gestaltungsrecht unterscheiden. Der Effekt der Frist bezieht sich nicht auf die Tatsachen, die den einzelnen Gestaltungsgrund bilden, sondern lediglich auf das darauf beruhende Gestaltungsrecht. Ist die Ausschlußfrist für das einzelne Gestaltungsrecht fruchtlos abgelaufen, erlischt es[642]. Dagegen verlieren die Tatsachen, die den Gestaltungsgrund bilden, nicht ihre rechtliche Bedeutung. Zwar kann hierauf allein keine außerordentliche Kündigung mehr gestützt werden. Denn der Gestaltungsgrund erzeugt das Gestaltungsrecht nur einmal, und eben dieses Gestaltungsrecht ist durch Fristablauf erloschen. Die Tatsachen selbst sind aber nicht präkludiert. Deshalb können sie auch nach Erlöschen des Gestaltungsrechts, welches sie erzeugt hatten, zur Unterstützung anderer Tatsachen herangezogen werden, die für sich genommen keinen wichtigen Grund darstellen würden. Die Bündelung der alten und neuen Tatsachen bildet dann einen neuen Gestaltungsgrund, der seinerseits ein Gestaltungsrecht hervorbringt, das innerhalb einer neuen Ausschlußfrist ausgeübt werden kann[643].

bb) Die Vorteile der Annahme von Rechtsmehrheit manifestieren sich auch bei der Verwirkung[644], der nur Rechte nicht aber Tatsachen unterliegen[645]. Bei Annahme von Rechtsmehrheit bringt die Verwirkung, die durch das Bestehen einer Ausschlußfrist nicht ausgeschlossen wird[646], nur die einzelnen Gestaltungsrechte zum Erlöschen. Dagegen werden die die einzelnen Gestaltungsgründe bildenden Tatsachen nicht ausgeschlossen. Deshalb können auch Umstände, die ein inzwischen verwirktes Gestaltungsrecht erzeugt hatten, zur Unterstützung neuer Vorkommnisse herangezogen werden[647].

cc) Schließlich ist auch die Konsumtion des Gestaltungsrechts nur bei Befürwortung von Rechtsmehrheit dogmatisch nachvollziehbar und erklärbar. Bei wirksamer

---

639 MK/Schwerdtner § 626 BGB Rn. 238.
640 MK/Schwerdtner § 626 BGB Rn. 238.
641 Hiervon geht auch die Begründung zu § 626 II BGB in dem Regierungsentwurf vom 24.02.1969 (Bundestagsdrucksache V/3913 S. 11) aus.
642 Vgl. Hungerbühler S. 46.
643 Vgl. Hungerbühler S. 47.
644 Vgl. Urban S. 184 f.
645 Jauernig/Vollkommer § 242 BGB Rn. 56.
646 Jauernig/Vollkommer § 242 BGB Rn. 57.
647 Hungerbühler S. 47; Molitor S. 283.

Ausübung des Gestaltungsrechts erlischt das Recht[648]. Der Verzehr des Gestaltungsrechts durch einmalige Ausübung ist dabei keine wirkliche Besonderheit dieser Befugnisse[649]. Auch zahlreiche andere Rechte werden durch deren Ausübung aufgebraucht. So erlischt die Forderung durch Annahme der geschuldeten Leistung und durch Aufrechnung (§§ 362 I, 389 BGB)[650], das Pfandrecht durch Verkauf der Sache[651]. Bei diesen Rechten besteht vor ihrer Ausübung ein Spannungsverhältnis[652]. Sie sind dazu bestimmt, einen für den Berechtigten günstigen Erfolg herbeizuführen (Leistung des Verpflichteten, Veränderung der Rechtslage, Befriedigung des Pfandberechtigten aus dem Wert der Sache)[653]. Ist das Ziel eines solchen Rechts[654] durch erfolgreiche Ausübung oder in sonstiger Weise erreicht, oder ist es unerreichbar geworden, so ist das Recht erloschen[655]. Die Konsumtion des Gestaltungsrechts ist demnach zwangsläufige Folge der Tatsache, daß die gewünschte Änderung der Rechtslage allein durch die wirksame Ausübung herbeigeführt wird: Die Berechtigung erlischt durch Zweckerreichung[656].

Stünde dem Gestaltenden bei Existenz mehrerer Gestaltungsgründe nur ein Gestaltungsrecht zu, so könnte dieses, wenn er sich zur Herbeiführung der Gestaltungswirkung nur auf einen einzelnen Grund beruft, nicht erlöschen. Die Idee der Konsumtion des Gestaltungsrechts durch dessen wirksame Ausübung ist also nur bei Annahme von Rechtsmehrheit realisierbar. Die Erlöschenswirkung durch Verzehr kann sich so auf die jeweils ausgeübten Gestaltungsrechte begrenzen.

b) Verzicht und Verzeihung

Ähnliches wie bei Ausschlußfristen, Verwirkung und Konsumtion gilt auch für die Wirkung von Verzicht und Verzeihung[657]. Der Kündigende kann, wenn ihm die Gründe zur Kündigung bekannt waren, auf das Recht zur außerordentlichen Kündigung

---

648 BGH NJW-RR 1995, 714; Arens S. 114; Bötticher S. 5, 6; Bub/Treier/Reinstorf II Rn. 216; Bucher S. 91; Bydlinski S. 6, 7; Enneccerus/Nipperdey AT I 2 § 239 I 1, S. 1438; Grimm S. 105; Grunsky JuS 1964, 97, 100; Hungerbühler S. 66; Jauernig/Jauernig § 143 BGB Rn. 2; Larenz/Wolf AT § 14 Rn. 49, § 15 Rn. 102; Leser S. 225; Leverenz Jura 1996, 1, 8; MK/Thode § 305 BGB Rn. 33; Palandt/Heinrichs vor § 104 BGB Rn. 17, § 143 BGB Rn. 1; Preis S. 116, 344; Seckel S. 36, 41; Staudinger/Dilcher Einleitung zu §§ 104-185 BGB Rn. 49, § 142 BGB Rn. 2; Steinbeck S. 23; von Tuhr AT II 1 § 47 I, S. 94; von Tuhr AT II 2 § 92 I 4, S. 547; Waltermann S. 9. Nach Söllner S. 28 f. entspricht es allgemeiner Überzeugung, daß Gestaltungsrechte durch einmalige Ausübung erlöschen. - Bedenken gegen den Gedanken der Konsumtion durch Ausübung einzig bei Bruns ZZP 78, 264, 273 f.

649 Larenz/Wolf AT § 14 Rn. 49.

650 Larenz/Wolf AT § 14 Rn. 49.

651 Vgl. Enneccerus/Nipperdey AT I 2 § 239 I 1, S. 1438; von Tuhr AT II 2 § 92 I 4, S. 547.

652 von Tuhr AT II 1 § 47 I, S. 94.

653 von Tuhr AT II 1 § 47 I, S. 94.

654 Seckel S. 41; von Tuhr AT II 1 § 47 I, S. 94 und AT II 2 § 92 I 4, S. 547 nennen solche Rechte, da sie zur Erreichung eines in der Zukunft liegenden Erfolges dienen, Zweckrechte.

655 Seckel S. 41; von Tuhr AT II 1 § 47 I, S. 94.

656 Arens S. 114; Bydlinski S. 7; Larenz/Wolf AT § 14 Rn. 49; Waltermann S. 9.

657 Vgl. die speziell geregelten Fälle der §§ 532 S. 1, 2337 S. 1 BGB.

verzichten[658]. Er kann auch einen wichtigen Grund verzeihen[659]. Verzeihung ist ein innerer Vorgang des Inhalts, die Vertragsverletzung nicht mehr als wichtigen Grund anzusehen[660]. Im Unterschied zum Verzicht ist sie kein Rechtsgeschäft, sondern ein tatsächliches Verhalten des Verzeihenden[661]. Auch hier ist die Rechtslage bei Bestehen nur eines Gestaltungsgrunds und damit auch nur eines Gestaltungsrechts einleuchtend. Verzicht und Verzeihung haben die materiellrechtliche Wirkung, daß das Gestaltungsrecht erlischt[662]. Problematisch wird es aber, wenn mehrere Gestaltungsgründe, zum Beispiel wichtige Kündigungsgründe gemäß § 626 I BGB, vorliegen. Allgemein ist auch dann dem Gestaltungsberechtigten die Möglichkeit zu eröffnen, auf ein Gestaltungsrecht zu verzichten, ohne dadurch ein anderes zu berühren[663]. So muß der Kündigungsberechtigte befugt sein, gesondert für jedes Vorkommnis darauf verzichten zu können, es für eine außerordentliche Kündigung zu verwerten[664]. Die herrschende Meinung steht hierbei wiederum vor Konstruktionsschwierigkeiten. Denn wie läßt sich ein solcher Verzicht rechtlich einordnen, wenn man mit ihr davon ausgeht, daß mehrere Kündigungsgründe lediglich mehrere Gesichtspunkte sind, die das eine außerordentliche Kündigungsrecht mehrfach begründen[665]. Materiellrechtliche Erlöschenswirkung können Verzicht und Verzeihung nach herrschender Sicht nicht haben, denn das Kündigungsrecht besteht aufgrund der anderen Kündigungsgründe noch fort. Auch ein Angebot zum Abschluß eines pactum de non petendo kann man in ihnen nicht sehen, denn ein pactum de non petendo kann sich nur auf Ansprüche, nicht aber auf Gestaltungsrechte beziehen[666]. Man müßte also annehmen, der Kündigungsberechtigte wolle mit Verzicht oder Verzeihung zum Ausdruck bringen, bestimmte Umstände sollten in Zukunft nicht mehr die Eigenschaft eines wichtigen Grundes haben. Diese Lösung stünde aber wiederum mit der Aussage in Widerstreit, daß auch solche Tatsachen weiterhin dazu verwertet werden können, zusammen mit neuen Tatsachen einen wichtigen Grund zu bilden[667].

Dagegen wird diese Komplexität auch hier einfach überwunden, wenn man annimmt, daß jeder Gestaltungsgrund ein Gestaltungsrecht erzeugt. Die Rechtswirkungen von Verzicht und Verzeihung beschränken sich dann auf die einzelnen Gestaltungsrechte[668]. Die Tatsachen, die den einzelnen Gestaltungsgrund bilden, werden nicht berührt[669]. Auf diese Weise läßt sich auch die Wirkung der Bestätigung (§ 144 I BGB)

---

658 Lent AcP 152, 401, 408; Schaub § 125 Rn. 40.
659 Vgl. Urban S. 185.
660 Schaub § 125 Rn. 40; Urban S. 185.
661 Jauernig/Vollkommer zu §§ 530-533 BGB Rn. 7; Jauernig/Stürner § 2337 BGB Rn. 1; Molitor S. 277.
662 Hungerbühler S. 47. So auch die Regelung des § 2337 S. 1 BGB: Das Recht zur Entziehung erlischt durch Verzeihung.
663 Lent AcP 152, 401, 408.
664 Lent AcP 152, 401, 408.
665 Vgl. Hungerbühler S. 48.
666 Vgl. Hungerbühler S. 48.
667 Vgl. Hungerbühler S. 48.
668 Lent AcP 152, 401, 408.
669 Hungerbühler S. 48.

bestimmen. Allgemein wird die Bestätigung, die wie ein Verzicht auf das Anfechtungsrecht wirkt[670], für teilbar in dem Sinne befunden, daß sie auf bestimmte Anfechtungsgründe beschränkt sein kann[671]. Da das Anfechtungsrecht durch die Bestätigung erlischt[672], muß davon ausgegangen werden, daß jeder Anfechtungsgrund ein besonderes Anfechtungsrecht erschafft[673]. Kennt der Bestätigende also von mehreren Anfechtungsgründen nur einen, so ist seine Bestätigung dahin zu verstehen, daß er damit auch nur auf das aus diesem Anfechtungsgrund hervorgehende Anfechtungsrecht verzichtet, nicht aber auf das Recht zur Anfechtung des Rechtsgeschäfts schlechthin[674].

IV. Entwicklung der herrschenden Meinung zur außerordentlichen Kündigung

Rechtsprechung und herrschende Literatur nehmen bei der außerordentlichen Kündigung des Dienst- und Arbeitsverhältnisses auch bei Vorliegen mehrerer wichtiger Gründe nur ein Kündigungsrecht an, während sie andererseits bei Anfechtung, bei Rücktritt und bei Widerruf einer Schenkung Rechtsmehrheit vorziehen. Nach dieser Auffassung formen zwar mehrere Verfehlungen des Beschenkten (§ 530 BGB) mehrere Widerrufsrechte. Andererseits stellen mehrere Vorfälle, von denen jeder den Tatbestand des § 626 I BGB erfüllt, lediglich ebenso viele rechtliche Gesichtspunkte dar, die das eine Kündigungsrecht nur mehrfach begründen[675].

Diese Sonderbehandlung der Kündigung gegenüber den anderen Gestaltungsrechten läßt sich auf Entscheidungen zurückführen, die bereits vor Inkrafttreten des BGB ergangen sind[676]. Die Kette der höchstrichterlichen Verweisungen reicht vom Bundesarbeitsgericht über das Reichsarbeitsgericht und Reichsgericht bis hin zum Reichsoberhandelsgericht und das Königliche Obertribunal von Preußen zurück[677]. Das letztgenannte Gericht hat im Jahr 1865 zu den §§ 408, 409 1. Teil, 5. Titel des Allgemeinen Landrechts für die Preußischen Staaten von 1794 (ALR)[678] ausgeführt, es sei nicht erforderlich, daß der Grund des Rücktritts bei dem Rücktritt

---

670 Jauernig/Jauernig § 144 BGB Rn. 2; Staudinger/Roth § 144 BGB Rn. 2.

671 Staudinger/Roth § 144 BGB Rn. 9.

672 Jauernig/Jauernig § 144 BGB Rn. 2; Staudinger/Roth § 144 BGB Rn. 15.

673 Vgl. Lent I S. 180 Fußnote 1.

674 Hungerbühler S. 48; Lent I S. 180 Fußnote 1; Staudinger/Roth § 144 BGB Rn. 9.

675 Vgl. Hungerbühler S. 52.

676 Knütel NJW 1970, 121, 124.

677 BAG NZA 1986, 674; NJW 1980, 2486; BAGE 14, 65, 70; BGHZ 27, 220, 223; RAG ARS 31, 37, 40; ARS 20, 280, 282; RGZ 142, 268, 274; 122, 38, 39; 88, 127, 128; 56, 372, 373; RG JW 1903, 389 Nr. 20; JW 1897, 88 Nr. 32; RGZ 32, 249, 250; ROHG 21, 252, 253; 17, 220; PrOT 60, 254, 255.

678 § 408 1. Teil, 5. Titel ALR: Bei Verträgen, deren Hauptgegenstand Handlungen sind, kann derjenige, welcher behauptet, daß der Andere die Erfüllung bisher nicht contractmässig geleistet habe, oder solchergestalt nicht leisten könne, zwar sofort, auf seine Gefahr, von dem Vertrage wieder abgehen;
§ 409 1. Teil, 5. Titel ALR: Er muss aber, wenn sich hiernächst bei der gerichtlichen Untersuchung findet, daß sein Vorgeben unbegründet gewesen sei, den Gegentheil vollständig entschädigen.

angezeigt werden müsse, widrigenfalls von demselben kein Gebrauch gemacht werden dürfe[679]. Für die §§ 408, 409 1. Teil, 5. Titel ALR war diese allgemein gebilligte Auslegung auch richtig. Denn nach damaligem Recht konnte sich jeder Vertragsteil ohne weiteres mit sofortiger Wirkung vom Dienstvertrag lossagen. Er bedurfte dazu nicht der besonderen Rechtsmacht, die heute erst durch Eintritt eines wichtigen Grundes entsteht[680]. Diese Rechtsmacht war ohnehin stets gegeben. Sie war dem Dienstvertrag immanent, wie es heute bei der ordentlichen Kündigung der Fall ist[681]. Die sofortige Kündigung war also anders als heute ein nach unserer Terminologie grundunabhängiges Gestaltungsrecht. Die sofortige Kündigung war deshalb auch dann wirksam, wenn der Kündigende keinen wichtigen Grund hatte, das Verhältnis aufzulösen. Allerdings war er bei Fehlen eines wichtigen Grundes dem Vertragspartner zum Schadensersatz verpflichtet (§ 409 1. Teil, 5. Titel ALR). Die Normen des ALR entsprachen somit den heutigen modernrechtlichen Parallelvorschriften der §§ 627 II 2, 671 II, 712 II, 723 II, 1298, 2226 S. 3 BGB[682]. So kann zum Beispiel der zur Leistung von Diensten höherer Art Verpflichtete nach § 627 BGB jederzeit kündigen. Jedoch darf dies nur in der Art geschehen, daß sich der Dienstberechtigte die Dienste anderweitig beschaffen kann. Nimmt der Dienstverpflichtete darauf keine Rücksicht, so ist die Kündigung gleichwohl wirksam. Nur kann sich der andere Teil beim Kündigenden schadlos halten (§ 627 II 2 BGB)[683]. Anders als bei § 626 BGB hatte das Vorliegen eines wichtigen Grundes im ALR also nicht die Bedeutung eines Tatbestands, der ein Gestaltungsrecht erzeugte. Es handelte sich dabei vielmehr um einen rechtshindernden Einwand, der die Entstehung eines Schadensersatzanspruches verhinderte[684]. Lagen mehrere wichtige Gründe, also mehrere rechtshindernde Einwände gleichzeitig vor, hatte der einzelne Einwand hier in der Tat keine selbständige Bedeutung. Es waren nur verschiedene rechtliche Gesichtspunkte[685]. Dieser Rechtszustand änderte sich mit Inkrafttreten des BGB und HGB am 01.01.1900, die die entscheidende Neuerung brachten[686]. Die außerordentliche Kündigung konvertierte von einem grundunabhängigen zu einem grundabhängigen Gestaltungsrecht. Der wichtige Grund war nicht mehr lediglich für die Schadensersatzfrage bedeutsam, sondern für die Entstehung des Kündigungsrechts selbst Voraussetzung geworden[687].

Nun hat zwar die Rechtsprechung diesem Umstand, der den wichtigen Grund vom anspruchshindernden Einwand zum Gestaltungsgrund aufgewertet hat, Rechnung getragen[688]. Sie hat es aber durch ihr Festhalten an den Ausführungen früherer Entscheidungen[689] unterlassen, auch für das gleichzeitige Vorliegen mehrerer wichtiger

679 PrOT 60, 254, 255; bestätigt durch PrOT 81, 262, 265, 266.
680 Vgl. Hungerbühler S. 53; Knütel NJW 1970, 121, 124.
681 Knütel NJW 1970, 121, 124.
682 Vgl. Knütel NJW 1970, 121, 124 Fußnote 46.
683 Vgl. Grunsky JuS 1964, 97, 98.
684 Vgl. Hungerbühler S. 53.
685 Hungerbühler S. 53.
686 Knütel NJW 1970, 121, 124.
687 Vgl. Knütel NJW 1970, 121, 124.
688 Vgl. Hungerbühler S. 53.
689 Vgl. Knütel NJW 1970, 121, 124.

Gründe die erforderlichen Konsequenzen zu ziehen[690]. Ohne irgendwelche Bedenken wird der einzelne wichtige Grund, dem früher keine selbständige Bedeutung zukam, auch heute noch nur als rechtlicher Gesichtspunkt und nicht als Entstehungstatbestand für ein selbständiges Kündigungsrecht eingestuft[691]. Diese Nichtberücksichtigung des Wandels der Normsituation[692] ist gerade bei denjenigen Urteilen des RG auffällig und wegen der weitreichenden Fernwirkung für nachherige Entscheidungen besonders folgenschwer, die sich erstmalig mit dem veränderten Normenbestand auseinandersetzen mußten. Besonderes Augenmerk verdient deshalb die Entscheidung des RG[693] aus dem Jahr 1903, die zu den §§ 70, 72 HGB a. F. erging. Das Gericht erhob zunächst die Frage, ob die Grundsätze, die das ROHG und das RG in bezug auf die Verwertbarkeit der Gründe, die an sich die Entlassung eines Handlungsgehilfen rechtfertigen, im Rechtsstreit aufgestellt hat, und die dahin gehen, daß der Prinzipal nicht verpflichtet ist, bei der Entlassung die Gründe dafür anzugeben, daß er demnächst im Rechtsstreit auch andere Gründe als die ursprünglich dem Handlungsgehilfen gegenüber angegeben geltend machen kann, auf den ihm vorliegenden Fall Anwendung fanden[694]. Im folgenden sanktionierte das RG ohne nähere Begründung die Transferfähigkeit besagter Grundsätze, indem es ausführte, der Kläger könne das Dienstverhältnis kündigen, ohne die Kündigungsgründe angeben zu müssen. Das RG bezog sich bei seiner Entscheidung namentlich auf die Entscheidungen des ROHG 17, 220; 21, 252 und Urteile des RG vom 24.06.1885 in Blums Urteilen und Annalen Band 3, 77 und vom 12.12.1896 in der JW 1897, 88. Die zitierten Entscheidungen betrafen die Rechtslage vor dem 01.01.1900, sind also sämtlich noch unter Geltung des ALR und des ADHGB[695] ergangen. In der vom RG herangezogenen Entscheidung des ROHG[696] von 1875 hieß es wörtlich: „Es kann kein Zweifel bestehen, daß die Erklärung der Verklagten im Briefe vom 7. Juni, es sei von diesem Tage an, in Folge des Verhaltens des Klägers, der Dienstvertrag aufgehoben, den Anforderungen des § 408 1. Teil, 5. Titel ALR entspricht. Die einzelnen Gründe des Rücktritts sofort anzugeben, war Verklagter nicht verpflichtet. Entscheidung des Obertribunals Band 60 Seite 254". In ähnlicher Weise verfährt das RG[697] auch bei seiner Entscheidung aus dem Jahr 1904. Der Senat führt dort aus, das RG habe wiederholt ausgesprochen, daß als Gründe sofortiger Dienstauflösung auch zunächst gar nicht geltend gemachte, ja auch erst später in Erfahrung gebrachte Gründe verwertet werden können. Diese

---

690 Hungerbühler S. 54.

691 Hungerbühler S. 54; Knütel NJW 1970, 121, 124.

692 Vgl. allgemein zu dem Umstand, daß der Richter nicht nur berechtigt, sondern auch verpflichtet ist, von einem Präjudiz wieder abzugehen, wenn er zu der Überzeugung gelangt, daß die in ihm seinerzeit richtig entschiedene Frage heute, wegen einer Änderung der Gesetzeslage anders entschieden werden muß, Larenz S. 430.

693 RG JW 1903, 389 Nr. 20.

694 RG JW 1903, 389 Nr. 20.

695 Das ADHGB, das in Art. 62 jedem Teil die Aufhebung des Dienstverhältnisses aus wichtigem Grund gestattete, konnte den wichtigen Grund nicht vom anspruchshindernden Einwand zum Entstehungstatbestand des Gestaltungsrechts aufwerten. Denn nach der damaligen ganz herrschenden Meinung blieb für die Erklärung und Wirkung des Rücktritts die Regelung des ALR maßgeblich. Vgl. Knütel NJW 1970, 121, 124.

696 ROHG 17, 220.

697 RGZ 56, 372, 373.

beiden Entscheidungen aus den Jahren 1903 und 1904, die erstmals mit der gewandelten Normsituation konfrontiert und ihr nicht gerecht wurden, bildeten in der Folgezeit die Grundlage der Entscheidungen gerade auch des BAG. So befand das BAG[698] im Jahr 1963: „Daß Kündigungsgründe nachträglich zur Begründung der Kündigung angeführt werden können, ist allgemein anerkannt, und zwar sowohl für die ordentliche wie auch für die außerordentliche Kündigung. Diese vom Reichsgericht begonnene (vgl. RGZ 56, 372; RG JW 1897, 88 Nr. 32 und 1903, 389, Nr. 20), von der Rechtslehre überwiegend gebilligte und vom Bundesarbeitsgericht übernommene Ansicht (BAGE 6, 1) hat durch ihre langjährige Geltung schon nahezu die Stärke eines Gewohnheitsrechts angenommen". Das BAG beruft sich in dieser Entscheidung also nicht nur auf die genannten beiden Urteile, die sich als erste zur neuen Rechtslage äußerten. Zitiert wird auch eine Entscheidung des Reichsgerichts aus dem Jahr 1897, also vor Inkrafttreten des BGB und HGB. Kritische Stellungnahmen, die dem veränderten Rechtszustand auch hinsichtlich der Frage der Konkurrenz mehrerer Kündigungsgründe und dem hieraus resultierenden Problem der Begründungspflicht der Kündigung Rechnung tragen, finden sich nicht[699].

Zusammenfassend läßt sich also festhalten. Weil unter Geltung des ALR nur ein dem Dienstverhältnis immanentes sofortiges Lossagungsrecht bestehen konnte, ebenso wie es auch heute nur ein ordentliches Kündigungsrecht gibt, lehnt die herrschende Meinung auch nach Inkrafttreten des BGB die Möglichkeit des gleichzeitigen Bestehens mehrerer außerordentlicher Kündigungsrechte ab. So erhellt sich der oben zitierte Ausspruch des BAG[700], es gebe, „mögen auch noch so viele Kündigungsgründe bestehen, nur ein einziges Kündigungsrecht, nämlich das Recht das bis dahin noch bestehende Arbeitsverhältnis durch den Gestaltungsakt der Kündigung zu beenden". Diese Vorstellung war nur für den Rechtszustand des ALR gerechtfertigt, nicht aber für das außerordentliche Kündigungsrecht nach BGB[701].

V. Ergebnis

Aus den vorstehenden Darlegungen ergibt sich folgendes Fazit: Die kausale Sichtweise des BAG[702] zur Frage der rechtlichen Bedeutung mehrerer Kündigungsgründe überzeugt nicht. Es besteht ein grundlegender Unterschied zwischen Kausalgesetzen und der normativen Verknüpfung von Tatbestand und Rechtsfolge[703]. Ein Kausalgesetz kann man nicht erfinden, sondern nur auffinden.

---

698 BAGE 14, 65, 70.
699 Gleiches gilt für die Urteile BAG NZA 1986, 674; NJW 1980, 2486.
700 BAGE 14, 65, 69.
701 Hungerbühler S. 54; Knütel NJW 1970, 121, 124.
702 BAGE 14, 65, 69.
703 Röhl § 17 III, S. 130.

Eine Vorschrift des Rechts läßt sich dagegen beinahe frei erdenken. So könnte ein Norm auch lauten: Ein nichtiges Rechtsgeschäft ist anfechtbar[704].

Soweit man aus der Behandlung der Ansprüche und Gestaltungsklagen Rückschlüsse für die Konkurrenz mehrerer Gestaltungsgründe ziehen kann, sprechen auch sie für die Annahme von Rechtsmehrheit. Die Befürwortung von Rechtsmehrheit ermöglicht es nämlich unter anderem, die Verbindung zu einer zentralen Denkfigur des Verfahrensrechts, dem Streitgegenstand, herzustellen[705]. Wie bereits angedeutet, konvergiert die Sichtweise mit dem formellen Recht, wenn und weil dem Gestaltungsgrund, was noch zu zeigen sein wird, bei der Fixierung des Streitobjekts elementare Bedeutung zukommt.

Schließlich lassen sich Fallgestaltungen, bei denen sich der Gestaltungsberechtigte zur Rechtsgestaltung nur auf ganz bestimmte Gestaltungsgründe berufen will, be friedigend und ohne rechtliche Verrenkungen nur durch die These der Rechtsmehrheit lösen. Entsprechendes gilt für die umgekehrte Konstellation, bei der dem Gestaltenden lediglich die Berufung auf einzelne Gründe abgeschnitten werden soll (Ausschlußfrist, Verwirkung) beziehungsweise eine derartige Begrenzung von ihm gewollt ist (Verzicht, Verzeihung). Die Annahme von Rechtsmehrheit ermöglicht es, diese legalen Dispositionsmöglichkeiten des Gestaltenden dogmatisch sauber einzuordnen[706]. Demgegenüber wird bei Favorisierung von Rechtseinheit den berechtigten Interessen des Rechtsinhabers nach einer punktuellen Rechtsausübung und -beschränkung nicht hinreichend Rechnung getragen.

Sämtliche angestrengten theoretischen Überlegungen sprechen im Ergebnis dafür, bei gleichzeitigem Vorliegen mehrerer Gestaltungsgründe auch eine gleiche Anzahl von Gestaltungsrechten anzunehmen. Dies gilt für alle grundabhängigen Gestaltungsrechte, also auch für die außerordentliche Kündigung. Mehrheit von Gestaltungsrechten ist dabei nicht nur dann zu bejahen, wenn ein Lebenssachvorhalt mehrere Gesetzestatbestände erfüllt (zum Beispiel § 119 BGB und § 123 BGB). Auch wenn mehrere Lebenssachverhalte wiederholt denselben Tatbestand betreffen (zum Beispiel mehrere wichtige Gründe gemäß § 626 I BGB) liegt Rechtsmehrheit von Gestaltungsgründen vor. Das Gestaltungsrecht erwächst nämlich nicht lediglich aus dem gesetzlich fixierten Gestaltungstatbestand, sondern aus jedem konkreten Gestaltungsgrund[707].

---

704 Vgl. Röhl § 17 III, S. 130.

705 Auf diesen Aspekt des Gleichlaufs von formellem und materiellem Recht weist auch MK/Wolf § 1564 BGB Rn. 25 zur Begründung der Annahme eines subjektiven Scheidungsrechts hin.

706 Ähnlich auch die Argumentation von MK/Wolf § 1564 BGB Rn. 25 zur Begründung der Annahme eines subjektiven Rechts auf Scheidung. Mit dieser Überlegung wird ferner die Eigenständigkeit der Scheidungstatbestände vertieft, über deren taktische Geltendmachung die Parteien disponieren können. Vgl. dazu MK/Wolf § 1564 BGB Rn. 52 ff.

707 Vgl. Hungerbühler S. 55.

VI. Inhalt der Gestaltungserklärung bei Rechtsmehrheit

1. Individualisierung

Im folgenden ist zu klären, welche Konsequenzen sich aus der These der Rechtsmehrheit für den Inhalt der Gestaltungserklärung ergeben. Behandelt man mehrere Kündigungsgründe lediglich als mehrere rechtliche Gesichtspunkte (Rechtseinheit), ist es folgerichtig, die Bezugnahme auf einen dieser Gesichtspunkte auch nur als Hinweis und nicht als notwendiges Inhaltselement der Kündigungserklärung zu bewerten[708]. Anders gestaltet sich jedoch die Rechtslage, wenn man zutreffenderweise auch bei der außerordentlichen Kündigung mehrere Kündigungsgründe als ebenso viele Kündigungsrechte betrachtet. Dann gibt es kein außerordentliches Kündigungsrecht an sich, sondern nur ganz konkrete außerordentliche Kündigungsrechte, die auf ganz konkreten Kündigungsgründen beruhen[709]. Deshalb muß der Kündigungsberechtigte zur Herbeiführung der Gestaltungswirkung ein ganz konkretes Gestaltungsrecht ausüben. Es genügt nicht, daß ein Gestaltungsgrund, zum Beispiel ein wichtiger Kündigungsgrund, objektiv vorliegt und dem Gestaltungsgegner eine Gestaltungserklärung derselben Kategorie, hier also eine außerordentliche Kündigungserklärung, zugeht. Vielmehr muß sich die Gestaltungserklärung als Ausübungsakt auf ein ganz konkretes Gestaltungsrecht beziehen[710]. Dieses Erfordernis wird begreiflich, wenn man sich den Verfügungscharakter der Gestaltungsgeschäfte in Erinnerung ruft[711]. Dabei sind zwei verschiedene Verfügungsobjekte auseinanderzuhalten. Die Abgabe der Gestaltungserklärung bedeutet nicht nur eine Verfügung über das zu gestaltende Rechtsverhältnis[712]. Vielmehr wird auch über das Gestaltungsrecht selbst verfügt, da dieses mit Ausübung erlischt[713]. Deshalb müssen die Gestaltungsgeschäfte auch dem Spezialitäts- oder Bestimmtheitsgrundsatz Rechnung tragen, wonach zur Wahrung der Rechtsklarheit Zuordnungs- oder Verfügungsgeschäfte[714] nur an bestimmten einzelnen Gegenständen möglich sind, sich also auf sie beziehen müssen[715]. Diese Beziehung oder Zuordnung wird dadurch hergestellt, daß die Angabe des Gestaltungsgrunds, aus dem das auszuübende Gestaltungsrecht erwächst, mit zum Inhalt der Gestaltungserklärung zählt[716]. Das konkrete Gestaltungsrecht kann nur durch einen konkreten Gestaltungsakt ausgeübt werden, indem der Gestaltungserklärung der betreffende

---

708 Vgl. Hungerbühler S. 57.

709 Hungerbühler S. 59.

710 Knütel NJW 1970, 121, 123.

711 Vgl. dazu oben bei Fußnote 390 und APS/Preis Grundlagen D Rn. 3; Esser/Schmidt SAT I 1 § 20 II, S. 328; Palandt/Heinrichs vor § 104 BGB Rn. 17.

712 Vgl. Ascheid Rn. 3; Molitor S. 1, 21.

713 Vgl. zur Konsumtion von Gestaltungsrechten durch einmalige Ausübung oben bei Fußnote 648.

714 Der Bestimmtheitsgrundsatz gilt also nicht nur im Sachenrecht, sondern gleichermaßen auch für die Abtretung von Forderungen (§ 398 BGB) und anderer Rechte (§ 413 BGB), vgl. Westermann § 3 II 1, S. 20.

715 Staudinger/Seiler Einleitung zum Sachenrecht Rn. 54; Westermann § 3 II 1, S. 20.

716 Lent AcP 152, 401, 408.

Gestaltungsgrund zugeordnet wird[717]. Eine inhaltlich „farblose" Gestaltungserklärung, die sich lediglich als Anfechtungs-, Rücktritts- oder Kündigungserklärung darstellt, nicht aber erkennen läßt, welches Recht ausgeübt wird, ist wegen Unbestimmbarkeit ihres Inhalts nichtig[718]. Denn konkretisiert und individualisiert wird die Gestaltungserklärung nur durch die Bezugnahme auf einen bestimmten Gestaltungsgrund[719]. Hierdurch unterscheidet sie sich inhaltlich von anderen Gestaltungserklärungen, mit denen andere Gestaltungsrechte derselben Kategorie ausgeübt werden, die sich also auf andere Gestaltungsgründe beziehen und daher auch einen anderen Inhalt haben[720].

Dem Geltungsanspruch des Bestimmtheitsgrundsatzes im Rahmen der einseitigen Gestaltungsgeschäfte scheint jedoch die Auffassung des BGH[721] entgegenzustehen. Danach ergibt sich das Verlangen nach Bestimmtheit nicht unmittelbar aus dem Gesetz, sondern aus der Lehre vom Vertrag[722]. Denn eine Übereignung setzt eine wirksame Einigung, das heißt einen dinglichen Vertrag über den Übergang des Eigentums voraus[723]. Diese Einigung kann sich naturgemäß nur auf bestimmte Gegenstände beziehen[724]. Es besteht jedoch kein sachlicher Grund, einseitige Rechtsgeschäfte von diesem Bestimmtheitserfordernis auszunehmen. Vielmehr sind hier erst recht eine genaue Bezeichnung des Verfügungsobjekts vom Gestaltenden zu verlangen, da der Gestaltungsgegner, anders als der Vertragspartner, der den Antrag zum Vertragsschuß ablehnen kann, dem unilateralen Eingriff in seine Rechtssphäre nichts entgegenzusetzen hat. Ganz zwanglos findet der Spezialitätsgrundsatz dagegen auch bei den einseitigen Gestaltungsgeschäften Anwendung, wenn man mit der überwiegenden Literatur davon ausgeht, daß sich alle Zuordnungsgeschäfte auf einen bestimmten Gegenstand beziehen müssen[725].

2. Zuordnung

Das Erfordernis, dem Gestaltungsgrund nicht nur für die Entstehung des Gestaltungsrechts, sondern auch für den Inhalt des Ausübungsakts Bedeutung beizumessen[726], offenbart sich am deutlichsten in den Fallgestaltungen, in denen (tatsächlich oder nur nach der Vorstellung des Erklärenden) mehrere Gestaltungsgründe und damit mehrere Gestaltungsrechte gleichzeitig vorliegen[727]. Die Angabe des Gestaltungsgrunds erfüllt in diesen Fällen eine ähnliche Funktion wie die

717 Lent AcP 152, 401, 408.
718 Hungerbühler S. 82; Lent AcP 152, 401, 408; Reuss AuR 1960, 1, 2.
719 Hungerbühler S. 59; Knütel NJW 1970, 121, 123; Lent AcP 152, 401, 408; Reuss AuR 1960, 1, 2; Staudinger/Coing (11. Auflage) § 143 BGB Rn. 4 für die Anfechtung.
720 Knütel NJW 1970, 121, 123.
721 BGHZ 28, 16, 19.
722 Dazu Staudinger/Wiegand § 929 BGB Rn. 11.
723 BGHZ 28, 16, 19.
724 BGHZ 28, 16, 19, 20.
725 Staudinger/Wiegand § 929 BGB Rn. 11; Westermann § 3 II 1, S. 20.
726 Vgl. Hungerbühler S. 57.
727 Vgl. Hungerbühler S. 60.

Tilgungsbestimmung im Rahmen der Erfüllung nach den §§ 362 ff. BGB[728]. Aufgabe der Tilgungsbestimmung ist es, die Leistung auf eine bestimmte Schuld zu beziehen[729]. Zwar ist nach der Theorie der realen Leistungsbewirkung[730] eine Tilgungsbestimmung des Leistenden nur möglich, aber nicht erforderlich, um die Erfüllungswirkung des § 362 BGB herbeizuführen[731]. Die Leistungszweckbestimmung[732] ist aber im wesentlichen bloß deshalb fakultativer Natur, weil sich die Zuordnung in der Regel bereits daraus ergibt, daß die vom Schuldner bewirkte Leistung die allein geschuldete ist und daneben keine gleichartige Schuld besteht, auf welche die Leistung daneben oder stattdessen erbracht worden sein könnte[733]. Dagegen ist in den Konstellationen, in denen ohne Tilgungsbestimmung die Zuordnung der Leistung zu einem konkreten Schuldverhältnis auch unter Heranziehung der §§ 366, 367 BGB nicht erfolgen kann[734], eine Bestimmung des Leistenden erforderlich[735]. Die zeitliche Grenze der Tilgungsbestimmung ergibt sich dabei aus § 366 I BGB, wonach der Schuldner die Zuordnung „bei der Leistung" treffen muß[736].

Die Bedeutung der Mitteilung des Gestaltungsgrunds besteht darin, die Beziehung der Gestaltungserklärung zu dem auszuübenden konkreten Gestaltungsrecht herzustellen[737]. Anders als die Tilgungsbestimmung im Rahmen des § 362 BGB gehört die Grundangabe bei der Gestaltungsrechtsausübung zum Tatbestand der Erklärung. Denn während sich bei der Erfüllung einer Schuld die Zuordnungsfrage lediglich in den erwähnten Sonderfällen stellt, ist sie bei der einseitigen Gestaltung - infolge der These der Rechtsmehrheit - generell aktuell. Darüber hinaus existieren keine den §§ 366 II, 367 I, 396 I 2, 396 II BGB vergleichbare gesetzliche Bestimmungen, die eine Zuordnung der Gestaltungserklärung zu einem konkreten Gestaltungsrecht herstellen[738]. Dieses Fehlen einer normativen Zuordnung hat zur Folge, sie stellvertretend vom Gestaltungsberechtigten verlangen zu müssen[739]. Nur durch diese Angabe des Gestaltungsgrunds ist es möglich festzustellen, welches von den mehreren Gestaltungsrechten derselben Kategorie mit der Gestaltungserklärung ausgeübt

---

728 Zur Rechtfertigung dieser Parallele ist nicht entscheidend, ob man mit von Tuhr AT I § 10 I, S. 196 die Auffassung teilt, daß auch die Möglichkeit des Schuldners, ein Schuldverhältnis durch Erfüllung gemäß § 362 BGB erlöschen zu lassen, ein rechtsaufhebendes Gestaltungsrecht darstellt. Vgl. dazu und zu den Drittleistungen nach §§ 267, 268 BGB Bucher S. 95 Fußnote 23; Grimm S. 28 ff. Ausschlaggebend ist, daß es in beiden Fällen darum geht, einem Ausübungsakt (Leistung, Gestaltungserklärung) ein anderes Element zuzuordnen (Schuld, Gestaltungsrecht).

729 Gernhuber § 5 III 1, S. 108.

730 Vgl. dazu Staudinger/Olzen vor §§ 362 ff. BGB Rn. 10 f., 14.

731 Staudinger/Olzen § 362 BGB Rn. 21.

732 Gernhuber § 5 III 1, S. 108.

733 BGH NJW 1991, 1294, 1295; Palandt/Heinrichs § 362 BGB Rn. 6; Staudinger/Olzen vor §§ 362 ff. BGB Rn. 14.

734 So etwa bei Drittleistungen und Vorausleistungen, vgl. Palandt/Heinrichs § 362 BGB Rn. 6; Staudinger/Olzen vor §§ 362 ff. BGB Rn. 14.

735 Palandt/Heinrichs § 362 BGB Rn. 6; Staudinger/Olzen vor §§ 362 ff. BGB Rn. 14.

736 Staudinger/Olzen § 366 BGB Rn. 31.

737 Knütel NJW 1970, 121, 123.

738 Vgl. Becker AcP 188, 24, 46.

739 Dagegen Becker AcP 188, 24, 46.

werden sollte[740]. In Anlehnung an § 366 I BGB („bei der Leistung") muß die Mitteilung des Gestaltungsgrunds bei Ausübung des Gestaltungsrechts erfolgen. Der Inhalt der außerordentlichen Kündigungserklärung kann sich deshalb nicht - wie bei der ordentlichen Kündigung - in der bloßen Äußerung des Beendigungswillens erschöpfen[741]. Vielmehr bedarf es zur Ausübung eines konkreten Kündigungsrechts einer Kündigungserklärung, die sich inhaltlich auf einen bestimmten Kündigungsgrund und damit auf das durch ihn erzeugte Kündigungsrecht bezieht[742]. Nur auf diese Weise lassen sich die sich aus der theoretischen Annahme von Rechtsmehrheit zu Gunsten des Gestaltungsberechtigten ergebenden konstruktiven Vorteile der punktuellen Rechtsausübung respektive -beschränkung auch praktisch realisieren[743]. Will beispielsweise der Arbeitgeber das Arbeitsverhältnis nur aus einem ganz bestimmten Grund aufheben, muß er sich inhaltlich auf diesen Grund beziehen. Dann wird durch seine Kündigungserklärung ausschließlich das aus diesem Grund hervorgehende Kündigungsrecht ausgeübt. Besteht dieses nicht, ist die Gestaltungserklärung nichtig. Sie bringt also nicht - möglicherweise gegen den Willen des Erklärenden - das Rechtsverhältnis wegen eines anderen objektiv vorliegenden Kündigungsrechts zum Erlöschen[744].

3. Gegenargumentation

Gegen dieses Erfordernis der Individualisierung des ausgeübten Gestaltungsrechts mittels Angabe des Gestaltungsgrundes wird vorgebracht, eine Individualisierung sei nur dann notwendig, wenn ein Recht geltend gemacht, nicht aber auch dann, wenn es ausgeübt werde[745]. Macht der Berechtigte zum Beispiel einen Anspruch geltend, so behauptet er hiernach das Bestehen dieses Anspruchs zum Zweck seiner Durchsetzung[746]. Die Individualisierung des Rechts liegt hier im eigenen Interesse des Rechtsinhabers, da er zu dessen Realisierung der Mitwirkung des Verpflichteten bedarf. Dieser wiederum wird nur leisten, wenn er das Bestehen des behaupteten Anspruchs verifizieren kann[747]. Anders ist demgegenüber die Rechtslage bei den Gestaltungsrechten. Weil hier der erstrebte Erfolg nicht in einer realen Leistung, sondern in der Herbeiführung einer Rechtsänderung besteht, kann er ohne Mitwirkung des Betroffenen erreicht werden[748]. Mit der Ausübung eines Gestaltungsrechts wird dann lediglich von der eingeräumten Befugnis Gebrauch gemacht, wofür es genügen soll, daß das Recht besteht[749].

---

740 Knütel NJW 1970, 121, 123.
741 Vgl. Hungerbühler S. 174.
742 Vgl. Hungerbühler S. 98.
743 Vgl. Hungerbühler S. 60.
744 Vgl. Hungerbühler S. 61.
745 Grunsky JuS 1964, 97, 100; Nikisch § 48 II 5, S. 694 Fußnote 35.
746 Vgl. Grunsky JuS 1964, 97, 100.
747 Vgl. Grunsky JuS 1964, 97, 100.
748 Vgl. Grunsky JuS 1964, 97, 100.
749 Vgl. Grunsky JuS 1964, 97, 100; Hungerbühler S. 82.

Diese Kritik ist insofern zutreffend, als der Berechtigte die Rechtsgestaltung von sich aus bewirken kann[750]. Von daher braucht er seine Gestaltungsbefugnis im Zeitpunkt der Rechtsausübung auch nicht nachzuweisen, um den Gegner zu einer Mitwirkung zu motivieren. Das wird erst erforderlich, wenn er die aus der Gestaltung entsprungenen Rechte, zum Beispiel Herausgabe- und Bereicherungsansprüche, durchsetzen will[751]. Diese unilaterale Einwirkungsbefugnis des Berechtigten ändert aber nichts an der Tatsache, daß die Rechtsänderung nur durch eine Gestaltungserklärung erfolgen kann, die alle notwendigen Inhaltselemente enthält[752]. Bei Gestaltungserklärungen, mit denen grundabhängige Gestaltungsrechte ausgeübt werden sollen, gehört dazu die Angabe des Gestaltungsgrunds. Die hierdurch ermöglichte Individualisierung des Gestaltungsrechts soll nicht dem Betroffenen Klarheit verschaffen, ob er sich an der Bewirkung des Rechtserfolgs beteiligen soll. Darauf kommt es gar nicht an. Entscheidend ist vielmehr, daß eine Rechtsausübung, die nicht einmal erkennen läßt, welches Recht ausgeübt wird, unzulässig ist[753]. Eine Erklärung, deren wesensnotwendiger Inhalt trotz aller Auslegungsversuche nicht ermittelt werden kann, ist wegen Unbestimmbarkeit ihres Inhalts nichtig[754].

4. Ergebnis

Die These der Rechtsmehrheit führt zu dem Erfordernis, der Gestaltungserklärung das konkret auszuübende Gestaltungsrecht zuzuordnen. Zur Herstellung dieses Bezugs müssen in der Gestaltungserklärung so viele Anhaltspunkte zum Gestaltungsgrund enthalten sein, daß dieser bestimmbar ist. Nur dann steht fest, welches (tatsächlich oder nur vermeintlich bestehende) konkrete Gestaltungsrecht mit ihr ausgeübt werden sollte[755]. Damit ist im Grunde schon alles gesagt. Aber der Jurist ist gewohnt, dem Kronargument immer noch hilfsweise weitere Begründungen hinzuzugesellen[756]. Deshalb werden im folgenden zwei weitere Rechtfertigungsmodelle vorgestellt. Sie verlangen ebenso wie das vorangestellte, die beiden Rechnungseinheiten von Gestaltungsrecht und Rechtsgeschäft[757] durch Bezugnahme inhaltlich zu verbinden.

§ 10 Rechtsnatur des Gestaltungsrechts

Die Pflicht, die Ausübung von Gestaltungsrechten zu begründen, folgt ferner aus den charakteristischen Eigenschaften besagter Rechte. Denn bei der Beurteilung der

---

750 Vgl. Grunsky JuS 1964, 97, 100.
751 Vgl. Hungerbühler S. 83.
752 Vgl. Hungerbühler S. 83.
753 Vgl. Lent AcP 152, 401, 408.
754 Vgl. allgemein für Willenserklärungen Enneccerus/Nipperdey AT I 2 § 205 V, S. 1256.
755 Hungerbühler S. 83.
756 Auf die Konsequenz, daß durch das Hinzufügen weiterer Argumente die vorangehenden in ihrer Triftigkeit entwertet werden, sei hingewiesen.
757 Vgl. Bötticher S. 4.

Frage, ob eine Gestaltungserklärung begründet werden muß, ist auch von der Art und Bedeutung der Gestaltung auszugehen, die durch die Erklärung herbeigeführt wird[758]. Wie berichtet[759], steht bei der Kategorie des Gestaltungsrechts nicht nur das Nichtangewiesensein des Rechtsinhabers auf staatliche Hilfe (Richterspruch, Zwangsvollstreckung), sondern in der Hauptsache das Nichtangewiesensein auf die Mitwirkung des Gestaltungsgegners im Vordergrund[760]. Da der Rechtsinhaber die erstrebte Rechtsgestaltung durch bloße Erklärung seines Willens durchsetzen kann, bekommt die Rechtsausübung den Charakter einer Selbsthilfe, wie sie beim Anspruch nur ausnahmsweise begegnet[761]. Diese vollstreckungs- und prozeßrechtliche Dimension[762] beruht auf der Besonderheit, wonach Gestaltungsrechte auf eine Veränderung in der Rechtswelt gerichtet sind und nicht in der Welt der Tatsachen reale Leistungen eines Schuldners erstreben[763].

Der weitreichenden und einseitigen Einwirkung auf die Rechtsstellung eines anderen in diesen Fällen muß eine stärkere Sicherung des ohne sein Zutun Betroffenen entsprechen[764]. Mit anderen Worten erscheint die Suche nach einem gewissen Ausgleich für die in der Gestaltungsmöglichkeit des anderen Teils liegende Gefahr gerechtfertigt[765]. Dem tragen zunächst solche Vorschriften Rechnung, die die Auslösung der Gestaltungswirkung vom Vorliegen eines Gestaltungsgrundes (Gestaltungsrecht) und vom Zugang einer Willenserklärung (Rechtsgeschäft) abhängig machen[766]. Der Gestaltungsgegner wird also im Regelfall Kenntnis von der Erklärung und ihrer Wirkung erhalten[767]. Aber man kann nicht annehmen, daß der Betroffene diese Erklärung stets einfach hinnehmen wird. Vielmehr muß man im praktischen Rechtsleben damit rechnen, daß der andere Teil die Wirksamkeit der Erklärung bestreitet und sich nicht in die angebliche Gestaltung fügt[768]. Da bei den grundabhängigen Gestaltungsrechten die Gestaltung an besondere Voraussetzungen tatsächlicher Art gebunden ist, ist es leicht möglich, daß der Betroffene das Vorliegen eines wichtigen Grundes bei der außerordentlichen Kündigung oder einen Willensmangel bei der Anfechtung dementiert[769]. Wäre nicht mit einer solchen Zurückweisung zu rechnen, könnte man sich mit der einfachen Erklärung ohne Hinzufügung einer Begründung begnügen. Weil aber gar keine Sicherheit dafür besteht, daß jede Gestaltungserklärung legitimiert und wirksam ist, muß der Gestaltungsgegner in den Stand gesetzt werden, sich ein Urteil über Berechtigung und Wirksamkeit der ohne sein Zutun erfolgten Erklärung zu bilden[770]. Er muß zu der

---

758 Vgl. Lent AcP 152, 401, 403.
759 Vgl. oben bei Fußnote 48.
760 Bötticher FS Dölle I, S. 41, 42, 43.
761 Bötticher S. 2, 3.
762 Vgl. Becker AcP 188, 24, 26; Steinbeck S. 22.
763 Vgl. dazu unten bei Fußnote 954 und Bötticher S. 3; Bötticher FS Dölle I, S. 41, 43.
764 Vgl. Lent AcP 152, 401, 403, 404; Preis S. 111.
765 Vgl. Lent AcP 152, 401, 403, 404.
766 Vgl. Lent AcP 152, 401, 404.
767 Vgl. Lent AcP 152, 401, 404.
768 Lent AcP 152, 401, 404.
769 Lent AcP 152, 401, 404.
770 Lent AcP 152, 401, 404.

Erklärung Stellung nehmen können. Nur so ist es ihm möglich, die Wahrung seiner Rechte zu überprüfen, Ansatzpunkte und Argumente für eine Prüfung seiner Erfolgsaussichten zu finden und nicht auf Verdacht hin einen vielleicht sinnlosen Rechtsbehelf einlegen zu müssen, der mit erheblichen Kosten verbunden sein kann, in jedem Fall aber Zeit kostet. Nach dem Gebot der Rechtsklarheit muß sich der Empfänger darüber klar werden können, ob die Grundlage des behaupteten Rechts, mit dem in seine Rechtsposition eingegriffen wird, überhaupt besteht[771]. Nur dann kann er sich sachgemäß verteidigen[772]. Die Kenntnis von der Erklärung, die durch das Gesetz gesichert ist, genügt für sich allein nicht den Anforderungen, die man im Interesse des Gegners stellen muß[773]. Nur eine Begründung der Erklärung, die Bezugnahme auf den Gestaltungsgrund, wird der Lage des anderen Teils gerecht[774]. Ohne solche ist ihm eine Stellungnahme zu der Erklärung im Sinne der Hinnahme oder Zurückweisung unmöglich[775].

Die Triftigkeit dieser Argumentation ergibt sich auch aus folgender Überlegung. Aus dem Gebot der Rechtsklarheit für den Gestaltungsgegner und dem gesteigerten Rechtssicherheitsbedürfnis bei Gestaltungserklärungen[776] wird allgemein die Bedingungsfeindlichkeit von Gestaltungsgeschäften abgeleitet[777]. Für den Betroffenen ist aber die Rechtslage in einem Fall, in dem die außerordentliche Kündigung ohne Begründung ausgesprochen wird, praktisch gesehen vielfach ebenso unklar, wie in einem Fall, in dem sie von einem zukünftigen ungewissen Ereignis abhängig gemacht wird[778]. Ein und dasselbe Prinzip hindert den Gestaltungsberechtigten also einerseits, seine Gestaltungserklärung mit einer Bedingung zu versehen, und zwingt ihn andererseits, seinen Ausübungsakt zu begründen.

§ 11 Vorprozessuale Begründungspflicht und Privatautonomie

I. Privatautonomie und prozessuale Begründungslast

1. Privatautonomie

Wie oben bereits dargelegt[779], trifft den Berechtigten spätestens im Prozeß, wenn also aus dem Rechts- ein Gerichtsfall wird, die Pflicht, dem Gestaltungsgegner die

771 Knütel NJW 1970, 121, 123.
772 Knütel NJW 1970, 121, 123.
773 Lent AcP 152, 401, 404.
774 Lent AcP 152, 401, 404.
775 Lent AcP 152, 401, 404.
776 Staudinger/Gursky § 388 BGB Rn. 23.
777 Vgl. §§ 388 S. 2, 1947, 2180 II 2 2. Halbsatz BGB und Preis S. 115; Staudinger/Bork vor §§ 158 ff. BGB Rn. 38; Staudinger/Gursky § 388 BGB Rn. 23.
778 Knütel NJW 1970, 121, 123.
779 Vgl. oben bei Fußnote 20.

Gestaltungsgründe mitzuteilen[780]. In diesem Zusammenhang ist zu fragen, ob es angemessen ist, die Begründung bis zu einem Prozeß zu verschieben[781]. Für eine Verlagerung der Grundangabe ins gerichtliche Streitrecht scheint die liberale Grundkonzeption des BGB mit ihrem Bekenntnis zur Privatautonomie zu sprechen[782]. Unter Privatautonomie versteht man die durch die Rechtsordnung gewährte und gesicherte Möglichkeit des einzelnen, seine rechtlichen Beziehungen und die ihn betreffenden Rechtsverhältnisse innerhalb der gesetzlichen Grenzen eigenverantwortlich zu regeln[783]. Die Privatautonomie berechtigt das Rechtssubjekt als Ausfluß des allgemeinen Prinzips der Selbstbestimmung (Art. 2 I GG), Rechte und Pflichten zu begründen, zu ändern oder aufzuheben[784]. Haupterscheinungsform der Privatautonomie ist die Vertragsfreiheit, das heißt die Freiheit des einzelnen, seine Lebensverhältnisse durch Vertrag autonom zu gestalten[785]. Herkömmlicherweise werden die Abschlußfreiheit, die Freiheit zur inhaltlichen Ausformung des Vertragsinhalts, die Gestaltungsfreiheit, und die Auflösungsfreiheit zu den ureigensten Elementen der Vertragsfreiheit gezählt[786]. Da Gegenstand dieser Abhandlung ausschließlich die rechtsvernichtenden Gestaltungsrechte sind[787], ist für uns allein der zuletzt genannte Bestandteil der Vertragsfreiheit relevant. Insoweit ist bedeutsam, daß gerade die Freiheit zur Beendigung von Dauerschuldverhältnissen zweierlei Ausprägungen besitzt, die hinsichtlich ihres dogmatischen Fundaments streng zu unterscheiden sind[788]. Sie beinhaltet sowohl das Recht zur einvernehmlichen als auch das Recht zur einseitigen Beendigung der Vertragsbeziehung[789]. Nur die erste Ebene ist im Rahmen der Vertragsfreiheit anzusiedeln. Sie umfaßt das Recht, das zwischen den Vertragsparteien konsensual geknüpfte Band durch einen gleichartig strukturierten actus contrarius, also durch Vertrag, aufzuheben[790]. Dagegen wird das Recht zur einseitigen Beendigung der Vertragsbeziehung nicht zu den Elementen der Vertragsfreiheit gezählt[791]. Während nämlich der Vertragsfreiheit die Orientierung auf den Vertrag, also auf zweiseitige Rechtsgestaltung, innewohnt, wird das im Dienst der Beendigungsfreiheit stehende Gestaltungsrecht durch Merkmale charakterisiert, die geradezu eine gegenteilige Tendenz verkörpern[792]. Die Vertragsfreiheit gewährt also nur das Recht, die vertragliche Bindung durch zweiseitige Willensübereinstimmung aufzuheben[793]. Solange die Beendigung von Dauerverträgen ausschließlich als immanenter Bestandteil der Vertragsfreiheit verstanden wird, ist

---

780 APS/Preis Grundlagen D Rn. 40; Hungerbühler S. 89; MK/Schwerdtner vor § 620 BGB Rn. 143; Preis S. 116; Reuss AuR 1960, 1, 3; Spinti AR-Blattei D Kündigungsschutz III/C; von Stebut S. 39; Waechter DB 1962, 571, 572; Winterstein S. 89; Zöllner 52. DJT D, S. 142.

781 Lent AcP 152, 401, 408.

782 Dazu Bork AT Rn. 99; Brox AT Rn. 24; Nickel AuR 1975, 97, 99.

783 Boemke NZA 1993, 532; Urban S. 39.

784 Urban S. 39, 40.

785 Palandt/Heinrichs Einführung vor § 145 BGB Rn. 7.

786 Bettermann JZ 1954, 461, 462; Oetker S. 258; Oetker RdA 1997, 9, 11; Urban S. 40.

787 Vgl. oben bei Fußnote 186.

788 Vgl. Oetker S. 258.

789 Oetker RdA 1997, 9, 11.

790 Vgl. Oetker S. 258.

791 Urban S. 40.

792 Vgl. Nickel AuR 1975, 97, 99.

793 Bettermann JZ 1954, 461, 462; Oetker S. 258.

eine Freiheit zur einseitigen Beendigung durch Gestaltungsrecht dogmatisch nicht zu rechtfertigen. Eine derartige Ableitung geriete zwangsläufig in einen unauflöslichen Widerspruch zum Wesen der Vertragsfreiheit[794]. Freiheit zur Bindung und Freiheit von der Bindung lassen sich nicht widerspruchsfrei unter dem gemeinsamen Dach der Vertragsfreiheit funktional zusammenfassen[795]. Konsequenz ist damit jedoch nicht der Ausschluß des einseitigen Selbstbefreiungsrechts als Prinzip[796]. Unstatthaft ist lediglich, das einseitige Loslösungsrecht als Bestandteil der Vertragsfreiheit aufzufassen[797]. Vielmehr bedeutet die Kündigungsfreiheit die aus dem Selbstbestimmungsrecht des einzelnen abzuleitende notwendige Ergänzung[798] zu der Freiheit, eine in die Zukunft reichende dauernde Leistungsverpflichtung mittels der Vertragsfreiheit herbeiführen zu dürfen[799]. Denn eine Vertragsfreiheit, die den Teilnehmern am Privatrechtsverkehr zwar die Freiheit des Abschlusses, nicht aber auch diejenige der einseitigen Beendigung von Dauerschuldverträgen beließe, müßte über kurz oder lang zu einer Verfestigung der vertraglichen Dauerbeziehungen führen und würde sich dadurch selbst in Frage stellen[800]. Die Freiheit zur zeitlich unbefristeten Bindung muß deshalb im Interesse einer wertungskonsistenten Einordnung in die Vertragsfreiheit mit der Freiheit zur einseitigen Beendigung des Vertragsverhältnisses korrespondieren[801]. Das Recht zur einseitigen Auflösung eines unbefristeten Dauerschuldverhältnisses, zur Kündigung, ist als Annexinstitut zur Vertragsfreiheit zu verstehen und somit als Ausdruck der Privatautonomie, die die Ausübung des Selbstbestimmungsrechts garantiert[802].

Das aus dem Selbstbestimmungsrecht des einzelnen abgeleitete Recht zur einseitigen Befreiung von der Herrschaft eines Schuldverhältnisses[803] verlangt die Schaffung eines Schutzschildes zur Abwehr übermäßiger Einschränkungen. Die Privatautonomie will deshalb ganz allgemein Rechtsdurchsetzung und -verfolgung so einfach wie möglich machen und die Privatrechtssubjekte nicht durch die Einführung zusätzlicher Kautelen von der Verwirklichung ihrer Rechte abhalten[804]. Privatautonomie in diesem Sinne setzt insofern voraus, daß die den Rechtssubjekten überlassene Gestaltungsmacht auch für den juristischen Laien handhabbar ist und nicht durch bürokratische Erschwernisse in Gestalt eines Begründungszwangs konterkariert wird[805]. Demzufolge bedarf die privatautonome Gestaltung von Rechtsverhältnissen grundsätzlich[806] keiner anderen Rechtfertigung, als daß der

---

794 Oetker S. 258.
795 Bettermann JZ 1954, 461, 462; Oetker S. 258, 259; Urban S. 40.
796 Vgl. Urban S. 40.
797 Vgl. Oetker S. 260 mit Nachweisen zur Gegenansicht.
798 So Ulmer FS Möhring, S. 295, 304.
799 Oetker S. 260; Urban S. 40.
800 Vgl. Ulmer FS Möhring, S. 295, 304.
801 Vgl. Oetker RdA 1997, 9, 11; Ulmer FS Möhring, S. 295, 303, 304.
802 Vgl. Oetker RdA 1997, 9, 10; Paschke S. 140; Ulmer FS Möhring, S. 295, 303, 304; Urban S. 42, 43.
803 Vgl. Oetker RdA 1997, 9, 11; Paschke S. 140.
804 Vgl. Becker AcP 188, 24, 64.
805 Vgl. Becker AcP 188, 24, 68; Falter S. 112.
806 Zur Ausnahme unten bei Fußnote 865.

einzelne sie will[807]. Dieses Bekenntnis zur Privatautonomie führte auch zur Bildung des leitenden Gedankens der Formfreiheit[808], wonach prinzipiell weder eine besondere Form[809] noch auch nur eine ausdrückliche Erklärung erforderlich sind. Mit dieser dogmatischen Verankerung der einseitigen Beendigungsbefugnis im Selbstbestimmungsrecht des einzelnen[810] scheint die Forderung nach einem generellen Begründungszwang im Rahmen der Gestaltungsrechtsausübung unvereinbar. Sie birgt in sich die Gefahr einer zu einschneidenden Verrechtlichung des Verhaltens[811]. Die privatrechtliche Gestaltungsfreiheit könnte durch ein zu starres Korsett derart eingeengt werden, daß der einzelne nicht mehr nach seiner willkürlichen Selbstbestimmung[812] zu handeln vermag[813]. So darf die Pflicht zur Begründung etwa für den kleinen Arbeitgeber nicht zur formellen Falle werden, die dann für das tatsächlich bestehende Kündigungsrecht ein empfindliches Hindernis darstellt[814].

Die hier befürwortete instrumentale Ausgestaltung des Gestaltungsakts muß insofern insbesondere mit dem Einwand rechnen, sie führte letztlich zu einer Verwischung der Unterschiede zwischen Privatrecht und öffentlichem Recht[815]. So wird für die im Privatrecht gewährleistete Selbstbestimmung bewußt das Attribut „willkürlich"[816] übernommen und in der Gesinnung der handelnden Personen der wesentliche Unterschied zum öffentlichen Recht erblickt[817]: Während für jeden öffentliche Aufgaben Wahrnehmenden aufgrund der Verbindung von Rechtsstaats- und Demokratieprinzip[818] pflichtgemäßes Ermessen, das heißt Sachlichkeit, Gerechtigkeit und Bindung an Gesetz Richtschnur sind, finden im Privatrecht neben echter Freiheit Eigennützigkeit[819], Willkür und Egoismus[820] ihre privilegierte Zufluchtsstätte[821]. Diese unterschiedliche Gesinnung der Handelnden beider Rechtsmaterien wirkt sich auch auf die Art und Weise der Ausübung der Rechte aus[822]. Aufgrund des strengen

---

807 Flume AT II § 1 5, S. 6.

808 Vgl. Hönn JuS 1990, 953. - Ob auch die Formfreiheit zur Vertragsfreiheit gehört, ist allerdings bestritten, vgl. Bettermann JZ 1964, 461 Fußnote 3.

809 Auch Preis S. 116 hebt hervor, daß Gestaltungsrechte grundsätzlich formlos ausgeübt werden können.

810 Vgl. Oetker S. 270.

811 Vgl. Otto Personale Freiheit S. 244.

812 Vgl. Hippel S. 62.

813 Vgl. Otto Personale Freiheit S. 245.

814 Falter S. 112.

815 Vgl. Hippel S. 128, 129.

816 Vgl. Hippel S. 62.

817 Vgl. Hippel S. 128, 129; Otto Personale Freiheit S. 1.

818 Vgl. Pawlowski Rn. 662.

819 So Ulmer FS Möhring, S. 295, 300.

820 Vgl. Otto Personale Freiheit S. 1. Flume AT II § 1 6 a, S. 7 spricht von „Selbstherrlichkeit".

821 Die so gekennzeichnete Vertragsautonomie steht jedoch vor bedeutenden Einschränkungen. Das geplante Zivilrechtliche Antidiskriminierungsgesetz beabsichtigt die Ausweitung des Diskriminierungsschutzes auf Verträge unter Privaten. Anfang Dezember wurde ein erster Diskussionsentwurf seitens des Bundesministeriums der Justiz der Öffentlichkeit vorgestellt. Danach soll die Begründung, Beendigung und Ausgestaltung von Kauf-, Miet-, Dienst-, Werk- und Geschäftsbesorgungsverträgen sowie ähnlichen Schuldverhältnissen, das heißt potentiell jeder Vertrag umfassend den Antidiskriminierungs-Regeln unterworfen werden, soweit der Vertragsschluß öffentlich angeboten wurde. Vgl. F.A.Z. vom 07.02.2002 S. 11, vom 08.03.2002 S. 12, vom 20.04.2002 S. 21 und vom 29.04.2002 S. 20.

822 Vgl. Pawlowski AT Rn. 6.

Positivismus und der hierdurch bewirkten strikten Bindung an das Gesetz, müssen alle staatlichen Amtsträger sich für ihre Entscheidungen verantworten - und zwar gegenüber dem Volk[823]. Sie sind deshalb gehalten, ihre Entscheidungen zu begründen und zu rechtfertigen, weil erst die Begründung der Entscheidungen dem Bürger die Möglichkeit gibt, sich ein Urteil darüber zu bilden, ob sich die Amtsträger richtig verhalten haben oder nicht[824]. Demgegenüber ist für die Grundsätze und Prinzipien des Privatrechts ihre Bindung an die persönlichen Neigungen des einzelnen kennzeichnend[825]. Der Fehlgebrauch von Freiheit stellt geradezu ein Merkmal des Privatrechts dar[826]. Begreift man in diesem Sinne das Fehlen jeglicher Sozialbindung des Verhaltens als Wesenszug der Privatautonomie[827], so scheint damit das Postulat nach einer außerforensischen Begründungspflicht unverträglich. Die Anerkennung eines generellen Begründungszwangs bei Ausübung grundabhängiger Gestaltungsrechte droht in ein Spannungsverhältnis zur Vertragsbeendigungsfreiheit als Teil der Privatautonomie zu geraten[828].

2. Prozessuale Begründungslast

Vorstehende Überlegungen scheinen insofern einer klaren Trennung zwischen der Ebene der Gestaltung und der Ebene eines Streites über diese Gestaltung das Wort zu reden[829]. Die Separierung der Rechtsmaterien des formellen und materiellen sowie des privaten und öffentlichen Rechts verbietet es vorgeblich, einen generellen Begründungszwang auch im materiellen privaten Recht zu postulieren. Die These der vorprozessualen Begründungspflicht sieht sich insofern dem Vorwurf ausgesetzt, materiellrechtliche Probleme durch zum Prozeßrecht respektive öffentlichen Recht gehörende Mittel lösen zu wollen. Weit über den eigentlichen Untersuchungsgegenstand hinaus berührt die Problematik damit auch einen Kernpunkt des Privatrechtsverständnisses. Angesprochen ist das Verhältnis von materiellem Recht und Verfahrensrecht[830], von privatem und öffentlichem Recht.

---

[823] Vgl. Pawlowski Rn. 660.
[824] Vgl. Pawlowski Rn. 660.
[825] Vgl. Pawlowski AT Rn. 19.
[826] Vgl. Otto Personale Freiheit S. 1.
[827] Vgl. Otto Personale Freiheit S. 1.
[828] Vgl. auch Ulmer FS Möhring, S. 295, 304.
[829] So Becker AcP 188, 24, 64.
[830] Allgemein zum Verhältnis von materiellem Recht und Prozeßrecht Henckel Prozeßrecht und materielles Recht S. 1 ff.; Jauernig JuS 1971, 329 ff.; Konzen S. 19 ff.; Stein/Jonas/Schumann (20. Auflage) Einleitung Rn. 27 ff.; Zöllner AcP 190, 471 ff.

II. Gegenargumentation

1. Kein Formerfordernis

Die Begründungspflicht bedeutete eine Beschneidung der Privatautonomie, wenn sie die privatrechtliche Gestaltungsfreiheit, insbesondere die Kündigungsfreiheit, einschränken würde. Insoweit lassen sich formelle und materielle Kündigungsbeschränkungen unterscheiden[831]. Formelle Kündigungsbeschränkungen binden den Kündigenden nur an bestimmte Regeln, die die Kündigung als solche inhaltlich noch nicht bewerten (Fristen, Schriftform, Begründungs- und Anhörungserfordernisse et cetera)[832]. Materielle Kündigungsbeschränkungen unterziehen demgegenüber die Kündigung einer inhaltlichen Überprüfung und Bewertung[833].

Die Befürwortung eines Begründungszwangs bedeutet vor diesem Hintergrund keine Einführung eines Formerfordernisses und damit keine Restriktion der Gestaltungsfreiheit. Im Hinblick auf die Nachschiebebefugnis von Gestaltungsgründen wurden bereits die unterschiedlichen Rechtsfolgen aufgezeigt, je nachdem, ob man in der Grundangabe entweder ein Formerfordernis oder einen wesensnotwendigen Bestandteil der Gestaltungserklärung selbst erblickt[834]. Der Unterschied der beiden Denkweisen zeigt sich aber nicht nur in diesem Punkt. Er beeinflußt auch die Art und Weise der Begründung[835]. So könnte von einem Formerfordernis nur gesprochen werden, wenn ausnahmslos jede Gestaltungserklärung die ausdrückliche Angabe des Gestaltungsgrundes enthalten müßte, selbst wenn dieser Grund dem Gestaltungsgegner ohnehin bekannt ist[836]. Eine solche explizite Angabe des Gestaltungsgrundes ist aber nicht erforderlich. Wie noch zu zeigen sein wird[837], ist insoweit genügend, aber auch erforderlich, daß dem Erklärungswortlaut und/oder den zum Erklärungstatbestand gehörenden Begleitumständen so viele Anhaltspunkte zum Gestaltungsgrund zu entnehmen sind, daß dieser bestimmbar ist[838]. Gerade bei der Bestimmung der Anforderungen an den Umfang und Inhalt der Begründung ist somit der Gefahr vorzubeugen, die Bedeutung der Vertragsbeendigungsfreiheit für die Vertragsautonomie zu verkennen und der Begründung ein solches Gewicht beizumessen, daß an die Ausübung des Gestaltungsrechts zu hohe Anforderungen gestellt werden. Es ist weder erforderlich noch gerechtfertigt, die Begründungspflichten dergestalt auszuformen, daß diesen - gerade bei den Dauerschuldverhältnissen des Wohnraummiet- und Arbeitsrechts - eine bestandsschutzrechtliche Eigenbedeutung zukommt[839]. Auch[840] aus diesem

---

831 Preis S. 54 Fußnote 19.
832 Preis S. 54 Fußnote 19; Preis NZA 1997, 1256, 1258.
833 Preis S. 54 Fußnote 19.
834 Vgl. oben bei Fußnote 313.
835 Zur Art und Weise der Begründung unten ausführlich bei Fußnote 992.
836 Vgl. Hungerbühler S. 98.
837 Vgl. unten bei Fußnote 1187.
838 Vgl. Hungerbühler S. 98.
839 Vgl. auch Paschke S. 304.
840 Zu dem anderen Aspekt vgl. unten bei Fußnote 1010.

Grund bedeutet der Begründungszwang auch keine rechtliche Qualifizierungspflicht, sondern lediglich eine Darlegungslast vom Tatsächlichen her. Entgegen der Behauptung der herrschenden Meinung[841] handelt es sich also bei der Notwendigkeit der Angabe des Gestaltungsgrunds nicht um ein aus dem Gesetz nicht begründbares Formerfordernis[842]. Daß eine außerordentliche Kündigung nur wirksam ist, wenn sie eine zumindest schlüssige Angabe des Kündigungsgrundes enthält, ergibt sich vielmehr aus den für alle grundabhängigen Gestaltungsrechte geltenden Ausübungsvoraussetzungen sowie aus den auch für die außerordentliche Kündigungserklärung geltenden allgemeinen Lehren über den Inhalt und die Auslegung von Willenserklärungen[843].

2. Keine materielle Kündigungsbeschränkung

Die Begründungspflicht gewährt dem Kündigungsempfänger auch keinen Bestandsschutz. Die außerordentliche Kündigung nach § 626 BGB ist ein grundabhängiges Gestaltungsrecht, dessen materieller Gehalt durch einen Begründungszwang nicht in Frage gestellt wird. Die Pflicht, die Kündigungsgründe bekanntzugeben, schränkt die materielle Kündigungsbefugnis weder zeitlich noch sachlich in irgendeiner Weise ein[844]. Vielmehr wird der Kündigende lediglich angehalten, sein an sich bestehendes Recht sorgfältiger auszuüben[845]. Es ist sonach nicht das „ob", sondern das „wie" einer Kündigung, der äußere Rahmen des Kündigungsablaufs tangiert[846]. Insoweit bedeutet die Begründungspflicht also nur einen Formal- oder Verfahrensschutz, der dem Kündigungsempfänger die faire Chance einräumt, sich auf die Kündigung bereits im vorprozessualen Stadium einzurichten, ihr gegebenenfalls mit Sachgründen entgegenzutreten[847]. Der Begründungszwang ähnelt damit eher einer formellen als einer materiellen Kündigungsbeschränkung. Er läßt sich aber aus den oben genannten Gründen keiner der beiden Gruppen zuschreiben, ist vielmehr im Zwischenbereich anzusiedeln. Weil der Begründungszwang demnach weder eine formelle noch eine materielle Kündigungsbeschränkung darstellt, steht der Grundsatz der Privatautonomie seiner Einführung nicht entgegen.

3. Privatrechtliche Gestaltungserklärung und öffentlichrechtlicher Eingriffsakt

Die aufgezeigten Strukturunterschiede zwischen Privatrecht und öffentlichem Recht hindern ebenfalls nicht die Annahme einer privatrechtlichen Rechtfertigungspflicht des Gestaltenden. Denn gerade das Wesen des Gestaltungsrechts wird treffend

---

841 Vgl. BAGE 14, 65, 67; Galperin BB 1966, 1458, 1459; Oehmann BB 1953, 627, 1072; Wächter DB 1962, 571, 572.
842 Vgl. Hungerbühler S. 98.
843 Vgl. Hungerbühler S. 98; Lent JZ 1959, 728, 729.
844 Falter S. 52; Sternel FS Seuss, S. 281, 288.
845 Sternel FS Seuss, S. 281, 288.
846 Falter S. 52.
847 Sternel FS Seuss, S. 281, 288.

erfaßt, wenn man die Affinität von privatrechtlicher Gestaltungserklärung und öffentlichrechtlichem Eingriffsakt gewahrt. Dieser Teilbereich des materiellen Privatrechts bildet eine interdisziplinäre Schnittstelle mit dem öffentlichen Recht, die die ansonsten bestehenden Unterschiede beider Rechtsmaterien insoweit einebnet. Die Erkenntnis, daß die Gestaltungserklärung des Privatrechts sich begrifflich dem öffentlichrechtlichen Akt nähert, hat sich mittlerweile Bahn gebrochen[848]. Wo die Gestaltung eine Vielzahl von bestehenden oder erst entstehenden Rechtsverhältnissen ergreift (wie in der Arbeitsordnung, Gratifikationsordnung oder der Gesamtzusage[849]) und damit normativen Charakter annimmt, wird die Nähe zur Verordnung spürbar[850]. Aber auch die Einzelgestaltung findet ihre Entsprechung in öffentlichrechtlichen Akten[851]: Befehl, Verfügung, Verwaltungsakt[852]. Das verbindende Element ist zum einen jeweils die Unterwerfung[853]. Besonders augenscheinlich ist die juristische[854] Unterworfenheit des Arbeitnehmers, wenn man das Direktionsrecht des Arbeitgebers[855] anspricht, oder betont, daß das Arbeitsverhältnis das Merkmal eines Abhängigkeitsverhältnisses beziehungsweise subordinationsrechtliche Züge[856] aufweist und in dieser Beziehung mit dem öffentlichen Recht verwandt ist[857]. Gerade auch die Organisation der Entscheidung zur Kündigung ähnelt durch die Pflicht zur Begründung (§ 102 I BetrVG) und durch die gesetzliche Regelung der Kündigungsgründe (§ 1 KSchG) sehr dem öffentlichrechtlichen Organisationstyp[858]. Soweit es nicht bei dem schlichten Aufzeigen der Verwandtschaft von Gestaltungserklärung und Verwaltungsakt stehengeblieben ist[859], hat deshalb insbesondere das Arbeitsrecht aus dieser Erkenntnis weitreichende Folgerungen gezogen[860]. Es hat Grundsätze entwickelt, die mit den Ergebnissen der Verwaltungsrechtsprechung übereinstimmen[861]. Zu nennen sind[862] der Gleichbehandlungsgrundsatz, der Gedanke des Vertrauensschutzes, das Verbot des Handels aus sachfremden Motiven und der Grundsatz der Verhältnismäßigkeit[863]. Mitunter wird auch das Bestimmtheitsgebot der Kündigungserklärung dem § 37 I VwVfG entlehnt[864]. Diese Einzeltransformationen aus dem öffentlichen Recht ins Arbeitsrecht lassen für die

---

848 Vgl. Bötticher S. 8; Preis S. 112; Söllner S. 130 ff.

849 Vgl. Söllner S. 131.

850 Vgl. Bötticher S. 33; Söllner S. 131.

851 Vgl. Bötticher S. 33.

852 Preis S. 115 weist in bezug auf die Bestimmtheit der Kündigungserklärung ausdrücklich auf die kodifizierte Parallele zum Verwaltungsakt hin (§ 37 VwVfG).

853 Bötticher FS Dölle I, S. 41, 46; Bötticher S. 33.

854 Nicht gemeint ist also die wirtschaftliche Abhängigkeit, vgl. Bötticher S. 8 Fußnote 10.

855 Vgl. zum Direktionsrecht BAG NZA 2001, 780.

856 So Becker AcP 188, 24, 44.

857 Vgl. Bötticher S. 8. In diese Richtung auch Hungerbühler S. 122 für das Vereinsrecht.

858 Vgl. Pawlowski AT Rn. 18.

859 So zum Beispiel Bötticher S. 8.

860 Allgemein zu der damit im Zusammenhang stehenden Kernfrage nach dem Verhältnis von allgemeinem Zivilrecht und Arbeitsvertragsrecht, vgl. Zöllner AcP 176, 221, 222.

861 Vgl. Söllner S. 131.

862 Vgl. zum folgenden Söllner S. 131.

863 Insbesondere auf die Ausführungen von Söllner S. 138 ist es zurückzuführen, daß die über Gestaltungsrechte erfolgende einseitige Leistungsbestimmung im Arbeitsverhältnis verstärkt am Grundsatz der Verhältnismäßigkeit gemessen wird, soweit konkrete gesetzliche Schranken nicht vorliegen. Vgl. dazu Preis S. 112.

864 So Preis S. 115.

Kündigung, aber auch für die übrigen Gestaltungsrechte folgenden Schluß zu: Öffentliches und privates Recht weisen jedenfalls im Bereich einseitiger Gestaltung von Rechtsverhältnissen dergestalt Gemeinsamkeiten auf, daß die Forderung nach einer privatrechtlichen Begründungspflicht nicht von vornherein illegitim erscheint.

Bestärkt wird dieses Ergebnis noch durch einen zweiten Berührungspunkt zwischen einseitiger privater Rechtsgestaltung und öffentlichrechtlichem Eingriffsakt. Die privatautonome Gestaltung von Rechtsverhältnissen bedarf nämlich nur in der Regel[865] keiner anderen Rechtfertigung, als daß der einzelne sie will. Die Anerkennung des Willens als grundsätzlich alleinigem konstitutivem Element rechtsgeschäftlicher Wirkung[866] erfährt bei einseitiger Rechtsgestaltung eine bedeutende Ausnahme. Einseitig kann der einzelne, soweit Dritte von der Rechtsveränderung betroffen sind, Rechtsverhältnisse nämlich nur gestalten, wenn es sich um die Ausübung eines Gestaltungsrechts handelt[867]. Bei unilateraler Rechtsverschiebung unterliegt der Gestaltende einer ähnlichen Rechtfertigungspflicht wie die staatlichen Amtsträger bei Ausübung ihrer Befugnisse. Insoweit herrschen also nicht Willkür, Egoismus und Selbstherrlichkeit, sondern die strikte Bindung an den normierten Gestaltungstatbestand. Diese Bindung besteht freilich nur bei den grundabhängigen Gestaltungsrechten. Sie fehlt bei den grundunabhängigen Gestaltungsrechten, die aber gerade deshalb auch nicht Stoff dieser Untersuchung sind[868]. Nur diese tragen durch den Verzicht auf einen besonderen Gestaltungsgrund dem Grundsatz der Beendigungsfreiheit Rechnung[869]. So erlaubt zum Beispiel das Recht zur ordentlichen Kündigung eine Beendigung der Vertragsbeziehung allein aufgrund eines privatautonomen Willensentschlusses und schafft hierdurch die institutionelle Rahmenbedingung zur Wahrung des Selbstbestimmungsrechts[870]. Bei den grundabhängigen Gestaltungsrechten, deren Ausübung die Bindung im Dauerschuldverhältnis auflösen kann (Wohnraummietrecht[871], Arbeitsverhältnis), besteht hingegen keine freie, voraussetzungslose und inhaltlich ungebundene Kündigungsfreiheit (mehr). Insoweit ist der Grundsatz privatautonomer Selbstbestimmung im Dauerschuldverhältnis zugunsten von Gesichtspunkten des sozialen Schutzes relativiert worden[872]. Für eine auf dem Selbstbestimmungsgrundsatz fußende willkürliche Rechtsausübung ist in diesen Rechtsgebieten - ähnlich dem öffentlichen Recht - damit kein Raum. Diese Überlegung führt insgesamt zu der Feststellung, daß die Annahme einer generellen privatrechtlichen vorprozessualen Begründungspflicht jedenfalls bei den hier allein interessierenden grundabhängigen Gestaltungsrechten nicht von vornherein unzulässig erscheint.

---

865 Vgl. Flume AT II § 1 6 b, S. 8.
866 Vgl. Staudinger/Dilcher § 125 BGB Rn. 2.
867 Vgl. Flume AT II § 1 6 b, S. 8.
868 Vgl. dazu oben bei Fußnote 160.
869 Vgl. Oetker S. 272.
870 Vgl. Oetker S. 272.
871 Vgl. dazu Paschke S. 278 ff.
872 Vgl. Paschke S. 141; von Stebut S. 17 ff.

Auf einem anderen Blatt steht jedoch die Frage, ob die konstatierte Affinität zwischen privatrechtlicher Gestaltungserklärung und öffentlichrechtlichem Eingriffsakt die Favorisierung einer zivilen Begründungspflicht nicht nur ermöglicht, sondern sogar fordert. Konkret geht es um die Fragestellung, ob zur Bestimmung der Wesensmerkmale der privatrechtlichen Gestaltungserklärung auf den Regelungsgehalt des § 39 I VwVfG zu rekurrieren ist. Gegen die analoge Anwendung der Norm sprechen jedoch folgende Argumente[873]. Zum einen findet § 39 I VwVfG auf Gestaltungserklärungen selbst dann keine analoge Anwendung, wenn der Staat ein einseitiges Gestaltungsrecht durch öffentlichrechtliche Willenserklärung ausübt. Denn nach § 60 II 2 VwVfG unterfällt die Kündigung eines öffentlichrechtlichen Vertrages nicht der Begründungspflicht des § 39 I VwVfG[874]. Die Geltendmachung des Kündigungsrechts durch öffentlichrechtliche Willenserklärung „soll" nur begründet werden[875]. Von daher muß eine analoge Anwendung des § 39 I VwVfG erst recht dann ausscheiden, wenn nicht der Staat, sondern ein privater Bürger den Gestaltungserfolg herbeiführen will. Zum anderen gibt es auch keinen allgemeinen verfassungsrechtlichen Grundsatz einer formellen Begründungspflicht für jegliches einseitige, staatliche Handeln[876], der auf die Ausübung privatrechtlicher Gestaltungsrechte übertragen werden könnte. Die Begründungspflicht trifft den Staat nur, soweit er hoheitlich-regelnd tätig wird, sei es bei gerichtlichen, behördlichen oder parlamentarischen Entscheidungen[877]. Begibt er sich hingegen auf die Ebene der Gleichordnung und bedient sich dabei der Formen des Privatrechts, wie beim Verwaltungsprivatrecht oder der Fiskalverwaltung, unterliegen staatliche Willenserklärungen keinen Begründungspflichten[878]. Denn im Bereich des Privatrechts verfügt die öffentliche Verwaltung über keine besonderen einseitigen Eingriffsmöglichkeiten[879], so daß insoweit eine Begründungspflicht nicht in gleicher Weise erforderlich ist[880]. Trotz der aufgezeigten Parallelen zwischen privatrechtlicher Gestaltungserklärung und öffentlichrechtlichen Eingriffsakten, insbesondere dem Verwaltungsakt, ist es nicht möglich, die Gestaltungsbefugnis des Gestaltungsberechtigten, speziell die Kündigungsbefugnis des Arbeitgebers, mit der Ausübung hoheitlicher Befugnisse gleichzusetzen[881]. Daher können auch nicht öffentlichrechtli-

---

873 Vgl. auch Preis, der auf S. 115 auf § 37 VwVfG hinweist, und auf S. 116 das Dogma der begründungsfreien Gestaltungsrechtsausübung vertritt, ohne § 39 I VwVfG anzusprechen.

874 Vgl. Kopp/Ramsauer § 39 VwVfG Rn. 10.

875 Vgl. zu dieser Norm Kopp/Ramsauer § 60 VwVfG Rn. 21.

876 Vgl. Stelkens/Bonk/Sachs § 39 VwVfG Rn. 8.

877 Vgl. Lücke S. 22 ff.

878 Müller-Ibold S. 168.

879 Müller-Ibold S. 168.

880 Eine andere Frage ist freilich, ob nicht aus anderen, nämlich zivilrechtlichen Erwägungen heraus die begründungsfreie Geltendmachung eines Gestaltungsrechts auch durch staatliche Organe nichtig ist. Es wurde soeben lediglich aufgezeigt, daß sich noch kein verfassungsrechtliches Prinzip eines Begründungszwangs für jegliches staatliche Handeln herausgebildet hat. Doch so wie die öffentliche Verwaltung an die Begründungspflichten des allgemeinen Privatrechts (dazu gehören die oben genannten Bestimmungen des Wohnraummietrechts und des Arbeitsrechts) gebunden ist (vgl. Müller-Ibold S. 168), so hat sie auch den sonstigen bisher herausgearbeiteten Maßstäben zur Ausübung von Gestaltungsrechten Beachtung zu schenken.

881 Vgl. Gentges S. 89.

che Begründungen unbesehen auf die Gestaltungsrechte übertragen werden[882]. Auch das Kündigungsrecht als Teil des Arbeitsvertragsrechts bleibt Privatrecht und damit Ausdruck der gesetzlichen Entscheidung eines Interessenkonflikts zwischen Bürgern[883]. Der Inhaber eines privaten Gestaltungsrechts kann daher nicht mit dem Staat gleichgesetzt werden, der nur bei der Ausübung hoheitlicher Befugnisse einer generellen Begründungspflicht unterliegt.

Im Ergebnis bleibt damit folgendes festzuhalten: Die Strukturunterschiede zwischen Privatrecht und öffentlichem Recht treten bei einseitiger Gestaltung von Rechtsverhältnissen in den Hintergrund. Demzufolge können sie insoweit der Annahme eines generellen Begründungszwangs bei Ausübung von Gestaltungsrechten auch nicht entgegenstehen. Die Gemeinsamkeiten beider Rechtsbereiche reichen aber nicht soweit, daß aus öffentlichrechtlichen Überlegungen heraus die Pflicht zur Grundangabe zwingend erscheint. Das zivilrechtliche Begründungsgebot kann unbedingt vielmehr nur aus den oben genannten bürgerlichrechtlichen Argumenten hergeleitet werden.

4. Verflechtung von formellem und materiellem Recht

Endlich ist noch aufzuzeigen, daß auch die Beziehung zwischen formellem und materiellem Recht es nicht erfordert, die Begründung der Rechtsgestaltung zwingend im Streitrecht zu verorten. Vereinfacht ausgedrückt wird das Verhältnis der Rechtsmaterien des materiellen und des Prozeßrechts von zwei Denkrichtungen gekennzeichnet: Der monistischen einerseits und der dualistischen andererseits[884]. Während jene die Verzahnung und Verflechtung der beiden Rechtsdisziplinen unterstreicht, betont diese die Entflechtung der Gebiete und die Ungebundenheit des Prozeßrechts.

a) Dualistische Betrachtungsweise

Seit Windscheid[885] in der Mitte des vorletzten Jahrhunderts den Anspruch als materiellrechtliches Element aus der actio ausgegliedert[886] und schließlich in seiner Abwehrschrift[887] gegen Muther ein Klagerecht auf „Hülfe des Staates" zugebilligt und in das Prozeßrecht verwiesen hat, ist die Prozeßrechtswissenschaft im Grundsatz auf die strikte Trennung von Zivil- und Verfahrensrecht fixiert[888]. Die Entstehung des

---

882 Vgl. Gentges S. 89.
883 Gentges S. 89.
884 Grunsky § 5 II 1, S. 27; Habscheid FS Schwab, S. 181; Schwab FS Lüke, S. 793, 794; Schwab ZZP 71, 155.
885 Windscheid S. 3-7, 32, 148, 229, 230.
886 Behrends JuS 1985, 878, 880; Bucher S. 83; Staudinger/Peters § 194 BGB Rn. 3.
887 Windscheid Abwehr S. 26.
888 Konzen S. 19; Röhl § 45 I, S. 363; Staudinger/Peters § 194 BGB Rn. 3; Zeuner AcP 190, 471, 473.

Anspruchsbegriffs ist insofern eng mit der Entwicklung des Verhältnisses von Privatrecht und Prozeßrecht verbunden[889]. Sie bildet den Ursprung der allmählichen Loslösung des formellen vom materiellen Recht[890]. Während die Römer die Trennung zwischen materiellem und formellem Recht nicht kannten[891], vielmehr in der actio alle materiellen und prozessualen Voraussetzungen für ein günstiges Urteil zusammenfaßten[892], hat Windscheid nur noch den materiellrechtlichen Inhalt der actio dem Anspruchsbegriff zuordnen wollen[893]. Erst dadurch hat er die (dem klassischen römischen Recht unbekannten) rein prozeßrechtlichen Fragestellungen der Zulässigkeit und des Rechtsschutzbedürfnisses ermöglicht[894].

Die dualistische Strömung begreift in Weiterführung dieses Gedankens materielles Recht und Prozeßrecht als getrennte Materien, die sich von ihrer Rechtsnatur, von ihrem Gegenstand und von ihrem Ziel her grundlegend unterscheiden. Die auf Ausdifferenzierung und Ausgründung von materiellem subjektiven Recht und seiner prozessualen Verwirklichung gerichtete Anschauung erblickt in beiden Rechtsmaterien zwei hierarchisch angeordnete Teile. Die Vertreter dieser Lehre waren fortwährend bestrebt, sich von den Fesseln materiellrechtlichen Denkens zu befreien, um die Entwicklung des Prozeßrechts als einer nicht nur äußerlich, sondern auch innerlich selbständigen Materie zu ermöglichen[895]. Beide Gebiete werden jeweils streng für sich behandelnden Betrachtungsweisen unterworfen. Die Überbetonung der zivilprozessualen Eigengesetzlichkeit führte beispielshalber zur Kreierung einer eigenständigen zivilprozessualen Methode. Hiernach müssen bei der Auslegung und Anwendung der ZPO - unter Berufung auf die Relativität der Rechtsbegriffe - die eigenen Wertungen des Verfahrensrechts beachtet werden. In diesen Kontext gehört auch die eigenständige prozessuale Erklärung der Rechtskraft.

Nach dieser Sichtweise stellt die Begründung der Rechtsausübung eine genuin prozeßrechtliche Kategorie dar. Erst und nur im gerichtlichen Streit hat der Berechtigte die Gründe darzulegen, die seine Rechtsgestaltung legitimieren sollen. Die Ausdifferenzierung von materiellem und Prozeßrecht induziert eine klare Trennung zwischen der Ebene der Gestaltung und der Ebene eines Streites über diese Gestaltung[896]. Deshalb ist es auch nicht gestattet, das zum Verfahrensrecht gehörende Mittel der Begründung zur Lösung des materiellrechtlichen Problems der Individualisierung des Gestaltungsrechts heranzuziehen[897].

---

889 Georgiades S. 24; Röhl § 45 I, S. 363.
890 Georgiades S. 24; Röhl § 45 I, S. 363.
891 Vgl. Behrends JuS 1985, 878, 880.
892 Behrends JuS 1985, 878, 880.
893 Henckel S. 257.
894 Behrends JuS 1985, 878, 880.
895 Vgl. Röhl § 45 II, S. 363; Staudinger/Peters § 194 BGB Rn. 3.
896 So Becker AcP 188, 24, 64.
897 Vgl. Becker AcP 188, 24, 64 Fußnote 119.

b) Monistische Betrachtungsweise

Für die monistische Strömung ist hingegen die Integration, Interaktion und Interdisziplinarität von Privatrecht und Prozeßrecht bestimmend. Sie erfaßt materielles Recht und Verfahrensrecht als die Rechtslage insgesamt konstituierende Sinneinheit. Materielles und Prozeßrecht sind keine getrennten Einzelwissenschaften, sondern zusammengehörende Elemente der Gesamtkonfiguration Recht. Beide Materien sind aufeinander bezogen und untrennbar miteinander verwoben[898]. Dieses ganzheitliche Grundverständnis und übergreifende Denken erblickt im materiellen Recht nur die halbe Wahrheit. Die wahre Gestalt der materiellen Rechte enthüllt sich vielmehr erst im Zusammendenken mit der prozessualen und vollstreckungsrechtlichen Verwirklichung, weil materielles Recht durch Prozeßrecht in seiner Substanz mitgeformt wird. Zur Untermauerung ihrer Maxime weist diese Lehre ferner auf den Substanzverlust von materiellem Recht und Recht der Gerichtsordnung hin, den beide durch die zunehmende Separierung der Materien erlitten haben. Basierend auf diesen Erwägungen fordert die monistische Sichtweise den Rückbezug des Prozeßrechts auf das materielle Recht[899], um auf diese Weise beide Rechtsmaterien in die unerläßliche Übereinstimmung zu bringen[900].

Nach dieser Lehrmeinung ist die Begründung der Gestaltungsrechtsausübung nicht zwingend eine genuine Komponente des Verfahrensrechts. Auch bei grundsätzlicher Unterscheidung zwischen der Gestaltungsebene und der Ebene einer gerichtlichen Auseinandersetzung über diese Gestaltung ist die Forderung nach einer materiellrechtlichen Begründungspflicht deshalb legitim.

c) Bewertung

Die beiden Anschauungen stellen nur die Eckpfeiler, das Grundgerüst der wissenschaftlichen Diskussion dar. Die Relationen zwischen formellem und materiellem Recht lassen sich nach heutigem Stand weder in den Rahmen einer dualistischen, beide Materien jeweils streng für sich behandelnden Betrachtungsweise pressen, noch in den Rahmen einer monistischen Betrachtung, die nur die Ganzheit des Rechts insgesamt sieht[901]. Auch die vom Trennungsdenken bestimmte dualistische Sicht anerkennt zum Beispiel, daß materielles Recht und Verfahrensrecht aufeinander bezogen sind, daß Sinnzusammenhänge beider Rechtsmaterien und Parallelitäten ihrer Rechtsfiguren bestehen[902]. Sie fußt nur auf der Grundvorstellung, daß materielle Rechtslagen als etwas von ihrer prozessualen Verwirklichung ge-

---

898 Georgiades S. 113.

899 Blomeyer FS Lent, S. 43 unter Hervorhebung der systematischen Verbindung des Zivilprozeßrechts mit dem Bürgerlichen Recht.

900 Schwab FS Lüke, S. 793, 794.

901 Stein/Jonas/Schumann (20. Auflage) Einleitung Rn. 27.

902 Stein/Jonas/Schumann (20. Auflage) Einleitung Rn. 27; Zöllner AcP 190, 471.

trennt Existierendes zu denken sind[903]. Die Verflechtung zeigt sich paradigmatisch schon an den Fragen der Partei- und Prozeßfähigkeit sowie der Prozeßführungsbefugnis[904]. Die ZPO knüpft insoweit nämlich an die materiellrechtlichen Vorbilder der Rechtsfähigkeit, Geschäftsfähigkeit und Verfügungsbefugnis an[905]. Auch gibt es prozessuale Rechtsnormen, deren Tatbestände außerprozessuale Vorgänge umschreiben[906]. Das rechtliche Interesse, das § 66 ZPO als Voraussetzung der Nebenintervention fordert, ist zum Beispiel in der Mehrzahl der Fälle materiellrechtlich begründet[907]. Ferner nennt § 72 ZPO materiellrechtliche Rechtsbeziehungen als Voraussetzung der Streitverkündung[908]. Anerkanntermaßen können Prozeßhandlungen gleichzeitig materiellrechtliche Wirkungen erzeugen[909]. Auch die Zuerkennung einer Doppelnatur einer Norm (vgl. oben zu §§ 573 III 2, 575 a I BGB, 9 III 2 MuSchG, 15 III BBiG und 102 I BetrVG und zahlreiche Vorschriften des Vollstreckungsschutzes) ist Ausweis dieser Verbundenheit[910]. Begriffsschöpfungen wie „Gestaltungsklagerecht", „prozessualer Anspruch" und „materielle Rechtskraft" belegen, daß eine weitreichende oder gar vollständige Trennung beider Rechtsgebiete in Wahrheit gar nicht vollziehbar ist[911]. Vor allem bei den sogenannten Gestaltungsklagerechten ist die Unität von Recht und Klage nach wie vor sichtbar. Von vornherein sind hier Recht und Rechtsschutzform als Einheit konzipiert, indem die Verwirklichung des materiellen Gestaltungsrechts an die Ausübung im Prozeß gebunden ist[912]. Gegen die dualistische Sichtweise ist schließlich der durch das Trennungsdenken herbeigeführte beiderseitige Substanzverlust anzuführen[913]. Gerade die Bestimmungen der §§ 573, 574 b BGB bilden insoweit für das Neben- und Ineinander von materiellem und Prozeßrecht ein anschauliches Beispiel[914]. Ist die Räumung von Wohnraum Gegenstand gerichtlicher Verurteilung, so kann nach § 721 ZPO das Gericht dem Schuldner - sogar mehrmals - eine angemessene Räumungsfrist gewähren, obwohl bei der Kündigung von Wohnraum im Rahmen der mieterschützenden Bestimmungen der §§ 564 b, 574 b BGB bereits eine Abwägung der beiderseitigen Interessen stattgefunden hat[915]. Daß die Ausdifferenzierung der beiden Rechtsmaterien zu einer notwendigen Verarmung der getrennten Teile führt[916], belegt auch die oben aufgezeigte Disharmonie zwischen den Normen des allgemeinen und des besonderen Kündigungsschutzes. Eine legislatorisch

---

903 Zöllner AcP 190, 471.

904 Auf die Wechselwirkung zwischen der Prozeßführungsbefugnis und der Individualisierung des Streitprogrammes (vgl. Windel S. 94) werden wir weiter unten noch zu sprechen kommen.

905 Vgl. Stein/Jonas/Schumann (20. Auflage) Einleitung Rn. 34.

906 Blomeyer ZPR § 1 II 1, S. 3; Henckel Prozeßrecht und materielles Recht S. 9.

907 Blomeyer ZPR § 1 II 1, S. 3; Henckel Prozeßrecht und materielles Recht S. 9.

908 Henckel Prozeßrecht und materielles Recht S. 9.

909 Sogenannte doppelfunktionelle Prozeßhandlungen, dazu Henckel Prozeßrecht und materielles Recht S. 31 ff.; Konzen S. 51 ff.; Zeiss Rn. 213.

910 Zur möglichen Doppelfunktion sowohl eines Rechtssatzes als auch einer Prozeßhandlung vgl. Konzen S. 51 ff.

911 Vgl. Blomeyer ZPR § 1 II 1, S. 3; Zöllner AcP 190, 471, 485.

912 Zöllner AcP 190, 471, 486.

913 Vgl. Zöllner AcP 190, 471, 486.

914 Beispiel nach Zöllner AcP 190, 471, 479 f.

915 Zöllner AcP 190, 471, 480.

916 Vgl. Zöllner AcP 190, 471, 474.

ausgewogene Lösung hat deshalb Prozeßrecht und materielles bürgerliches Recht als Sinneinheit zu begreifen[917]. Nur durch ein solches Einheitsverständnis wäre die konstatierte Antinomie der Regelungen vermeidbar gewesen. Das materielle Recht bedeutet insofern lediglich die halbe Wahrheit[918]. Nur die ganzheitliche Sichtweise eröffnet dem Gestaltenden die Möglichkeit, das Ineinandergreifen der Normen zu verstehen, so daß die Gefahr, durch „Rechtstücke[919]" respektive prozessualen Stolperstein seiner Rechte verlustig zu gehen, minimiert werden kann. Die wahre Gestalt der materiellen Rechte enthüllt sich also erst im Zusammendenken mit der prozessualen und vollstreckungsrechtlichen Verwirklichung, weil materielles Recht durch Prozeßrecht in seiner Substanz mitgeformt wird[920].

Vor diesem Hintergrund können sich die Gegner einer materiellrechtlichen Begründungspflicht nicht auf das rein formaljuristische Trennungsargument stützen. Zur Beantwortung der Frage, ob die Grundangabe auch schon vorprozessual verlangt werden kann, darf auch nicht auf bloße Begrifflichkeiten abgestellt werden. Vielmehr sind - ähnlich dem Theorienstreit bei Konkurrenz mehrerer Gestaltungsgründe - rein praktische und zweckmäßige Überlegungen zur Lösung des Konflikts heranzuziehen. Ausschlaggebend ist hierbei, daß keine der gegen eine vorprozessuale Beweispflicht angeführten Argumentation[921] vergleichbare Rechtfertigung existiert, die unabdingbar die Mitteilungspflicht dem Verfahrensrecht zuordnet. Vielmehr sprechen die bisherigen und im folgenden zu nennenden Erwägungen für eine Verortung der Grundangabe bereits im materiellen Recht, weil nur so billige Ergebnisse erzielt werden können.

III. Außergerichtliche Streitbeilegung

Für eine Begründungspflicht schon außerhalb eines Prozesses spricht, daß unsere Rechtsordnung in weitem Maße von dem Bestreben geleitet wird, Prozesse tunlichst zu vermeiden[922]. Die gerichtliche Streitentscheidung soll nach Möglichkeit zugunsten einer außerforensischen Streitbeilegung zurücktreten. Die Förderung und Stärkung der vorprozessualen Konfliktbeilegung ist jüngst wieder in die Diskussion gelangt[923]. Maßgeblicher Auslöser war § 15 a EGZPO[924], der durch das Gesetz zur Förderung der außergerichtlichen Streitbeilegung vom 15.12.1999 eingeführt wurde[925]. Absatz eins dieser Öffnungsklausel ermächtigt die Bundesländer, dem Verfahren vor dem

917 Zöllner AcP 190, 471, 480.
918 Zöllner AcP 190, 471, 474.
919 Vgl. Honsell AcP 186, 115, 152.
920 Zöllner AcP 190, 471, 474.
921 Zur Beweispflicht und ihrer Verortung im formellen Recht bereits oben bei Fußnote 25.
922 Lent AcP 152, 401, 406; Lent JZ 1959, 728.
923 Vgl. Ott S. 1.
924 Zietsch/Roschmann Beilage NJW 51/2001, 3-8 geben einen Überblick über die Regelungen des vorprozessualen Güteverfahrens und setzen sich mit den einzelnen Landesregelungen auseinander.
925 BGBl. I S. 2400.

Amtsgericht ein obligatorisches Schlichtungsverfahren vorzuschalten[926]. Die Landesgesetzgeber können hiernach gesetzliche Regelungen schaffen, durch die die Zulässigkeit der Erhebung einer Klage davon abhängig gemacht werden kann, daß vor einer durch die Landesjustizverwaltung eingerichteten oder anerkannten Gütestelle versucht worden ist, die Streitigkeit einvernehmlich vor Klageerhebung beizulegen[927]. Bisher haben acht Bundesländer Gesetze zur obligatorischen Streitschlichtung verabschiedet[928]. Zwei weitere Länder sind dabei, landesrechtliche Regelungen einzuführen. Die restlichen sechs Bundesländer wollen die Möglichkeit des § 15 a EGZPO dagegen nicht nutzen[929]. Nach aktueller Rechtslage kann also wie schon bisher dem Verwaltungs- und Strafprozeß (§§ 68 ff. VwGO, § 380 StPO) nun auch dem zivilrechtlichen Gerichtsverfahren ein obligatorisches Schlichtungsverfahren vorauszugehen haben. Gemäß § 278 V 2 ZPO kann das Gericht ferner den Parteien im gerichtsinternen Güteverfahren des § 278 II, III ZPO[930] eine außergerichtliche Streitschlichtung vorschlagen und dazu das Ruhen des gerichtlichen Gesamtverfahrens anordnen. Die Vorschrift eröffnet also sogar dann noch das Zurück in den außergerichtlichen Raum, wenn schon eine Klageschrift vorliegt[931]. In diese allgemeine Richtung unseres Rechts nach vorprozessualer Befriedigung[932] paßt zudem die in jüngerer Zeit auch in Deutschland geführte Diskussion über die sogenannte alternative Streiterledigung[933], die bereits in zahlreichen Ländern, insbesondere in Japan und in den USA, Verbreitung gefunden hat[934]. Zu diesen alternativen Streitschlichtungsmethoden zählen unter anderem Conciliation, Mediation, Mini-Trial und Med-Arb[935]. Die Verfahren alternativer Streiterledigung sind dazu bestimmt, die Parteien zu einer Lösung zu führen, ihnen bei einer einverständlichen Regelung zu helfen und zur Seite zu stehen[936]. Im Unterschied zur Schiedsgerichtsbarkeit (§§ 1025 ff. ZPO), die echte streitentscheidende Tätigkeit ist, bringen sie jedoch keine Entscheidung des Streitfalls[937]. Unter den genannten Verfahren ist der Begriff der Mediation der bekannteste[938]. Von Mediation spricht

---

926 Dazu Ott S. 34 ff.

927 Vgl. Zietsch/Roschmann Beilage NJW 51/2001, 3.

928 In Nordrhein Westfalen wurde das Gütestellen- und Schlichtungsgesetz (GüschlG NRW) vom 09.05.2000 (GVBl. S. 476) erlassen.

929 F.A.Z. vom 02.01.2002, S. 21; Zietsch/Roschmann Beilage NJW 51/2001, 3.

930 Die Arbeitsgerichtsbarkeit verfügt mit der Güteverhandlung nach § 54 ArbGG über ein bewährtes und effektives Mittel, vor streitiger Verfahrensdurchführung eine gütliche Regelung herbeizuführen, vgl. Kissel FS Arbeitsgerichtsbarkeit, S. 19, 25. Die Güteverhandlung stellt einen besonderen Verfahrensabschnitt der mündlichen Verhandlung vor den Arbeitsgerichten dar, vgl. Hauck § 54 ArbGG Rn. 5. Insofern handelt es sich nicht um ein außergerichtliches, sondern ein gerichtsinternes Schlichtungsverfahren, so Düwell FS Däubler, S. 745, 755. In Anlehnung an das arbeitsgerichtliche Güteverfahren des § 54 ArbGG schiebt sich seit dem 01.01.2002 nach § 278 II, III ZPO auch im Zivilprozeß zwischen den Klageeingang und die mündliche Verhandlung eine (gerichtliche) Güteverhandlung, vgl. dazu Hartmann NJW 2001, 2577, 2581.

931 Vgl. Hartmann NJW 2001, 2577, 2582.

932 Vgl. Sternel IV Rn. 362.

933 Vgl. Düwell FS Däubler, S. 745, 753 ff.; Kissel FS Arbeitsgerichtsbarkeit, S. 19, 25.

934 Schütze Rn. 4.

935 Vgl. Schütze Rn. 4.

936 Vgl. Schütze Rn. 4.

937 Vgl. Schütze Rn. 4.

938 Vgl. Haft S. 243.

man, wenn die Parteien ihren Streit nicht durch Verhandeln beilegen können und deshalb freiwillig einen neutralen Dritten (Mediator) für die Lösung des Konflikts einschalten[939]. Weiterhin ist ein Seitenblick auf die Vorschriften über den Anwaltsvergleich in §§ 796 a, b und c ZPO zu werfen. Nach der Gesetzesbegründung soll damit die Bereitschaft der Parteien, sich vorgerichtlich zu einigen, gefördert werden[940]. Aus der Bezugnahme in § 62 II 1 ArbGG auf das achte Buch der ZPO folgt (nunmehr[941]) die Zulässigkeit der Vollstreckbarerklärung des Anwaltsvergleichs auch in Arbeitssachen, der damit gleichwertig mit einem gerichtlichen Vergleich ist[942]. Schließlich ist in dem Rahmen der Diskussion um außergerichtliche Streiterledigung auch noch die Einigungsstelle nach dem BetrVG (§ 76 BetrVG) zu erwähnen, die nach ihrer Grundkonzeption eine innerbetriebliche Einigungs- und Schlichtungsinstanz darstellt[943].

Zu dieser unserer Rechtsordnung inhärenten Tendenz zur Befriedungsmöglichkeit schon im vorprozessualen Raum[944] steht es im Widerspruch, durch die Zulässigkeit einer begründungslosen Gestaltungserklärung und die dadurch hervorgerufene Unklarheit für den Gegner, Prozesse geradezu zu züchten[945]. Diese hätten sich vermeiden lassen, wenn eine Begründung gegeben und eine Aussprache ermöglicht wäre[946]. Es ist sehr gut vorstellbar, daß sich zum Beispiel der Gekündigte gegen den wahren Grund, der kein von ihm verschuldeter, nicht einmal in seiner Person liegender zu sein braucht, der sogar in den besonderen Verhältnissen des Kündigenden liegen kann, entweder überhaupt nicht oder in anderer Weise gewehrt hätte[947]. Ein Begründungszwang versetzte den Kündigungsempfänger also in die Lage, die Berechtigung der Kündigung zu beurteilen und ihm damit die Entscheidung erleichtern, gegebenenfalls von einem Prozeß um die Wirksamkeit der Kündigung Abstand zu nehmen[948]. So hätte der gekündigte Arbeitnehmer, wenn er den Kündigungsgrund gekannt hätte, möglicherweise keine Klage erhoben[949]. Würden dem Betroffenen die die Kündigung rechtfertigenden Tatsachen dagegen erst in der Klagebeantwortung bekanntgegeben, bliebe diesem nur die Rücknahme seiner Klage übrig[950]. Schließlich liegt es auch im ureigensten Interesse des Kündigungsberechtigten, nach Möglichkeit eine Auseinandersetzung um die Wirksamkeit der Kündigungserklärung zu vermeiden[951]. Eine Begründung vermag die Einlegung eines Rechtsbehelfs zu verhindern, da sie dem Betroffenen zeigen kann, daß durch einen Rechtsbehelf nichts zu gewinnen ist. Deshalb wird der Rechtsinhaber häufig auch ohne Annahme

---

939 Ott S. 7.
940 Bundestagsdrucksache 11/8283 S. 62. Dazu Düwell FS Däubler, S. 745, 753.
941 Zur Rechtslage vor Inkrafttreten des Gesetzes zur Neuregelung des Schiedsverfahrensrechts (SchiedsVfG) vom 22.12.1997 (BGBl. I S. 3224) vgl. Düwell FS Däubler, S. 745, 753, 754.
942 Düwell FS Däubler, S. 745, 754.
943 DKK/Berg § 76 BetrVG Rn. 2; Kissel FS Arbeitsgerichtsbarkeit, S. 19, 25.
944 Sternel FS Seuss, S. 281, 292.
945 Lent AcP 152, 401, 406.
946 Lent AcP 152, 401, 406; Sternel IV Rn. 362.
947 Reuss AuR 1960, 1, 2.
948 So auch die Begründung zu § 626 II BGB in dem Regierungsentwurf vom 24.02.1969 (Bundestagsdrucksache V/3913 S. 11). Vgl. Falkenberg BB 1970, 537, 538.
949 Nikisch § 48 II 5, S. 695 Fußnote 40.
950 Vgl. Falkenberg BB 1970, 537, 538.
951 Vgl. Bauer Rn. 133 a.

einer Begründungspflicht vorwiegend unter taktischen Gesichtspunkten die Gründe darstellen und gegebenenfalls sogar Beweismittel angeben[952].

§ 12 Rechtsfolgen bei Mißachtung der Begründungspflicht

Enthält die Gestaltungserklärung keine Anhaltspunkte, welcher Gestaltungsgrund und welches Gestaltungsrecht mit ihr ausgeübt werden soll, ist die Erklärung wegen Fehlens eines unabdingbaren Elements unbestimmt und somit nichtig[953]. Die rechtliche Rubrizierung der Begründung als wesensnotwendiger Bestandteil jeder Gestaltungserklärung präjudiziert insofern die Frage nach der Rechtsfolge bei Unterlassen der Grundangabe. Für die Nichtigkeitsfolge des Ausübungsakts und gegen die Anerkennung eines bloßen Schadensersatzanspruchs des Betroffenen lassen sich aber auch systematische und praktische Erwägungen anführen.

I. Systematische und prozeßökonomische Überlegung

Die Annahme eines Begründungszwangs, der bei Verstoß zu einer bloßen Schadensersatzpflicht des Gestaltungsberechtigten und nicht zur Nichtigkeit des Erklärungsaktes führt, weist entscheidende Schwächen auf[954]. Sie berücksichtigt nicht, „daß das Schwergewicht der Gestaltungserklärung im Bereich des Rechtlichen und nicht in der Sphäre des Tatsächlichen liegt"[955]. Wenn beispielshalber A den B durch einen Unfall an seiner Gesundheit verletzt, „kann die Rechtsordnung den Schaden nicht dadurch ungeschehen machen, daß sie seinen Eintritt leugnet"[956]. „Sie kann hier lediglich dadurch helfen, daß sie (auf der Sekundärebene) eine Schadensersatzpflicht des Schädigers statuiert"[957]. Dagegen bietet sich bei den Gestaltungsrechten die Möglichkeit an, den Eintritt des Gestaltungserfolges an enge Voraussetzungen zu knüpfen und so die Entstehung eines Schadens von vornherein zu verhindern[958]. Fehlt bereits auf der Primärebene der Schaden als objektive Bedingung der Haftbarkeit, so ist der Umweg über den Schadensausgleich überflüssig[959]. Ein zweiter Prozeß, in dem der Betroffene seinen Schadensersatzanspruch einklagen müßte[960], wird vermieden[961]. „Aus diesem Grund wirken die meisten

---

952 So die Empfehlung von Bauer Rn. 133 a.
953 Vgl. allgemein für Willenserklärungen Enneccerus/Nipperdey AT I 2 § 205 V, S. 1256.
954 Grunsky JuS 1964, 97, 98; Reuss AuR 1960, 1, 2.
955 Vgl. Bötticher S. 3 und oben bei Fußnote 763.
956 Vgl. Grunsky JuS 1964, 97, 98.
957 Vgl. Grunsky JuS 1964, 97, 98.
958 Vgl. Falter S. 51.
959 Grunsky JuS 1964, 97, 98. Diese Überlegung liegt auch dem neuen § 269 III 3 ZPO zugrunde. Dazu Baumbach/Hartmann § 269 ZPO Rn. 36 ff., § 91 a ZPO Rn. 36.
960 Vgl. Falter S. 55; Knütel NJW 1970, 121, 122.
961 Vgl. Falter S. 55; Hungerbühler S. 103.

Kündigungsbeschränkungen auch unmittelbar[962], das heißt eine trotz Vorliegens der Beschränkung ausgesprochene Kündigung ist nichtig"[963].

Schadensersatz bedeutet in diesem Zusammenhang freilich nicht, daß der Gekündigte so gestellt werden muß, als ob überhaupt nicht gekündigt worden wäre, sondern lediglich so, als ob ihm der Kündigungsgrund bereits vorprozessual rechtzeitig mitgeteilt worden wäre[964]. Denn der zum Schadensersatz verpflichtende Umstand im Sinne des § 249 BGB ist nicht die Kündigung als solche, sondern die Nichtangabe des Kündigungsgrundes[965]. Der Verlust des Arbeitsplatzes kann also nicht der Schaden sein[966], den es durch die unmittelbar wirkende Kündigungsbeschränkung zu verhindern gilt[967]. Der Schaden kann aber darin bestehen, daß der Kündigungsempfänger in der Annahme, die Kündigung sei wegen Fehlens eines sie rechtfertigenden Grundes unwirksam, nicht rechtzeitig Vorsorge für das Ende des Arbeitsverhältnisses getroffen hat[968]. Dieser Nachteil wäre bei Nichtigkeit der Kündigung gar nicht erst entstanden. Aber auch die insbesondere von der Rechtsprechung[969] als ersatzfähiger Schadensposten anerkannten Prozeßkosten, die der Betroffene in einem erneuten Verfahren einklagen müßte[970], wären diesem bei Nichtigkeit der Kündigung nicht auferlegt worden. Denn in diesem Fall hätte der Gestaltungsgegner das Verfahren gewonnen, so daß er Anspruchsberechtiger im Sinne des § 91 I ZPO wäre[971]. Zwar könnte der Gestaltungsberechtigte eine neue Erklärung mit Wirkung für die Zukunft abgeben. Doch ist nicht gesagt, daß er von dieser Möglichkeit auch Gebrauch machen würde, etwa weil er inzwischen seine fehlende Legitimation erkannt hat[972]. Spricht der Rechtsinhaber die Kündigung gleichwohl erneut aus, kommt das bereits genannte Argument zum Tragen. Nun kennt der Betroffene den Kündigungsgrund, was ihn möglicherweise davon abhalten wird, die materielle Gestaltungsberechtigung des Erklärenden gerichtlich abzustreiten. Aus diesem Grund liegt es nahe, bei Nichtangabe des Kündigungsgrundes nicht nur eine Schadensersatzpflicht des Kündigenden, sondern die Nichtigkeit der Kündigung zu folgern[973].

---

962 Falter S. 52; Grunsky JuS 1964, 97, 98.

963 Zum Unterschied von nur schuldrechtlichen und unmittelbar (dinglich) wirkenden Kündigungsbeschränkungen vgl. BAG AuR 1960, 93, 94; Maus Handbuch VI B Nr. 398 ff.; Molitor S. 194 ff.; Nikisch § 48 I 2, S. 687, 688; Ulmer FS Möhring, S. 295, 307 ff.; von Stebut S. 87 und oben bei Fußnote 386.

964 Hueck/Nipperdey I § 56 VI 2, S. 552; Nikisch § 48 II 5, S. 695; Zöllner/Loritz § 22 I 5, S. 277.

965 Falter S. 55; Hueck/Nipperdey I § 56 VI 2, S. 552; Hueck/von Hoyningen-Huene § 1 KSchG Rn. 163; Nikisch § 48 II 5, S. 695.

966 In Ausnahmefällen will Monjau BB 1969, 1042, 1045 dem Gekündigten auch einen Anspruch auf Wiederherstellung des Arbeitsverhältnisses gewähren.

967 Vgl. BAG AuR 1960, 90, 91; Frey AuR 1960, 91, 92.

968 Hueck/Nipperdey I § 56 VI 2, S. 552; Knütel NJW 1970, 121, 122.

969 Vgl. BAG AuR 1960, 90, 91.

970 Vgl. Falter S. 55; Knütel NJW 1970, 121, 122.

971 Im Urteilsverfahren des ersten Rechtszuges vor den Arbeitsgerichten ist § 12 a I 1 ArbGG zu beachten, der den Kostenerstattungsanspruch der obsiegenden Partei ausschließt.

972 Sternel FS Seuss, S. 281, 288.

973 Vgl. Grunsky JuS 1964, 97, 98, der diese Konzession ausspricht, letztlich aber doch zum gegenteiligen Ergebnis kommt.

Die Berechtigung dieses Schlusses läßt sich nicht mit dem Hinweis auf den Regelungsgehalt der §§ 627 II 2, 671 II, 712 II, 723 II, 1298, 2226 S. 3 BGB entkräften[974]. Diese Vorschriften behandeln Sachverhalte[975], in denen aus dem Gedanken von Treu und Glauben heraus Kündigungsbeschränkungen angeordnet sind, bei deren Vorliegen die Kündigung trotzdem wirksam ist und lediglich zu einer Schadensersatzpflicht des Kündigenden führt[976]. In all diesen Fällen hätte es nach dem oben Gesagten zwar an sich näher gelegen, die Kündigung für unwirksam zu erklären[977]. Gleichwohl ist der Gesetzgeber diesen Weg nicht gegangen. Die in den genannten Vorschriften erfaßten Konstellationen sind mit unserer Problematik jedoch nicht vergleichbar[978]. Während wir die Frage nach dem Erfordernis einer Begründung der Kündigung, also ein Ausübungsproblem, behandeln, betreffen jene Normen das objektive Vorliegen des Gestaltungsgrundes, also die Existenz des Gestaltungsrechts an sich[979]. Die außerordentliche Kündigung nach § 626 BGB ist ein grundabhängiges Gestaltungsrecht, dessen materieller Gehalt durch einen Begründungszwang nicht in Frage gestellt wird[980]. Demgegenüber bedeutete die Aufwertung des wichtigen Grundes vom die Entstehung eines Schadensersatzanspruches hindernden Einwand zur Entstehungsvoraussetzung des Kündigungsrechts selbst eine gravierende Einschränkung der materiellen Kündigungsberechtigung. Die Kündigung wäre nicht mehr ein grundunabhängiges, sondern ein grundabhängiges Gestaltungsrecht[981]. Deshalb war dem Gesetzgeber bei den §§ 627 II 2, 671 II, 712 II, 723 II, 1298, 2226 S. 3 BGB der Weg einer unmittelbar wirkenden Kündigungsbeschränkung versperrt, wollte er nicht eine entscheidende Umwertung der materiellen Kündigungsberechtigung herbeiführen.

II. Erfolgsaussichten eines Schadensersatzanspruchs

Neben diesen systematischen sprechen auch praktische Argumente für die unmittelbare Nichtigkeitsfolge der Erklärung. Es erscheint nämlich durchaus zweifelhaft, ob beispielsweise für den gekündigten Arbeitnehmer ein Schadensersatzprozeß überhaupt zu dem gewünschten Erfolg führen kann[982]. Der Schadensersatzanspruch umfaßt nur den Schaden, der durch die Nichtangabe des Kündigungsgrundes entsteht. Das sind nach dem oben Gesagten vor allem die Prozeßkosten des vorangegangenen Kündigungsschutzprozesses[983]. Die Wiedererlangung der aufgewendeten Prozeßkosten durch den Schadensersatzanspruch ist aber unsicher[984]. Gemäß § 254 II BGB ist der Geschädigte verpflichtet, den Schaden so gering wie

974 So aber Grunsky JuS 1964, 97, 98.
975 Vgl. dazu bereits oben bei Fußnote 682.
976 Vgl. Grunsky JuS 1964, 97, 98; Ulmer FS Möhring, S. 295, 307 ff.
977 Vgl. Grunsky JuS 1964, 97, 98.
978 So auch Falter S. 52.
979 Das anerkennt auch Grunsky JuS 1964, 97, 98.
980 Vgl. Falter S. 52 und oben bei Fußnote 844.
981 Vgl. auch Knütel NJW 1970, 121, 123 Fußnote 34.
982 Vgl. Falter S. 55.
983 Vgl. auch Falter S. 55.
984 Vgl. Falter S. 55.

möglich zu halten. Daraus ergibt sich folgende Konsequenz: Der kündigende Arbeitgeber ist aus prozessualen Erfordernissen gezwungen, in der Klageerwiderung seine Kündigungsgründe zu nennen und erforderlichenfalls unter Beweis zu stellen[985]. Der Gekündigte erfährt so in einem frühen Verfahrensstadium die Ursachen, die zu seiner Kündigung geführt haben. Dies ermöglicht ihm, die Aussichten seiner bereits erhobenen Klage noch einmal zu überprüfen[986]. Führen diese Überlegungen zu dem Ergebnis, daß die Kündigungsgründe schlüssig erscheinen, so wird man den Kläger für verpflichtet halten müssen, die Klage zurückzunehmen, um auf diese Weise Kosten zu sparen und damit den Schaden gering zu halten[987]. Setzt der Gekündigte nach der Klageerwiderung den Prozeß gleichwohl fort und wird die Wirksamkeit der Kündigung festgestellt, so kann im nachfolgenden Schadensersatzprozeß eingewendet werden, der Gekündigte hätte auch bei einer rechtzeitigen, das heißt vorprozessualen Begründung Klage erhoben. Denn schließlich habe er die Klage, selbst nachdem ihm die Gründe offenbart wurden, weiter verfolgt. Damit wäre das zum Schadensersatz verpflichtende Verhalten, die Unterlassung der rechtzeitigen Begründung, nicht kausal für den Schaden in Gestalt der verlorenen Prozeßkosten Deshalb hat der Kläger nur dann einen vom Beklagten verursachten Schaden erlitten, wenn er die Kündigungsschutzklage nach der Klageerwiderung zurücknimmt. Lediglich die bis dahin entstandenen Prozeßkosten bedeuten einen kausalen Schaden[988].

Dies alles läßt den Schadensersatzanspruch als Rechtsfolge für die Verletzung der Begründungspflicht ungeeignet erscheinen. Die sich bereits aus der rechtlichen Stellung der Begründung als wesensnotwendiger Bestandteil der Gestaltungserklärung ergebende Nichtigkeitsfolge wird durch systematische und praktische Überlegungen untermauert[989].

§ 13 Die Art und Weise der Begründung

Wie die vorstehenden Ausführungen gezeigt haben, muß sich die Gestaltungserklärung auf das durch sie ausgeübte konkrete Gestaltungsrecht beziehen. Erforderlich ist dazu, daß der objektive Erklärungswert der abgegebenen Gestaltungserklärung erkennen läßt, welches spezifische Anfechtungs- beziehungsweise Kündigungsrecht mit ihr realisiert werden sollte[990]. Diesen Anforderungen entspricht eine Gestaltungserklärung nach den allgemeinen Lehren über den Inhalt von Willenserklärungen nur dann, wenn die Ermittlung des Erklärungstatbestandes und dessen Auslegung ergibt, daß für den Erklärungsgegner ersichtlich war, welcher Kategorie (Anfechtung,

---

985 Vgl. Falter S. 55, 56.
986 Vgl. Falter S. 56.
987 Vgl. Falter S. 56.
988 Vgl. Falter S. 56.
989 Vgl. Falter S. 56.
990 Hungerbühler S. 77.

Kündigung, Rücktritt usw.) die empfangene Erklärung angehört und auf welchen Gestaltungsgrund sie sich inhaltlich bezieht[991].

I. Erkennbarkeit der Kategorie

Erforderlich ist für die Wirksamkeit einer Gestaltungserklärung also zunächst, daß ihr objektiver Erklärungswert zu verstehen gibt, ob es sich dabei um eine Anfechtungs-, Rücktritts-, außerordentliche Kündigungserklärung usw. handelt[992]. Diese Unterscheidung ist deshalb nötig, weil die jeweiligen Rechtsfolgen verschieden sind[993]. Die geforderte Erkennbarkeit ist einmal dann gegeben, wenn der Erklärende bei ihrer Abgabe die richtige juristische Bezeichnung für das Gewollte verwendet[994]. Oft läßt sich aus dem Wortlaut einer Gestaltungserklärung aber nicht ohne weiteres entnehmen, ob der Erklärende anfechten, zurücktreten, oder kündigen wollte[995]. Allein deshalb braucht die Erklärung aber nicht nichtig zu sein. Für ihre Wirksamkeit ist es nämlich nicht zwingend, die Wendung „Anfechtung, Rücktritt oder Kündigung" zu verwenden[996]. Vielmehr ist in solchen Fällen die Erklärung gemäß §§ 133, 157 BGB auszulegen und auf diese Weise zu ermitteln, ob der Gestaltende die Rechtswirkung ex tunc oder ex nunc, ob er Bereicherungs- oder Rücktrittsfolgen herbeiführen wollte. Diese Auslegungsfrage stellt sich insbesondere dann, wenn dem Erklärenden mehrere Gestaltungsrechte verschiedener Kategorien gleichzeitig zustehen[997]. Lediglich bei völliger Unbestimmbarkeit des Inhalts ist eine Gestaltungserklärung nichtig[998].

II. Erkennbarkeit des Gestaltungsgrunds

Steht fest, zu welcher Kategorie eine Gestaltungserklärung gehört, ist damit ihr wesensnotwendiger Inhalt aber noch nicht vollständig bestimmt. Erforderlich ist für ihre Wirksamkeit außerdem, daß der objektive Erklärungswert darüber hinaus auch erkennen läßt, welches konkrete Gestaltungsrecht mit ihr ausgeübt werden soll. Dies ist wiederum nur dann der Fall, wenn sich die Erklärung inhaltlich auf den Gestaltungsgrund bezieht, der das auszuübende Gestaltungsrecht erzeugt hat[999]. Bei der Bestimmung der Anforderungen an den Umfang und Inhalt der Begründung ist dabei der Gefahr vorzubeugen, die Bedeutung der Vertragsbeendigungsfreiheit für die Vertragsautonomie zu verkennen[1000]. Der Begründung darf deshalb nicht ein solches Gewicht beigemessen werden, daß an die Ausübung des Gestaltungsrechts

---

991 Vgl. Hungerbühler S. 77, 78.
992 Olzen/Wank S. 115; Schellhammer BGB Rn. 2422; von Tuhr AT II 1 § 53 I 4, S. 214.
993 RGZ 158, 168; Schellhammer BGB Rn. 2422.
994 Vgl. Hungerbühler S. 78.
995 Vgl. Hungerbühler S. 78.
996 Vgl. Hungerbühler S. 78; Schellhammer BGB Rn. 2422.
997 Vgl. dazu Hungerbühler S. 78, 79.
998 Allgemein für Willenserklärungen Enneccerus/Nipperdey AT I 2 § 205 V, S. 1256.
999 Vgl. Hungerbühler S. 79.
1000 Vgl. zu diesem Aspekt bereits oben bei Fußnote 801.

unzumutbar hohe Anforderungen gestellt werden[1001]. Die Begründungspflichten dürfen nicht dergestalt ausgeformt werden, daß diesen - gerade bei den Dauerschuldverhältnissen des Wohnraummiet- und Arbeitsrechts - eine bestandsschutzrechtliche Eigenbedeutung zukommt[1002]. Im übrigen können an den vorgerichtlichen Begründungszwang nicht die gleichen hohen Anforderungen gestellt werden, wie an die materielle Anspruchsbegründung[1003]. Der Gestaltende genügt deshalb dem Begründungserfordernis, wenn er den Gestaltungsgrund so bezeichnet, daß er identifiziert und von anderen Gründen unterschieden werden kann („Kerntatsachen")[1004]. Tatsachen, die nur der näheren Erläuterung, Ergänzung, Ausfüllung sowie dem Beweis des geltend gemachten Grundes dienen, können nachgeschoben werden[1005] („Ergänzungstatsachen")[1006]. Dadurch wird zum einen die notwendige Individualisierung des Gestaltungsgrunds ermöglicht. Zum anderen wird durch die Grobidentifikation der Gestaltungsgründe den Partien auch die Chance eröffnet, sich außergerichtlich zu einigen[1007].

1. Ausdrückliche Angabe

Auf welchen konkreten Gestaltungsgrund und damit auf welches konkrete Gestaltungsrecht sich die Gestaltungserklärung bezieht, ist für den Gestaltungsgegner einmal dann erkennbar, wenn der Gestaltungsgrund in der Gestaltungserklärung ausdrücklich genannt wird[1008]. Die Frage ist hierbei nur, ob mit der Begründung die Angabe der gesetzlichen Bezeichnung oder der begründenden Tatsachen gemeint ist[1009]. Die Beantwortung dieser Fragestellung ergibt sich aus der Überlegung, daß die Grundangabe auch dazu dienen soll, dem Gegner Stellungnahme und Entschluß zu ermöglichen[1010]. Wenn der Erklärende nur das rechtliche Stichwort in Form der gesetzlichen Bezeichnung angibt, zum Beispiel „Anfechtung wegen Irrtums", „wegen Täuschung", „Kündigung aus wichtigem Grund", so ist damit dem Gegner kaum wesentlich gedient[1011]. Denn solange er nicht weiß, worüber der Gestaltende sich geirrt haben will oder sich getäuscht glaubt, in welchem Verhalten er den wichtigen Grund erblickt, kann der Betroffene nicht entscheiden, ob er die Gestaltung

---

[1001] Vgl. BVerfG NJW 1998, 2662; Börstinghaus/Eisenschmid § 573 BGB S. 494; Palandt/Weidenkaff § 573 BGB Rn. 48.

[1002] Vgl. auch Paschke S. 304.

[1003] Vgl. BayObLG Rechtsentscheid NJW 1981, 2197, 2199 zu § 564 b III BGB a. F.

[1004] Vgl. BayObLG Rechtsentscheid NJW 1981, 2197, 2199 zu § 564 b III BGB a. F.; Börstinghaus/Eisenschmid § 543 BGB S. 102, § 569 BGB S. 472, § 573 BGB S. 494; Hinz NZM 2001, 264, 272; Palandt/Weidenkaff § 573 BGB Rn. 48.

[1005] Zur Zulässigkeit des ergänzenden Nachschiebens vgl. bereits oben bei Fußnote 262.

[1006] BayObLG Rechtsentscheid NJW 1981, 2197, 2199 zu § 564 b III BGB a. F.; Palandt/Weidenkaff § 573 BGB Rn. 48; Paschke S. 304; Schmidt-Futterer/Blank § 564 b III BGB a. F. Rn. 252; Wolter S. 268.

[1007] Vgl. Paschke S. 304, 305.

[1008] Vgl. Hungerbühler S. 79.

[1009] Vgl. Lent AcP 152, 401, 406.

[1010] Vgl. Lent AcP 152, 401, 406.

[1011] Vgl. BVerfG WuM 1992, 178, 179; Hungerbühler S. 79, 80; Lent AcP 152, 401, 406.

hinnehmen soll oder nicht[1012]. Welches konkrete Gestaltungsrecht ausgeübt werden sollte, ist zudem fast ebensowenig zu erkennen, als wenn überhaupt keine Angaben zum Gestaltungsgrund gemacht worden wären[1013]. Der Gestaltungsberechtigte muß deshalb die Tatsachen angeben, die den Gestaltungsgrund bilden[1014]. Dieses Ergebnis findet seine Bestätigung in einer Parallele zum Prozeßrecht[1015]. Wenn in § 253 II Nr. 2 ZPO die Angabe des Klagegrundes vorgeschrieben ist, so ist damit nicht die rechtliche Qualifizierung, die Einordnung unter eine klagebegründende Norm gemeint[1016]. Gefordert wird vielmehr die Anführung von Tatsachen, die Schilderung eines tatsächlichen Vorgangs[1017]. Inhaltlich vollständig und daher wirksam ist eine Gestaltungserklärung daher beispielsweise, wenn ein Arbeitsverhältnis „wegen Diebstahls gekündigt" oder ein Kaufantrag „wegen falscher Beschaffenheitsangabe angefochten" wird[1018]. Durch diese tatsächlichen Angaben zum Gestaltungsgrund ist das konkret auszuübende Gestaltungsrecht selbst dann bestimmbar, wenn der Gestaltungsgegner bisher von dem zugrunde liegenden Gestaltungsgrund nichts wußte[1019]. Zur Bestimmung der Ausführlichkeit der Grundangabe kann man wiederum auf die Parallele zum Verfahrensrecht hinweisen[1020]. § 253 II Nr. 2 ZPO verlangt mit Angabe begründender Fakten nicht Vollständigkeit des Tatsachenvortrags im Sinne einer Schlüssigkeit der Klage[1021], sondern nur soviel, daß der geltendgemachte Anspruch eindeutig bezeichnet, individualisiert ist[1022]. Deshalb braucht auch die geforderte Begründung der Gestaltungserklärung nicht eine vollständige Schilderung bis in Einzelheiten zu geben[1023]. Welches spezielle Gestaltungsrecht ausgeübt werden soll, ist vielmehr schon dann ersichtlich, wenn so viele Tatsachen angeführt werden, daß der Vorgang, auf den sich die Erklärung stützt, klargestellt und eindeutig bestimmt ist[1024]. Damit ist zugleich dem Bedürfnis des Gegners, über die Gründe der Erklärung ins Bild gesetzt zu werden, genügt. Er hat die Grundlage für seinen Entschluß, wie er sich gegenüber der Erklärung verhalten soll[1025].

2. Schlüssige Angabe

Da die Grundangabe - außer bei den gesetzlichen Begründungserfordernissen - kein Formerfordernis darstellt, setzt die Wirksamkeit der Gestaltungserklärung nicht voraus, daß sich der Gestaltungsgrund ausschließlich aus der Gestaltungserklärung

1012 Vgl. Lent AcP 152, 401, 406.
1013 Vgl. Hungerbühler S. 80.
1014 Vgl. Hungerbühler S. 80; Lent AcP 152, 401, 406.
1015 Vgl. Lent AcP 152, 401, 406.
1016 Thomas/Putzo § 253 ZPO Rn. 10.
1017 Lent AcP 152, 401, 406; Zeiss Rn. 315. da mihi facta, dabo tibi ius. iura novit curia.
1018 Vgl. Hungerbühler S. 79.
1019 Vgl. Hungerbühler S. 79.
1020 Vgl. Lent AcP 152, 401, 406.
1021 Dies forderte früher die sogenannte Substantiierungstheorie. Vgl. dazu Zeiss Rn. 315.
1022 Vgl. Lent AcP 152, 401, 406, 407.
1023 Vgl. Hungerbühler S. 80; Lent AcP 152, 401, 407.
1024 Vgl. Hungerbühler S. 80; Lent AcP 152, 401, 407.
1025 Lent AcP 152, 401, 407.

selbst ergibt[1026]. Zum Erklärungstatbestand einer Willenserklärung und damit auch einer Gestaltungserklärung gehört nämlich nicht nur der konkrete Erklärungsakt[1027]. Vielmehr sind auch die außerhalb des Erklärungsaktes liegenden Umstände, die einen Schluß auf den Sinn der Erklärung und damit auf ihren rechtlichen Inhalt zulassen, zu berücksichtigen[1028]. Diese Begleitumstände sind bei der Ermittlung des Erklärungsinhalts insoweit miteinzubeziehen, als sie der Erklärungsempfänger kannte oder doch bei einiger Aufmerksamkeit hätte erkennen können[1029].

Auch bei Gestaltungserklärungen kann aus solchen Begleitumständen für den Gestaltungsgegner erkennbar sein, auf welchen Gestaltungsgrund sich der Erklärende berufen will. Besondere Bedeutung erlangt in diesem Zusammenhang die einer Kündigung im Regelfall vorangehende Abmahnung (dazu die positiven Regelungen in §§ 314 II 1, 543 III 1 BGB für die Kündigung, aber auch § 323 III BGB für den Rücktritt)[1030]. Zufolge der Dokumentationsfunktion[1031] der Abmahnung muß der Kündigende in einer für den Kündigungsgegner hinreichend deutlich erkennbaren Art und Weise dessen Vertragswidrigkeit konkret bezeichnen[1032]. Der Gestaltende muß also schon in der Abmahnung Leistungs- oder Verhaltensmängel des anderen Teils tatbestandsmäßig festhalten[1033]. Deshalb brauchen die einzelnen Tatsachen, die die Pflichtverletzung des Betroffenen umschreiben sollen, nicht erneut in der Kündigung angegeben zu werden, wenn sie sich bereits aus der vorangehenden Abmahnung ergeben[1034]. Für den Gestaltungsgegner ist ohne weiteres erkennbar, daß sich die Kündigung auf das in der Abmahnung individualisierte Verhalten bezieht, der Kündigende also das aus diesem Sachverhalt hervorgehende Kündigungsrecht ausüben will[1035]. Auch bei der Anfechtung sind ähnliche Konstellationen denkbar[1036]. Angenommen der Verkäufer offeriert dem Käufer versehentlich einen zu niedrigen Preis. Nach Entdeckung des Irrtums bittet er den Käufer vergeblich um Akzeptierung des richtigen Preises. Weil dieser dem nicht entgegenkommt, ficht der Verkäufer schriftlich „unter Bezugnahme auf die zwischen uns geführten erfolglosen Einigungsverhandlungen" seinen Antrag an. Auch hier ist für den Käufer ersichtlich, daß sich der Verkäufer in seiner Anfechtungserklärung auf den Anfechtungsgrund des Erklärungsirrtums durch versehentlich unrichtige Preisangabe bezieht[1037]. In

---

1026 Vgl. Hungerbühler S. 80.

1027 Brox AT Rn. 124; Palandt/Heinrichs § 133 BGB Rn. 5.

1028 BGH NJW-RR 2000, 1002, 1003; Brox AT Rn. 124; MK/Mayer-Maly/Busche § 133 BGB Rn. 48; Palandt/Heinrichs § 133 BGB Rn. 5.

1029 Larenz/Wolf AT § 28 Rn. 60.

1030 Zum Anwendungsbereich und zur rechtsdogmatischen Grundlage der Abmahnung im Arbeitsrecht vgl. ausführlich Adam AuR 2001, 41 ff.; Wank RdA 1993, 79, 84, 85.

1031 Vgl. dazu Adam AuR 2001, 41.

1032 APS/Dörner § 1 KSchG Rn. 348; Schaub § 61 Rn. 32; Wank RdA 1993, 79, 85.

1033 APS/Dörner § 1 KSchG Rn. 348.

1034 So ausdrücklich auch von Tuhr AT II 1 § 53 I 4, S. 216 Fußnote 69.

1035 Nach der Entscheidung des BVerfG aus dem Jahr 1998 (BVerfGE 97, 169 ff.) wird im Schrifttum nun auch außerhalb des Kündigungsschutzgesetzes die Abmahnung als Voraussetzung der einseitigen Beendigung des Arbeitsverhältnisses in Betracht gezogen. Vgl. dazu Adam AuR 2001, 41, 44.

1036 Vgl. Hungerbühler S. 81.

1037 Vgl. Hungerbühler S. 81.

diesen und ähnlichen Fällen wäre es reiner Formalismus, vom Erklärenden zu verlangen, den Gestaltungsgrund noch einmal explizit in der Gestaltungserklärung anzuführen[1038]. Denn bereits diese schlüssige Grundmitteilung reicht zur Orientierung des Gegners und zur Individualisierung des ausgeübten Gestaltungsrechts aus[1039].

Unzutreffend ist es jedoch zu behaupten, die Grundangabe könne in solchen Fallgestaltungen unterbleiben, weil der Gestaltungsgrund dem Gestaltungsgegner ohnehin bekannt ist[1040]. Denn gehört die Grundangabe zum unabdingbaren Teil der Gestaltungserklärung, so kann es davon keine Ausnahme geben, da sonst ein wesentliches Element fehlt und keine wirksame Erklärung vorliegen kann[1041]. Wenn der Gestaltungsgegner über den Gestaltungsgrund im Bilde ist, gilt vielmehr folgendes: Da auch die außerhalb des konkreten Erklärungsaktes liegenden Umstände zum objektiven Erklärungswert einer Gestaltungserklärung zählen und sich der Gestaltungsgrund hier gerade aus diesen Umständen ergibt, fehlt es auch in diesen Fällen nicht an der Grundangabe[1042]. Entbehrlich ist also nicht die Begründung als solche, sondern nur die erneute ausdrückliche Kenntlichmachung des Grundes in dem Ausübungsakt. Eine konkludente Grundangabe reicht wie gesagt aus[1043].

III. Inhaberschaft mehrerer Gestaltungsrechte

Die Fallkonstellation, in der dem Gestaltenden mehrere Gestaltungsgründe und damit ebenso viele Gestaltungsrechte zustehen, bedarf einer besonderen Untersuchung. Zunächst geht es darum, die bereits angesprochene Befugnis des Erklärenden, die Rechtsausübung auf ein oder mehrere Gestaltungsrechte zu beschränken, hervorzuheben. Anschließend ist darzustellen, daß es dem Berechtigten unbenommen bleibt, auch mehrere Gestaltungsrechte durch eine Gestaltungserklärung auszuüben. Schließlich ist zu überlegen, ob Gestaltungsrechte auch „global" ausgeübt werden können.

1. Beschränkungsbefugnis des Gestaltungsberechtigten

Verfügt der Gestaltungsberechtigte über mehrere Gestaltungsrechte, so kann er nicht gezwungen werden, sie alle auf einmal geltend zu machen[1044]. Zwar entspräche

---

1038 Vgl. Hungerbühler S. 81.
1039 Vgl. Lent AcP 152, 401, 408.
1040 So Lent AcP 152, 401, 405, 408; Schlegelberger/Schröder § 70 HGB a. F. Rn. 12. Dazu die berechtigte Kritik von Falter S. 18.
1041 Vgl. Falter S. 18.
1042 Vgl. Hungerbühler S. 81.
1043 Besonderheiten gelten aber dann, wenn die Gestaltungserklärung der gesetzlichen Schriftform (§ 126 BGB) unterliegt. Solche Formvorschriften finden sich in den §§ 568 I, 623 BGB. Daneben existieren qualifizierte Formvorschriften, die zusätzlich zur Schriftform auch noch die schriftliche Angabe der Gründe fordern, vgl. §§ 569 IV, 573 III 1 BGB, 15 III BBiG, 9 III 2 MuSchG. Zu diesem Fragenkreis unten bei Fußnote 1190.
1044 Grunsky JuS 1964, 97, 100; Lent AcP 152, 401, 409.

es am ehesten dem praktischen Bedürfnis des Gegners nach Orientierung und Einschätzung seiner Verteidigungsposition, wenn ihm alle dem Erklärenden bekannten Gründe genannt werden müßten[1045]. Denn es genügt insoweit nicht, daß der Betroffene den einen Grund erfährt, um ihm die Stellungnahme zu der Erklärung zu ermöglichen. So hält er beispielsweise den ihm genannten Grund für nicht wahr oder nicht durchgreifend und richtet dementsprechend sein Verhalten ein. Später im Prozeß behält der Gestaltungsempfänger mit seiner Auffassung zwar Recht, nun greift aber ein anderer Grund durch, der ihm vorher nicht mitgeteilt worden war. Er verliert auf diese Weise den Prozeß, während er bei rechtzeitiger Kenntnis von dem zunächst zurückgehaltenen Grund sich vielleicht gefügt und den Prozeß vermieden hätte[1046]. Die Zurückhaltung eines bekannten Grundes verführt geradezu den Gegner zu einer Stellungnahme ohne Rücksicht auf diesen anderen Grund, weil man angesichts der Nennung eines Grundes annehmen kann, dieser sei der einzige[1047]. Das Verschweigen eines Grundes, von dem man sich Erfolg verspricht, kann einen Verstoß gegen Treu und Glauben darstellen, mindesten ebenso, wie die Unterlassung jeder Begründung[1048]. Aus dieser Herleitung der Forderung, grundsätzlich die Angabe aller Gründe zu verlangen, resultiert jedoch eine gewichtige Einschränkung, die fast immer gegeben sein wird[1049]. Die Zurückhaltung eines Grundes ist nämlich dann zu rechtfertigen, wenn sich der Erklärende auf den angegebenen Grund verläßt und deshalb die Anführung weiterer Gründe für unnötig hält[1050]. Man kann insoweit eine Parallele zu dem vom BAG im Rahmen des § 102 I BetrVG entwickelten Grundsatz der subjektiven Determinierung ziehen[1051]. Der Arbeitgeber ist danach nur verpflichtet, dem Betriebsrat die Kündigungsgründe mitzuteilen, auf die er seine Kündigung stützen will[1052]. Der Betriebsrat ist bereits dann ordnungsgemäß angehört, wenn ihm der Arbeitgeber die aus seiner Sicht tragenden Umstände unterbreitet hat[1053]. Der Kündigende ist also nicht verpflichtet, im Rahmen der Betriebsratsanhörung alle objektiv kündigungsrechtlich erheblichen Tatsachen mitzuteilen, mag er sich auch zur Begründung der Kündigung hierauf nicht stützen wollen[1054]. In Übereinstimmung mit diesem Prinzip fordern auch die übrigen eine Begründungspflicht statuierenden gesetzlichen Bestimmungen nicht die Offenbarung aller dem Kündigenden bekannten Gründe. So genügt beispielsweise im Rahmen des § 15 III BBiG gleichfalls die Angabe der subjektiv maßgeblichen Gründe[1055]. Hinsichtlich der Frage, welche von mehreren Gestaltungsgründen der Gestaltende bei Rechtsausübung anzeigen muß, harmonisieren also die Sichtweisen von der Begründungspflicht als wesensnotwen-

---

1045 Vgl. Lent AcP 152, 401, 409.
1046 Vgl. Lent AcP 152, 401, 409.
1047 Vgl. Lent AcP 152, 401, 409.
1048 Vgl. Lent AcP 152, 401, 409.
1049 Vgl. Nikisch (2. Auflage) § 48 II 4, S. 569.
1050 Vgl. Lent AcP 152, 401, 409; Nikisch (2. Auflage) § 48 II 4, S. 569.
1051 Vgl. dazu Rinke NZA 1998, 77, 78; Stahlhacke FS Wiese, S. 513, 520.
1052 Vgl. APS/Koch § 102 BetrVG Rn. 88; Stahlhacke FS Wiese, S. 513, 520.
1053 APS/Koch § 102 BetrVG Rn. 88; Wank RdA 1987, 129, 132.
1054 Rinke NZA 1998, 77, 78. - Anderer Ansicht ist die Lehre von der objektiven Determination, nach der der Arbeitgeber während des Anhörungsverfahrens nach § 102 BetrVG den gesamten objektiv relevanten Kündigungssachverhalt mitzuteilen hat, vgl. Rinke NZA 1998, 77, 78.
1055 LAG Hamburg LAGE § 15 BBiG Nr. 11 1997; ErfK/Schlachter § 15 BBiG Rn. 9.

diger Inhalt der Gestaltungserklärung und als Formerfordernis. Freilich besteht auch ein entscheidender Unterschied. Ist die Begründung Bestandteil der Gestaltungserklärung, werden die aus dem einzelnen Gestaltungsgrund hervorgehenden Gestaltungsrechte bei dessen Nichtangabe nicht ausgeübt. Anerkennt man hingegen auch bei einer Mehrheit von Gestaltungsgründen nur ein Gestaltungsrecht (Rechtseinheit) und betrachtet die Begründung als Formerfordernis, so wird das eine Gestaltungsrecht auch bei Verschweigen einzelner Gestaltungsgründe gleichwohl ausgeübt.

Ferner ist das Nichtanführen eines Gestaltungsgrundes und damit die Nichtausübung eines Gestaltungsrechts dann gerechtfertigt, wenn der Gestaltungsberechtigte eigene schutzwürdige Belange für sich in Anspruch nehmen kann. Genannt sei nur der Fall, daß der Anfechtende, um der Ersatzpflicht nach § 122 I BGB zu entgehen, die Anfechtung ausschließlich auf § 123 BGB und nicht zusätzlich noch auf § 119 II BGB stützt. Schließlich kann es auch soziale Rücksichtnahme auf den Gegner bedeuten, wenn der Erklärende zunächst die mildere Auffassung eines Sachverhalts angibt[1056]. Das kann dann der Fall sein, wenn der Gestaltungsgrund so geartet ist, daß die Bekanntgabe an den Gestaltungsempfänger diesem einen schweren nicht abzuwendenden Schaden zufügen würde, zum Beispiel das Vorliegen einer lebensbedrohenden Krankheit[1057].

2. Mehrere Gestaltungsgründe in einer Gestaltungserklärung

In den eben genannten Fallgestaltungen wollte der Gestaltungsberechtigte die Gestaltungswirkung nur auf ein ganz bestimmtes Gestaltungsrecht stützen. Praktisch häufiger ist aber, daß der Gestaltungserfolg nach dem Willen des Gestaltenden auf jeden Fall eintreten soll[1058]. Dann wird der Arbeitgeber, der sich des Arbeitnehmers unbedingt entledigen will, nicht nur den Diebstahlsverdacht, sondern auch eine Verleumdung zum Anlaß der Kündigung nehmen[1059]. Der Käufer, dem der Kaufvertrag lästig ist, wird nicht nur wegen der vermuteten arglistigen Täuschung, sondern vorsorglich auch wegen seines Eigenschaftsirrtums anfechten[1060].

In diesen Fällen übt der Gestaltungsberechtigte mehrere Gestaltungsrechte derselben Kategorie gleichzeitig aus. Zwar sind die mehreren Gestaltungsrechte alle auf denselben Rechtserfolg gerichtet, so daß die Rechtswirkung dieselbe ist, als wenn nur ein Recht ausgeübt worden wäre[1061]. Das Arbeitsverhältnis kann nur einmal beendet, die Willenserklärung nur einmal vernichtet werden. Die Wahrscheinlichkeit,

---

1056 Vgl. Lent AcP 152, 401, 409.
1057 Vgl. Reuss AuR 1960, 1, 4. Will der Gestaltende auch einen solchen Grund ausüben, muß er ihn in der Erklärung angeben, vgl. unten bei Fußnote 1226.
1058 Vgl. Hungerbühler S. 62, 63.
1059 Vgl. zu eventuell berechtigten Interessen des Arbeitgebers, die Verleumdung nicht zum Anlaß für eine Kündigung zu werten oben bei Fußnote 610.
1060 Vgl. Hungerbühler S. 63.
1061 Vgl. Hungerbühler S. 63.

die erstrebte Gestaltung tatsächlich zu erreichen, wird aber durch die Geltendmachung mehrerer Gestaltungsrechte größer. Würde sich der Gestaltende nämlich auf ein einzelnes Recht beschränken, könnte es gerade dasjenige sein, das in Wirklichkeit nicht besteht. Außerdem ist nach Anerkennung der Doppelwirkungen im Recht gegen eine solche gleichzeitige Ausübung mehrerer Gestaltungsrechte nichts einzuwenden[1062]. Synchrone Ausübung diverser Gestaltungsrechte bedeutet aber nicht, daß auch ebenso viele Gestaltungserklärungen vorliegen müssen. Vielmehr können mehrere Gestaltungsrechte durch eine Gestaltungserklärung ausgeübt werden[1063]. Da die Ausübung durch eine Erklärungshandlung geschieht, liegt trotz Mehrheit der ausgeübten Gestaltungsrechte nur eine Gestaltungserklärung vor. Diese hat aber, weil mit ihr mehrere Gestaltungsrechte geltend gemacht werden und sie sich daher auf gleichermaßen viele Gestaltungsgründe bezieht, die Angabe mehrerer Gestaltungsgründe zum Inhalt. Anders als bei den bisher behandelten Fällen umfaßt der Inhalt der Gestaltungserklärung hier also nicht nur die Bezugnahme auf einen, sondern auf verschiedene Gestaltungsgründe[1064].

Daraus ergibt sich wiederum die Möglichkeit der Teilnichtigkeit der Erklärung. Besteht eines der Gestaltungsrechte, das mit der Gestaltungserklärung ausgeübt werden sollte, in Wirklichkeit nicht, ist die Erklärung insoweit nichtig. Die Wirksamkeit des Ausübungsaktes beurteilt sich dann nach § 139 BGB[1065]. Angenommen der Arbeitgeber hat außer wegen des Diebstahlsverdachts vorsorglich auch wegen der Verleumdung gekündigt, weil er den Arbeitnehmer unter allen Umständen loswerden will. Dann ist seine Kündigung nach § 139 BGB auch dann wirksam, wenn der Diebstahl nicht begangen wurde[1066]. Denkbar ist aber auch, der Arbeitgeber habe dem Arbeitnehmer nur vorsorglich für den Fall gekündigt, daß zum Kündigungsgrund der Verleumdung auch noch der des Diebstahls hinzutrete[1067]. Erweist sich in diesem Fall der Diebstahlsverdacht als unbegründet, ist die Kündigungserklärung nach § 139 BGB nichtig. Denn wegen der Verleumdung allein wollte der Arbeitgeber nicht kündigen[1068].

3. Globalausübung von Gestaltungsrechten

Schließlich ist zu untersuchen, ob Gestaltungsrechte dergestalt „global" geltend gemacht werden können, daß außer dem ausdrücklich genannten Gestaltungsrecht auch alle weiteren tatsächlich bestehenden, dem Erklärenden noch unbekannten

---

1062 Vgl. dazu bereits oben bei Fußnote 515.
1063 Grunsky JuS 1964, 97, 100.
1064 Vgl. Hungerbühler S. 63.
1065 Vgl. Hungerbühler S. 64.
1066 Vgl. Hungerbühler S. 64.
1067 Darin liegt keine bedingte Ausübung des Kündigungsrechts. Denn bei Abgabe der Kündigungserklärung steht objektiv fest, ob die Straftat begangen wurde oder nicht. Die Wirksamkeit der Erklärung hängt also nicht von einem zukünftigen ungewissen Ereignis ab. Vgl. zur sogenannten vorsorglichen Kündigung Kittner/Däubler/Zwanziger Einleitung Rn. 195; MünchArbR/Wank § 118 Rn. 47, 48.
1068 Vgl. Hungerbühler S. 64.

Gestaltungsrechte ausgeübt werden. Es kündigt zum Beispiel der Arbeitgeber dem Arbeitnehmer mit der schriftlichen Erklärung: „Ich entlasse Sie wegen Diebstahls und will Sie auf keinen Fall mehr in meinem Betrieb sehen"[1069]. Man könnte diese Äußerung so auslegen, der Arbeitgeber wolle damit alle ihm zustehenden Kündigungsrechte ausüben, mögen sie ihm im Zeitpunkt der Abgabe der Kündigungserklärung auch noch unbekannt sein[1070]. Deutlicher kommt diese Intention in der folgenden Formulierung einer vorsorglichen[1071] Kündigung zum Ausdruck: „Ich kündige Ihnen wegen des Diebstahls. Vorsorglich, das heißt für den Fall, daß diese Kündigung aus irgendwelchen Gründen unwirksam sein sollte, kündige ich auch wegen aller sonstigen mir zustehenden Kündigungsrechte". Falls eine derartige globale Ausübung von Gestaltungsrechten Anerkennung fände, hätte dies bedeutsame Auswirkungen auf die Zulässigkeit des Nachschiebens von Gestaltungsgründen. Der Inhalt einer so gefaßten Erklärung stünde dem Nachschieben weiterer Gründe nicht entgegen, weil er alle bei Zugang bestehenden Gestaltungsgründe umfaßte[1072]. Durch das Nachschieben müßte nicht der unzutreffende durch den zutreffenden Grund ersetzt werden. Vielmehr würden nachträglich lediglich die Tatsachen ergänzend mitgeteilt, auf denen das bereits ausgeübte Gestaltungsrecht beruhte[1073].

Zur Lösung dieses Problems ist erneut auf den Verfügungscharakter der Gestaltungsgeschäfte zu rekurrieren[1074]. Durch einmalige Ausübung erlischt das Gestaltungsrecht[1075], so daß der Erklärende nicht nur über das zu gestaltende Rechtsverhältnis, sondern auch über sein Gestaltungsrecht verfügt[1076]. Übt der Gestaltungsberechtigte alle ihm zustehenden Gestaltungsrechte global aus, wären demzufolge auch sämtliche Gestaltungsrechte konsumiert. Grundsätzlich bereitet eine derartige Gesamtverfügung über mehrere Gegenstände konstruktive Schwierigkeiten[1077]. Diese beruhen darauf, daß nach der Konzeption des BGB Verfügungen nur an individuellen Gegenständen erfolgen können[1078]. Nach dem bereits angesprochenen Spezialitätsprinzip oder Bestimmtheitsgrundsatz kommen nur bestimmte einzelne Objekte als taugliche Verfügungsgegenstände in Betracht[1079]. In Rechtsprechung und Literatur hat man sich zur Überwindung dieser Schwierigkeiten auf einen Kompromiß geeinigt, der formal das Bestimmtheitserfordernis unangetastet läßt, zugleich aber Gesamtverfügungen zuläßt[1080]. Danach können die Parteien zur Individualisierung des Verfügungsgegenstandes Sammelbezeichnungen verwenden,

---

1069 Vgl. Grunsky JuS 1964, 97, 100; Hungerbühler S. 138.
1070 So BAGE 14, 65, 71; Grunsky JuS 1964, 97, 100, 102.
1071 Zur vorsorglichen Kündigung bereits oben bei Fußnote 1071.
1072 Vgl. Hungerbühler S. 138.
1073 Vgl. Hungerbühler S. 138.
1074 Vgl. dazu oben bei Fußnoten 391, 713 und APS/Preis Grundlagen D Rn. 3; Esser/Schmidt SAT I 1 § 20 II, S. 328; Palandt/Heinrichs vor § 104 BGB Rn. 17.
1075 Zur Konsumtion bereits oben bei Fußnote 648.
1076 Zu diesen beiden Verfügungsgegenständen bereits oben bei Fußnote 713.
1077 Vgl. Staudinger/Wiegand Anhang zu §§ 929-931 BGB Rn. 95.
1078 Vgl. Staudinger/Wiegand Anhang zu §§ 929-931 BGB Rn. 95.
1079 Vgl. dazu bereits oben bei Fußnote 715.
1080 Vgl. Staudinger/Wiegand Anhang zu §§ 929-931 BGB Rn. 97.

wenn dieser dadurch hinreichend bestimmt wird[1081]. Eine in diesem Sinn zureichend qualitative Zurechnung läßt sich immer erreichen durch sogenannte „All-Formeln"[1082]. Diese begegnen uns bei geläufigeren Fällen der Gesamtverfügung über Rechte, nämlich bei der Globalzession von Forderungen[1083] und der vollständigen Übereignung einer Gesamtheit von Sachen[1084]. Dort ist es möglich, eine Gesamtheit von - auch künftigen - Forderungen unter einer Gesamtbezeichnung („global") abzutreten, zum Beispiel alle Kundenforderungen aus einem näher bezeichneten Geschäftsbereich oder gegen näher bezeichnete Schuldner[1085]. Hinreichend bestimmt ist auch die Formel, daß alle Waren in einem bestimmten Lager übereignet werden[1086]. Mit Rücksicht auf diese Parallelfälle erscheint es gerechtfertigt, auch Gestaltungsrechte, die schon bestehen und dem Berechtigten nur noch nicht bekannt sind, global ausüben zu können[1087].

Bei der Globalausübung von Gestaltungsrechten ist allerdings zu berücksichtigen, daß zum Schutz des Gestaltungsgegners an die Bestimmbarkeit des Inhalts und der Rechtswirkung von Gestaltungserklärungen höhere Anforderungen zu stellen sind als bei zweiseitigen Verfügungen[1088]. Es wurde bereits angedeutet, daß der von der Rechtsprechung aus der Lehre vom Vertrag abgeleitete Bestimmtheitsgrundsatz auch und erst Recht bei einseitigen Rechtsgeschäften gelten muß[1089]. Das ergibt sich aus mehreren Überlegungen. Bei den vertraglichen Sicherungsgeschäften der Globalzession und der Sicherungsübereignung steht es ganz im Belieben des Sicherungsnehmers, ob er sich auf die Begründung schwer bestimmbarer Rechtswirkungen einlassen will. Darüber hinaus erfolgt die Sicherung in erster Linie in seinem Interesse[1090]. Ganz anders erscheint demgegenüber die rechtliche Situation bei der Ausübung von Gestaltungsrechten: Hier wird einseitig in die Rechtsposition des Gestaltungsgegners eingegriffen. Die Gestaltungswirkung wird zudem gegen seinen Willen herbeigeführt, erfolgt also im Interesse des Verfügenden und nicht wie bei Globalzession und Sicherungsübereignung zugunsten des anderen Teils.

Gegenüber dieser Gestaltungsmacht des Erklärenden bedarf der Erklärungsgegner daher eines Mindestschutzes. Bei Zugang einer Gestaltungserklärung muß wenigstens feststellbar sein, ob sie überhaupt wirksam ist und die erstrebte Gestaltungswirkung herbeigeführt hat oder ob die bisherige Rechtslage durch sie unverändert blieb[1091]. Dem Erklärenden steht bei grundabhängigen Gestaltungsrechten eine Gestaltungsbefugnis aber überhaupt nur dann zu, wenn ein ganz konkreter Gestaltungsgrund vorliegt. Deshalb läßt sich eine Feststellung über die

1081 Vgl. Staudinger/Wiegand Anhang zu §§ 929-931 BGB Rn. 97.
1082 Vgl. dazu BGH NJW 1994, 133, 134; MK/Quack § 929 BGB Rn. 83.
1083 Vgl. Hungerbühler S. 138.
1084 Vgl. dazu MK/Quack § 929 BGB Rn. 83.
1085 Vgl. MK/Roth § 398 BGB Rn. 124.
1086 Vgl. MK/Quack § 929 BGB Rn. 83.
1087 Vgl. Hungerbühler S. 139.
1088 Vgl. Hungerbühler S. 139.
1089 Dazu oben bei Fußnote 725.
1090 Vgl. Hungerbühler S. 139.
1091 Vgl. Hungerbühler S. 139.

Wirksamkeit einer Gestaltungserklärung nur treffen, wenn die Erklärung so viele Anhaltspunkte zum Gestaltungsgrund enthält, daß bestimmbar ist, auf welchen konkreten Gestaltungsgrund sie sich bezieht und welches spezielle Gestaltungsrecht daher mit ihr ausgeübt wurde[1092]. Solche Anhaltspunkte zu einem konkreten Gestaltungsgrund fehlen bei einer Gestaltungserklärung, mit der global alle bestehenden, dem Erklärenden aber noch unbekannten Gestaltungsrechte ausgeübt werden sollen. Der Ausübungsakt ist gleichermaßen unbestimmt, wie in dem Fall, in dem der Gestaltende die Angabe des seiner Vorstellung entsprechenden Gestaltungsgrunds unterläßt[1093]. Der wesensnotwendige Inhalt einer Gestaltungserklärung, deren Inhalt so weit und daher auch so unbestimmt ist, daß er alle bestehenden Gestaltungsgründe umfaßt, ist ebenso unklar wie bei einer gänzlich begründungslosen Erklärung. Bei dieser wäre eine Aussage über die Gestaltungsbefugnis und damit über ihre Wirksamkeit wenigstens dann möglich, wenn man ein Nachholen der Grundangabe zuließe. Bei jener käme man auch mit dieser nachträglichen Korrektur nicht weiter. Denn der Erklärende kennt im Regelfall außer dem genannten unzutreffenden Grund keinen der möglicherweise bestehenden, und vom Betroffenen kann nicht erwartet werden, zugunsten des Erklärenden einen ihm bekannten Gestaltungsgrund vorzubringen.

Die Zulässigkeit einer globalen Ausübung noch unbekannter Gestaltungsrechte würde insofern zu einem vernunftwidrigen Ergebnis führen. Der Erklärende ist zwar der Idee nach zur Gestaltung befugt. Der Gestaltungserfolg wäre aber nur dann verifizierbar, wenn er (zufälligerweise) später noch einen Gestaltungsgrund erführe[1094]. Deshalb ist eine Gestaltungserklärung, durch die eventuell bestehende, dem Gestaltenden noch verborgene Gestaltungsgründe ausgeübt werden sollen, wegen Unbestimmtheit ihres Inhalts nichtig. Die Globalausübung von Gestaltungsrechten ist ausgeschlossen[1095].

Aufgrund vorstehender Überlegungen ist auch die Auffassung des BAG[1096] abzulehnen. Danach bekundet der eine außerordentliche Kündigung aus einem bestimmten Grunde Aussprechende in aller Regel auch den unbedingten Willen, sich unter allen Umständen von seinem Vertragspartner zu trennen. Er bringt also stillschweigend zum Ausdruck, diese Trennung erforderlichenfalls auch noch mit anderen schon vorhandenen Gründen zu rechtfertigen, wenn sich diese nachträglich herausstellen sollten. Damit müsse ein verständiger Vertragspartner eines Arbeitsverhältnisses rechnen. Diese Entscheidung des BAG gründet - wie schon beschrieben[1097] - auf der verfehlten Annahme, mehrere Gestaltungsgründe erzeugten nur ein Kündigungsrecht[1098]. Von daher konnte sich der Senat, aus seiner Sicht freilich konsequent,

1092 Vgl. Hungerbühler S. 140.
1093 Vgl. Hungerbühler S. 140.
1094 Vgl. Hungerbühler S. 140.
1095 So auch Hungerbühler S. 141.
1096 BAGE 14, 65, 71.
1097 Vgl. oben bei Fußnote 488.
1098 BAGE 14, 65, 69.

auch nicht veranlaßt sehen, zu der hier aufgezeigten Problematik der Globalausübung von Gestaltungsrechten Stellung zu nehmen.

Als wichtigste Konsequenz der hier vertretenen These bleibt folgendes festzuhalten. In dem nachträglichen Vorbringen eines Gestaltungsgrundes kann auch in den Fällen, in denen sich der Gestaltende zur Ausübung seiner Gestaltungsrechte einer „All-Formel" bedient, nicht die auf den Zeitpunkt des Ausspruches der ersten Erklärung rückwirkende Geltendmachung eines bisher unbekannten Grundes erblickt werden. Vielmehr kann dies nur die erneute Abgabe einer Gestaltungserklärung bedeuten.

3. Kapitel

Die Begründung der Kündigung von Arbeits- und Mietverträgen

Das dritte Kapitel dieser Untersuchung verfolgt das Ziel, die zuvor entwickelten allgemeinen Grundsätze über die Begründungspflicht von Gestaltungsrechten auf die Kündigung von Arbeits- und Mietverhältnissen zu übertragen. Insbesondere ist zu klären, ob die Forderung nach einer vorprozessualen Begründungspflicht mit der im Arbeits- und Wohnraummietrecht anzutreffenden positiven Gesetzeslage konvergiert.

§ 14 Die außerordentliche Kündigung des Dienst- und Arbeitsverhältnisses

I. Meinungsstand

Im Widerspruch zum Parallelfall bei Anfechtung, Rücktritt[1099] und Widerruf einer Schenkung erblickt die in Literatur und Rechtsprechung überwiegende Ansicht in der Angabe des wichtigen Grundes keine Wirksamkeitsvoraussetzung für die außerordentliche Kündigung des Dienst- und Arbeitsverhältnisses[1100]. Die herrschende Meinung anerkennt zwar heute in verstärktem Maße ein berechtigtes Interesse des Kündigungsempfängers, über den Kündigungsgrund[1101] informiert zu werden[1102]. So leitet sie insbesondere im Rahmen des Arbeitsverhältnisses aus der Treu- und Fürsorgepflicht eine Pflicht des Kündigenden zur Aufklärung über den Kündigungsgrund her[1103]. Nach dieser Meinung handelt es sich bei der Angabe des Gestaltungsgrunds damit aber nicht um eine Ausübungsvoraussetzung, sondern lediglich um ein Auskunftsproblem[1104]. Dabei unterscheiden sich die Stellungnahmen nur insofern, als manche für den Regelfall von einer Pflicht des Kündigenden zur Mitteilung des Kündigungsgrunds ausgehen[1105], während andere eine solche Verpflichtung nur im

---

1099 Dieser Widerspruch kommt in der Entscheidung RGZ 142, 268, 274 besonders deutlich zum Vorschein. Zunächst führt der Senat aus, daß im Fall des Rücktritts von einem Vertrag wegen positiver Vertragsverletzung des Gegners aus der Rücktrittserklärung erkennbar sein muß, in welchem Verhalten des Gegners die Vertragswidrigkeit erblickt wird. Sodann wird darauf hingewiesen, im Fall einer Kündigung sei die Rechtslage auch insofern anders, als die Kündigung als solche nicht erfordert, daß zugleich mit ihr der Grund der Kündigung angegeben wird.

1100 Vgl. Hungerbühler S. 95; MK/Schwerdtner § 626 BGB Rn. 258.

1101 Auch bei der ordentlichen Kündigung außerhalb des Kündigungsschutzgesetzes wird dem Arbeitnehmer zunehmend das Recht zugebilligt, die Angabe des Kündigungsmotivs zu verlangen. Vgl. Adam AuR 2001, 41, 46; Falter S. 31 ff.; Otto FS Wiese, S. 353, 371. - Ablehnend Urban S. 192 ff.; Löwisch BB 1997, 782, 789.

1102 Vgl. Hungerbühler S. 74.

1103 Vgl. BAGE 14, 65, 67.

1104 Hungerbühler S. 74.

1105 So BAGE 14, 65, 67-69.

Einzelfall[1106] anerkennen oder überhaupt ablehnen[1107]. Nach jeder dieser Auffassungen soll eine Verletzung dieser Mitteilungspflicht aber nicht zur Nichtigkeit der Kündigungserklärung, sondern allenfalls zu Auskunfts- und Schadensersatzansprüchen führen[1108]. Entsprechendes gilt für die Stellungnahmen zu § 626 II 3 BGB, wonach der Kündigende dem anderen Teil auf Verlangen den Kündigungsgrund unverzüglich schriftlich mitteilen muß[1109]. Nichtig ist eine ohne Angabe des Kündigungsgrunds abgegebene Kündigungserklärung nach diesen Auffassungen nur, wenn die Grundangabe gesetzlich vorgeschrieben oder durch Einzelvertrag, Betriebsvereinbarung oder Tarifvertrag als formale Wirksamkeitsvoraussetzung vereinbart ist[1110].

Entgegen dieser Einschätzung hält dagegen eine Mindermeinung in Übereinstimmung mit der Behandlung von Anfechtung, Rücktritt und Widerruf einer Schenkung auch eine außerordentliche Kündigungserklärung, in der der Kündigungsgrund nicht genannt ist, für unwirksam[1111]. Die Grundangabe ist nach dieser Auffassung also Wirksamkeitsvoraussetzung der Kündigungserklärung[1112].

II. Entwicklung der Rechtsprechung bis zum Jahr 1969

Die gegenwärtige Rechtsauffassung des BGH und BAG ist wesentlich darauf zurückzuführen, daß die Rechtsprechung zur außerordentlichen Kündigung bis heute auf Entscheidungen fußt, die vor Inkrafttreten des BGB ergangen sind[1113]. Die Rechtsprechung beschränkt sich zur Begründung ihres Standpunkts, der Angabe des Kündigungsgrundes bedürfe es nicht, nahezu ausschließlich auf die Zitierung früherer Entscheidungen[1114]. Wie oben bereits dargelegt[1115], reicht die Kette der höchstrichterlichen Verweisungen vom Bundesarbeitsgericht über das Reichsarbeitsgericht und Reichsgericht bis hin zum Reichsoberhandelsgericht und das Königliche Obertribunal von Preußen zurück[1116]. Die These des letztgenannten Gerichts, nach der es nicht erforderlich ist, den Grund des Rücktritts bei dem Rücktritt anzuzeigen[1117], wurde bereits als zutreffend deklariert[1118]. Die Entscheidung erging

---

1106 So BGHZ 27, 220, 225.

1107 Zunft AcP 152, 289, 305.

1108 Vgl. BAGE 14, 65, 67; Hungerbühler S. 96.

1109 Vgl. ErfK/Müller-Glöge § 626 BGB Rn. 300; Hungerbühler S. 96; MK/Schwerdtner § 626 BGB Rn. 258.

1110 Vgl. BAGE 14, 65, 67; Hungerbühler S. 96.

1111 Vgl. Frey BB 1953, 1070, 1072; Hungerbühler S. 97; Lent AcP 152, 401, 402, 405, 408; Lent JZ 1959, 728; Reuss AuR 1960, 1, 2; Schlegelberger/Schröder § 70 HGB a. F. Rn. 12.

1112 Vgl. Hungerbühler S. 74.

1113 Knütel NJW 1970, 121, 124.

1114 Vgl. Hungerbühler S. 99.

1115 Vgl. oben bei Fußnote 677.

1116 BAG NZA 1986, 674; NJW 1980, 2486; BAGE 14, 65, 70; BGHZ 27, 220, 223; RAG ARS 31, 37, 40; ARS 20, 280, 282; RGZ 142, 268, 274; 122, 38, 39; 88, 127, 128; 56, 372, 373; RG JW 1903, 389 Nr. 20; JW 1897, 88 Nr. 32; RGZ 32, 249, 250; ROHG 21, 252, 253; 17, 220; PrOT 60, 254, 255.

1117 PrOT 60, 254, 255; bestätigt durch PrOT 81, 262, 265, 266.

1118 Vgl. oben bei Fußnote 680.

im Jahr 1865 zu den §§ 408, 409 1. Teil, 5. Titel des Allgemeinen Landrechts für die Preußischen Staaten von 1794 (ALR)[1119]. Für die §§ 408, 409 1. Teil, 5. Titel ALR war diese allgemein gebilligte Auslegung auch richtig[1120]. Denn nach damaligem Recht war die sofortige Kündigung anders als heute ein nach unserer Terminologie grundunabhängiges Gestaltungsrecht[1121]. Bei diesen grundunabhängigen Gestaltungsrechten kann die Frage nach der Angabe des Gestaltungsgrundes sinnvollerweise gar nicht auftauchen[1122]. Im folgenden wird deshalb nur noch die Entwicklung derjenigen Rechtsprechung skizziert, die den Rechtszustand nach Inkrafttreten des BGB und HGB betrifft. Erst das BGB (§ 626 BGB) und das HGB (§ 70 HGB[1123]) führten zu einer Umwertung der außerordentlichen Kündigung von einem grundunabhängigen zu einem grundabhängigen Gestaltungsrecht.

1. Rechtsprechung des RG und RAG

Die Frage der Grundbekanntgabe im Rahmen der Kündigung des Arbeitsverhältnisses hat zwar erst nach 1950 eine größere Kontroverse in der Literatur ausgelöst. Die Rechtsprechung hat aber schon sehr frühzeitig zu diesem Problem Stellung bezogen[1124]. Ausgangspunkt der gerichtlichen Überlegungen war dabei das Problem, inwieweit Gründe im Prozeß nachgeschoben werden können. Weil die Nachschiebebefugnis unbeschränkt zugelassen wurde[1125], kann daraus geschlossen werden, daß eine Begründung im Zeitpunkt des Ausspruchs der Kündigung nicht für erforderlich erachtet wurde[1126].

Die Grundangabe wurde erstmals in einem Urteil von 1933[1127] als eigenständiges Problem erkannt[1128]. Nach der Entscheidung des Senats erfordert die Kündigung als solche nicht, daß zugleich mit ihr der Kündigungsgrund angegeben wird[1129]. Ein Richtigkeitserweis dieses und des gegensätzlichen Standpunkts beim Rücktritt wird nicht erbracht. Auch das RAG hat sich gegen eine vorprozessuale Begründungspflicht der Kündigung ausgesprochen[1130]. Gleichwohl gibt es gerade auch vom RAG Stellungnahmen, denen man mehr oder weniger klar entnehmen kann, daß wenigstens bei einer fristlosen Kündigung der wichtige Grund mitgeteilt werden müsse[1131].

1119 Zum Inhalt der Vorschriften vgl. oben in Fußnote 678.
1120 Vgl. Knütel NJW 1970, 121, 124.
1121 Vgl. oben bei Fußnote 681.
1122 Vgl. oben bei Fußnote 157.
1123 § 70 HGB ist durch das 1. Arbeitsrechtsbereinigungsgesetz aufgehoben worden. Vgl. Knütel NJW 1970, 121, 124 Fußnote 52.
1124 Vgl. Falter S. 8.
1125 RGZ 56, 372; 88, 127; 122, 38; RG JW 1897, 88; 1903, 389.
1126 Vgl. Falter S. 8, 9.
1127 RGZ 142, 268, 274.
1128 Vgl. Falter S. 9.
1129 RGZ 142, 268, 274.
1130 RAG Arbeitsrechtssammlung 20, 280.
1131 RAG Arbeitsrechtssammlung 16, 297, 300; 28, 111, 115; 38, 81, 88. Vgl. dazu Falter S. 9.

Insofern ist die Rechtsprechung des RAG nicht so stringent in den ablehnenden Äußerungen, wie die des RG, das kein abweichendes Urteil erlassen hat[1132].

2. Bedeutung des § 84 I Nr. 2 Betriebsrätegesetz (BRG)

Diese insgesamt verneinende Rechtsprechung erstaunt angesichts einer frühen gesetzlichen Vorschrift, die den Arbeitgeber zur Grundangabe bei Kündigungsausspruch verpflichtete[1133]. So konnte der Arbeitnehmer gegen die außerordentliche (und ordentliche) Kündigung des Arbeitgebers Einspruch beim Arbeiter- oder Angestelltenrat einlegen, wenn er die in § 84 I Nr. 1, 3, 4, II BRG[1134] näher aufgeschlüsselten Umstände für gegeben erachtete. Damit dem Arbeitnehmer und dem Arbeiter- oder Angestelltenrat eine wirksame Überprüfung des Einspruchsrechts ermöglicht wurde, war der Arbeitgeber nach 84 I Nr. 2 BRG gesetzlich verpflichtet, die Gründe seiner Kündigung bekanntzugeben. Die fehlende Begründung war nach § 84 I Nr. 2 BRG ohne weitere Voraussetzung ein selbständiger Einspruchsgrund[1135]. Dadurch sollte der Begründungspflicht ein wirksamer Nachdruck verliehen werden[1136].

Dieser Einspruchsgrund besaß jedoch nur wenig praktische Bedeutung[1137]. Denn entgegen dem Wortlaut des Gesetzes sah die herrschende Meinung die Begründungspflicht unter dem rückwirkenden Fortfall des Einspruchsrechts als erfüllt an, wenn der Kündigungsgrund bis zum Urteilsausspruch vor dem Arbeitsgericht nachgebracht wurde[1138]. Ein Begründungszwang für die Kündigung wurde in der genannten Bestimmung also nicht erblickt[1139].

3. Rechtsprechung des BGH und BAG

Wie oben beschrieben[1140] lehnte sich die frühe Rechtsprechung des BAG ohne große Auseinandersetzung mit der Problematik an die schon gefestigte Meinung des RAG/RG an und hielt eine Grundangabe bei der Kündigung keinesfalls für erforderlich[1141]. Eine eingehende Beschäftigung mit diesem Fragenkreis, die eine Neufassung aller Gedanken beinhaltete und über eine kritiklose Fortschreibung von Bestehendem hinausging, ließ das Urteil des BGH[1142] von 1958

1132 Vgl. Falter S. 9.
1133 Vgl. Falter S. 9.
1134 Betriebsrätegesetz vom 04.02.1920.
1135 Zu den Rechtsfolgen des Einspruchs vgl. Falter S. 10.
1136 Vgl. Falter S. 10.
1137 Vgl. Falter S. 10.
1138 Vgl. Falter S. 10; Oehmann BB 1953, 627.
1139 Vgl. Oehmann BB 1953, 627.
1140 Vgl. oben bei Fußnote 676.
1141 BAG 15.12.1955 AP § 67 HGB Nr. 1; BAG 27.02.1958 AP § 1 KSchG Nr. 1 Betriebsbedingte Kündigung; Falter S. 11.
1142 BGHZ 27, 220 ff.

erkennen[1143]. Der BGH sah sich hierzu veranlaßt, nachdem er die Tendenz der Rechtslehre[1144] festgestellt hatte, insbesondere auf dem Gebiet des Arbeitsrechts die Angabe des Kündigungsgrunds für wesentlich zu halten, da sich der Kündigungsempfänger schlüssig werden müsse, ob er die Gestaltungserklärung anerkennen solle[1145]. Der Senat kam in dieser Entscheidung zu dem Ergebnis, daß sich die Frage der Begründungspflicht für die außerordentliche Kündigung nicht allgemein beantworten lasse[1146]. Jedenfalls soll die Begründung nicht zum notwendigen Inhalt der Kündigungserklärung gehören[1147]. Nur im Einzelfall könne der Grundsatz von Treu und Glauben es erfordern, die Angabe des Kündigungsgrundes oder sämtlicher Kündigungsgründe für erforderlich zu erachten[1148]. Über die Rechtsfolgen, die bei der Mißachtung der im Einzelfall notwendigen Begründungspflicht eintreten sollen, machte die Entscheidung keine Aussage[1149].

In einem Urteil von 1959 befaßte sich dann auch das BAG[1150] eingehender mit der Bedeutung der Begründung für die ordentliche Kündigung[1151]. Das Gericht stellte zunächst fest, daß die Nichtangabe von Gründen nicht zur Sozialwidrigkeit der Kündigung führe, und die Erklärung auch nicht nach §§ 138, 242 BGB nichtig sei[1152]. Das Erfordernis, die Kündigungsgründe bereits bei Ausspruch der Kündigung bekanntzugeben, bedeute außerdem eine dem Gesetz fremde formelle Kündigungsvoraussetzung, die im geltenden Recht keine allgemeine Rechtsgrundlage habe[1153]. Der Senat lehnte eine Begründungspflicht schließlich auch deshalb ab, weil dadurch eine erhebliche Rechtsunsicherheit entstünde[1154]. So könne über Art und Umfang der Begründung ein zusätzlicher Streit entstehen. Auch die notwendigen Ausnahmen vom Begründungszwang, etwa bei Offensichtlichkeit der Gründe, erzeugten neue Unsicherheiten[1155].

Einen Schritt weiter ging das BAG in seinem Urteil von 1963[1156]. Das Gericht geht zunächst von dem Charakter der außerordentlichen Kündigung als einer besonders einschneidenden Maßnahme aus. Deshalb erlege - jedenfalls in aller Regel - das Gebot der Treu- beziehungsweise Fürsorgepflicht dem Kündigenden die Pflicht auf, seinem Vertragspartner den Kündigungsgrund mitzuteilen[1157]. Das Gericht berief sich

---

1143 Vgl. Falter S. 11.
1144 Dazu Falter S. 11.
1145 BGHZ 27, 220, 224.
1146 BGHZ 27, 220, 225.
1147 BGHZ 27, 220, 225.
1148 BGHZ 27, 220, 225.
1149 Vgl. Falter S. 11.
1150 BAGE 7, 304 ff.
1151 Vgl. Falter S. 12.
1152 BAGE 7, 304, 308, 309.
1153 BAGE 7, 304, 309.
1154 BAGE 7, 304, 309.
1155 BAGE 7, 304, 310.
1156 BAGE 14, 65 ff.
1157 BAGE 14, 65, 67.

dabei auf mehrere Literaturstimmen[1158], die eine Grundangabe aus dem arbeitsrechtlichen Grundsatz der Treu- und Fürsorgepflicht seit geraumer Zeit forderten[1159]. Die Verletzung dieses Gebots könne unter Umständen Auskunftsansprüche und auch Ansprüche auf Ersatz des durch die Nichtangabe des Kündigungsgrundes entstandenen Schadens auslösen[1160]. Die Wirksamkeit der außerordentlichen Kündigung soll von der Grundangabe aber nicht berührt werden[1161]. Der Senat verweist zur Begründung seiner Auffassung auf die bereits erwähnte Entscheidung aus dem Jahr 1959[1162]. Dieses Urteil betraf zwar eine ordentliche Kündigung nach § 1 KSchG. Die dort herausgestellten allgemeinen Erwägungen sollen aber auch für die außerordentliche Kündigung zutreffen[1163]. Die Lehre von Lent[1164], der die Begründung zum notwendigen Inhalt der Kündigung zählt, wurde klar abgelehnt[1165].

III. Tätigwerden des Gesetzgebers im Jahr 1969

1. Tatbestand des § 626 II 3 BGB

Der durch die oben genannten Urteile des BGH und BAG gekennzeichnete Rechtszustand wurde vom Bundestag im 1. Arbeitsrechtsbereinigungsgesetz von 1969[1166] teilweise gesetzlich festgeschrieben[1167]. In § 626 BGB wurde für die außerordentliche Kündigung eine Vorschrift aufgenommen (§ 626 II 3 BGB[1168]), wonach der Kündigende auf Verlangen des anderen Teils den Kündigungsgrund unverzüglich schriftlich mitzuteilen hat. Die Formulierung der Norm stellt klar, daß der Grund nicht bereits im Zeitpunkt des Kündigungsausspruchs, also uno actu mit der Kündigungserklärung, mitgeteilt werden muß[1169]. Die Begründungspflicht entsteht erst auf Verlangen des anderen Teils[1170]. Sie ist als klagbarer schuldrechtlicher Anspruch ausgestaltet, der vom Gekündigten geltend zu machen ist[1171]. Der Auskunftsanspruch ist jedoch kein „verhaltener Anspruch". Der Kündigende erfüllt auch dann wirksam, wenn er die Gründe ungefragt schon von sich aus nennt[1172]. Die Begründung hat unverzüglich (§ 121 BGB) und schriftlich[1173] zu erfolgen.

1158 Vgl. Hueck/Nipperdey I § 56 VI, S. 498; Nikisch § 48 II 5, S. 693; Schlegelberger/Schröder § 70 HGB a. F. Rn. 12.
1159 Falter S. 12.
1160 BAGE 14, 65, 67.
1161 BAGE 14, 65, 67.
1162 BAGE 7, 304, 308 ff.
1163 BAGE 14, 65, 67.
1164 Lent AcP 152, 401 ff.
1165 BAGE 14, 65, 69.
1166 BGBl. I S. 1106.
1167 Vgl. Falter S. 13; Knütel NJW 1970, 121, 122.
1168 Gleichzeitig wurde auch § 1 III 1 2. Halbsatz KSchG eingefügt. Zu dieser Vorschrift unten bei Fußnote 1274.
1169 Vgl. Falter S. 20.
1170 Vgl. Urban S. 64.
1171 Vgl. Falter S. 20.
1172 Falter S. 20, 21; Knütel NJW 1970, 121, 122 Fußnote 3.
1173 Zum Schriftformerfordernis des § 626 II 3 BGB vgl. Falter S. 22.

2. Verletzungsfolge des § 626 II 3 BGB

Obwohl der Bundesrat[1174] in seiner ersten Stellungnahme zum Regierungsentwurf darauf hingewiesen hat, daß die Rechtsfolgen bei einem Verstoß gegen die in § 626 II 3 BGB normierte Begründungspflicht unklar sind und die Bundesregierung[1175] daraufhin eine Regelung in Aussicht gestellt hat, ist die Regelung eine lex imperfecta geblieben[1176]. Der Bundestag hat es nicht für erforderlich gehalten, an die Nichtbeachtung der Begründungspflicht die Folge der Nichtigkeit der Kündigung zu knüpfen[1177]. Vielmehr hat er es auf Vorschlag des Ausschusses für Arbeit[1178] bei der Rechtsprechung belassen, die in diesen Fällen Schadensersatzansprüche gegen den Kündigenden für begründet hält[1179]. Dieses Ergebnis, wonach die Begründung keine Wirksamkeitsvoraussetzung der Kündigung ist, teilt die überwiegende Ansicht in Rechtsprechung und Literatur[1180].

IV. Argumente der herrschenden Ansicht und ihre Widerlegung

1. Kein Formerfordernis

Ein Hauptargument, das die herrschende Meinung gegen die Behandlung der Grundangabe als Wirksamkeitsvoraussetzung vorbringt, ist die Behauptung, hierdurch würde zu Lasten des Kündigenden ein Formerfordernis für die Kündigung eingeführt, das im geltenden Recht keine Grundlage habe[1181]. Für diese Ansicht läßt sich sicherlich die Neubelegung des § 623 BGB im Jahr 2000 anführen. Wenn der Gesetzgeber einen Begründungszwang hätte einführen wollen, so wäre der richtige Platz dafür der § 623 BGB gewesen[1182]. Die Entscheider haben bei der Neubesetzung dieser Norm[1183] jedoch darauf verzichtet, die Angabe der Kündigungsgründe in der Kündigungserklärung nach Vorbild der §§ 569 IV, 573 III 1 BGB, 9 III 2 MuSchG, 15 III BBiG generell zur Wirksamkeitsvoraussetzung zu erheben[1184]. Eine dem § 39 I VwVfG nachgebildete Vorschrift, die die bisherigen eine Begründung verlangenden arbeitsrechtlichen Einzelvorschriften in einer Generalnorm zusammenfaßt, wurde also gerade nicht geschaffen.

1174 Bundestagsdrucksache V/3913 Anlage 2 S. 14.

1175 Bundestagsdrucksache V/3913 Anlage 3 S. 11.

1176 Vgl. Falter S. 41; Knütel NJW 1970, 121, 122.

1177 Vgl. Monjau BB 1969, 1042, 1045.

1178 Bundestagsdrucksache V/4376 S. 3.

1179 Vgl. Monjau BB 1969, 1042, 1045.

1180 Vgl. BGH WM 1995, 712; ErfK/Müller-Glöge § 626 BGB Rn. 300; Herschel BB 1970, 5, 6; MK/Schwerdtner § 626 BGB Rn. 258; Monjau BB 1969, 1042, 1045.

1181 BAGE 14, 65, 67; BGHZ 27, 220, 225; Galperin BB 1966, 1458, 1459; Nikisch § 48 II 5, S. 693; Oehmann BB 1953, 627, 1072; Wächter DB 1962, 571, 572.

1182 Vgl. auch Oehmann BB 1953, 627, 628.

1183 Das 3. Gesetz zur Änderung der GewO (vgl. dazu oben in Fußnote 67) hat in den neu gefaßten §§ 105 ff GewO ebenfalls keinen Begründungszwang normiert.

1184 Vgl. Preis/Gotthardt NZA 2000, 348, 351.

a) Allgemeine Ausübungsvoraussetzung

Dem ist aber entgegenzuhalten, daß die Pflicht zur Begründung kein aus dem Gesetz nicht begründbares Formerfordernis darstellt. Von einem solchen könnte nur gesprochen werden, wenn ausnahmslos jede Gestaltungserklärung die ausdrückliche Angabe des Gestaltungsgrundes enthalten müßte, selbst wenn dieser Grund dem Gestaltungsgegner ohnehin bekannt ist[1185]. Eine solche explizite Angabe des Gestaltungsgrundes ist aber nach dem oben Gesagten gerade nicht erforderlich[1186]. Es ist insoweit genügend aber auch nötig, daß dem Erklärungswortlaut und/oder den zum Erklärungstatbestand gehörenden Begleitumständen so viele Anhaltspunkte zum Gestaltungsgrund zu entnehmen sind, daß dieser bestimmbar ist[1187]. Die Notwendigkeit des so umschriebenen Begründungserfordernisses verdankt sich nicht ausdrücklicher gesetzlicher Anordnung. Vielmehr gilt folgendes: Weil der Gesetzgeber die Angabe des Kündigungsgrunds nicht dem konstitutiven Formerfordernis des § 623 BGB unterworfen hat, verbleibt es insoweit bei den allgemeinen Grundsätzen[1188]. Diese wiederum sehen vor, daß eine außerordentliche Kündigung nur wirksam ist, wenn sie eine zumindest schlüssige Angabe des Kündigungsgrundes enthält. Dies ergibt sich aus den für alle grundabhängigen Gestaltungsrechte geltenden Ausübungsvoraussetzungen sowie aus den auch für die außerordentliche Kündigungserklärung geltenden allgemeinen Lehren über den Inhalt und die Auslegung von Willenserklärungen[1189].

b) Auswirkung des § 623 BGB

Eine ganz andere Frage ist, wie es sich auf die Art und Weise der Begründung auswirkt, daß die Kündigungserklärung nach § 623 BGB zu ihrer Wirksamkeit der Schriftform bedarf. Wenn ein Rechtsgeschäft der Form bedarf, wird es im ganzen vom Formerfordernis erfaßt[1190]. Ist eine rechtsgeschäftliche Erklärung einem zur Beurkundung führenden Formzwang unterworfen, so muß die Urkunde alle wesentlichen Elemente der Erklärung enthalten[1191]. Die Begründung der Kündigungserklärung gehört nach der hier vertretenen These zu ihrem wesensnotwendigen Bestandteil. Der Inhalt der Kündigungserklärung erschöpft sich also nicht darin, daß sie sich als Kündigungserklärung darstellt. Dem Schriftformerfordernis des § 623 BGB ist deshalb nicht schon dann genügt, wenn allein der Wille, das Arbeitsverhältnis durch einseitige Gestaltungserklärung für die Zukunft lösen zu wollen, schriftlich fixiert wird[1192]. Vielmehr ist der Kündigende darüber hinaus verpflichtet, in

---

1185 Vgl. Hungerbühler S. 98.
1186 Vgl. oben bei Fußnoten 837, 1028.
1187 Vgl. Hungerbühler S. 98.
1188 So auch Preis/Gotthardt NZA 2000, 348, 351, die freilich die Grundsätze der herrschenden Meinung im Auge haben, wonach keine Begründung erforderlich ist.
1189 Vgl. Grunsky JuS 1964, 97, 98; Hungerbühler S. 98; Lent JZ 1959, 728, 729.
1190 MK/Einsele § 125 BGB Rn. 30; Palandt/Heinrichs § 125 BGB Rn. 7.
1191 Staudinger/Dilcher § 125 BGB Rn. 16.
1192 So aber Preis/Gotthardt NZA 2000, 348, 351 vom Standpunkt der herrschenden Meinung aus.

dem Kündigungsschreiben auch den Kündigungsgrund anzugeben. Die Angabe der Gründe partizipiert also an dem Schriftformerfordernis[1193]. Auch Gründe, die dem Kündigungsgegner zum Beispiel in einer Abmahnung[1194] vorher schriftlich oder mündlich mitgeteilt worden sind, müssen daher im Kündigungsschreiben angegeben werden[1195]. Aufgrund des Grundsatzes der Urkundeneinheit[1196] reicht die Bezugnahme auf eine frühere schriftliche oder gar mündliche Erklärung nicht aus (sogenanntes Bezugnahmeverbot)[1197]. Da in solchen Konstellationen ein tatsächlich vorliegender Kündigungsgrund dem Gekündigten jedoch bekannt ist, werden schon wenige Anknüpfungspunkte zum Kündigungsgrund in dem Kündigungsschreiben genügen[1198]. Denn in diesem Zusammenhang ist zu beachten, daß bei formbedürftigen Rechtsgeschäften auch außerhalb der Urkunde liegende Umstände (hier also in der Abmahnung) mitberücksichtigt werden können[1199]. Auslegungs- und Formproblem sind strikt auseinanderzuhalten[1200].

Im Ergebnis entzieht damit das Zusammenwirken des Schriftformerfordernisses gemäß § 623 BGB mit den allgemeinen Ausübungsvoraussetzungen grundabhängiger Gestaltungsrechte der Möglichkeit einer Kündigung durch schlüssiges Verhalten weitgehend die Grundlage[1201]. Eine konkludente Kündigung ist nur noch dann möglich, wenn das schlüssige Verhalten das Formerfordernis erfüllt[1202], indem es Anhaltspunkte für den Beendigungswillen und den Kündigungsgrund enthält. Die Einschränkung der schlüssigen Kündigungsmöglichkeit ist maßgeblich auf die Neubesetzung des § 623 BGB zurückzuführen. Sie ändert nichts an der Tatsache, daß die Begründungspflicht für sich genommen, das heißt losgelöst von dem Schriftzwang, kein Formerfordernis darstellt.

2. Rechtssicherheit

Ferner soll es nach herrschender Meinung auch das Interesse der Rechtssicherheit verbieten, die Wirksamkeit einer außerordentlichen Kündigung von der Grundangabe abhängen zu lassen[1203]. Man argumentiert, andernfalls entstünden Zweifel, wie

---

1193 So auch Hungerbühler S. 109; Roquette § 564 a BGB a. F. Rn. 5; Sternel FS Seuss, S. 281, 286 zur Kündigung eines Mietverhältnisses.

1194 Zur Abmahnung vgl. bereits oben bei Fußnote 1030.

1195 Vgl. BayObLG NJW 1981, 2197; Palandt/Weidenkaff § 573 BGB Rn. 48; Sternel IV Rn. 104; Sternel FS Seuss, S. 281, 286.

1196 Vgl. zu diesem Grundsatz Palandt/Heinrichs § 126 BGB Rn. 4.

1197 Vgl. BayObLG NJW 1981, 2197; Palandt/Weidenkaff § 573 BGB Rn. 48; Sternel IV Rn. 104; Sternel FS Seuss, S. 281, 286. Eine Bezugnahme auf anderweitige schriftliche Erklärungen wird teilweise dann für zulässig gehalten, wenn die Urkunden dem Kündigungsgegner zugegangen sind und die Bezugnahme klar und eindeutig ist, vgl. Blank/Börstinghaus § 564 b BGB a. F. Rn. 198.

1198 So auch Hungerbühler S. 109 zur Vermieterkündigung.

1199 MK/Einsele § 125 BGB Rn. 34.

1200 Vgl. Larenz/Wolf AT § 28 Rn. 80; Medicus AT Rn. 330.

1201 Vgl. auch Preis/Gotthardt NZA 2000, 348, 352.

1202 Vgl. Preis/Gotthardt NZA 2000, 348, 352.

1203 BAGE 14, 65, 68; BAGE 7, 304, 309 f. (zur ordentlichen Kündigung nach dem KSchG); Nikisch § 48 II 5, S. 694; Oehmann BB 1953, 627, 628.

ausführlich die Begründung sein müsse, ob auch offensichtlich bekannte Gründe noch besonders genannt oder gar schon die Beweismittel bezeichnet werden müßten[1204]. Es wird befürchtet, daß die Entscheidung derartiger Fragen mangels näherer gesetzlicher Ausgangspunkte nur zu leicht willkürlich wirken müßte[1205].

Diesen Bedenken ist keine entscheidende Bedeutung beizumessen[1206]. Wieviel Tatsachen[1207] erforderlich sind, richtet sich nach dem Sinn der Begründung[1208]. Die Angabe des Kündigungsgrundes ist erforderlich, um bei Zugang einer außerordentlichen Kündigungserklärung überhaupt feststellen zu können, welches konkrete außerordentliche Kündigungsrecht mit ihr ausgeübt werden soll[1209]. Dies vergegenwärtigt, hat man den vermißten Ausgangspunkt schon gefunden. Denn aus dieser Überlegung folgt, daß die schriftliche (§ 623 BGB) Kündigungserklärung nicht mehr und nicht weniger Anhaltspunkte zum Kündigungsgrund enthalten muß, als daß für den Gekündigten erkennbar ist, auf welchen konkreten Kündigungsgrund und damit auf welches Kündigungsrecht sich der Kündigende berufen will[1210]. Dafür genügt die Grobindividualisierung, die eindeutige Bestimmung des Tatbestandes, ohne daß eine vollständige Erzählung bis in Einzelheiten erforderlich ist[1211]. Schwieriger wird es nur, wenn der begründete Tatbestand sich über einen längeren Zeitraum hinzieht[1212], zum Beispiel bei einer fortgesetzten Vernachlässigung der Arbeit. Aber auch hier läßt sich über den Gesamtkomplex in Kürze Klarheit schaffen[1213]. Bei bekannten Gründen ist schließlich allein wegen des Schriftformerfordernisses in § 623 BGB eine besondere Hervorhebung erforderlich[1214].

Es handelt sich bei den von der herrschenden Meinung angeführten Zweifelsfragen alles in allem um keine anderen Schwierigkeiten als bei der Ermittlung und Auslegung des Inhalts sonstiger Willenserklärungen. Auch bei diesen kommt man um die Entscheidung von Zweifelsfragen nicht herum. Deshalb wird zum Beispiel bei der Anfechtung diesem Argument auch keine Bedeutung beigemessen[1215]. Außerdem kann sich die Rechtsprechung den verschmähten Abgrenzungsfragen ohnehin nicht entziehen, weil in Tarifverträgen, Betriebsvereinbarungen und Einzelverträgen das Erfordernis gleichzeitiger Begründung festgelegt werden kann[1216]. Daß etwa auch die Bezeichnung der Beweismittel, die nicht einmal zum unerläßlichen Inhalt der Klage

---

1204 Vgl. Hungerbühler S. 101.
1205 So BAGE 14, 65, 68.
1206 Vgl. Lent JZ 1959, 728.
1207 Nur um solche handelt es sich, nicht um juristische Bezeichnungen, vgl. Lent JZ 1959, 728 und allgemein bereits oben bei Fußnote 1017.
1208 Vgl. Lent JZ 1959, 728.
1209 Vgl. Hungerbühler S. 101.
1210 Vgl. Hungerbühler S. 101; Lent JZ 1959, 728.
1211 Vgl. Lent JZ 1959, 728.
1212 Vgl. auch Nikisch (2. Auflage) § 48 II 4, S. 569.
1213 Lent JZ 1959, 728.
1214 Vgl. dazu oben bei Fußnote 1190.
1215 Vgl. Knütel NJW 1970, 121, 124.
1216 Vgl. Knütel NJW 1970, 121, 124 und näher oben bei Fußnote 406.

gehört, zum notwendigen Inhalt einer materiellrechtlichen Kündigungserklärung gehören soll, zieht das BAG[1217] wohl selbst nicht ernsthaft in Erwägung[1218].

Im übrigen stellt die Behauptung, durch Anerkennung des Begründungserfordernisses würde die Rechtssicherheit gefährdet, einseitig auf die Sicht des Kündigenden ab und läßt die Lage des Kündigungsgegners außer Betracht[1219]. Für den Gekündigten, der den Kündigungsgrund nicht kennt, ist die Rechtslage gerade dann ungewiß, wenn man auch Kündigungserklärungen ohne Grundangabe zuläßt. Werden dagegen nur solche Kündigungserklärungen als wirksam behandelt, in denen der Kündigungsgrund angegeben ist, wird die Rechtsklarheit und damit Rechtssicherheit für ihn im Gegenteil erhöht[1220]. Zwar ist es dann andererseits möglich, daß sich eine vom Kündigenden für wirksam gehaltene Erklärung zu seiner Überraschung später allein wegen fehlender oder unzureichender Begründung als nichtig herausstellt. Diese Konsequenz kann aber hingenommen werden. Denn einmal ging die Initiative zur Veränderung der bisherigen Rechtslage vom Kündigenden und nicht vom Kündigungsempfänger aus. Außerdem stellt die ausreichende Angabe des Kündigungsgrunds nach dem oben Gesagten keine unzumutbaren Anforderungen an den Erklärenden[1221].

3. Interessenlage

Mit dem vorstehenden Gedankengang ist bereits angedeutet, daß die herrschende Ansicht auch der Interessenlage nicht gerecht wird. Dies zeigt sich, wenn man überlegt, welche Interessen des Gekündigten für und welche des Kündigenden gegen ein Begründungserfordernis sprechen[1222]. Der Kündigungsempfänger hat ein berechtigtes Interesse an der Offenbarung der Kündigungsgründe, weil er nur bei deren Kenntnis die Wirksamkeit der Kündigungserklärung überprüfen und seine weiteren Schritte danach einrichten kann. Darüber sind sich die verschiedenen Meinungen auch einig. Die Ansichten differieren - wie gesehen - lediglich bei den Rechtsfolgen der Nichtangabe des Grundes[1223]. Gegenüber diesem Interesse des Kündigungsgegners an der Grundangabe ist kein begründetes Gegeninteresse des Kündigenden ersichtlich, die Begründung bei Kündigungsausspruch zu unterlassen[1224]. Dieser ist mittlerweile kraft Gesetzes (§ 626 II 3 BGB, früher aufgrund seiner Fürsorgepflicht) zur Mitteilung der Gründe gehalten[1225]. Wenig überzeugend sind auch die Hinweise, die Kündigungserklärung müsse zumindest dann wirksam sein, wenn die Grundangabe im Interesse der Schonung des Gekündigten oder des

---

1217 BAGE 14, 65, 68.
1218 Vgl. auch Hungerbühler S. 101; Lent JZ 1959, 728.
1219 Vgl. Hungerbühler S. 101.
1220 Vgl. Hungerbühler S. 101, 102.
1221 Vgl. Hungerbühler S. 102.
1222 Vgl. Hungerbühler S. 102.
1223 Vgl. auch Hungerbühler S. 102.
1224 Knütel NJW 1970, 121, 122.
1225 Knütel NJW 1970, 121, 122.

Betriebsfriedens unterblieb[1226]. Denn auch bei belastenden Kündigungsgründen besteht kein Interesse des Gekündigten daran, daß sie ihm gegenüber verschwiegen werden[1227]. Diese Schonung könnte ohnehin nur eine temporäre sein, weil die Angelegenheit später im Prozeß doch zur Sprache kommt[1228]. Interessiert sein kann der Gekündigte also nur daran, daß Dritte (zumal in einem öffentlichen Prozeß) den Kündigungsgrund nicht erfahren, etwa weil ihm sonst sein weiteres Fortkommen erschwert würde[1229]. Dem kann aber ohne Schwierigkeiten bei der Art und Weise des Kündigungsausspruchs Rechnung getragen werden. So ist die Erklärung in derartigen Fallgestaltungen in angemessener Formulierung und nicht in Gegenwart Dritter auszusprechen[1230]. Der Kündigungsempfänger „kann jedenfalls nicht zu seinem rechtlichen Nachteil als Unmündiger behandelt werden“[1231].

4. Argumentation mit § 626 II 3 BGB

Nach der herrschenden Meinung hat der Gesetzgeber die alte Streitfrage, ob zur Wirksamkeit einer außerordentlichen Kündigung die Angabe der Kündigungsgründe gehört, entschieden und verneint[1232]. Wenn nach § 626 II 3 BGB die Gründe nur auf ein der Kündigungserklärung nachfolgendes Verlangen anzugeben sind, so könne die Nichtangabe des Kündigungsgrundes bei Kündigungsausspruch keineswegs ohne weiteres zur Nichtigkeit der Kündigung führen[1233]. Eine fristlose Kündigung sei deshalb auch dann rechtlich wirksam, wenn Gründe hierfür nicht genannt würden[1234]. Die Auffassung, daß auch eine ohne Grundangabe abgegebene außerordentliche Kündigungserklärung wirksam sei, läßt sich jedoch nicht auf den Wortlaut des § 626 II 3 BGB stützen. Daß der Kündigungsgrund danach auf Verlangen unverzüglich schriftlich mitgeteilt werden muß, besagt nämlich nicht, daß vor der Stellung des Verlangens jegliche Grundangabe unterbleiben kann[1235]. Die Neuerung des § 626 II 3 BGB beruht darin, dem Gekündigten über den bisherigen Rechtszustand hinaus einen schuldrechtlichen Anspruch auf unverzügliche schriftliche Mitteilung des Kündigungsgrunds einzuräumen. Das schriftliche Festhalten kann Mißverständnisse über mündlich und vielleicht nur schlüssig angegebene Kündigungsgründe ausschließen. Der Anspruch auf unverzügliche schriftliche Mitteilung besteht deshalb

---

1226 So aber Frey BB 1953, 1070, 1071, 1072; Schlegelberger/Schröder § 70 HGB a. F. Rn. 12, die die Grundangabe sonst als Wirksamkeitsvoraussetzung behandeln. Zur Befugnis des Gestaltenden, aus sozialer Rücksichtnahme auf den Betroffenen belastende Gestaltungsgründe nicht ausüben zu müssen, vgl. oben bei Fußnote 1056.

1227 So aber BGHZ 27, 220, 225; Nikisch § 48 II 5, S. 694.

1228 Hungerbühler S. 102, 103; Knütel NJW 1970, 121, 122. Dies scheint auch Zöllner 52. DJT D, S. 143 anzuerkennen, indem er anmerkt, der Arbeitnehmer werde „jedenfalls zunächst" geschont.

1229 Vgl. Hungerbühler S. 103.

1230 Hungerbühler S. 103; Knütel NJW 1970, 121, 122.

1231 Knütel NJW 1970, 121, 122.

1232 Vgl. Herschel BB 1970, 5, 6; Monjau BB 1969, 1042, 1045.

1233 Vgl. Herschel BB 1970, 5, 6; Hueck/von Hoyningen-Huene § 1 KSchG Rn. 159; Monjau BB 1969, 1042, 1045; Wenzel MDR 1969, 968, 969.

1234 Vgl. Monjau BB 1969, 1042, 1045; Wenzel MDR 1969, 968, 969.

1235 Vgl. Hungerbühler S. 104.

auch dann, wenn der Kündigungsgrund schon bei Kündigungsausspruch mündlich offenbart worden ist[1236]. Die Betonung in § 626 II 3 BG liegt also nicht auf „mitteilen", sondern auf „schriftlich". Das „Verlangen" bezieht sich nur auf die Schriftform[1237]. Dies ergibt sich auch aus einem Vergleich mit der Fassung des gleichzeitig eingefügten § 1 III 1 2. Halbsatz KSchG, nach der die Gründe dort nicht schriftlich angegeben zu werden brauchen[1238]. § 626 II 3 BGB besagt also nicht, daß der Kündigungsgrund überhaupt erst auf Verlangen mitgeteilt werden muß, sondern daß er nach Aufforderung unverzüglich schriftlich anzugeben ist. Somit läßt der Wortlaut des § 626 II 3 BGB nicht den Umkehrschluß zu, eine außerordentliche Kündigungserklärung sei auch dann wirksam, wenn ihr keinerlei Anhaltspunkte zum Kündigungsgrund zu entnehmen sind[1239]. Vielmehr ist ein argumentum e contrario in dem Sinne zu ziehen, daß ohne das Verlangen eine mündliche Begründung der Kündigung zu ihrer Wirksamkeit ausreichend, aber auch erforderlich ist[1240].

So wie hiernach die Regelung des § 626 II 3 BGB der Anname einer unaufgeforderten Begründungspflicht bei Kündigungsausspruch nicht entgegensteht, so hindert sie auch nicht, der begründungslosen Kündigungserklärung die Wirksamkeit zu versagen. Daraus, daß es der Gesetzgeber nicht für tunlich gehalten hat, an die Nichtbeachtung der nach Kündigungsausspruch entstehenden schriftlichen Mitteilungspflicht die Rechtsfolge der Nichtigkeit der Kündigungserklärung zu knüpfen, kann nämlich nicht geschlossen werden, daß dann auch die bei Kündigungsausspruch unterlassene Grundangabe nicht zur Nichtigkeit führen könne[1241]. Dieser Schluß verbietet sich deshalb, weil es sich bei der nach Kündigungsausspruch entstehenden Mitteilungspflicht nicht um eine Ausübungsvoraussetzung des außerordentlichen Kündigungsrechts handelt. Es handelt sich um eine erst auf Verlangen des Gekündigten entstehende schuldrechtliche Pflicht, deren Verletzung lediglich zu Schadensersatzansprüchen führt[1242]. Die außerordentliche Kündigung wird also nicht allein dadurch rückwirkend unwirksam, daß der Kündigende die Mitteilungspflicht verletzt[1243]. Von dieser nach Ausspruch der Kündigung erwachsenden schuldrechtlichen Pflicht ist jedoch die den Kündigenden bereits bei Kündigungsausspruch treffende Begründungspflicht streng zu unterscheiden. Letztere stellt eine Ausübungsvoraussetzung dar, die solcherart allen grundabhängigen Gestaltungsrechten immanent ist, und deren Nichtbeachtung zur Nichtigkeit des Ausübungsaktes führt[1244].

1236 Vgl. Hungerbühler S. 105.
1237 Anderer Ansicht ist Erman/Küchenhoff (7. Auflage) § 626 BGB Rn. 44.
1238 Vgl. Hungerbühler S. 105.
1239 Vgl. Hungerbühler S. 105.
1240 Anderer Ansicht ist Erman/Küchenhoff (7. Auflage) § 626 BGB Rn. 44.
1241 Vgl. Hungerbühler S. 105.
1242 Nach Falter S. 64 ist die Kündigung, die entgegen § 626 II 3 BGB auf Aufforderung nicht begründet wurde, sogar nichtig.
1243 Vgl. Hungerbühler S. 106.
1244 Vgl. Hungerbühler S. 107.

Vor der Neubelegung des § 623 BGB im Jahr 2000 hatte § 626 II 3 BGB demnach durchaus eine eigene Bedeutung und Berechtigung. Mit der Verankerung des Schriftformerfordernisses in § 623 BGB und dessen Erstreckung auch auf den Kündigungsgrund[1245], ist § 626 II 3 BGB nun überflüssig geworden[1246]. Während der Kündigende zuvor die Kündigung bei Ausspruch nur mündlich und erst nachträglich auf Verlangen schriftlich zu begründen hatte, auferlegt ihm § 623 BGB eine schriftliche Mitteilungspflicht bereits bei Ausspruch und ohne gesonderte Aufforderung.

§ 15 Die ordentliche Kündigung des Arbeitsverhältnisses nach § 1 KSchG

I. Rechtliche Konstruktion

Die Frage, ob der Arbeitgeber[1247] in der ordentlichen Kündigungserklärung den Kündigungsgrund anzugeben hat, setzt voraus, daß es sich bei der ordentlichen Kündigung nach § 1 KSchG überhaupt um ein grundabhängiges Gestaltungsrecht handelt. Denn nur bei den grundabhängigen Gestaltungsrechten kann das Problem der Angabepflicht des Gestaltungsgrundes sinnvollerweise auftauchen[1248]. Zuvörderst ist deshalb die Rechtsnatur des Rechtfertigungsgrunds in § 1 II KSchG zu klären. Insoweit kommen zwei unterschiedliche Denkmodelle in Betracht. Der Rechtfertigungsgrund könnte entweder - wie der wichtige Grund für das außerordentliche Kündigungsrecht nach § 626 BGB - Entstehungstatbestand für das ordentliche Kündigungsrecht sein oder aber lediglich einen Mißbrauchstatbestand darstellen, der das Prinzip der Kündigungsfreiheit unangetastet läßt. Nach der gesetzlichen Formulierung erscheint es offen, ob § 1 KSchG sachliche Gründe für eine Kündigung normiert oder ob eine an sich freie Kündigung nur dann sozialwidrig sein soll, wenn die Voraussetzungen eines Rechtsmißbrauchs vorliegen[1249]. Der Wortlaut des § 1 I KSchG, wonach die Kündigung unwirksam ist, wenn sie sozial ungerechtfertigt ist, macht die Wirksamkeit der ordentlichen Kündigung nicht unmittelbar von bestimmten Gründen abhängig[1250]. Das Gesetz scheint sich insofern auf das Prinzip der Kündigungsfreiheit mit Mißbrauchsklausel zu stützen[1251]. § 1 II KSchG sieht aber jede Kündigung, die nicht durch personen-, verhaltens- oder betriebsbedingte Gründe getragen ist, als sozial ungerechtfertigt an, so daß die Kündigung trotz des Wortlauts von § 1 I KSchG im Ergebnis nur wirksam ist, wenn sie durch die genannten Gründe positiv gerechtfertigt ist[1252]. Die ordentliche Kündigung des Arbeitgebers

---

1245 Vgl. dazu oben bei Fußnote 1193.

1246 Vgl. auch Preis/Gotthardt NZA 2000, 348, 351.

1247 Das ordentliche Kündigungsrecht des Arbeitnehmers ist ein grundunabhängiges Gestaltungsrecht, vgl. §§ 620 II, 622 I BGB und KR/Etzel § 1 KSchG Rn. 166.

1248 Vgl. dazu oben bei Fußnote 157.

1249 Vgl. Ascheid Rn. 200; Ascheid Beweislastfragen S. 44 ff.

1250 Vgl. Hueck/von Hoyningen-Huene § 1 KSchG Rn. 2.

1251 Vgl. KR/Wolf (3. Auflage) Grundsätze Rn. 36.

1252 Vgl. Hueck/von Hoyningen-Huene § 1 KSchG Rn. 2; KR/Wolf (3. Auflage) Grundsätze Rn. 36; Preis S. 59.

nach § 1 KSchG stellt deshalb, vergleichbar der ordentlichen Vermieterkündigung nach § 573 BGB[1253], ein grundabhängiges[1254] Gestaltungsrecht dar[1255].

II. Meinungsstand

Die herrschende Meinung zur Frage der Begründungspflicht der ordentlichen Kündigung nach § 1 KSchG entspricht derjenigen zur außerordentlichen Kündigung nach § 626 BGB. Auch im Rahmen der sozialwidrigen Kündigung ist zur Wirksamkeit der Kündigung, soweit keine andere wirksame Vereinbarung besteht, die Mitteilung der Kündigungsgründe an den Arbeitnehmer nicht erforderlich[1256]. Dem Arbeitnehmer wird lediglich aufgrund einer analogen Anwendung des § 626 II 3 BGB respektive gestützt auf Treu und Glauben ein schuldrechtlicher Anspruch auf Begründung der Kündigung eingeräumt[1257].

Den gegenteiligen Standpunkt vertreten wiederum dieselben Autoren, die auch bei der außerordentlichen Kündigung nach § 626 BGB die Grundangabe als Wirksamkeitsvoraussetzung ansehen[1258]. Da die ordentliche Kündigung nach dem KSchG ihrer rechtlichen Konstruktion nach ein grundabhängiges Gestaltungsrecht ist, müssen auch insoweit die allgemeinen Regeln für den Inhalt von Gestaltungserklärungen Anwendung finden[1259]. Zu diesen allgemeinen Regeln zählt, daß jeder Gestaltungsgrund ein selbständiges Gestaltungsrecht schafft. Zu seiner Bezeichnung bedarf es eines Hinweises auf seinen Grund, also den Tatbestand, aus dem es abgeleitet wird[1260]. Deshalb ist nach dieser Ansicht die ordentliche Kündigung des Arbeitgebers nach § 1 KSchG nichtig, wenn sie den Kündigungsgrund nicht hinreichend bestimmt.

1253 Vgl. dazu Hungerbühler S. 112.

1254 Vgl. ErfK/Ascheid § 1 KSchG Rn. 110, 111; Ascheid Beweislastfragen S. 61 ff.; Frey BB 1953, 1070; Knütel NJW 1970, 121, 124; Reuss AuR 1960, 1, 3. - Anderer Ansicht ist Hungerbühler S. 228, der die Kündigung nach § 1 KSchG als grundunabhängiges Gestaltungsrecht einstuft.

1255 Außerordentliche und ordentliche Kündigung des Arbeitsverhältnisses grenzen sich demnach nicht durch das Erfordernis eines Kündigungsgrunds voneinander ab. Lediglich hinsichtlich der Qualität des Kündigungsgrunds kommt der Unterschied der Kündigungsarten noch zum Ausdruck. Vgl. Oetker S. 265 Fußnote 77.

1256 BAGE 7, 304, 308 ff.; APS/Dörner § 1 KSchG Rn. 115; ErfK/Ascheid § 1 KSchG Rn. 110, 112; Hueck/von Hoyningen-Huene § 1 KSchG Rn. 159; KR/Etzel § 1 KSchG Rn. 238; MK/Schwerdtner vor § 620 BGB Rn. 143, 149.

1257 Vgl. Falter S. 29 ff.; Löwisch DB 1975, 349, 354; MK/Schwerdtner vor § 620 BGB Rn. 152; Wenzel MDR 1969, 968, 969, 970. Zur Tendenz, auch im Rahmen der grundunabhängigen ordentlichen Kündigung außerhalb des KSchG eine Begründungspflicht zu verlangen, vgl. Adam AuR 2001, 41, 46; Falter S. 31 ff.; Otto FS Wiese, S. 353, 371.

1258 Vgl. Frey BB 1953, 1070, 1071; Lent JZ 1959, 728, 729; Reuss AuR 1960, 1, 3. - Anderer Ansicht ist nur Hungerbühler S. 228 ff. Dies beruht allerdings allein auf seiner Fehldiagnose, die Kündigung nach § 1 KSchG als grundunabhängiges Gestaltungsrecht einzustufen.

1259 Vgl. Lent JZ 1959, 728, 729.

1260 Vgl. Lent JZ 1959, 728, 729.

III. Argumentation

Zur Rechtfertigung ihres Dogmas von der begründungsfreien Kündigung[1261] wiederholt die herrschende Meinung im wesentlichen die Argumente, die sie auch bei der außerordentlichen Kündigung als zutreffend erachtet. Nach Ansicht des BAG[1262] beanspruchen die allgemeinen Erwägungen, die gegen eine generelle Begründungspflicht sprechen, für beide Kündigungsarten gleichermaßen Geltung. Diese grundsätzlichen Überlegungen und deren mangelnde Triftigkeit wurden bereits dargelegt. Anzuführen ist deshalb nur noch eine vom BAG[1263] zusätzlich herausgestellte theoretische Erwägung, die speziell auf dem abschließenden Regelungscharakter des KSchG gründet. Das Gericht[1264] verneint die Forderung nach einer Begründung, da diese die Einführung einer neuen Wirksamkeitsvoraussetzung zur Folge hätte, die im KSchG nicht erwähnt und angesichts der erschöpfenden Regelung des Gesetzes nicht zulässig sei[1265].

Dieser Gedankengang vermag nicht zu überzeugen. Bei der Pflicht zur Angabe der Kündigungsgründe handelt es sich gerade nicht um einen neuen Fall der Sozialwidrigkeit der Kündigung, der neben die im Gesetz aufgezählten treten soll, sondern um einen anderen Gesichtspunkt[1266]. Die Frage der Sozialwidrigkeit oder der Rechtfertigung der Kündigung betrifft das Verhalten des Gegners vor der Kündigung oder Interessen des Betriebs[1267]. Danach richtet sich die Sozialwidrigkeit im Sinne des KSchG. Bei der Forderung nach einer Begründung handelt es sich dagegen um die Anforderungen an den Inhalt der Erklärung, nicht an die Gründe[1268]. Eine Kündigung kann objektiv gerechtfertigt, aber wegen Fehlens einer Begründung unvollständig und deshalb unwirksam sein, obwohl nicht sozialwidrig. Sie kann begründet, aber objektiv grundlos und deshalb sozialwidrig sein[1269]. Die Forderung nach der Begründung gehört also nicht zu den vom KSchG geregelten Voraussetzungen für die Rechtfertigung einer Kündigung, die nach diesem Gesetz ausgesprochen wird. Sie zählt vielmehr zu den allgemeinen Ausübungs- und Wirksamkeitsvoraussetzungen, die für alle Gestaltungserklärungen gelten, mit denen grundabhängige Gestaltungsrechte ausgeübt werden[1270]. Diese haben ihre Bedeutung neben den Vorschriften des KSchG und unabhängig von ihnen vergleichbar den noch allgemeineren, für alle Willenserklärungen geltenden wie etwa Geschäftsfähigkeit. Sie alle werden vom KSchG nicht erfaßt, und doch kann an ihrem Erfordernis nicht gezweifelt werden[1271]. Dasselbe muß konsequenterweise auch für den Begründungszwang gelten, der sich

---

1261 Vgl. Sternel IV Rn. 37.
1262 BAGE 14, 65, 67.
1263 Vgl. dazu BAGE 7, 304, 308 ff.
1264 BAGE 7, 304, 308 ff.
1265 Vgl. MK/Schwerdtner vor § 620 BGB Rn. 149.
1266 Vgl. Grunsky JuS 1964, 97, 98; Lent JZ 1959, 728, 729. - Für einen weiteren Fall der Sozialwidrigkeit spricht sich dagegen Reuss AuR 1960, 1, 3 aus.
1267 Vgl. Lent JZ 1959, 728, 729.
1268 Vgl. Lent JZ 1959, 728, 729.
1269 Vgl. Lent JZ 1959, 728, 729.
1270 Vgl. Grunsky JuS 1964, 97, 98; Lent JZ 1959, 728, 729.
1271 Vgl. Grunsky JuS 1964, 97, 98; Lent JZ 1959, 728, 729.

aus den oben genannten allgemeinen Regeln für den Inhalt einer Gestaltungserklärung ergibt[1272].

IV. Bedeutung des § 1 III 1 2. Halbsatz KSchG

Zu klären ist noch, wie sich das hier favorisierte Lösungsmodell mit der Regelung in § 1 III 1 2. Halbsatz KSchG verträgt. Durch das 1. Arbeitsrechtsbereinigungsgesetz von 1969[1273] wurde nicht nur § 626 BGB um den materiellrechtlichen Auskunftsanspruch des Gekündigten erweitert (§ 626 II 3 BGB). Gleichzeitig wurde auch die Vorschrift des § 1 III 1 KSchG durch die Einfügung des letzten Halbsatzes ergänzt[1274]. Nach § 1 III 1 1. Halbsatz KSchG ist eine Kündigung aus dringenden betrieblichen Erfordernissen trotzdem sozial ungerechtfertigt, wenn der Arbeitgeber bei der Auswahl des Arbeitnehmers soziale Gesichtspunkte nicht oder nicht ausreichend berücksichtigt hat. Gemäß § 1 III 3 KSchG hat der Arbeitnehmer die Tatsachen zu beweisen, die die Kündigung als sozial ungerechtfertigt im Sinne des Satzes 1 erscheinen lassen. Zufolge der neu eingefügten Regelung hat der Arbeitgeber auf Verlangen des Arbeitnehmers diesem gegenüber die Gründe anzugeben, die im Rahmen der betriebsbedingten Kündigung zu der getroffenen sozialen Auswahl geführt haben (§ 1 III 1 2. Halbsatz KSchG). Wie § 626 II 3 BGB enthält auch § 1 III 1 2. Halbsatz KSchG keine Bestimmung der Verletzungsfolge[1275].

Mit § 626 II 3 BGB hat die Vorschrift gemein, daß der Arbeitgeber die Gründe nur auf Anfrage des Arbeitnehmers nennen muß. Im Unterschied zur außerordentlichen bezieht sich der Auskunftsanspruch im Rahmen der ordentlichen Kündigung nach § 1 KSchG jedoch nicht auf die Kündigungsgründe, sondern nur auf die Gründe für die soziale Auswahl[1276]. Aus diesen beiden Merkmalen (nur auf Anfrage, nur die Gründe für die soziale Auswahl) läßt sich vorgeblich ein doppelter Umkehrschluß ziehen. Zum einen könnte sich daraus ergeben, daß die Gründe für die Kündigung selbst, also die nach § 1 II KSchG, nicht mitgeteilt zu werden brauchen, und zum anderen, daß der Arbeitgeber nicht von sich aus tätig werden muß[1277]. Mit einer solchen Auslegung des § 1 III 1 2. Halbsatz KSchG vertrüge sich nicht die Anerkennung eines generellen Begründungszwangs. Wie im Rahmen des § 626 BGB geht diese Schlußfolgerung jedoch auch hier fehl. Dies resultiert aus folgender Überlegung. Dem Wortlaut des § 1 III 1 2. Halbsatz KSchG ist zwar nicht zu entnehmen, ob der Auskunftsanspruch ausschließlich als außerprozessuale Hilfe gedacht war, oder ob er auch während des Kündigungsschutzprozesses unter prozessualen Gesichtspunkten zu realisieren sein soll[1278]. Unter Berufung auf

1272 Vgl. Lent JZ 1959, 728, 729.
1273 BGBl. I S. 1106.
1274 Vgl. Ascheid Beweislastfragen S. 163 ff.; KR/Etzel § 1 KSchG Rn. 600.
1275 Vgl. Knütel NJW 1970, 121, 125.
1276 Vgl. KR/Etzel § 1 KSchG Rn. 602; Wank RdA 1987, 129, 131.
1277 Vgl. Wank RdA 1987, 129, 131.
1278 Vgl. Ascheid Beweislastfragen S. 173.

Äußerungen des Gesetzgebers und die Systematik des § 1 III KSchG wird heute jedoch zunehmend die doppelte Funktion des § 1 III 1 2. Halbsatz KSchG herausgestellt, die beide genannten Aspekte beinhaltet. So besteht der Sinn und Zweck der Regelung zum einen darin, dem Arbeitnehmer eine rechtzeitige Abwägung der mit einer Kündigungsschutzklage verbundenen Prozeßrisiken zu ermöglichen[1279]. Der gekündigte Arbeitnehmer soll die Erfolgsaussichten eines Kündigungsschutzprozesses abschätzen können[1280]. Diese Auffassung stützt sich auf eine Stellungnahme des Ausschusses für Arbeit, der die Einführung einer arbeitgeberseitigen Auskunftspflicht vorgeschlagen hatte[1281]. Die Bestimmung hat jedoch auch eine zweite Bedeutung. Schon nach altem Recht war es bei der betriebsbedingten Kündigung Sache des Arbeitnehmers, die unzutreffende soziale Auswahl darzulegen und unter Beweis zu stellen (§ 1 III 3 KSchG)[1282]. Das war für den Arbeitnehmer schwierig, da er die sozialen Verhältnisse der sonstigen Arbeitnehmer im Betrieb nicht ohne weiteres überblicken konnte, während der Arbeitgeber diesen Überblick hatte[1283]. Daraus zog der Gesetzgeber die Konsequenz, indem er dem Arbeitgeber auferlegt, die Gründe offenzulegen, die zur Auswahl gerade des entlassenen Arbeitnehmers geführt haben, ohne die Beweislastbestimmung des § 1 III 3 KSchG zu ändern[1284]. Aus dieser zweiten beweiserleichternden Funktion des § 1 III 1 2. Halbsatz KSchG hat das BAG[1285] eine weitere verfahrensrechtliche Konsequenz gezogen. Dem Arbeitgeber ist durch die Bestimmung über eine materielle Auskunftspflicht hinaus auch eine prozessuale, die Beweislastregel des § 1 III 3 KSchG ergänzende Darlegungslast auferlegt worden[1286]. Die Rechtsprechung[1287] sieht in dem eingefügten Halbsatz also nicht lediglich die Normierung eines materiellrechtlichen Auskunftsanspruches des Arbeitnehmers gegenüber dem kündigenden Arbeitgeber, sondern auch eine prozessuale Regelung der Darlegungslast[1288]. Denn dem Gesetzeszweck kann nicht allein eine materielle Auskunftspflicht, sondern nur eine abgestufte Darlegungslast genügen[1289].

Diese Ausführungen zeigen, daß es sich bei § 1 III 1 2. Halbsatz KSchG um eine auf die Beweislastregel des § 1 III 3 KSchG zugeschnittene Spezialregelung handelt[1290]. Der Erstreckung der Mitteilungspflicht auf die Kündigungsgründe des § 1 II KSchG

1279 Vgl. Ascheid Beweislastfragen S. 165.

1280 Vgl. APS/Kiel § 1 KSchG Rn. 732; KR/Etzel § 1 KSchG Rn. 600.

1281 Ausschußbericht zu Art. 1 (KSchG) Nr. 1 a - Bundestagsdrucksache V/4376. Der Wortlaut ist abgedruckt bei Ascheid Beweislastfragen S. 164.

1282 Vgl. dazu Wenzel MDR 1969, 968, 970.

1283 Vgl. Wenzel MDR 1969, 968, 970.

1284 Vgl. Hungerbühler S. 195 Fußnote 2; Knütel NJW 1970, 121, 125 Fußnote 58; Löwisch DB 1975, 349, 354; Wenzel MDR 1969, 968, 970.

1285 BAG AP § 1 KSchG 1969 Nr. 4 Soziale Auswahl.

1286 Zur abgestuften Verteilung der Darlegungslast vgl. APS/Kiel § 1 KSchG Rn. 780 ff.; Ascheid Beweislastfragen S. 167 ff.; KR/Etzel § 1 KSchG Rn. 604 ff.

1287 Die Auffassung des BAG wird im Schrifttum überwiegend geteilt, vgl. Ascheid Beweislastfragen S. 166; KR/Etzel § 1 KSchG Rn. 600. - Anderer Ansicht ist zum Beispiel Berkowsky NJW 1983, 1292, 1297.

1288 Vgl. Berkowsky NJW 1983, 1292, 1296.

1289 Vgl. Ascheid Beweislastfragen S. 166.

1290 Vgl. Wenzel MDR 1969, 968, 970.

kann sie daher nicht entgegenstehen[1291]. Dies anerkennt auch die herrschende Meinung. Sie sieht sich deshalb nicht daran gehindert, dem gekündigten Arbeitnehmer einen Anspruch auf Mitteilung der Kündigungsgründe nach § 626 II 3 BGB analog beziehungsweise aufgrund der arbeitsrechtlichen Treuepflicht zu gewähren[1292]. Wie schon bei § 626 II 3 BGB differieren die Ansichten damit lediglich bei den Rechtsfolgen der Nichtangabe des Grundes. Die herrschende Ansicht erachtet wie bei § 626 II 3 BGB in der Schadensersatzpflicht des Arbeitgebers die geeignete Verletzungsfolge, hier hingegen ist die begründungslose Kündigungserklärung nichtig. Diese verschiedenartigen Sanktionen resultieren aus der unterschiedlichen Herleitung der Begründungspflicht. Während die herrschende Meinung insoweit auf § 626 II 3 BGB analog oder auf den Grundsatz von Treu und Glauben zurückgreift, folgt der Begründungszwang nach hier vertretener Auffassung aus den allgemeinen Ausübungsvoraussetzungen grundabhängiger Gestaltungsrechte. Eine dergestalt hergeleitete und mit der Nichtigkeitsfolge im Verletzungsfall ausgestattete Begründungspflicht macht die Regelung des § 1 III 1 2. Halbsatz KSchG auch nicht überflüssig. Denn nach der entwickelten allgemeinen Regelung für den Inhalt von Gestaltungserklärungen ist der Gestaltende nur verpflichtet, in der Gestaltungserklärung den Gestaltungsgrund anzugeben. Zum Gestaltungsgrund gehört bei der Kündigungserklärung nach § 1 KSchG aber nur der Inhalt des § 1 II KSchG. Die Gründe in § 1 III 1 1. Halbsatz KSchG sind kein Bestandteil des gestaltungsrechtserzeugenden Kündigungsgrunds, sondern Gegeneinwände des Arbeitnehmers, daß von diesem Kündigungsrecht ein sozialwidriger Gebrauch gemacht wurde[1293]. Deshalb ist der Arbeitgeber auch nach der hier favorisierten These nicht verpflichtet, die Gründe des § 1 III 1 1. Halbsatz KSchG von sich aus aufgrund allgemeiner Ausübungsgrundsätze zu offenbaren. Vielmehr verbleibt es insoweit bei der Auskunftspflicht des Arbeitgebers nach § 1 III 1 2. Halbsatz KSchG, mit den von der herrschenden Meinung vorgeschlagenen Verletzungsfolgen. Diese bestehen wie gesehen sowohl auf materieller Ebene in Gestalt eines Schadensersatzanspruchs des Arbeitnehmers[1294] als auch auf prozessualer Ebene durch Abstufung der Darlegungslast zugunsten des Gekündigten.

§ 16 Die analoge Anwendung der §§ 4 S. 1–7 KSchG

Wenn man die Begründung der außerordentlichen wie der ordentlichen Kündigung als Wirksamkeitsvoraussetzung einstuft, so erscheint es geboten, entgegen § 13 III KSchG auch bezüglich dieses Unwirksamkeitsgrunds die §§ 4 S. 1, 7 KSchG einschließlich der flankierenden §§ 5-7 KSchG anzuwenden. Denn wenn die Sozialwidrigkeit einer Kündigung oder der fehlende wichtige Grund (§ 13 I 2 KSchG) nur

1291 Vgl. Wenzel MDR 1969, 968, 970.

1292 Vgl. Falter S. 29 ff.; KR/Etzel § 1 KSchG Rn. 239; Löwisch DB 1975, 349, 354; MK/Schwerdtner vor § 620 BGB Rn. 152; Wenzel MDR 1969, 968, 970.

1293 Vgl. auch KR/Wolf (3. Auflage) Grundsätze Rn. 36.

1294 Zum Beispiel, wenn der Arbeitgeber den vor der Klage gestellten Auskunftsanspruch schuldhaft erst im Prozeß erfüllt, vgl. APS/Kiel § 1 KSchG Rn. 733.

innerhalb von drei Wochen geltend gemacht werden kann, darf die Kündigungserklärung wegen des vergleichsweise geringeren Mangels der unterlassenen Grundangabe nicht auch noch später vernichtbar sein[1295]. Nach § 7 KSchG kann sich der Arbeitnehmer auf die Sozialwidrigkeit der ordentlichen oder das Fehlen des wichtigen Grundes für die außerordentliche Kündigung nach Versäumung der Frist des § 4 S. 1 KSchG nicht mehr berufen. Soll der Gesetzeszweck der §§ 4 S. 1, 7 KSchG, alsbald Klarheit darüber zu schaffen, ob die ausgesprochene Kündigung wirksam ist[1296], nicht konterkariert werden, muß die Heilungswirkung des § 7 KSchG auf den Kündigungsmangel der fehlenden Begründung erstreckt werden. Die objektive Rechtfertigung und die Begründung der Kündigung bilden insoweit zwei Elemente einer untrennbaren Einheit, die das gleiche rechtliche Schicksal teilen müssen. Der Arbeitnehmer, der die Dreiwochenfrist des § 4 S. 1 KSchG versäumt, kann sich daher weder auf das objektive Fehlen der sozialen Rechtfertigung beziehungsweise des wichtigen Grundes noch auf die unterlassene Begründung der Kündigung berufen.

§ 17 Verhältnis der Nachschiebeebenen zueinander

I. Allgemeiner und besonderer Kündigungsschutz

Abschließend ist noch ein Punkt dieser Arbeit hervorzuheben, anhand dessen der entscheidende Vorteil der hier favorisierten These vom außerforensichen Begründungszwang verdeutlicht werden soll. Es geht darum, wie sich die verschiedenen Ebenen des allgemeinen und besonderen Kündigungsschutzes in bezug auf das Nachschieben von Kündigungsgründen unter Zugrundelegung des Standpunktes der herrschenden Meinung miteinander vertragen[1297]. Unter allgemeinen kündigungsschutzrechtlichen Aspekten herrscht nach der überwiegenden Meinung eine generelle Freiheit von Begründungszwang. Nur wenn der Gekündigte es verlangt, ist der Kündigende schuldrechtlich zur Grundangabe verpflichtet. Dadurch wird dem Gestaltenden eine weitgehende materiellrechtliche Nachschiebebefugnis ermöglicht[1298]. Daß es das Nachschieben von Kündigungsgründen kündigungsschutzrechtlich für uneingeschränkt zulässig hält, hindert das BAG aber nicht, es unter Gesichtspunkten des besonderen Kündigungsschutzes, insbesondere betriebsverfassungsrechtlich, weitgehend auszuschließen[1299]. In diesem Zusammenhang wurde bereits erwähnt[1300], daß die Vorschriften des besonderen Kündigungsschutzes (§§ 9 III 2 MuSchG, 15 III BBiG und 102 I BetrVG) vorprozessuale, das heißt materiellrechtliche Versäumnisse bei der Kündigungsbegründung erst im

---

1295 Vgl. auch Hungerbühler S. 234; Oehmann BB 1953, 1072.

1296 Vgl. Hungerbühler S. 234; Oehmann BB 1953, 627, 628.

1297 Vgl. dazu zunächst oben bei Fußnote 343.

1298 Vgl. Hess/Schlochauer/Glaubitz § 102 BetrVG Rn. 43; Preis S. 116.

1299 Vgl. Herschel/Löwisch § 1 KSchG Rn. 80.

1300 Vgl. oben bei Fußnote 312.

Verfahrensstadium sanktionieren[1301]. Der Kündigende muß in der Prozeßstation mit einer Präklusion von solchen Kündigungsgründen rechnen, die er im Anhörungsverfahren nach § 102 I BetrVG[1302] beziehungsweise im Kündigungsschreiben nach §§ 9 III 2 MuSchG, 15 III BBiG nicht mitgeteilt hat[1303]. Der Kündigende ist dann genötigt, eine erneute Kündigungserklärung auszusprechen, was häufig ungünstiger oder sogar unmöglich ist. Eine unter allgemeinen kündigungsschutzrechtlichen Gesichtspunkten favorisierte grundsätzliche Nachschiebemöglichkeit wird so durch besondere Kündigungsschutzvorschriften (§§ 9 III 2 MuSchG, 15 III BBiG und 102 I BetrVG) bedingte Restriktionen entwertet[1304] und faktisch[1305] in ihr Gegenteil verkehrt[1306]. So könnte zum Beispiel der Arbeitgeber von einer im allgemeinen zugebilligten Nachschiebebefugnis nur Gebrauch machen, wenn kein Betriebsrat besteht[1307].

Diese gesetzliche Antinomie besteht nicht nur zwischen den unterschiedlichen Kündigungsschutzebenen, sie findet sich auch innerhalb der Ebene des besonderen Kündigungsschutzes. Das zeigt sich deutlich bei der Frage nach dem Umfang der Begründungspflicht, wenn dem Kündigenden mehrere Kündigungsgründe zustehen. So läßt die Rechtsprechung im Rahmen der §§ 9 III 2 MuSchG, 15 III BBiG[1308] und 102 I BetrVG[1309] zwar die Angabe der subjektiv[1310] maßgeblichen Gründe ausreichen. Auf der anderen Seite verwehrt es dem Kündigenden aber, sich im Kündigungsschutzprozeß auf (jedenfalls bekannte) Gründe zu berufen, die er dem Betriebsrat (§ 102 I BetrVG) beziehungsweise im Kündigungsschreiben (§§ 9 III 2 MuSchG, 15 III BBiG) nicht mitgeteilt hat[1311].

1301 Dies ist allgemeine Ansicht, obwohl diesen Vorschriften, anders als dem § 573 III 2 BGB, keineswegs mit Eindeutigkeit zu entnehmen ist, ob und inwieweit der Kündigende mit nicht genannten Gründen präkludiert sein soll. Vgl. Zöllner 52. DJT D, S. 142 Fußnote 286.

1302 Vgl. APS/Koch § 102 BetrVG Rn. 169; Becker-Schaffner DB 1996, 426, 427; DKK/Kittner § 102 BetrVG Rn. 75, 76; KR/Etzel § 102 BetrVG Rn. 190 b; Löwisch § 1 KSchG Rn. 86; MK/Schwerdtner § 622 BGB Anhang Rn. 263 ff.; MünchArbR/Berkowsky § 144 Rn. 29; Rinke NZA 1998, 77, 78, 80; Schaub § 123 Rn. 68; Stahlhacke FS Wiese, S. 513, 520; Stahlhacke/Preis/Vossen Rn. 271 zu § 102 I BetrVG.

1303 So zu § 15 III BBiG BAG AP § 15 BBiG Nr. 1 1972; AP § 15 BBiG Nr. 4 1976; LAG Köln LAGE § 15 BBiG Nr. 5 1987; LAG Hamburg LAGE § 15 BBiG Nr. 11 1997; APS/Preis Grundlagen D Rn. 44; APS/Biebl § 15 BBiG Rn. 27; APS/Rolfs § 9 MuSchG Rn. 94; ErfK/Schlachter § 15 BBiG Rn. 9; Grunsky JuS 1964, 97; Hungerbühler S. 30, 31; Kittner/Zwanziger/Appel § 89 Rn. 17; KR/Pfeiffer § 9 MuSchG Rn. 132 f; KR/Weigand § 15 BBiG Rn. 92, 94; Preis S. 116; Stahlhacke/Preis/Vossen Rn. 75 zu § 15 III BBiG, Rn. 855 f zu § 9 III 2 MuSchG; Staudinger/Preis § 626 BGB Rn. 30.

1304 In diese Richtung LAG Hamburg LAGE § 15 BBiG Nr. 11 1997; Kittner/Däubler/Zwanziger § 102 BetrVG Rn. 109.

1305 So Preis S. 116, 117.

1306 Vgl. Galperin/Löwisch § 102 BetrVG Rn. 30; Herschel/Löwisch § 1 KSchG Rn. 80.

1307 Kittner/Däubler/Zwanziger § 102 BetrVG Rn. 109; Preis S. 116, 117.

1308 Vgl. dazu LAG Hamburg LAGE § 15 BBiG Nr. 11 1997; ErfK/Schlachter § 15 BBiG Rn. 9.

1309 Dazu BAG AP § 102 BetrVG Nr. 17, 18 1972; Galperin/Löwisch § 102 BetrVG Rn. 28.

1310 In der Literatur ist wiederholt Kritik an der Rechtsprechung des BAG zur subjektiven Determinierung geübt worden. So wird gefordert, der Arbeitgeber müsse dem Betriebsrat im Rahmen des Anhörungsverfahrens nach § 102 BetrVG den gesamten objektiv relevanten Kündigungssachverhalt mitteilen. Vgl. Rinke NZA 1998, 77, 78.

1311 So ausdrücklich Galperin/Löwisch § 102 BetrVG Rn. 30.

Daß diese gesetzliche Widersprüchlichkeit für den Kündigenden zur „Rechtstükke[1312]" und zum prozessualen Stolperstein ausarten kann, wurde bereits erwähnt[1313]. Juristisch nicht vorgebildete[1314] Arbeitgeber trifft die Präklusion unversehens, wenn und weil sie keine vertieften Kenntnisse des Arbeitsrechts für sich reklamieren können[1315].

Nach alledem muß die Möglichkeit, Gründe auch noch im Prozeß nachschieben zu können, schon aus quantitativen Erwägungen als unbedeutend bezeichnet werden[1316]. Aus Gründen der Zweckmäßigkeit wird deshalb dem Kündigenden vereinzelt geraten, zur Vermeidung von Nachteilen alle in Betracht kommenden Gründe bereits bei Kündigungsausspruch bekanntzugeben[1317]. Stringenter und angesichts der bewußtseinsbildenden Kraft des Rechts auch erfolgversprechender erscheint allerdings die rechtliche Forderung nach einer generellen Synchronisierung von allgemeinem und besonderem Kündigungsschutz, um die aufgezeigte Kollision zu beseitigen. Als Lösungsmodell bietet sich die hier vertretene These vom generellen außergerichtlichen Begründungszwang an. Wird dem Kündigungsberechtigten auf materieller, kündigungsrechtlicher Ebene nicht mehr suggeriert, er könne ohne Risiko die Grundangabe vernachlässigen, lassen sich prozessuale Überraschungspräklusionen weitgehend verhindern. Wenn der Kündigende aufgrund des Begründungszwangs schon materiellrechtlich daran gehindert ist, die Kündigungsgründe auszutauschen, läuft er nicht mehr Gefahr, seiner Rechte im gerichtlichen Verfahren unerwartet verlustig zu gehen. Damit der vorprozessuale Begründungszwang für den Kündigenden nicht zur materiellen Rechtstücke wird, ist freilich zunächst die Entwicklung einer neuen Bewußtseinsbildung in der Bevölkerung erforderlich. Bei den Kündigungsberechtigten muß sich also - wie schon bei den Inhabern anderer Gestaltungsrechte geschehen - die Erkenntnis Bahn brechen, daß der Kündigungsgrund einen notwendigen Bestandteil der Kündigungserklärung darstellt.

II. Formelles und materielles Recht

Wie aufgezeigt[1318] bilden die §§ 9 III 2 MuSchG, 15 III BBiG und 102 I BetrVG keine materiellrechtliche Nachschiebebarriere. Materiell kann der Kündigende also einen als unzureichend erkannten Kündigungsgrund nachträglich gegen einen zureichenden ersetzen. Der Gestaltungsakt ist daher materiell wirksam. Von dieser nach materiellem Recht zu beurteilenden Gestaltungserklärung ist aber das Geltendmachen der vollzogenen Gestaltung im Prozeß zu trennen[1319]. „Die vor dem Prozeß außerhalb oder sogar während des Prozesses nach Bürgerlichem Recht vollzogene

1312 So Honsell AcP 186, 115, 152.
1313 Vgl. oben bei Fußnote 341.
1314 Vgl. Rinke NZA 1998, 77, 79.
1315 Vgl. Gamillscheg FS BAG, S. 117, 124.
1316 So zutreffend Falter S. 99.
1317 Vgl. Falter S. 99.
1318 Vgl. oben bei Fußnote 323.
1319 Vgl. bereits oben bei Fußnote 324 und Zeiss Rn. 213.

Gestaltung wird nach dem Verhandlungsgrundsatz für das Gericht erst dann relevant, wenn sie ihm durch eine Prozeßhandlung (Behaupten oder Bestreiten) zur Kenntnis gebracht wird"[1320]. Erst dieses prozessuale Vorbringen wird dem Gestaltenden durch die genannten Vorschriften bezüglich solcher Gründe verwehrt, die er in dem Kündigungsschreiben respektive in der Betriebsratsanhörung nicht mitgeteilt hat. Der Streitstoff wird auf die jeweils angegebenen Kündigungsgründe begrenzt[1321]. Die dem Kündigenden mit der materiellen Hand eingeräumte Rechtsmacht zum Nachschieben von Kündigungsgründen wird ihm somit im Verfahren mit der prozessualen wieder entrissen. Das hat zur Folge, daß materiellrechtlich die Gestaltung zwar bewirkt ist, die hierauf gegründete Prozeßhandlung aber unbeachtlich bleibt[1322]. Die Kündigung ist damit letztlich wirkungslos[1323]. Das Urteil entspricht damit nicht der von der herrschenden Meinung angenommenen materiellen Rechtslage[1324]. Vielmehr verletzt es das materielle Recht dadurch, daß es eine Rechtsfolge ausspricht, ohne daß die materiellrechtlich normierten Voraussetzungen erfüllt sind[1325].

Dies vorausgeschickt ist beachtenswert, daß der materiellrechtliche Begründungszwang als Wirksamkeitsvoraussetzung nicht nur das Verhältnis von allgemeinem und besonderem Kündigungsschutz bereinigt. Darüber hinaus verwirklicht er auch das Bestreben nach einer weitgehenden Übereinstimmung der materiellen mit der prozessualen Rechtslage[1326]. Auch bei Anerkennung der Relativität der Rechtsbegriffe[1327] muß nämlich auch die Einheit der Rechtsordnung und speziell in unserem Fall die Kongruenz der materiellrechtlichen und prozessualen Wertungen[1328] im Auge behalten werden[1329]. Es kann nicht Aufgabe des Prozeßrechts sein, die Anordnungen des materiellen Rechts zu stören oder zu durchkreuzen[1330]. Deshalb sind rechtliche Wertungen, die sich von den Wertungen in anderen Rechtsgebieten ablösen, besonders sorgsam auf ihre Berechtigung zu überprüfen[1331]. Denn entstehen nicht Risse und Sprünge im Rechtsgefüge dadurch, daß die konkreten Entscheidungen formell rechtskräftig sein können, obwohl die abstrakten Normen, aus denen sie

---

1320 Zeiss Rn. 213.
1321 Vgl. oben bei Fußnoten 1299, 1300.
1322 Vgl. Zeiss Rn. 213.
1323 Vgl. auch BAG NJW 1981, 2772; Esser/Schmidt SAT I 1 § 20 IV 2 c, S. 335; Fischer-Dieskau/Pergande/Schwender/Franke § 564 b BGB a. F. Anm. 43; Hueck FS BAG, S. 243, 262 zu § 102 I BetrVG; MK/Voelskow (2. Auflage) § 564 b BGB a. F. Rn. 68; Nassall MDR 1985, 893, 897 zu § 564 b BGB a. F.; Palandt/Putzo vor § 620 BGB Rn. 57; Schmidt-Futterer/Blank § 564 b BGB a. F. Rn. 248; Soergel/Heintzmann § 564 a BGB a. F. Rn. 11, 14; Winterstein S. 88 zu § 102 I BetrVG; Winterstein NZA 1987, 728 zu § 102 I BetrVG; Wolter S. 266, 267 zu § 564 b III BGB a. F. Nach Erman/Jendrek § 564 b BGB a. F. Rn. 40 ist die im Rahmen des § 564 b III BGB a. F. geführte Kontroverse (Unwirksamkeit der Kündigung oder nur Beschränkung des Prozeßstoffs) ein für die Praxis bedeutungsloser Streit um Worte.
1324 Vgl. Hungerbühler S. 65.
1325 Vgl. Engisch Einheit S. 14.
1326 Ähnlich auch Hungerbühler S. 66 ff.
1327 Vgl. dazu unten bei Fußnote 1737.
1328 Vgl. Henckel Prozeßrecht und materielles Recht S. 73.
1329 Vgl. Engisch Einheit S. 13 ff.; Stein/Jonas/Schumann (20. Auflage) Einleitung Rn. 71.
1330 Vgl. Stein/Jonas/Schumann (20. Auflage) Einleitung Rn. 68.
1331 Vgl. Stein/Jonas/Schumann (20. Auflage) Einleitung Rn. 71.

abgeleitet wurden, verletzt sind[1332]? Nun gibt es zwar in der Tat richterliche Urteile, die gültig, wirksam und unabänderlich sind, obwohl die maßgeblichen materiellen Normen mißachtet wurden[1333]. Gemeint sind zum Beispiel solche Fälle, in denen das Urteil deshalb materiell falsch ist, weil wesentliche Tatsachen nicht vorgetragen wurden[1334]. Der Prozeß zieht dann eine Rechtsfolge nach sich, die außerprozessual gesehen nach dem materiellen Recht nicht begründet ist[1335]. Aber eine Rechtsordnung, die derartige Widersprüche zwischen Normen verschiedener Höhenlage anerkennt oder gebietet, gefährdet die Einheit der Rechtsordnung[1336]. Freilich soll hier nicht bestritten werden, daß es aus Gründen der Rechtssicherheit praktisch gar nicht möglich ist, die Rechtsgültigkeit der konkreten Entscheidungen stets von ihrer materiellen Richtigkeit abhängig zu machen[1337]. Doch zumindest dann, wenn sich materiellrechtliche und prozessuale Ebene ohne Schwierigkeiten zur Deckung bringen lassen, hat das Kongruenzdenken Platz zu greifen[1338].

Der sich nach herrschender Meinung ergebende Wertungswiderspruch zwischen formellem und materiellem Recht läßt sich bei Annahme einer vorprozessualen Begründungspflicht unkompliziert vermeiden[1339]. Denn wenn man anerkennt, daß die Angabe des Kündigungsgrunds zum wesensnotwendigen Inhalt des Kündigungsschreibens zählt, werden nicht mitgeteilte Kündigungsgründe bereits auf der Ebene des materiellen und nicht wie nach herrschender Ansicht erst auf der Ebene des formellen Rechts nicht berücksichtigt. Der vom Kündigenden ausgesprochenen Kündigungserklärung wird so schon materiellrechtlich die Wirksamkeit versagt. Das der Kündigungsschutzklage des Arbeitnehmers stattgebende Urteil entspricht damit der materiellen Rechtslage.

§ 18 Die Kündigung des Mietverhältnisses

I. Allgemeines zum Meinungsstand im Mietrecht

1. Differenzierte Begründungspflicht

Das Meinungsbild zur Begründungspflicht mietrechtlicher Kündigungen entspricht im wesentlichen demjenigen, das bei der Kündigung eines Arbeitsverhältnisses vorgestellt wurde. So knüpft die herrschende Meinung in Literatur und Rechtsprechung die Wirksamkeit einer Kündigung grundsätzlich nicht daran, daß ihr Gründe beigegeben

---

1332 Vgl. Engisch Einheit S. 13.
1333 Vgl. Engisch Einheit S. 13.
1334 Vgl. auch Engisch Einheit S. 16.
1335 Vgl. Engisch Einheit S. 16.
1336 Vgl. Engisch Einheit S. 13.
1337 Daß im Zivilprozeß das Prinzip der materiellen Wahrheit mehr als nötig beiseite gesetzt wurde, soll hier jedoch nicht in Abrede gestellt werden. Vgl. Engisch Einheit S. 16 Fußnote 2.
1338 Vgl. auch ähnlich Hungerbühler S. 65.
1339 Vgl. Hungerbühler S. 65.

werden[1340]. Vielmehr genügt es, daß die gesetzlichen Voraussetzungen für die Kündigung bei deren Ausspruch vorlagen[1341]. Ausnahmsweise begründet werden muß die Kündigung zu ihrer Wirksamkeit nur dann, wenn das Gesetz es vorsieht oder wenn die Parteien dies vereinbart haben[1342]. Die Angabe der Kündigungsgründe ist gesetzlich vorgeschrieben für die ordentliche und erleichterte Vermieterkündigung (§§ 573 III 1, 573 a III BGB), für die außerordentliche Vermieterkündigung mit gesetzlicher Frist (§§ 573 d I, 575 a I in Verbindung mit §§ 573 III 1, 573 a III BGB) sowie für die außerordentliche fristlose Kündigung aus wichtigem Grund durch Vermieter oder Mieter (§ 569 IV BGB)[1343]. Soweit die herrschende Lehre für ihren Standpunkt überhaupt eine Begründung anführt, beschränkt sie sich in positivistischer Manier auf das Fehlen entsprechender gesetzlicher Regelungen. Danach gehört die Angabe von Kündigungsgründen nicht zur rechtsgeschäftlichen Erklärung der Kündigung selbst[1344]. Wie bei der Kündigung des Arbeitsverhältnisses bejaht die herrschende Auffassung allerdings Informationspflichten des Kündigenden nach § 242 BGB[1345]. Voraussetzung hierfür ist, daß der Kündigungsempfänger die Information abfordert[1346]. Die Verletzung der Pflicht soll indes - wiederum in Übereinstimmung mit der Kündigung des Arbeitsverhältnisses - die Wirksamkeit der Kündigung nicht berühren. Vielmehr werden nur Schadensersatzansprüche ausgelöst[1347]. Sie sind nicht auf den Ausgleich des Kündigungsfolgeschadens gerichtet, sondern beschränken sich darauf, den Kündigungsgegner so zu stellen, wie er bei ordnungsgemäßer Begründung der Kündigung gestanden hätte[1348].

2. Generelle Begründungspflicht

Entgegen dieser Einschätzung überträgt dagegen eine Mindermeinung in Übereinstimmung mit der Behandlung von Anfechtung, Rücktritt, Widerruf einer Schenkung und Kündigung eines Arbeitsverhältnisses die Begründungspflicht über die vertraglich und gesetzlich geregelten Fälle hinaus auf andere Mietverhältnisse. Die Grundangabe ist nach dieser Auffassung also allgemein Wirksamkeitsvoraussetzung der auf die Auflösung eines Mietverhältnisses gerichteten Kündigungserklärung[1349].

1340 Vgl. BGH WM 1959, 538, 542; WM 1975, 897, 899; NJW 1980, 777, 779; NJW 1987, 432, 433; OLG Karlsruhe NJW 1982, 2004; OLG Zweibrücken MDR 1981, 185; LG Dresden WuM 1995, 484; LG Köln WuM 1989, 569; Bub/Treier/Grapentin IV Rn. 9; Erman/Jendrek § 564 BGB a. F. Rn. 12; Fischer-Dieskau/Pergande/Schwender/Franke § 564 BGB a. F. Anm. 7.5 b; HK/Lammel § 564 BGB a. F. Rn. 45; Palandt/Weidenkaff § 542 BGB Rn. 14; Staudinger/Sonnenschein § 564 BGB a. F. Rn. 68 ff.

1341 Vgl. Staudinger/Sonnenschein § 564 BGB a. F. Rn. 69.

1342 Vgl. Bub/Treier/Grapentin IV Rn. 9; Palandt/Weidenkaff § 542 BGB Rn. 14; Staudinger/Sonnenschein § 564 BGB a. F. Rn. 71.

1343 Vgl. Palandt/Weidenkaff § 542 BGB Rn. 14.

1344 Vgl. Mittelstein/Stern § 75 6, S. 459; Sternel FS Seuss, S. 281, 283, 285.

1345 Vgl. Mittelstein/Stern § 75 6, S. 459, 460; Staudinger/Sonnenschein § 564 BGB a. F. Rn. 69.

1346 Vgl. Mittelstein/Stern § 75 6, S. 459, 460; Staudinger/Sonnenschein § 564 BGB a. F. Rn. 69.

1347 Vgl. Staudinger/Sonnenschein § 564 BGB a. F. Rn. 69.

1348 Vgl. Sternel IV Rn. 38.

1349 Vgl. KG OLGZ 22, 253 f.; Giese BB 1968, 361; Hungerbühler S. 108; Knütel NJW 1970, 121, 123; Lent AcP 152, 401, 402, 405, 408; Roquette § 553 BGB a. F. Rn. 19, § 564 BGB a. F. Rn. 17, 20, § 564 a BGB a. F. Rn. 5; Sternel IV Rn. 36; Sternel FS Seuss, S. 281, 287 ff.

Zur Rechtfertigung dieser These gilt folgendes. Ebensowenig wie bei den genannten anderen Gestaltungserklärungen ist bei der Kündigung eines Mietverhältnisses der Begründungszwang sozialstaatlich motiviert[1350]. Mit dieser Begründung ließe er sich auch nicht über den Geltungsbereich geschützter Wohnraummietverhältnisse hinaus ausdehnen[1351]. Zudem wäre bei einer solchen Argumentation nicht einzusehen, warum auch den Mieter bei seiner Kündigung eine Pflicht zur Grundangabe trifft. Vielmehr ergibt sich der generelle Begründungszwang aus den für alle grundabhängigen Gestaltungsrechte geltenden Ausübungsvoraussetzungen in Verbindung mit dem unserer Rechtsordnung immanenten Bestreben nach vorprozessualer Befriedigungsmöglichkeit.

II. Ergebnis

Der Standpunkt der überwiegenden Ansicht wird den allgemeinen Ausübungsvoraussetzungen der Gestaltungsrechte, der Interessenlage und den Erfordernissen der Rechtssicherheit hier ebensowenig gerecht wie bei der Kündigung des Arbeitsverhältnisses[1352]. Auch der Hinweis auf das Fehlen einer die generelle Begründungspflicht anordnenden Norm kann nicht überzeugen. Es mag zwar sein, daß sich die hier favorisierte Begründungspflicht aus dem Gesetz nicht beweisen läßt. Bei positivistischer Betrachtungsweise erscheint es insofern bedenklich, die Angabe von Gestaltungsgründen auch in den Fällen zu fordern, in denen der Gesetzgeber davon ausgegangen ist, daß die Begründung keine Wirksamkeitsvoraussetzung der Gestaltungserklärung ist[1353]. Gleichwohl wird hier das Dogma von der begründungsfreien Gestaltungsrechtsausübung, das von der herrschenden Meinung wie gesehen ohnehin nur noch bei der Kündigung im Arbeits- und Mietrecht gegen anders lautende Gegenstimmen verteidigt wird, in Frage gestellt[1354]. Denn für uns ist ausschlaggebend nur, daß das Gesetz einem Begründungszwang auch nicht eindeutig entgegensteht[1355]. Will man zudem nicht in bloße Begrifflichkeit verfallen, so befriedigt die Antwort nicht, der Gesetzgeber habe die Begründungspflicht nicht geregelt[1356]. Schließlich war und ist es eine der vornehmsten Aufgaben von Rechtsprechung und Schrifttum gewesen, die Rechtsentwicklung zu gestalten, damit juristische Begrifflichkeit nicht Selbstzweck wird[1357]. Zwar bedarf es dieser Begrifflichkeit aus Gründen der Rechtskontinuität und Rechtssicherheit. Hier muß es aber darum gehen, ihre Freiräume und ihre Entwicklungsfähigkeit in bezug auf die einzelnen Rechtswerte aufzuzeigen[1358]. Eröffnen sich solche Räume und ermöglichen sie Wertungen, so muß derjenigen der Vorrang

---

[1350] Vgl. Sternel IV Rn. 36; Sternel FS Seuss, S. 281, 292.
[1351] Vgl. Sternel IV Rn. 36; Sternel FS Seuss, S. 281, 292.
[1352] Vgl. auch Hungerbühler S. 108.
[1353] Vgl. Sternel IV Rn. 33.
[1354] So auch Sternel IV Rn. 37.
[1355] Vgl. auch Frey AuR 1960, 91.
[1356] Sternel IV Rn. 37.
[1357] Sternel IV Rn. 37.
[1358] Sternel IV Rn. 37; Sternel FS Seuss, S. 281, 294.

eingeräumt werden, die dem Wertbild am ehesten entspricht[1359]. Bei der Prägung dieses Wertbildes ist daran zu erinnern, daß der deutsche Gesetzgeber mit der Schaffung eines zivilrechtlichen Antidiskriminierungsgesetzes befaßt ist[1360]. Vereinfacht ausgedrückt sollen mit diesem Gesetzeswerk, dem zwei Richtlinien der Europäischen Union[1361] zugrunde liegen, die Bindungen, die bisher nur den Staat treffen, auf die Rechtsbeziehungen zwischen seinen Bürgern übertragen werden. Was dem Staat verboten ist, soll auch dem Bürger nicht erlaubt sein[1362]. Die hier in Rede stehende Informationspflicht weist eine Nähe zum Grundrecht des rechtlichen Gehörs in Art. 103 I GG auf[1363]. Angesichts des beschriebenen Leitgedankens des Antidiskriminierungsgesetzes läßt sich dessen Kern über die Grundsätze der zulässigen Rechtsausübung nach § 242 BGB nun umso eher auch für das Zivilrecht nutzbar machen[1364]. Das Prinzip eines fairen und gerechten Verfahrens, das Gebot, dem Vertragspartner Gelegenheit zu sachgerechter Reaktion zu geben, kann nicht auf das Verhältnis Staat-Bürger beschränkt werden. Es beansprucht vielmehr auch Geltung zwischen den Bürgern[1365]. Diese Erkenntnis ist auch im Arbeitsrecht im Vordringen[1366]. So entschied beispielsweise das ArbG Gelsenkirchen[1367], für den Bereich der betriebsratslosen Betriebe verlange ein verfassungskonformer, angemessener Ausgleich der Interessen von Arbeitgeber und Arbeitnehmer die Anhörung des Arbeitnehmers vor Ausspruch der Kündigung. Für unseren Komplex folgt daraus ganz allgemein: Der Inhaber eines Gestaltungsrechts kann sich bei dessen Ausübung gerade nicht willkürlich auf die Aussage beschränken: ich will und daher geschehe es[1368]. Vielmehr hat er auch den Grund der Gestaltung anzugeben. Der hier geforderte Begründungszwang trägt damit dem Wertbild von der Achtung vor dem anderen, der Partnerschaft auch und gerade in Konfliktsituationen Rechnung[1369].

§ 19 Die ordentliche Kündigung des Vermieters nach § 573 BGB

Um den materiellrechtlichen Teil dieser Arbeit zu beschließen, ist im folgenden auf die im Mietrecht positiv normierten Begründungspflichten einzugehen. Die insoweit relevanten Normen beziehen sich allesamt auf geschützte Wohnraummietverhältnisse. Die Auslegung dieser Vorschriften soll insbesondere Aufschluß darüber geben, ob die bei der Kündigung eines Arbeitsverhältnisses herausgestellte Diskrepanz

1359 Vgl. Sternel FS Seuss, S. 281, 294.
1360 Vgl. dazu bereits oben in Fußnote 821.
1361 Richtlinien 2000/43/EG vom 29.06.2000 und 2000/78/EG vom 27.11.2000.
1362 Vgl. F.A.Z. vom 07.02.2002 S. 11.
1363 Vgl. Sternel FS Seuss, S. 281, 293.
1364 Vgl. Sternel FS Seuss, S. 281, 293.
1365 Vgl. Sternel FS Seuss, S. 281, 293.
1366 So Kittner/Zwanziger/Appel § 89 Rn. 14.
1367 ArbG Gelsenkirchen NZA-RR 1999, 137.
1368 Vgl. Sternel FS Seuss, S. 281.
1369 Vgl. Sternel FS Seuss, S. 281, 294.

zwischen formellem und materiellem Recht[1370] sich in ähnlicher Weise auch im Mietrecht findet. Den Schwerpunkt der Untersuchung bildet die ordentliche Kündigung des Vermieters nach § 573 BGB.

I. Bedeutung des § 573 III 1 BGB

Nach § 573 III 1 BGB sind die Gründe für ein berechtigtes Interesse des Vermieters in dem Kündigungsschreiben (§ 568 I BGB) anzugeben. Andere Gründe werden nur berücksichtigt, soweit sie nachträglich entstanden sind (§ 573 III 2 BGB). § 573 III BGB in der genannten Fassung verdankt sich der Verabschiedung des Mietrechtsreformgesetzes, das am 01.09.2001 in Kraft trat[1371]. Die Norm vereinigt und bereinigt die Vorgängerregelungen der §§ 564 a I 2, 564 b III BGB a. F. Im damaligen Recht bestand eine Diskrepanz zwischen der Sollvorschrift des § 564 a I 2 BGB a. F. und § 564 b III BGB a. F., wonach nur die Kündigungsgründe des Vermieters berücksichtigt wurden, die er tatsächlich im Kündigungsschreiben angegeben hatte, soweit sie nicht nachträglich entstanden waren[1372]. Während der Gesetzgeber durch die Fassung des § 564 a I 2 BGB a. F. (die Kündigungsgründe „sollen" angegeben werden) dem Kündigenden suggerierte, an einen Verstoß keine unmittelbaren Sanktionen anknüpfen zu wollen, fanden sich mittelbare Sanktionen dessenungeachtet in § 564 b III BGB (nur angegebene Gründe werden „berücksichtigt"). An dieser Disharmonie der beiden Vorgängerregelungen entzündete sich der akademische[1373] Streit, ob die grundfreie Kündigungserklärung des Vermieters unwirksam, oder zwar wirksam, aber letztlich wirkungslos war[1374]. Anders ausgedrückt war also streitig, ob sich die Sanktion der begründungslosen Kündigung als eine Rechtsfolge des materiellen oder des formellen Rechts darstellt. Die Vertreter der ersten Auffassung sahen in § 564 b III BGB a. F. eine materiellrechtliche Wirksamkeitsvoraussetzung der Kündigung, während die anderen der Norm lediglich die verfahrensrechtliche Funktion zuschrieben, den Prozeßstoff zu beschränken[1375]. Die Befürworter dieser These stuften § 564 b III BGB a. F. also als eine im Zwischenbereich von formellem und materiellem Recht angesiedelte doppelfunktionale Norm

---

1370 Vgl. dazu oben bei Fußnote 1324.

1371 Bundestagsdrucksache 14/5663.

1372 Vgl. den Vorschlag des Vereinfachungsentwurfs abgedruckt bei Börstinghaus/Eisenschmid § 568 BGB S. 462.

1373 Nach Erman/Jendrek § 564 b BGB a. F. Rn. 40 ist die im Rahmen des § 564 b III BGB a. F. geführte Kontroverse (Unwirksamkeit der Kündigung oder nur Beschränkung des Prozeßstoffs) ein für die Praxis bedeutungsloser Streit um Worte.

1374 Vgl. Fischer-Dieskau/Pergande/Schwender/Franke § 564 b BGB a. F. Anm. 43; MK/Voelskow (2. Auflage) § 564 b BGB a. F. Rn. 68; Nassall MDR 1985, 893, 897 zu § 564 b BGB a. F.; Schmidt-Futterer/Blank § 564 b BGB a. F. Rn. 248; Soergel/Heintzmann § 564 a BGB a. F. Rn. 11, 14; Wolter S. 266, 267 zu § 564 b III BGB a. F. - Zur ähnlichen Problematik im Arbeitsrecht im Kontext des § 102 I BetrVG vgl. Hueck FS BAG, S. 243, 262; Palandt/Putzo vor § 620 BGB Rn. 57; Winterstein S. 88; Winterstein NZA 1987, 728.

1375 Vgl. Erman/Jendrek § 564 b BGB a. F. Rn. 40.

ein[1376]. Der Gestaltungsakt war danach zwar materiell wirksam. Vor Gericht war es dem Vermieter aber verwehrt, sich auf die nach Bürgerlichem Recht vollzogene Gestaltung zu berufen, weil ihm § 564 b III BGB a. F. dieses prozessuale Vorbringen abschnitt. Der Streitstoff wurde so auf die jeweils angegebenen Kündigungsgründe begrenzt. Das hatte zur Folge, daß materiellrechtlich die Gestaltung zwar bewirkt war, die hierauf gegründete Prozeßhandlung aber unbeachtlich blieb[1377]. Die Kündigung war damit mittelbar[1378] infolge des prozessualen Korrekturmechanismus[1379] letztlich wirkungslos[1380].

Nach beiden Spielarten war der Vermieter im Ergebnis gehalten, die Kündigungsgründe in dem Kündigungsschreiben anzugeben, wollte er nicht auf materieller (so die Auffassung von der materiellen Wirksamkeitsvoraussetzung) oder auf formeller Ebene (so die Auffassung von der formellen Prozeßstoffbegrenzung) seiner Rechte verlustig gehen.

Die neue Fassung des § 573 III 1 BGB hat diese Antinomie der §§ 564 a I 2, 564 b III BGB a. F. dadurch beseitigt, daß nunmehr ausdrücklich eine zwingende Begründungspflicht des Vermieters („die Gründe sind anzugeben") normiert wurde. Nach geltendem Recht ist die Grundangabe damit unmißverständlich materiellrechtliche Wirksamkeitsvoraussetzung der Kündigungserklärung[1381]. Die Rechtsfolge der grundfreien Kündigungserklärung ist eine solche des materiellen Rechts, die Gestaltungserklärung ist nichtig.

II. Bedeutung des § 573 III 2 BGB

Diese Auslegung des § 573 III 1 BGB wirft im nächsten Schritt die Anschlußfrage auf, welche Bedeutung dann noch dem § 573 III 2 BGB zukommen soll. Die Funktion von dessen Vorgängernorm § 564 b III BGB a. F. bestand wie gesehen darin, die Sollvorschrift des § 564 a I 2 BGB a. F. letztlich oder „praktisch"[1382] in eine Mußvorschrift umzumünzen[1383]. Diese Aufgabe übernimmt nach geltendem Recht bereits

1376 Vgl. zu dieser Normgruppe und den insoweit vergleichbaren §§ 9 III 2 MuSchG, 15 III BBiG und 102 I BetrVG bereits oben bei Fußnote 304. Speziell zur Doppelnatur des § 564 b III BGB a. F. vgl. Becker AcP 188, 24, 38 Fußnote 40, 63 Fußnote 112.

1377 Vgl. Zeiss Rn. 213.

1378 So BAG NZA 1995, 363, 365.

1379 So Rinke NZA 1998, 77, 78.

1380 Vgl. bereits oben bei Fußnote 330 und auch BAG NJW 1981, 2772; Esser/Schmidt SAT I 1 § 20 IV 2 c, S. 335; Fischer-Dieskau/Pergande/Schwender/Franke § 564 b BGB a. F. Anm. 43; Hueck FS BAG, S. 243, 262 zu § 102 I BetrVG; MK/Voelskow (2. Auflage) § 564 b BGB a. F. Rn. 68; Nassall MDR 1985, 893, 897 zu § 564 b BGB a. F.; Palandt/Putzo vor § 620 BGB Rn. 57; Schmidt-Futterer/Blank § 564 b BGB a. F. Rn. 248; Soergel/Heintzmann § 564 a BGB a. F. Rn. 11, 14; Winterstein S. 88 zu § 102 I BetrVG; Winterstein NZA 1987, 728 zu § 102 I BetrVG; Wolter S. 266, 267 zu § 564 b III BGB a. F.

1381 Vgl. Börstinghaus/Eisenschmid § 573 BGB S. 494, 498; Palandt/Weidenkaff § 573 BGB Rn. 47.

1382 So Wolter S. 267.

1383 Vgl. Staudinger/Sonnenschein § 564 b BGB a. F. Rn. 168.

§ 573 III 1 BGB alleine, ohne daß es eines weiteren Rückgriffs auf § 573 III 2 BGB bedürfte. § 564 b III BGB a. F. hatte aber noch zwei weitere Funktionen, die auch dem aktuellen § 573 III 2 BGB seine Existenzberechtigung verleihen.

Eine entscheidende Funktion des § 573 III 2 BGB besteht darin, das Nachschieben anderer, das heißt nicht im Kündigungsschreiben angegebener Gründe zu verhindern[1384]. Nach unserer Terminologie erfaßt § 573 III 2 BGB dabei nicht das Nachschieben von Kündigungsgründen in der Variante des Nachholens der Grundangabe[1385]. Die begründungslose Kündigung ist nämlich bereits wegen Verstoßes gegen § 573 III 1 BGB nichtig. In diesem Fall ist ein Nachholen der Grundangabe schon nach allgemeinen Regeln unzulässig, so daß § 573 III 2 BGB insoweit überflüssig wäre. Denn wie bereits beschrieben[1386] entspricht es einem allgemeinen Grundsatz[1387], daß einseitige Rechtsgeschäfte wie zum Beispiel die Kündigung, denen eine Wirksamkeitsvoraussetzung fehlt (hier die von § 573 III 1 BGB geforderte Grundangabe), nicht nur schwebend unwirksam, sondern unheilbar nichtig sind[1388]. Vor diesem Hintergrund behandelt § 573 III 2 BGB also die Variante des ersetzenden Nachschiebens oder des Auswechselns von Kündigungsgründen[1389]. Die Kündigungserklärung des Vermieters wurde zwar unter Angabe von Gründen ausgesprochen. Diese haben sich aber nachträglich als unzureichend oder unzutreffend erwiesen.

Wie schon allgemein beim ersetzenden Nachschieben ausgeführt[1390] kann bei § 573 III 1 BGB ebensowenig wie im Rahmen der §§ 9 III 2 MuSchG, 15 III BBiG und 102 I BetrVG allein in der unzutreffenden Grundangabe ein Verstoß gegen das Begründungserfordernis gesehen werden. Insoweit muß es unerheblich sein, ob die mitgeteilten Umstände geeignet sind, den Gestaltungsakt auch materiell zu rechtfertigen[1391]. Die Benennung der korrekten Gründe ist also - in bezug auf die Begründungspflicht - keine Wirksamkeitsvoraussetzung der Gestaltungserklärung[1392]. Zur Einhaltung der Begründungspflicht genügt es demnach, wenn nur der vermeintlich rechtfertigende Gestaltungsgrund in der Gestaltungserklärung angegeben wird[1393]. Für dieses Ergebnis läßt sich auch der folgende Gedanke anführen. Erforderte § 573 III 1 BGB die Angabe der zutreffenden Gründe, wäre die Kündigungserklärung, stellte sich im nachhinein die Unzulänglichkeit der Gründe heraus,

---

1384 Vgl. Referentenentwurf zum Mietrechtsreformgesetz, abgedruckt bei Börstinghaus/Eisenschmid § 573 BGB S. 496.

1385 Vgl. zu den drei Unterfällen des Nachschiebens von Gestaltungsgründen oben bei Fußnote 197.

1386 Vgl. oben bei Fußnote 234.

1387 Eine Ausnahme findet sich in § 180 S. 2, 3 BGB, vgl. BAG AP § 15 BBiG Nr. 1 1972.

1388 BAG AP § 15 BBiG Nr. 1 1972; AP § 15 BBiG Nr. 4 1976; AP § 102 BetrVG Nr. 2 1972; Söllner Anm. BAG AP § 15 BBiG Nr. 1 Bl. 797; Staudinger/Bork vor §§ 158 ff. BGB Rn. 38.

1389 Zu diesem Unterfall des Nachschiebens vgl. oben bei Fußnote 207.

1390 Vgl. oben bei Fußnote 238.

1391 So auch Kipp FS Martitz, S. 211, 216 zur Begründung einer Forderung.

1392 So zu § 9 III 2 MuSchG auch APS/Rolfs § 9 MuSchG Rn. 94; Kittner/Däubler/Zwanziger § 9 MuSchG Rn. 46; KR/Pfeiffer § 9 MuSchG Rn. 132 f.

1393 Vgl. Hungerbühler S. 79, 82, 83.

wegen Verstoßes gegen den Begründungszwang unheilbar nichtig. Die Unzulässigkeit des Austauschens der Kündigungsgründe ergäbe sich dann wie beim Nachholen der Gründe bereits aus allgemeinen Erwägungen. § 573 III 2 BGB wäre nach dieser Interpretation entbehrlich. Die Regelung in § 573 III 2 BGB hat also nur dann Sinn, wenn die Kündigungserklärung bei vorhandener, aber unrichtiger Begründung nicht wegen des Verstoßes gegen 573 III 1 BGB unwirksam ist. Aufgrund der Wirksamkeit des Gestaltungsakts scheitert das Auswechseln der angegebenen unzutreffenden gegen zutreffende Gründe somit nicht an den beschriebenen allgemeinen Grundsätzen. Deshalb kommt insoweit § 573 III 2 BGB zum Zuge, indem er vorschreibt, nicht mitgeteilte Kündigungsgründe grundsätzlich[1394] nicht zu „berücksichtigen".

1. Rechtliche Qualifizierung des § 573 III 2 BGB

Damit haben wir uns dem Kernproblem des § 573 III 2 BGB genähert. Die Frage ist nämlich, was dieses „berücksichtigt" bedeutet. Es kommen insoweit zwei unterschiedliche Denkmodelle in Betracht. Zum einen erscheint vorstellbar, daß die zutreffenden, aber nicht angegebenen Gründe materiellrechtlich, also bereits auf der Ebene des materiellen Rechts, nicht zur Stützung der Kündigung herangezogen werden dürfen. Die Erklärung wäre dann materiellrechtlich deshalb unwirksam, weil der im Zeitpunkt ihres Zugangs objektiv vorliegende Rechtfertigungsgrund aufgrund der Wirkung des § 573 III 2 BGB materiell unbeachtlich bleiben müßte. Diese Rechtsfolge entspräche damit derjenigen, die bestünde, erblickte man in dem Begründungserfordernis kein Formerfordernis, sondern einen wesensnotwendigen, integrierenden Bestandteil der Kündigungserklärung selbst. Denn dann ergibt sich aus allgemeinen Grundsätzen das Verbot, die Kündigungsgründe nachträglich auszutauschen[1395].

Nach Ansicht des anderen Lösungsmodells besitzt § 573 III 2 BGB - ähnlich dem Vorgänger § 564 b III BGB a. F. eine materiellrechtlich-prozessuale Doppelrelevanz[1396]. Die Doppelnatur besteht darin, daß die Vorschrift tatbestandlich an einen materiellrechtlichen, vorprozessualen Sachverhalt, nämlich die Kündigungsbegründung nach § 573 III 1 BGB anknüpft. Die Rechtsfolge der Nichtangabe des Kündigungsgrundes ist hingegen keine des materiellen, sondern des formellen Rechts. Das „berücksichtigt" in § 573 III 2 BGB wird als eine prozeßrechtliche Kategorie aufgefaßt[1397]. Verwehrt wird dem Kündigenden also nicht die Bewirkung der materiellrechtlichen Gestaltung, sondern lediglich die hierauf gegründete Pro-

---

[1394] Zur Ausnahme vgl. die im Anschluß geschilderte weitere Funktion des § 573 III 2 BGB.
[1395] Vgl. dazu oben bei Fußnote 246.
[1396] So Becker AcP 188, 24, 63 Fußnote 112 zu § 564 b III BGB a. F.
[1397] Vgl. Becker AcP 188, 24, 63 Fußnote 112 zu § 564 b III BGB a. F.

zeßhandlung. Der Vermieter kann den zutreffenden Grund zwar materiell, aber nicht formell austauschen. Die Kündigung ist somit zwar wirksam, aber wirkungslos[1398]. Diese Ausführungen verdeutlichen, daß die im Rahmen des § 564 b III BGB a. F. geführte Kontroverse (Unwirksamkeit der Kündigung oder nur Beschränkung des Prozeßstoffs) in modifizierter Form auch bei § 573 III BGB auftaucht. Um das Problem einer Lösung zuzuführen, ist der rechtliche Charakter der Norm zu klären. Für die Anerkennung der Doppelnatur des § 573 III 2 BGB spricht zunächst, daß diese Sichtweise mit der Auslegung der vergleichbaren Vorschriften der §§ 9 III 2 MuSchG, 15 III BBiG und 102 I BetrVG harmoniert[1399]. Wie gesehen ist auch diesen Regelungen gemein, vorprozessuale Versäumnisse erst im Verfahrensstadium zu sanktionieren, indem (im Kündigungsschreiben, im Anhörungsverfahren des Betriebsrats) nicht angegebene Kündigungsgründe präkludiert werden. Während diese Präklusionswirkung bei den arbeitsrechtlichen Vorschriften dem Gesetz keineswegs mit Eindeutigkeit zu entnehmen ist[1400], sich vielmehr erst aus Sinn und Zweck des Begründungserfordernisses erschließt, scheint sich der Gesetzgeber bei § 573 III 2 BGB zu einer ausdrücklichen Regelung genötigt gefühlt zu haben. Diese einfache Argumentation redet dem prozessualen Lösungsmodell das Wort. Letztlich kann jedoch nur die Auslegung des § 573 III 2 BGB Aufschluß über dessen rechtliche Qualifikation als materielles Recht oder Prozeßrecht ergeben.

2. Auslegung des § 573 III 2 BGB

a) Wortlaut

Nach § 573 III 2 BGB werden als berechtigte Interessen des Vermieters nur die in dem Kündigungsschreiben angegeben Gründe „berücksichtigt", soweit sie nicht nachträglich entstanden sind. Diese Formulierungstechnik des Gesetzgebers weist eine Affinität zu solchen prozeßrechtlichen Vorschriften auf, in denen eine Partei mit ihrem Sachvortrag oder Beweismitteln präkludiert ist (zum Beispiel §§ 296, 530, 531 ZPO und insbesondere § 559 I 2 ZPO, nach dem in der Revisionsinstanz ausnahmsweise auch neue Tatsachen „berücksichtigt" werden können, wenn sie einen Verfahrensverstoß rügen). Aufgrund dieser Wortlautinterpretation scheint es sich bei § 573 III 2 BGB demnach um eine prozeßrechtliche Vorschrift zu handeln.

b) Systematik

Gegen dieses grammatische Auslegungsergebnis streitet der rechts- beziehungsweise gesetzessystematische Kontext der Norm. Die Vorschrift findet sich nicht in der Gerichtsordnung, sondern in dem die materielle Lebensordnung regelnden Bür-

---

1398 Vgl. MK/Voelskow (2. Auflage) § 564 b BGB a. F. Rn. 68; Nassall MDR 1985, 893, 897 zu § 564 b BGB a. F.

1399 Zu diesem Aspekt der Einheit der Rechtsordnung vgl. bereits oben bei Fußnote 1329.

1400 So Zöllner 52. DJT D, S. 142 Fußnote 286 zu § 15 III BBiG.

gerlichen Gesetzbuch. Es mag zunächst zwar auf der Hand liegen, Prozeßrecht und materielles Recht danach abzugrenzen, ob die Rechtssätze gesetzessystematisch in den Prozeßgesetzen oder in materiellrechtlichen Gesetzbüchern enthalten sind. Der Gesetzgeber wird gute Gründe gehabt haben, verfahrensrechtliche Regelungen einem eigenen Verfahrensgesetz einzuverleiben. Diese Zuordnung ist für den Rechtsanwender jedoch letztlich nicht in jedem Fall verbindlich. Sie läßt bestenfalls die Kriterien erkennen, nach denen der Gesetzgeber unterscheiden wollte. Auch wenn der Gesetzgeber zum Beispiel in § 2039 BGB die Befugnis des Miterben, einen zum Nachlaß gehörenden Anspruch im eigenen Namen geltend zu machen, allein dem materiellen Recht zurechnen wollte, wäre es uns nicht verwehrt, dem Miterben die Prozeßführungsbefugnis zuzusprechen und diese dem Verfahrensrecht zuzuordnen. Ein Gesetzesverstoß kann hierin nicht gesehen werden. Denn zumindest dann, wenn wie in diesem Fall die vom Gesetzgeber angeordnete Rechtsfolge unverändert bleibt, ist eine solche Auslegung unproblematisch. Allein die systematische Zuordnung zu einem der beiden Rechtsbereiche (Prozeßrecht/materielles Recht) wird vom Gesetzesbefehl nicht umfaßt.

Für den hier interessierenden Fall des § 573 III 2 BGB fällt jedoch die Rechtsfolge je nach der Einordnung der Norm als materiellrechtlich oder prozeßrechtlich unterschiedlich aus. Im ersteren Fall ist die Willenserklärung unwirksam, im letzteren hingegen aufgrund lediglich prozessualer Unbeachtlichkeit wirksam. Der Vermieter ist also nur gehindert, sein berechtigtes besonderes Interesse in verfahrensrelevanter Weise darzulegen. Dies hat freilich im Ergebnis die Wirkungslosigkeit der Kündigung zur Folge. Derselbe Hergang kann hiernach also entweder einer materiellrechtlichen oder einer verfahrensrechtlichen Bewertung unterfallen, wobei die - in bezug auf die Wirksamkeit der Kündigung - eintretende Rechtsfolge je nach der Qualifizierung der Norm als materielles Recht oder Prozeßrecht differiert. Dies ist zwar nicht ungewöhnlich, da Richtigkeitsaussagen bei unterschiedlichen Maßstäben zu verschiedenen Ergebnissen führen können[1401]. Nach wie vor stellt sich allerdings die Frage, ob die gesetzessystematische Einordnung des § 573 III 2 BGB in die Vorschriften des materiellen Rechts des BGB einer prozessualen Deutung der Norm, wofür wie aufgezeigt der Wortlaut spricht, entgegensteht.

c) Sinn und Zweck

Für die Einordnung einer Norm als materielles Recht oder Prozeßrecht kann es nicht ausschließlich auf ihre Stellung im Gesetz ankommen[1402]. Ein Prozeßgesetz kann materiellrechtliche Regelungen (zum Beispiel §§ 630[1403], 717 II 1, 840 II 2, 945 ZPO) enthalten und umgekehrt (§§ 407 II, 2039 BGB)[1404]. Für die Gewinnung des Auslegungsergebnisses stellt die systematische Interpretation vielmehr nur eines von

[1401] Vgl. Stein/Jonas/Schumann (20. Auflage) Einleitung Rn. 38.
[1402] Vgl. Stein/Jonas/Schumann (20. Auflage) Einleitung Rn. 29.
[1403] Str., vgl. Müko/Wolf § 1566 BGB Rn. 12.
[1404] Vgl. Stein/Jonas/Schumann (20. Auflage) Einleitung Rn. 29.

mehreren Auslegungskriterien dar. Die Zuordnung einer Bestimmung zum materiellen oder Prozeßrecht ist deshalb primär nach dem Sinn und Zweck der Vorschrift zu treffen[1405]. Entscheidend ist, ob prozessuale Erwägungen, also der Ablauf und die Ausgestaltung des gerichtlichen Verfahrens, oder die Regelung der unmittelbaren Beziehungen der von der Norm Betroffenen im Vordergrund stehen[1406].

Der Zweck des § 573 III 2 in Verbindung mit Satz 1 BGB besteht darin, dem Mieter zum frühestmöglichen Zeitpunkt Klarheit über seine Rechtsposition zu verschaffen, so daß er in die Lage versetzt wird, rechtzeitig alles erforderliche zur Wahrung seiner Interessen zu veranlassen[1407]. Außerdem soll die Vorschrift den Vermieter zwingen, sich selbst über die Rechtslage und die Aussichten der Kündigung klar zu werden[1408]. Schließlich wird bestimmt, welche Gründe dem Gericht zur Berücksichtigung und Würdigung unterbreitet werden[1409].

Diese gesetzgeberische Intention macht es vertretbar, § 573 III 2 BGB - zumindest auch - dem Prozeßrecht zuzuordnen. Sein Regelungsgehalt erschöpft sich nicht ausschließlich in einem von und vor einem Rechtspflegeorgan geregelten gerichtlichen Verfahren, indem der Vermieter mit den im Kündigungsschreiben nicht angeführten Kündigungsgründen präkludiert ist. Regelungsgegenstand ist vorrangig ein vorprozessualer Sachverhalt[1410], bei dem ein möglicher Prozeß noch in der Schwebe ist. Vorprozessual bedeutet, daß ein dem gerichtlichen Verfahren vorgelagerter Lebensbereich normiert wird. Es stehen sich nur die beiden Parteien (Vermieter und Mieter) gegenüber. Ein bestimmtes Gericht als drittes Prozeßsubjekt ist regelmäßig noch nicht vorhanden[1411]. Die Regelung menschlichen Verhaltens in diesem Vorstadium erfolgt aber nicht völlig losgelöst sondern gerade ausgerichtet auf einen Prozeß. Dem Mieter soll durch § 573 III BGB gerade vor Augen geführt werden, ob die Anstrengung eines Prozesses für ihn empfehlenswert ist. Das Streitprogramm eines möglichen Räumungsprozesses soll deswegen bereits zu diesem Zeitpunkt festgelegt werden, indem ausschließlich die in dem Kündigungsschreiben angeführten Kündigungsgründe die Entscheidungsgrundlage der richterlichen Kognition bilden.

d) Historische Auslegung

Zur historischen Auslegung des § 573 III 2 BGB ist dessen Vorgeschichte von Bedeutung. Damit ist nicht die Entstehungsgeschichte der Vorschrift gemeint, die die einschlägigen Materialien (Referentenentwurf, Regierungsentwurf und so weiter) zu

---

1405 Vgl. Stein/Jonas/Schumann (20. Auflage) Einleitung Rn. 29.
1406 Vgl. Stein/Jonas/Schumann (20. Auflage) Einleitung Rn. 29.
1407 Vgl. Börstinghaus/Eisenschmid § 573 BGB S. 494.
1408 Vgl. Hungerbühler S. 111.
1409 Vgl. BayObLG NJW 1981, 2197; Blank/Börstinghaus § 564 b BGB a. F. Rn. 170.
1410 Vgl. dazu Stein/Jonas/Schumann (20. Auflage) Einleitung Rn. 30.
1411 Vgl. dazu Stein/Jonas/Schumann (20. Auflage) Einleitung Rn. 30.

dem konkreten Gesetz erforscht. Die Vorgeschichte betrifft vielmehr die Zeit vor der Entstehungsgeschichte, indem sie beispielsweise eine Vorgängerregelung mit der heutigen Bestimmung vergleicht[1412].

In diesem Zusammenhang ist einen Blick auf das einstige Mieterschutzgesetz (MSchG) in der Fassung vom 15.12.1942 zu werfen. Unter Geltung des früheren MSchG war der Vermieter gehalten, Aufhebungsklage vor Gericht beim Vorliegen gesetzlicher Aufhebungsgründe zu erheben, um das Mietverhältnis aufzulösen. Die Kündigung von Mietverhältnissen durch den Vermieter war also ausgeschlossen. Nach § 17 MSchG war der Vermieter mit solchen Tatsachen ausgeschlossen, die er in einem früheren Rechtsstreit geltend gemacht hat oder geltend machen konnte. Nach der damaligen Gesetzeslage lief der Vermieter also Gefahr, nicht nur durch die Rechtskraft (so die erste Variante), sondern auch durch eine rechtskraftfremde Präklusion (so die zweite Variante des § 17 MSchG) mit seinen Kündigungsgründen ausgeschlossen zu werden. Auch die frühere Rechtslage konnte also im Falle nachlässigen Verhaltens des Vermieters diesen mit einem verfahrensrechtlichen Ausschluß von Kündigungsgründen sanktionieren.

An die Stelle des 1965 aufgehobenen MSchG trat im Jahre 1971 das 1. Wohnraumkündigungsschutzgesetz (BGBl. I S. 1839). Dieses Regelungswerk hat die Kündigungsbefugnis des Vermieters wiederhergestellt. Die für die Kündigung eines Wohnraummietverhältnisses erforderlichen Kündigungsgründe waren dabei im wesentlichen identisch mit den Mietaufhebungsgründen der §§ 2 ff. MSchG. Durch das 2. Wohnraumkündigungsschutzgesetz von 1974 (BGBl. I S. 3603), das das 1. Wohnraumkündigungsschutzgesetz ablöste, wurden die dort enthaltenen Kündigungsschutzbestimmungen im wesentlichen inhaltsgleich als § 564 b in das BGB aufgenommen. Für § 564 b BGB trat infolge der Verabschiedung des Mietrechtsreformgesetzes schließlich der heutige § 573 BGB in Kraft. § 573 BGB kann somit durchaus als Nachfolgeregelung der §§ 2 ff. MSchG bezeichnet werden.

e) Auslegungsergebnis und Folgerungen

Im Ergebnis sprechen somit die besseren Argumente dafür, in § 573 III 2 BGB auch eine Regelung des Prozeßrechts zu erblicken. Die Norm besitzt eine Doppelnatur mit materiellrechtlichem[1413] und prozeßrechtlichem Gehalt[1414]. Dieses Auslegungsergebnis bestätigt die unter Berufung auf die Einheit der Rechtsordnung gewonnene Interpretation, wonach § 573 III 2 BGB mit seiner formell-materiellen Substanz zu den §§ 9 III 2 MuSchG, 15 III BBiG und 102 I BetrVG paßt. Bei diesem Normverständnis führt die Angabe unzutreffender Gründe nicht zur Unwirksamkeit, sondern,

---

1412 Vgl. Wank Auslegung § 7 II, S. 74.

1413 Die Norm knüpft an ein vorprozessuales Verhalten, die Kündigung, an, ist also insoweit materieller Natur. Vgl. dazu oben bei Fußnote 304 f.

1414 So auch Becker AcP 188, 24, 38 Fußnote 40, 63 Fußnote 112 zu § 564 b III BGB a. F.

weil der Vermieter gehindert ist, seinen Kündigungsgrund geltend zu machen, zur Wirkungslosigkeit der Kündigung.
Aufgrund der zwittrigen Struktur des § 573 III BGB besteht im Rahmen der Kündigung eines Wohnraummietverhältnisses damit dieselbe Unverträglichkeit zwischen formellem und materiellem Recht, wie bei der Kündigung eines Arbeitsverhältnisses. Die Räumungsklage des Vermieters wird mit der Begründung abgewiesen, die Kündigung sei wirkungslos, obwohl materiell das Mietverhältnis wirksam aufgelöst wurde. Der Prozeß zieht also eine Rechtsfolge nach sich (Kündigung wirkungslos), die außerprozessual gesehen nach dem materiellen Recht nicht vorliegt (Kündigung wirksam).

Das durch Auslegung gewonnene prozessuale Verständnis des § 573 III 2 BGB gefährdet aber nicht nur den Grundsatz der Einheit der Rechtsordnung, indem es formelles und materielles Recht kollidieren läßt. Vielmehr birgt es auch rein praktische Nachteile für den Vermieter, die wiederum denen des Arbeitsrechts gleichkommen. Der Gesetzgeber hat nämlich den oben aufgezeigten Normkonflikt zwischen § 564 a I 2 BGB a. F. und § 564 b III BGB a. F. nur teilweise entschärft. Während sich die aus den §§ 564 a I 2 BGB a. F., 564 b III BGB a. F. ergebende Widersprüchlichkeit in erster Linie auf das „Ob" einer Begründung bezog, betrifft der Konflikt zwischen § 573 III 1 BGB und § 573 III 2 BGB allein den Umfang der Begründungspflicht. Das ergibt sich aus folgender Überlegung. Wie bei den §§ 9 III 2 MuSchG, 15 III BBiG[1415] und 102 I BetrVG[1416] so genügt es auch im Rahmen des § 573 III 1 BGB, wenn der Vermieter von mehreren objektiven Kündigungsgründen die Angabe der Gründe auf den unmittelbaren Anlaß der Kündigung beschränkt[1417]. Der Kündigende, der die Kündigung auf mehrere Gründe stützen könnte, ist also im Blick auf § 573 III 1 BGB nicht gehalten, den gesamten objektiv relevanten Kündigungssachverhalt mitzuteilen. Kündigungsgründe, auf die er die Kündigung nicht stützen will, muß der Vermieter nicht mitteilen. Der Vermieter handelt allerdings auf eigenes Risiko, wenn er objektiv kündigungsrechtlich erhebliche Tatsachen verschweigt, weil er sie für seinen Kündigungsentschluß für unerheblich oder entbehrlich hält. Denn wenn der vorgetragene Sachverhalt die Kündigung nicht trägt, dann ist ihm nach § 573 III 2 BGB die Berufung auf materiellrechtlich zur Begründung der Kündigung erforderliche Aspekte abgeschnitten. Vergleichbar den §§ 9 III 2 MuSchG, 15 III BBiG und 102 I BetrVG werden dem Vermieter im Rahmen des § 573 III 1 BGB also materiellrechtlich Befugnisse eingeräumt, derer er prozessual (§ 573 III 2 BGB) wieder beraubt wird.

An dieser gesetzlichen Widersprüchlichkeit zeigt sich wiederum der Vorteil der hier favorisierten These von der Begründung als integriertem Bestandteil jeder Gestaltungserklärung, mit der ein grundabhängiges Gestaltungsrecht ausgeübt wird. Denn wie bei der Kündigung des Arbeitsverhältnisses lassen sich so Wertungswidersprü-

---

1415 Vgl. dazu LAG Hamburg LAGE § 15 BBiG Nr. 11 1997; ErfK/Schlachter § 15 BBiG Rn. 9.
1416 Dazu Galperin/Löwisch § 102 BetrVG Rn. 28.
1417 Vgl. Palandt/Weidenkaff § 568 BGB Rn. 12.

che zwischen formellem und materiellem Recht unkompliziert vermeiden. Das die Räumungsklage des Vermieters abweisende Urteil spricht dann nämlich eine Rechtsfolge aus, die dem materiellen Recht entspricht. Außerdem wird dem Vermieter auf der Ebene des materiellen Rechts nicht suggeriert, er könne, die Anforderungen des § 573 III 1 BGB einmal erfüllt habend, nicht angegebene Gründe materiellrechtlich und prozessual nachschieben. Die Gefahr, daß das Gerichtsverfahren für den Kündigenden zur „Rechtstücke[1418]" und zum prozessualen Stolperstein wird, besteht dann nicht mehr. Es muß sich freilich zunächst das Bewußtsein durchsetzen, daß jede Gestaltungserklärung einer Begründung bedarf, die das Auswechseln der Gründe schon materiell unmöglich macht.

Die Vertretbarkeit dieses Ergebnisses wird untermauert, wenn man sich die dritte Funktion des § 573 III 2 BGB vor Augen führt. § 573 III 2 BGB gewährt dem Vermieter die Möglichkeit, die Kündigung ausnahmsweise mit nachträglich entstandenen berechtigten Interessen zu begründen. Die Bedeutung dieser Ausnahme war schon unter Geltung des § 564 b III BGB a. F. im einzelnen nicht ganz klar[1419]. Denn wie oben[1420] beschrieben muß der Gestaltungsgrund zur wirksamen Ausübung des grundabhängigen Gestaltungsrechts nach allgemeinem Rechtsverständnis zum Zeitpunkt des Zugangs[1421] der Erklärung vorliegen[1422]. Deshalb kann niemals eine zunächst unwirksame Kündigung durch später eintretende Gründe wirksam werden[1423]. Die ohnehin schon durch das Normengeflecht des § 573 III 1, 2 BGB hervorgerufene Kompliziertheit wird durch diese Regelung also weiter verschärft. Ob die mißglückte Vorschrift deshalb völlig außer acht zu lassen ist[1424], soll wegen des hier begrenzt zu besprechenden Problemzusammenhangs nicht weiter erörtert werden.

§ 20 Die außerordentliche Kündigung des Vermieters und Mieters nach § 569 BGB

In § 569 IV BGB ist festgelegt, daß der zur Kündigung führende wichtige Grund in dem Kündigungsschreiben anzugeben ist. Im Vergleich zur ordentlichen Kündigung ist der Begründungszwang bei der außerordentlichen Kündigung erst recht erforderlich[1425]. Denn dem Mieter steht nach Erhalt der Kündigung keine Überlegungsfrist zu,

---

1418 So Honsell AcP 186, 115, 152.
1419 Vgl. Staudinger/Sonnenschein § 564 b BGB a. F. Rn. 168, 184 ff.
1420 Vgl. oben bei Fußnote 143.
1421 Nach einer Mindermeinung ist dagegen auf den Zeitpunkt der Abgabe abzustellen, vgl. oben bei Fußnote 139.
1422 So auch die Stellungnahme des Deutschen Mietgerichtstages e. V., abgedruckt bei Börstinghaus/Eisenschmid § 573 BGB S. 500.
1423 Vgl. die Stellungnahme des Deutschen Mietgerichtstages e. V. zu § 573 III 2 BGB, abgedruckt bei Börstinghaus/Eisenschmid § 573 BGB S. 500, der deshalb die ersatzlose Streichung des § 573 III 2 BGB empfohlen hatte. Dazu auch Staudinger/Sonnenschein § 564 b BGB a. F. Rn. 184.
1424 Vgl. dazu Falter S. 102.
1425 Vgl. Palandt/Weidenkaff § 569 BGB Rn. 23.

innerhalb derer er sich über seine Situation und die Rechtslage Aufklärung verschaffen kann[1426]. Die im Rahmen des § 573 III BGB herausgefundenen Ergebnisse lassen sich auf die Situation des § 569 IV BGB transferieren. So ist die Angabe des Kündigungsgrundes Wirksamkeitsvoraussetzung der Kündigung. Ferner ist, obschon in § 569 IV BGB eine dem § 573 III 2 BGB entsprechende Regelung fehlt, das Nachschieben nicht mitgeteilter Gründe ausgeschlossen[1427].

1426 So die Stellungnahme des Bundesrates, abgedruckt bei Börstinghaus/Eisenschmid § 569 BGB S. 477.

1427 Vgl. Palandt/Weidenkaff § 569 BGB Rn. 23.

4. Kapitel

Die verfahrensrechtliche Bedeutung des Kündigungsgrunds

§ 21 Problemstellung und Vorüberlegung

Die dargestellte Beziehung zwischen der Ausübung von Gestaltungsrechten und den sie rechtfertigenden Gestaltungsgründen ist nicht nur von materiellrechtlichem Interesse. Sie hat vielmehr auch Auswirkungen im Prozeßrecht. Man denke etwa an folgenden Fall: Ein nach privater Kündigung des Mietvertrages vom Vermieter (V) geltend gemachter Räumungsanspruch (§§ 546 I, 985 BGB[1428]) wird mit der Begründung abgewiesen, der von V behauptete Kündigungsgrund liege nicht vor. Kann V nun erneut kündigen - diesmal gestützt auf einen im ersten Prozeß zwar nicht vorgetragenen, aber zur Zeit der letzten Tatsachenverhandlung des ersten Verfahrens bereits existenten Kündigungsgrund[1429] - und den Mieter (M) abermals auf Räumung verklagen?

Hiervon zu unterscheiden ist die nachstehende Konstellation: V klagt gegen M aufgrund einer Kündigung nach § 543 II 1 Nr. 3 BGB auf Räumung der Mietsache. Ist er mit seiner Klage rechtskräftig abgewiesen worden, weil die Kündigungserklärung nicht wirksam war, etwa dem M nicht zugegangen ist, so kann V sicher erneut klagen, nachdem er nunmehr eine ordnungsgemäße Kündigungserklärung abgegeben hat[1430]. Wie aber ist die Sachlage, wenn V mit der Begründung abgewiesen worden ist, M sei nicht im Verzug gewesen? Hier stellt sich die Frage, ob V auch in diesem Falle eine neue Sachentscheidung dadurch herbeiführen kann, indem er - bei sonst unverändertem Sachverhalt - eine neue Kündigungserklärung abgibt und Räumung aufgrund dieser zweiten Kündigung verlangt[1431]. Verallgemeinert geht es

---

1428 Zur Frage, ob die beiden Ansprüche wegen ihrer inhaltlichen Unterschiede auch jeweils einen anderen Streitgegenstand darstellen, vgl. (bejahend) Bettermann MDR 1954, 196, 198, 199 und Blomeyer FS Lent, S. 43, 77, 78 einerseits und (verneinend) Jauernig ZPR § 37 VIII 1, S. 148; Jauernig S. 46, 47 andererseits.

1429 Hierzu ist folgendes zu bemerken: In einem Dauerschuldverhältnis wie dem Mietverhältnis können ständig neue Störungen auftreten. Dementsprechend kann ein Vermieter nach rechtskräftiger Abweisung einer Räumungsklage weitere Klagen auf weitere Kündigungen mit neuen Begründungen stützen, vgl. Dauner-Lieb EWiR 1998, 285. „Neu" sind freilich nur solche Störungen, die nach dem Zeitpunkt der letzten mündlichen Tatsachenverhandlung eingetreten sind. Die Rechtskraft ist bekanntermaßen auf diesen Zeitpunkt zeitlich begrenzt, schließt also die Parteien mit solchen Tatsachen nicht aus, die nach dem maßgebenden Termin entstanden sind, Zeiss Rn. 590. Dieser Sachverhalt ist nicht problematisch und deshalb nicht weiter erörterungsbedürftig. Entscheidend ist vielmehr die kompliziertere Frage, ob es gerechtfertigt erscheint dem Vermieter einen Rückgriff auch auf solche Kündigungsgründe zu gestatten, die im Zeitpunkt der letzten mündlichen Verhandlung des Vorverfahrens schon objektiv vorlagen. Ferner ist zu klären, inwieweit die Beantwortung dieser Frage davon abhängen kann, ob der Vermieter von diesen Gründen bereits wußte, oder sie ihm erst nach dem maßgeblichen Zeitpunkt bekannt geworden sind.

1430 Zeuner MDR 1956, 257, 258.

1431 Vgl. zu diesem Problemkreis (Rechtskraft und „Wiederholungsakte") Habermeier ZZP 105, 182, 188 ff.; Schlosser § 38 II, S. 409 ff.; Schmidt-Futterer/Blank § 564 BGB a. F. Rn. 97 f.; Stein/Jonas/Leipold § 322 ZPO Rn. 209.

hierbei um die Schwierigkeit, unter welchen Voraussetzungen eine neue, vom vorangegangenen Urteil unabhängige Sachentscheidung möglich ist, wenn die dargebrachten Tatsachen nur zum Teil nach der letzten mündlichen Verhandlung des Vorprozesses eingetreten sind (im Beispielsfall die neue Kündigung des V), im übrigen aber bereits im Vorprozeß dem Gericht mitgeteilt worden waren (der Kündigungsgrund)[1432]. Die zweite Fallgestaltung betrifft also, anders als die erste, nicht nur die objektiven, sondern auch die zeitlichen Grenzen der Rechtskraft[1433]. Außerdem berührt diese Problematik auch eine Nahtstelle zum materiellen Recht, wenn man den Verbrauch eines Gestaltungsrechts durch dessen erstmalige Ausübung ins Feld führt[1434]. Schließlich ist die Konstellation insbesondere für die präzise Bestimmung der Schranken der Rechtskraft förderlich und soll deshalb ebenfalls in dieser Arbeit behandelt werden.

I. Ausschlußwirkung des rechtskräftigen Urteils

Die zwei Fallgestaltungen betreffen die Zentralfrage der Ausschlußwirkung des rechtskräftigen Urteils[1435]. In beiden Sachverhaltskonstellationen könnte dem neuen Verfahren jeweils die negative Prozeßvoraussetzung der Rechtskraft entgegenstehen[1436]. Nach der herrschenden prozessualen Rechtskrafttheorie soll das Urteil nur die zuvor bestehende Rechtslage erkennen, aber keine unmittelbare Wirkung auf das materielle Recht haben[1437]. Das Gericht darf jedoch die Verhandlung und Entscheidung über die einmal festgestellte Rechtsfolge nicht wiederholen („ne bis in idem-Lehre"[1438])[1439]. Die materielle Rechtskraft verhindert also die Wiederholung

---

1432 Zu dieser Fragestellung vgl. BGH NJW 1984, 126, 127; Gottwald/Pfaller Anm. LM; MK/Gottwald § 322 ZPO Rn. 141; Rosenberg/Schwab/Gottwald § 155 Fußnote 1; Zeuner MDR 1956, 257; Zeuner FS BGH, S. 337, 360; Zeuner S. 33 ff.; Zöller/Vollkommer vor § 322 ZPO Rn. 61. Im Arbeitsrecht wird dieser Problemkreis unter dem Stichwort „Trotz- und Wiederholungskündigung" diskutiert, vgl. Dauner-Lieb EWiR 1998, 285; Stahlhacke/Preis/Vossen Rn. 1160. Unter einer Wiederholungs- oder Trotzkündigung wird nur eine solche verstanden, die allein durch die Gründe gerechtfertigt werden soll, die bereits der ersten Kündigung zugrunde lagen, vgl. APS/Ascheid § 4 KSchG Rn. 148; Ascheid FS Stahlhacke, S. 1, 2; Bötticher FS Dölle I, S. 41, 70.

1433 Zeuner MDR 1956, 257.

1434 Zu diesem materiellrechtlichen Aspekt der Konsumtion vgl. bereits oben bei Fußnote 648 und APS/Ascheid § 4 KSchG Rn. 148; Ascheid FS Stahlhacke, S. 1, 3; Blomeyer ZPR (1. Auflage) § 90 IV 2, S. 473; Bötticher FS Herschel, S. 181, 194; Bötticher ZZP 77, 477, 483; Bötticher S. 5 f.; Bucher S. 91; Bydlinski S. 6, 7; Seckel S. 36; Söllner S. 28 f.; Steinbeck S. 23; Waltermann S. 9.

1435 Vgl. Schwab S. 154, 158 ff.

1436 Zur Einordnung der Rechtskraft als verneinende Prozeßvoraussetzung Ascheid FS Stahlhacke, S. 1, 5; Baumbach/Lauterbach/Hartmann Einf. §§ 322-327 ZPO Rn. 12; Bettermann S. 23.

1437 Ascheid FS Stahlhacke, S. 1, 5; Rosenberg/Schwab/Gottwald § 151 II 2, S. 916. - Anders die materiellrechtliche Rechtskrafttheorie, die annimmt, ein Urteil begründe das darin festgestellte Recht neu, Kohler FS Klein, S. 1. Detailliert zu den unterschiedlichen Rechtskrafttheorien Koussoulis S. 22 ff.; instruktiv auch Schwab JuS 1976, 69, 73 f.

1438 Otto S. 83.

1439 BGHZ 35, 338, 340; 36, 365, 367; Ascheid FS Stahlhacke, S. 1, 5 mit weiteren Nachweisen.

eines bereits geführten Rechtsstreits[1440]. Ist die Streitsache des Verfahrens mit der des Vorprozesses identisch, so ist die neue Klage unzulässig[1441].

II. Ausschluß nicht vorgetragener Tatsachen dem Grunde nach

In der ersten[1442] Sachverhaltskonstellation stellt sich zunächst die Schwierigkeit, ob überhaupt auch solche Tatsachen präkludiert sein können, die zwar zur Zeit der letzten Tatsachenverhandlung schon existent waren, aber von den Parteien nicht in den Prozeß eingeführt[1443] worden sind[1444]. Dies erscheint deshalb fraglich, weil die Grundlage der richterlichen Entscheidung der dem Gericht von den Parteien vorgetragene Prozeßstoff ist. Über die Frage, ob der Anspruch des Klägers aus nicht vorgetragenen und dem Gericht nicht bekannten Tatsachen begründet oder nicht begründet ist, spricht sich die Entscheidung des Gerichts nicht aus. Grundsätzlich wird daher solcher Prozeßstoff durch die Rechtskraft nicht präkludiert[1445]. Diese Feststellung bedarf allerdings einer Einschränkung, die sich nach der überwiegenden Ansicht aus der Aufgabe der materiellen Rechtskraft ergibt. Soll die Rechtskraft die Maßgeblichkeit des Inhalts der Entscheidung für spätere Prozesse konstatieren, so kann sie ihre Funktion nur erfüllen, wenn die Parteien mit Behauptungen ausgeschlossen sind, die auf Tatsachen beruhen, die bereits zur Zeit der letzten mündlichen Tatsachenverhandlung vorlagen, und auf eine abweichende Beurteilung des Prozesses abzielen[1446]. Dabei ist unerheblich, ob diese Tatsachen den Parteien bekannt waren[1447]. Demzufolge besteht im Ergebnis in Rechtsprechung[1448] und Literatur kaum[1449] Streit darüber, daß die Präklusionswirkung nicht darauf beschränkt werden kann, nur Angriffe gegen die Feststellung der vorgetrage-

1440 BGHZ 34, 337; 35, 338; 36, 365, 367; BGH NJW 1985, 2025, 2826; 1987, 371; 1995, 2993; Baumbach/Lauterbach/Hartmann Einf. §§ 322-327 ZPO Rn. 12; Musielak/Musielak § 322 ZPO Rn. 5; Stein/Jonas/Leipold § 322 ZPO Rn. 19; Thomas/Putzo § 322 ZPO Rn. 11; Jauernig § 37 I 4, S.132 (sog. Lehre vom Wiederholungsverbot). - Die andere Auffassung innerhalb der prozessualen Theorie lehrt hingegen, daß nicht eine wiederholte, sondern nur eine abweichende Entscheidung verboten ist (sog. Bindungslehre oder Lehre vom Widerspruchsverbot), vgl. Arens S. 29; Arens/Lüke Rn. 359; Grunsky § 47 III 2, S. 495 f.; so wahrscheinlich auch Schwab S. 146 und Schopp ZMR 1963, 353. Hiernach ist es also eine Frage des Rechtsschutzbedürfnisses, ob gleichlautend entschieden werden kann, Arens S. 29; Löhnig JA 1998, 533, 535 Fußnote 12; Zeiss Rn. 563. Über den Meinungsstand unterrichtet ausführlich Koussoulis S. 203 ff.

1441 Rosenberg/Schwab/Gottwald § 153 III 1 a, S. 917.

1442 In der zweiten Variante wiederholt der Kläger hingegen die bereits geltend gemachten Tatsachen.

1443 Vgl. Rosenberg/Schwab/Gottwald § 155 II, S. 932 ff.

1444 Nach Henckel S. 295 gehört die Bestimmung der Grenzen der Ausschlußwirkung zu den umstrittensten Fragen der Rechtskraftlehre.

1445 Rosenberg/Schwab/Gottwald § 155 II 1, S. 933.

1446 Rosenberg/Schwab/Gottwald § 155 II 1, S. 933; Zeiss Rn. 592.

1447 BGH NJW 1992, 1174; Habscheid S. 291; Zeiss Rn. 592.

1448 Z. B. BGHZ 98, 353, 358, 359; anders noch BGH NJW 1958, 790, 791.

1449 Anderer Ansicht ist Brox JuS 1962, 121, 126, der die Präklusion auf die vorgetragenen Tatsachen beschränken will.

nen Tatsachen auszuschließen[1450]. Unterschiedlich ist also nicht das Ergebnis, sondern nur die zu seiner Rechtfertigung versuchten Begründungen[1451].

Nach der herrschenden Meinung[1452] stellt die Präklusionswirkung nicht vorgebrachten Prozeßstoffes eine - unmittelbare oder mittelbare[1453] - Folge der Rechtskraft dar. Sie zieht diese Schlußfolgerung aus § 322 I ZPO, der den Gegenstand und Umfang oder die sogenannten objektiven Grenzen der Rechtskraft dadurch bestimmt, daß er die Urteile nur insoweit der Rechtskraft für fähig erklärt, als über den durch Klage oder Widerklage erhobenen „Anspruch" entschieden ist[1454]. Es ist deshalb an erster Stelle zu entschlüsseln, was die Zivilprozeßordnung unter dem Begriff „Anspruch" in § 322 I ZPO versteht. Mehrere Vorschriften der ZPO geben hierüber Aufschluß[1455]. So geht § 60 ZPO davon aus, daß Ansprüche den Gegenstand des Rechtsstreits bilden, und § 147 ZPO erlaubt die Verbindung mehrerer Prozesse, wenn die Ansprüche, die den Gegenstand des Rechtsstreits bilden, in rechtlichem Zusammenhang stehen. Aus diesen Vorschriften[1456] ergibt sich die Schlußfolgerung, daß die Zivilprozeßordnung mit der Wendung „Anspruch" den Streitgegenstand bezeichnet[1457]. Mit jeder Klage wird somit ein Anspruch erhoben, der den Gegenstand des Rechtsstreits und zugleich den Gegenstand der Entscheidung bildet[1458]. Das Gericht entscheidet demzufolge nicht über Tatsachen, sondern über behauptete Rechte oder Gestaltungsgründe[1459]. Deshalb ist Gegenstand der Entscheidung nicht ein Lebenssachverhalt, sondern der Streitgegenstand[1460]. Die Rechtskraftwirkung des Urteils schließt den neuen Streit um denselben Streitgegenstand aus. Sie greift also ein, wenn das behauptete Recht oder der behauptete Gestaltungsgrund identisch ist mit dem, über den bereits rechtskräftig entschieden wurde[1461]. Die Tatsachen dienen der Individualisierung des Streitprogramms. Daß die Parteien mit einem bestimmten Tatsachenvortrag ausgeschlossen sind, ist also eine (mittelbare) Folge davon, daß

1450 Vgl. Habscheid S. 291; Habscheid AcP 152, 169; Habscheid RdA 1958, 95, 98; Henckel S. 302; Jauernig S. 45.

1451 Bötticher FamRZ 1957, 409, 411, 412; Jauernig S. 45, 65; Otto S. 90 ff.; Schwab S. 158; Stein/Jonas/Leipold § 322 ZPO Rn. 229.

1452 Vgl. z. B. Henckel S. 302; Schlosser ZZP 80, 137 Fußnote 1.

1453 So beurteilt Otto S. 91, 93, 94 Schwab`s Äußerung in Schwab S. 167, 169.

1454 BGH NJW 1990, 1795, 1796; 1993, 333, 334; 1995, 967; Baumbach/Lauterbach/Hartmann § 322 ZPO Rn. 15.

1455 Vgl. Rosenberg/Schwab/Gottwald § 95 I, S. 530, 531.

1456 Die Zivilprozeßordnung spricht noch in verschiedenen Vorschriften vom Anspruch. Vgl. §§ 313 II, 322 I, 533 I, 64, 75, 81, 83, 307, 537, 261 II, 767 I ZPO. Dazu Rosenberg/Schwab/Gottwald § 95 I, S. 530, 531.

1457 Grunsky § 5 II 1, S. 27; Habscheid FS Schwab, S. 181; Köhler S. 4; Nikisch AcP 154, 271, 273; Rosenberg/Schwab/Gottwald § 95 I, S. 530, 531; Zeiss Rn. 306, 569.

1458 BGH NJW 1990, 1795, 1796; Rosenberg/Schwab/Gottwald § 95 I, S. 531. - Einen vom Streitgegenstand verschiedenen Entscheidungs- beziehungsweise Urteilsgegenstand befürworten hingegen Blomeyer ZPR § 89 III vor 1, S. 481 und FS Lent, S. 43, 47 ff. (Der Streitgegenstand soll für Rechtshängigkeit, Klagehäufung und Klageänderung, der Urteilsgegenstand für den Umfang der materiellen Rechtskraft maßgebend sein.); Lent ZZP 72, 63; Rüßmann ZZP 111, 399 Fußnote 1; Stein/Jonas/Leipold § 322 ZPO Rn. 103 ff.; Zeuner S. 175 ff. Hiervon wird später noch eingehender zu sprechen sein.

1459 Henckel S. 302.

1460 Henckel S. 302.

1461 Henckel S. 302.

sie über dasselbe Recht oder denselben Gestaltungsgrund nicht noch einmal prozessieren dürfen[1462]. Deshalb sind sie nicht nur mit den dem Gericht vorgetragenen oder vom Gericht verwerteten Tatsachen ausgeschlossen, sondern mit allen, die den identischen Anspruch zu begründen oder zu leugnen geeignet sind[1463].

Die abweichende Auffassung vertritt die These, daß neben der Rechtskraftwirkung eine „allgemeine rechtskraftfremde Präklusion" anzuerkennen sei[1464]. Sie leitet diese besondere Urteilswirkung aus den §§ 323 II, 580 und 767 II ZPO her, Vorschriften, in denen zum Ausdruck kommt, daß nur eine Veränderung des Klagegrundes infolge Eintretens neuer Tatsachen nach der letzten Tatsachenverhandlung den Weg zu einer zweiten Sachentscheidung ebnet[1465]. Diese Lehre macht der herrschenden Ansicht den Vorwurf, sie verkenne das Wesen der Entscheidung[1466]. Denn entschieden werde nicht über einen objektiv abzusteckenden Lebenssachverhalt, sondern über den mit Tatsachen aufgefüllten Klagegrund[1467]. Mögen auch die objektiven Grenzen des Lebenssachverhalts für die Prüfsteine der Klagenhäufung, Klageänderung und Rechtshängigkeit von entscheidender Bedeutung sein, so könne doch nicht übersehen werden, daß die Entscheidung nur den mit Tatsachen ausgefüllten Lebenssachverhalt zu ihrer Grundlage machen kann[1468]. Nur soweit könne in tatsächlicher Hinsicht entschieden werden, als Tatsachen vorgebracht sind. Nur insoweit erwachse das Urteil in materielle Rechtskraft[1469]. Da jeder Rechtsstreit jedoch einmal sein Ende finden und so der Rechtsfriede wiederhergestellt werden müsse, sei es erforderlich, alle diejenigen Fakten für eine neue Klage zu präkludieren, die zum Prozeßstoff, das heißt zum Lebenssachverhalt des ersten Prozesses, gehören und objektiv im Zeitpunkt der letzten Verhandlung des ersten Rechtsstreites vorhanden waren[1470]. Anderenfalls könnte ein findiger Kläger immer neue Tatsachen vorbringen und so den Streit verewigen[1471].

Auf diese unterschiedlichen Begründungsversuche der Präklusion des nicht vorgebrachten Prozeßstoffes brauchen wir hier jedoch nicht im einzelnen einzugehen[1472]. Denn selbst wenn man den Standpunkt vertreten sollte, materielle Rechtskraft und Präklusion seien zwei verschiedene Dinge[1473], gelten doch auch für die weitergehende Ausschlußwirkung keine zusätzlichen Voraussetzungen[1474].

1462 Henckel S. 302.
1463 Henckel S. 302.
1464 So Habscheid S. 291; Habscheid AcP 152, 169, 172; Rosenberg SJZ 1950, 313, 314.
1465 Habscheid S 291; Rosenberg SJZ 1950, 313, 314.
1466 Vgl. Habscheid S. 289.
1467 Habscheid S. 289; Schwab S. 162.
1468 Habscheid S. 290.
1469 Habscheid S. 290.
1470 Habscheid S. 292.
1471 Habscheid S. 292.
1472 Auch Habscheid RdA 1958, 95, 98 und Hueck FS Nipperdey, S. 99, 110 lassen die Frage, woraus die Präklusionswirkung genau abzuleiten ist, offen.
1473 So Habscheid AcP 152, 169.
1474 Nikisch AcP 156, 71, 76; Stein/Jonas/Leipold § 322 ZPO Rn. 234 Fußnote 340.

III. Umfang der Ausschlußwirkung

Die Schwierigkeit, die Ausschlußwirkung eines nicht in den Prozeß eingeführten Sachvortrags jedenfalls dem Grunde nach zu bejahen, wird nach den obigen Darlegungen im Ergebnis zwar einheitlich gelöst. Weit gehen jedoch die Ansichten bei der Frage auseinander, in welchem Umfang nicht vorgetragene Tatsachen durch die Rechtskraft[1475] ausgeschlossen sein sollen[1476]. Das Ausmaß der Präklusion eines nicht geltend gemachten Sachvortrags hängt nach dem oben gesagten davon ab, wie weit man die Rechtskraft erstreckt. Hierfür ist wiederum der präzise Umfang des Streitgegenstands von Bedeutung[1477]. Sein Inhalt und sein Umfang sind für die Rechtskraftbemessung maßgebend[1478]. Liegt also in dem Vorbringen alter, aber noch nicht vorgebrachter Tatsachen ein neuer Streitgegenstand, so können derartige Tatsachen nicht präkludiert sein[1479]. Denn gemäß § 322 I ZPO ist es der unterlegenen Partei nur innerhalb der durch den Streitgegenstand gesetzten Grenzen verwehrt, sich nachträglich auf Tatsachen zu stützen, die schon zur Zeit der letzten mündlichen Tatsachenverhandlung vorgelegen haben[1480]. Voraussetzung der Ausschlußwirkung ist also die Identität der Streitgegenstände[1481].

§ 22 Der Streitgegenstand

Wie der Streitgegenstand zu definieren ist, erläutert die ZPO selbst nicht[1482]. Der Gesetzgeber hat es vielmehr der Wissenschaft überantwortet, den Begriff mit Inhalt zu füllen[1483]. Die zu diesem Zweck entwickelten Denkmodelle aus Rechtsprechung und Literatur sind für diesen Beitrag stets mit einem Seitenblick auf die eingangs erwähnten Beispielsfälle zu sichten. Diese haben den weiteren Gang der Darstellung nämlich insoweit vorgezeichnet, als es nun darum geht, herauszufinden, ob bei der Konturierung des Streitgegenstands den einzelnen Gestaltungsgründen eine ausschlaggebende Bedeutung zukommen kann. Zur Klärung dieses Problem ist es dabei förderlich, zunächst eine höhere Abstraktionsebene zu beschreiten. Der Hebel zur folgenden Untersuchung ist deshalb an der Frage anzusetzen, inwieweit überhaupt das materielle Recht - von dem die Gestaltungsgründe nur ein Element bilden - zur Bestimmung und Strukturierung des Streitgegenstandsbegriffs einbezogen

---

1475 Für die Verfechter einer allgemeinen, rechtskraftfremden Präklusion stellt sich das gleiche Problem.

1476 Vgl. Schwab S. 159.

1477 Vgl. Jauernig S. 56; Lent AcP 152, 401, 417; Schwab S. 159; Stein/Jonas/Leipold § 322 ZPO Rn. 232 f.

1478 Rimmelspacher S. 177.

1479 Schwab S. 159.

1480 BAG AP § 626 BGB Nr. 11.

1481 Vgl. Habscheid RdA 1958, 46, 47; Henckel Prozeßrecht und materielles Recht S. 149.

1482 Vgl. Blomeyer ZPR § 40, S. 231; Köhler S. 4; Schellhammer ZPR Rn. 127; Stein/Jonas/Leipold § 322 ZPO Rn. 101.

1483 Vgl. auch Rimmelspacher S. 5 und allgemein Gamillscheg JZ 1965, 47, 49: Der Gesetzgeber definiert nicht, er gebietet.

werden kann beziehungsweise muß[1484]. Bei Beantwortung dieser Fragestellung ist zu beachten, daß es in der Lehre vom Streitgegenstand nur um einen Ausschnitt aus der übergeordneten zentralen Fragestellung[1485] geht, in welchem Maße für das Prozeßrecht eine vom Zivilrecht unabhängige eigene Begriffsbildung als Teil einer eigenständigen prozessualen Dogmatik erlaubt und erforderlich[1486] ist. Dies wiederum beurteilt sich nach dem bereits angesprochenen noch umfassenderen Verhältnis von „Prozeß und Recht"[1487]. Die Skizzierung der folgenden Grundhaltungen und verschiedenen Theorien zum Streitgegenstand spiegelt vor diesem Hintergrund das Verhältnis von formellem und materiellem Recht wider[1488].

I. Dualistische Sichtweise

In dem für uns relevanten Bereich der Streitgegenstandslehre geht die dualistische Sichtweise davon aus, daß die Anspruchsbegriffe des Bürgerlichen Rechts und des Prozeßrechts nicht deckungsgleich sind[1489]. Die fortschreitende Loslösung von materiellrechtlichen Kriterien durch die sogenannte „eingliedrige Theorie" hat am Ende der Entwicklung die „Prozessualisierung" des Streitgegenstandsbegriffs radikal vollendet[1490]. Der Begriff des Streitgegenstands wird so letztlich allein durch prozessuale Faktoren gebildet[1491]. Nach der dualistischen Theorie ist es demzufolge der falsche Weg, das Prozeßrechtsverhältnis auf der materiellrechtlichen Konstruktion aufzubauen und das gesamte Verfahren hiervon abhängig zu machen[1492]. Begründet wird das Trennungsdenken mit dem Primat des materiellen Rechts und der insoweit bloß dienenden Funktion des Prozesses, worin sich die gravierenden Wesensunterschiede der Rechtsmaterien manifestieren. Vor allem wird aber auf die dogmatischen Fortschritte hingewiesen, die die Trennung des Anspruchs von den Möglichkeiten seiner prozessualen Verwirklichung gebracht hat[1493]. So konnte zum Beispiel die Möglichkeit der Zession von Forderungen richtig erst nach der Trennung vom Prozeßrecht entwickelt werden[1494].

II. Monistische Sichtweise

Prägendes Kennzeichen der Monisten ist es, sich zur Bestimmung des Streitgegenstands an den im materiellen Recht vorgezeichneten Anspruchsbegriff zu halten[1495].

1484 Vgl. Heiderhoff ZZP 111, 455, 460.
1485 Vgl. Windel Vorwort.
1486 Lüke JZ 1960, 203.
1487 Vgl. Bettermann S. 23; Heiderhoff ZZP 111, 455, 460.
1488 Heiderhoff ZZP 111, 455, 460.
1489 Schwab JuS 1976, 69, 71; Staudinger/Peters § 194 BGB Rn. 5.
1490 Böhm FS Kralik, S. 83, 86.
1491 Schwab S. 4.
1492 Georgiades S. 120.
1493 Vgl. Staudinger/Peters § 194 BGB Rn. 3.
1494 Staudinger/Peters § 194 BGB Rn. 3.
1495 Vgl. Rimmelspacher S. 175.

Formeller und materieller Anspruch sind hiernach identisch. Ein Streitgegenstandsbegriff, der mit den Vorgaben des Bürgerlichen Rechts gar nichts mehr zu tun hat, wird strikt abgelehnt[1496]. Diese zivilistische Betrachtungsweise stützt sich auf den Gedanken, daß der Gesetzgeber der ZPO im Jahre 1877 seinerseits noch keine differenzierte Begriffsbildung vorgefunden hatte[1497]. Er orientierte sich infolgedessen am Begriff des Anspruchs, so wie er von Windscheid[1498] 1856 in die deutsche Rechtswissenschaft eingeführt worden war und heute in § 194 I BGB formuliert ist[1499].

III. Vermittelnde Streitgegenstandstheorien

Wie schon im ersten Teil dieser Untersuchung beschrieben[1500], stellen die monistische und dualistische Auffassung nur das Grundgerüst der wissenschaftlichen Diskussion dar. Die Beziehungen zwischen dem Zivilprozeßrecht und dem materiellem Recht lassen sich nach heutigem Stand weder in den Rahmen einer dualistischen, beide Materien jeweils streng für sich behandelnden Betrachtungsweise pressen, noch in den Rahmen einer monistischen Betrachtung, die nur die Ganzheit des Rechts insgesamt sieht[1501]. Aus diesem Grund haben sich - in verwirrender Meinungsvielfalt [1502]- zahlreiche „vermittelnde" Streitgegenstandstheorien[1503] entwickelt, die eine Rückbesinnung und Annäherung des prozessualen an den materiellen Anspruch fordern[1504]. So vertritt zum Beispiel Lent zwar gleichfalls einen prozessualen Begriff des Streitgegenstands. Er mißt jedoch dem materiellen Recht eine sehr viel stärkere Bedeutung bei[1505]. Auch Böhm versucht, eine sowohl „materiell- als auch prozeßrechtliche Lösung" anzusteuern[1506]. Bei der insgesamt undurchschaubaren Fülle von unterschiedlichen Ansichten kommt Nikisch zu dem Schluß, daß es unter den lebenden Autoren nicht zwei gebe, deren Ansichten völlig übereinstimmen[1507]. Horn vertritt den Standpunkt, ein Konsens hätte bislang nicht erzielt werden können[1508].

Das prozessuale Kapitel dieser Untersuchung hat nicht zum Ziel, auf diese kaum noch übersehbare Diskussion über Begriff und Umfang des Streitgegenstands ein-

---

1496 Vgl. Georgiades S. 239.
1497 Böhm FS Kralik, S. 83, 85. Die Verfasser des Entwurfs der Reichszivilprozeßordnung gingen von der Vorstellung aus, der Begriff des Anspruchs sei ein Begriff des materiellen Rechts (vgl. Rimmelspacher S. 15).
1498 Windscheid S. 3-7, 32, 148, 229, 230.
1499 Schwab Jus 1965, 81.
1500 Vgl. oben bei Fußnote 901.
1501 Stein/Jonas/Schumann (20. Auflage) Einleitung Rn. 27.
1502 Böhm FS Kralik, S. 83, 84.
1503 Georgiades S. 113 Fußnote 3.
1504 Vgl. Georgiades S. 239.
1505 Mühl NJW 1954, 1665.
1506 Habscheid FS Schwab, S. 181, 195.
1507 Nikisch AcP 154, 271, 272. So auch Stein/Jonas/Schumann (20. Auflage) Einleitung Rn. 267 und Walker ZZP 111, 429, 430.
1508 Horn JuS 1992, 680, 681.

zugehen oder gar eine verbindliche Klärung dieser sehr umstrittenen Fragen zu versuchen. Der Beitrag beschränkt sich vielmehr darauf, aus der Vielzahl der kontroversen Ansichten die gesicherten Ergebnisse hervorzuheben. Ziel ist es, den Rückgriff auf die grobe Grundlinie nachzuzeichnen, nicht aber das komplexe System[1509]. Insbesondere soll deshalb die Fragestellung, ob der Streitgegenstand ein Begehren[1510] an das Gericht oder eine in erster Linie an den Beklagten gerichtete Rechtsbehauptung[1511]darstellt[1512], nicht isoliert und losgelöst von den beiden Grundauffassungen entschieden werden[1513]. Ihre Beantwortung wird sich aus der Entscheidung für eine der zwei Denkweisen ergeben[1514]. Von größerer praktischer Bedeutung ist vielmehr die Entzweiung um die Bestimmungselemente des Streitgegenstands[1515], das heißt, wie dieser genau abzugrenzen und zu individualisieren ist. Beim Streitgegenstand geht es primär um ein Identitäts- und Abgrenzungsproblem[1516]. Denn nur, wenn der geltend gemachte Anspruch derart eingegrenzt wird, daß er sich von anderen Ansprüchen mit Sicherheit unterscheiden läßt, kann man feststellen, ob der mit einer neuen Klage erhobene Anspruch mit demjenigen identisch ist, über den schon rechtskräftig entschieden wurde[1517]. Entscheidend ist also, solche Differenzierungsmerkmale herauszufiltern, mit denen der wahre Streitgegenstand eines Prozesses unverwechselbar fixiert werden kann[1518].

IV. Bewährungspunkte

Die dargelegte Abgrenzungsproblematik des Streitobjekts zeigt sich im Zivilprozeß vornehmlich in vier Bereichen[1519]. Bei Identität des Streitgegenstands steht einer zweiten Klage die Einrede der Rechtshängigkeit entgegen (§ 261 III Nr. 1 ZPO). Eine Klagenhäufung (§ 260 ZPO) liegt vor, wenn mehrere Ansprüche erhoben werden, also mehrere Streitgegenstände gegeben sind[1520]. Eine Klageänderung (§ 263 ZPO) setzt eine Änderung des Anspruchs oder des Streitgegenstands voraus[1521]. Die

---

1509 Stürner FS Lüke, S. 829, 839.

1510 Dahingehend mit unterschiedlichen Formulierungen Bötticher FS Rosenberg, S. 73, 85, 86; Rosenberg/Schwab/Gottwald § 95 IV 1, S. 533, 534; Schwab S. 185.

1511 Grunsky § 5 II 2, S. 35; Habscheid S. 221; Nikisch Streitgegenstand S. 2, 14 ff.; Nikisch AcP 154, 271, 273, 274.

1512 Zu dieser Unterscheidung eingehend Habscheid S. 132 ff.

1513 Auch Schwab S. 43 und ZZP 71, 155, 156 mißt dieser wissenschaftlichen Streitfrage „praktisch nur ganz geringe Bedeutung" bei: Der einzige praktische Unterschied besteht lediglich darin, daß bei der Definition des Streitgegenstands als Begehren die Rechtsschutzform mitumfaßt wird, während dies bei der Begriffsbestimmung als Rechtsbehauptung nicht der Fall ist. Vgl. auch Lüke FS Schwab, S. 309, 310.

1514 Vgl. Nikisch AcP 154, 271, 297.

1515 Georgiades S. 122.

1516 Köhler S. 3.

1517 Nikisch AcP 154, 271, 281.

1518 Horn JuS 1992, 680, 681.

1519 Baumgärtel JuS 1974, 69, 70; Böhm FS Kralik, S. 83, 85; Horn JuS 1992, 680, 681; Köhler S. 3; Lüke FS Gaul, S. 425, 427 Fußnote 11; Nikisch AcP 154, 271, 272; Nikisch AcP 156, 71, 72; Rosenberg/Schwab/Gottwald § 95 II vor 1, S. 531; Schellhammer ZPR Rn. 126; Schwab JuS 1965, 81; Schwab ZZP 71, 155, 156.

1520 Thomas/Putzo § 260 ZPO Rn. 1.

1521 Schwab JuS 1965, 81.

Individualisierungsfrage tritt jedoch besonders deutlich im Bereich der materiellen Rechtskraft zutage[1522] (dazu die oben geschilderten Beispielsfälle). Dort hat sie auch die mit Abstand größte praktische Bewandtnis[1523]. Deshalb soll vornehmlich sie im folgenden betrachtet werden.

§ 23 Die Theorien über den Streitgegenstand

Innerhalb der beiden oben genannten Anschauungen heben sich vier verschiedene Grundformen heraus, die in ihrer Reihenfolge die historische Entwicklung des Streitgegenstandsbegriffs wiedergeben[1524]. Ausgegangen von der Gleichstellung des Anspruchs der ZPO mit dem materiellrechtlichen Anspruch entwickelte sich ein eigener Begriff des prozessualen Anspruchs mit prozessualem Inhalt[1525], um schließlich wieder zur („unerläßlichen"[1526]) Verbindung mit dem materiellen Recht, wenn auch in modifizierter Form, zurückzukehren[1527]. Von daher lassen sich die unterschiedlichen Betrachtungsweisen auch am besten von diesem Fortgang her erklären[1528].

I. Ursprüngliche materiellrechtliche Theorie

Die ältere Auffassung orientierte sich in erster Linie am Anspruchsbegriff des § 194 I BGB und setzte diesen privatrechtlichen Anspruch mit dem verfahrensrechtlichen Streitgegenstand gleich[1529]. Diese Ausrichtung der Prozessualisten an der Zivilistik ließ aus mehreren konkurrierenden Anspruchsnormen trotz inhaltsgleicher Rechtsfolge auch mehrere Ansprüche erwachsen[1530]. Bereits hieran wird deutlich, daß eine materiellrechtliche Einordnung des Streitgegenstands als ihre weitreichendste Konsequenz zwangsläufig zu einem „punktuellen Streitgegenstandsbegriff" führen mußte[1531]. Die Annahme einer Mehrheit prozeßrechtlicher Ansprüche trotz der Identität der Parteien, der eingeklagten Leistung und ihrer tatsächlichen Grundlage im alten und neuen Prozeß, allein weil der Kläger sich nun auf einen neuen Rechtsgrund beruft, führte schließlich auch zu unlösbaren Schwierigkeiten[1532]. An dieser prozessualen Konsequenz der älteren Lehre entzündete sich dann die Hauptkritik[1533]. Die Anhäufung von Verfahren war die Folge der zwischen den Normen

---

1522 Schnorr von Carolsfeld FS Lent, S. 245, 253.
1523 Bötticher MDR 1954, 767; Grunsky § 5 I, S. 27; Jauernig § 37 I 4, S. 139.
1524 Schwab JuS 1965, 81.
1525 Bettermann S. 23.
1526 Nikisch AcP 154, 271, 283.
1527 Heiderhoff ZZP 111, 455, 460; Schwab JuS 1965, 81.
1528 Grunsky § 5 II 1, S. 27; Hesselberger S. 167.
1529 Böhm FS Kralik, S. 83, 85.
1530 Böhm FS Kralik, S. 83, 85; Rosenberg/Schwab/Gottwald § 95 III 1, S. 531, 532; Zeiss Rn. 306.
1531 Böhm FS Kralik, S. 83, 85; Jauernig § 37 III 1, S. 143.
1532 Beys ZZP 105, 145, 151; Böhm FS Kralik, S. 83, 85, 86; Fasching Rn. 1151; Jauernig § 37 III 1 u. 2, S. 143; Rosenberg/Schwab/Gottwald § 95 III 1, S. 531, 532; Schwab JuS 1965, 81, 82; Zeiss Rn. 306.
1533 Jauernig § 37 III 2, S. 143; Schwab JuS 1976, 69, 71; Windel S. 91.

(angeblich) bestehenden Anspruchskonkurrenz[1534]. Träfe die Auffassung, daß der Gegenstand des Rechtsstreits der materiellrechtliche Anspruch sei, zu, dann gäbe es zudem, wenn der Anspruch gar nicht besteht, keinen Streitgegenstand im Prozeß[1535]. Bei Erweisung der Nichtexistenz des eingeklagten materiellen Rechts müßte der Rechtsstreit also gegenstandslos sein, was deutlich zeigt, daß primär nicht das Bestehen des materiellrechtlichen Anspruchs selbst, sondern seine Behauptung durch die Partei Gegenstand der gerichtlichen Erkenntnis ist[1536].

Gegen diese Lehre wird ferner der Einwand erhoben, der Begriff des Streitgegenstands müsse auf sämtliche Rechtsschutzformen passen, während der materielle Anspruchsbegriff nur auf die Leistungsklage zugeschnitten sei[1537]. Die materiellrechtliche Anspruchskonstruktion paßt also allenfalls bei der Leistungsklage, nicht jedoch für die Feststellungs- und Gestaltungsklage[1538]. Aufgrund dieser Widersprüche und unannehmbaren Konsequenzen einer rein materiellrechtlichen Auffassung wird die Theorie heute so nicht mehr vertreten[1539]. Sie ist überholt[1540]. Anspruch im Sinne des § 322 I ZPO ist also nicht der materiellrechtliche Anspruch im Sinne des § 194 I BGB[1541].

II. Prozessual zweigliedrige Streitgegenstandstheorie

Die Erkenntnis, daß der materiellrechtliche Anspruch als Gegenstand des Zivilprozesses nicht imstande ist, sachgerechte Problemlösungen zu ermöglichen, führte zu der Kreierung eines besseren und tauglicheren Begriffes[1542]. Die Prozeßrechtslehre sah sich in zunehmendem Maße veranlaßt, einen vom bürgerlichen Recht (und seiner Fixierung auf die konkrete Anspruchsgrundlage) abweichenden Anspruchsbegriff im Sinne der ZPO zu bilden[1543]. Aus diesem Bestreben und unter Besinnung auf die Eigengesetzlichkeit des Prozeßrechts ist sukzessive die heutige prozessual zweigliedrige Streitgegenstandstheorie entwickelt worden[1544]. Nach ihr wird der Anspruch

1534 Fasching Rn. 1151; Jauernig § 37 III 2, S. 143; Stein/Jonas/Schumann (20. Auflage) Einleitung Rn. 266.

1535 Fasching Rn. 1151.

1536 Beys ZZP 105, 145, 150, 170; Böhm FS Kralik, S. 83, 86; Fasching Rn. 1151; Schwab JuS 1965, 81, 82.

1537 Böhm FS Kralik, S. 83, 86; Fasching Rn. 1151; Habscheid FS Schwab, S. 181, 189, 190.

1538 Habscheid FS Schwab, S. 181, 189, 190; Schellhammer ZPR Rn. 128; Schwab JuS 1965, 81, 82; Stein/Jonas/Schumann (20. Auflage) Einleitung Rn. 266; Stein/Jonas/Leipold § 322 ZPO Rn. 100.

1539 Horn JuS 1992, 680, 682; Schlosser ZPR Rn. 414.

1540 Beys ZZP 105, 145, 150; Brox JuS 1962, 121, 124, 125; Fasching Rn. 1151; Henckel S. 253; Rosenberg/Schwab/Gottwald § 95 III 1, S. 531, 532; Schellhammer ZPR Rn. 128; Schneider MDR 1968, 290; Schwab JuS 1965, 81, 82; Stein/Jonas/Schumann (20. Auflage) Einleitung Rn. 266; Stein/Jonas/Leipold § 322 ZPO Rn. 100; Wieczorek/Schütze/Prütting Einleitung Rn. 61; Zöller/Vollkommer Einleitung Rn. 62.

1541 BGHZ 42, 340, 344; BGH NJW 1996, 3151, 3152.

1542 Stein/Jonas/Schumann (20. Auflage) Einleitung Rn. 267.

1543 Böhm FS Kralik, S. 83, 86.

1544 So vor allem Rosenberg ZPR 1. Auflage § 87 II 2, S. 240 f.; Fasching Rn. 1154.

im Sinne des § 322 I ZPO allein durch prozessuale Faktoren gebildet[1545]. Sie hatte folglich die Emanzipation des Begriffs des Streitgegenstands vom Begriff des konkreten materiellen Rechts zur Folge und bedeutete eine erste Loslösung des Zivilprozeßrechts vom materiellen Recht[1546]. Die zweigliedrige Auffassung ist historisch jedoch älter als die erst später entwickelte prozessual eingliedrige Theorie, die dann in ihrer Abspaltung von materiellrechtlichen Kriterien noch weiter geht und die „Prozessualisierung" des Streitgegenstandsbegriffs kompromißlos vollendet[1547].

Die Berechtigung des zweigliedrigen Streitgegenstandsbegriffs wird darin gesehen, daß im Prozeß über ein Rechtsfolgebegehren und über dessen Begründung gestritten wird. Außerdem fordert auch die ZPO (§ 253 II Nr. 2 ZPO) bereits in der Klage einen bestimmten Antrag und die Tatsachenbehauptungen, auf die er sich stützt[1548]. Hieraus wird gefolgert, der Streitgegenstand jedes Verfahrens bestimme sich inhaltlich aus dem klägerischen Antrag und dem Sachverhalt, der zur Dartuung des Entscheidungsantrages vorgetragen wird[1549]. Diese beiden Faktoren stehen selbständig nebeneinander und haben für die Bestimmung des prozessualen Anspruchs gleichwertige Bedeutung, wobei jedoch die rechtliche Qualifikation entgegen der älteren materiellrechtlichen Theorie ausbleibt, in dem Sinn, daß sie vom Gericht amtswegig vorgenommen wird[1550]. Vor diesem Hintergrund definiert diese Betrachtungsweise den Streitgegenstand als das auf rechtskräftige Feststellung einer Rechtsfolge gerichtete klägerische Begehren, das durch den gestellten Antrag und den zu seiner Begründung vorgetragenen Sachverhalt gekennzeichnet wird[1551]. Derselbe Streitgegenstand liegt demzufolge immer dann vor, wenn sowohl der Antrag als auch der Sachverhalt identisch sind[1552]. Wird nur eines dieser Elemente geändert, so ändert sich auch der Streitgegenstand[1553]. Die wichtigste Konsequenz dieser Anschauung bestand darin, in allen Fällen, in denen aus einem Sachverhalt mehrere materiellrechtliche Ansprüche entsprangen, eine Anspruchskonkurrenz mit deren unlösbaren Folgerungen zu vermeiden und zur Anspruchseinheit zu gelangen[1554]. Auf diese Weise sollten an allen vier „Bewährungspunkten" des Streitgegenstands -

---

1545 Fasching Rn. 1154; Schwab S. 4.

1546 Habscheid FS Schwab, S. 181, 183.

1547 Böhm FS Kralik, S. 83, 86.

1548 Fasching Rn. 1155; Rosenberg/Schwab/Gottwald § 95 III 2, S. 532.

1549 Arens/Lüke Rn. 163; Baumbach/Lauterbach/Hartmann § 2 ZPO Rn. 3; Beys ZZP 105, 145, 153; Grunsky § 5 II 1 c, S. 28, 29; Habscheid S. 221, 222; Habscheid FS Schwab, S. 181, 182; Lüke JZ 1960, 203, 204; MK/Lüke vor § 253 ZPO Rn. 31; Musielak/Musielak Einleitung Rn. 74, 75; Rosenberg/Schwab/Gottwald § 95 III 2, S. 532 und IV 1, S. 533; Schellhammer ZPR Rn. 130; Schilken Rn. 229 ff.; Schlosser ZPR Rn. 418; Schönke/Kuchinke § 39 I, S. 175 und III, S. 177; Stein/Jonas/Schumann (20. Auflage) Einleitung Rn. 270; Stein/Jonas/Schumann § 253 ZPO Rn. 44, 45; Thomas/Putzo Einleitung II Rn. 24, 25; Zeiss Rn. 307 ff.

1550 Beys ZZP 105, 145, 153; Fasching Rn. 1155; Stein/Jonas/Schumann (20. Auflage) Einleitung Rn. 270.

1551 Horn JuS 1992, 680, 682; MK/Lüke vor § 253 ZPO Rn. 31; Musielak/Musielak Einleitung Rn. 69.

1552 Fasching Rn. 1156.

1553 Horn JuS 1992, 680, 682; Schlosser ZPR Rn. 418; Schwab JuS 1965, 81, 83.

1554 Schwab JuS 1965, 81, 83.

der Klagenhäufung, der Klageänderung, der Rechtshängigkeit und der Rechtskraft - prozessual sachgerechte Ergebnisse erzielt werden können[1555].

Die Lehre vom zweigliedrigen Streitgegenstand kann sich jedoch nur dann praktisch bewähren, wenn es gelingt, Kriterien aufzustellen, nach denen die Erfassung und Individualisierung des im Einzelfall zugrunde liegenden Lebenssachverhaltes möglich ist[1556]. Denn die funktionsgerechte Abgrenzung des Klagegrundes, das heißt des Sachverhaltes, bildet das entscheidende Problem im Rahmen dieser Lehrmeinung[1557]. Erforderlich sind darum solche Individualisierungsmerkmale, die unmißverständlich sagen, wo die Grenze verläuft, bis zu der man noch vom „selben" Sachverhalt sprechen kann, und ab wann die Parteien um etwas anderes streiten[1558]. Zur Beantwortung dieser zentralen Frage werden im wesentlichen zwei Lösungsmodelle vorgeschlagen[1559].

1. Materiellrechtliche Betrachtungsweise

Die eine Abgrenzungsregel schlägt vom Prozeßrecht her die Brücke zum materiellen Recht, indem zur Individualisierung des Lebensvorganges doch der Tatbestand der Rechtsnorm herangezogen wird, die zur Entscheidung über den Sachantrag erforderlich ist[1560]. Diese materiellrechtliche Version[1561] wird somit von dem Gedanken getragen, „den Einklang mit den Normen des materiellen Rechts zu wahren"[1562], und befürwortet deshalb eine zivilistische Ausrichtung von Streitgegenstand und Klagegrund[1563]. Allerdings sind die aus dieser Erkenntnis - das heißt der Orientierung des Sachverhalts an materiellrechtlichen Normen - zu ziehenden Schlußfolgerungen umstritten[1564]. In Konsequenz dieser Lehre läßt sich deshalb lediglich feststellen, daß hiernach verschiedene Streitgegenstände vorliegen, wenn behauptet wird, die vorgetragenen Tatsachen könnten unter mehrere Tatbestände des materiellen Rechts subsumiert werden, die sämtliche für sich allein die Rechtsfolge statuieren, deren Feststellung oder deren Auslösung vom Gericht begehrt wird[1565].

1555 Fasching Rn. 1155; Horn JuS 1992, 680, 682; Schwab JuS 1965, 81, 83.

1556 Musielak/Musielak Einleitung Rn. 75.

1557 Baumgärtel JuS 1974, 69; Böhm FS Kralik, S. 83, 91; Schellhammer ZPR Rn. 133.

1558 Vgl. Dietrich ZZP 83, 201, 203.

1559 Böhm FS Kralik, S. 83, 100; Fasching Rn. 1157; Musielak/Musielak Einleitung Rn. 75, 76; Schlosser § 34 2, S. 357, 358.

1560 RGZ 99, 172, 176; Beys ZZP 105, 145, 153; Fasching Rn. 1157.

1561 Vgl. auch Schopp ZMR 1963, 353, 355.

1562 Böhm FS Kralik, S. 83, 102; Lent ZZP 65, 315, 318 ff.; Lent ZPR § 37 IV, S. 100 ff.; Schilken Rn. 230 ff. Einen Überblick über die Lehre Lents gibt Schwab S. 7 ff.

1563 Vgl. MK/Lüke § 263 ZPO Rn. 15, der diese Tendenz in der Judikatur jedoch kritisiert.

1564 Musielak/Musielak Einleitung Rn. 76. - Dezidiert gegen die Verweisung auf das materielle Recht Habscheid FS Schwab, S. 181, 188.

1565 Schlosser § 34 2, S. 358.

2. Natürliche Betrachtungsweise

Das andere Lösungsmodell, das die Eigenständigkeit des prozessualen Anspruchsbegriffs akzentuiert[1566], verweist für die Abgrenzung des Lebenssachverhaltes auf eine natürliche, vom Standpunkt der Parteien ausgehende Betrachtungsweise respektive auf die Verkehrsauffassung[1567]. Diese Individualisierungsmöglichkeit vermeidet demnach jeden Rückgriff auf das materielle Recht und greift auf ein rein faktisches Abgrenzungselement zurück[1568]. Die hierdurch bedingte eher weite[1569] Fassung des konkreten Lebenssachverhalts sei zu begrüßen, weil dies letztlich der definitiven Bereinigung des Streitverhältnisses der Parteien diene und damit auch der Prozeßökonomie zugute komme[1570].

3. Rechtskraft

Für die hier interessierende Fallgruppe der Leistungsklage nach vorangegangener Aufhebung eines Rechtsgeschäfts durch einseitige Gestaltungserklärung lassen sich hiernach zwei verschiedene Lebenssachverhaltsvarianten unterscheiden[1571]. Mit einer „natürlichen Betrachtungsweise" könnte man annehmen, mit der Bereicherungsklage/Räumungsklage würden alle denkbaren Anfechtungsgründe/Kündigungsgründe mit zum Gegenstand des Prozesses. Dann wären sie, ob vorgebracht oder nicht[1572], selbst ob bekannt oder nicht[1573], aufgrund der Rechtskraft präkludiert und könnten nicht mehr in einer neuen Klage als Begründung angeführt werden[1574]. Sachverhalt und damit Streitgegenstand wäre dieser Ansicht zufolge also nicht das einzelne Gestaltungsrecht beziehungsweise der jeweilige Gestaltungsgrund, sondern - gleichsam global - die Auflösung des Rechtsverhältnisses in toto. Die Abweisung der Klage bedeutete somit, daß ein Anspruch aufgrund einer Anfechtung der Willenserklärung/Kündigung des Mietverhältnisses nicht besteht[1575]. Bei einer Ausrichtung des Sachverhaltes am materiellen Recht läge es hingegen

1566 Schlosser § 34 2, S. 358.
1567 So BGHZ 117, 1, 6; BGH NJW 1993, 2684, 2685; 1995, 967, 968; NJW-RR 1996, 826, 827; Arens/Lüke Rn. 163; Habscheid S. 208 ff.; MK/Lüke § 263 ZPO Rn. 13; Musielak/Musielak Einleitung Rn. 75; Zeiss Rn. 309.
1568 Fasching Rn. 1157.
1569 MK/Lüke § 263 ZPO Rn. 15; Schlosser § 34 2, S. 358.
1570 MK/Lüke § 263 ZPO Rn. 15.
1571 Vgl. Lent AcP 152, 401, 418.
1572 Brox JuS 1962, 121, 126 beschränkt die Präklusion auf die vorgetragenen Tatsachen, befürwortet also eine „extreme Verhandlungsmaxime" (Jauernig S. 45). - Gegen ihn die herrschende Meinung: BGHZ 98, 353, 359; BGH NJW 1993, 2684, 2685; Arens AcP 170, 392, 415, 416; Beys ZZP 105, 145, 174 (Beys sieht die Präklusion in der Nichtbeachtung des Konzentrationsgrundsatzes begründet.); Jauernig S. 45. Allgemein zu dieser Kernfrage Rosenberg/Schwab/Gottwald § 155 II, S. 932 ff.; Schwab S. 159 ff.; Stein/Jonas/Leipold § 322 ZPO Rn. 229; Zeiss Rn. 592. Vgl. ferner zur unterschiedlichen Herleitung der Präklusionswirkung oben bei Fußnote 1452.
1573 BGH NJW 1992, 1172, 1174; Stein/Jonas/Leipold § 322 ZPO Rn. 234; Zeiss Rn. 592.
1574 Lent AcP 152, 401, 418.
1575 Lent AcP 152, 401, 418.

nahe[1576], auf die gesetzlichen Tatbestände abzustellen, also Anfechtung und Kündigung mit ihren jeweiligen Gründen voneinander zu trennen[1577]. Lebenssachverhalt wäre also nicht die globale Auflösung des Rechtsverhältnisses en bloc, sondern dessen punktuelle Auflösung mit der Begründung x beziehungsweise y[1578]; so viele Anfechtungsgründe - so viele Streitgegenstände[1579]. Nach der ersten Sichtweise „verspielte" der Kläger in dem anhängigen Prozeß also seine Gestaltungsrechte schlechthin, nach der zweiten lediglich den geltend gemachten Gestaltungsgrund[1580]. Bereits hier wird deutlich, daß dieser Problemkomplex einen Erörterungsschwerpunkt dieser Untersuchung einnehmen wird.

III. Prozessual eingliedrige Streitgegenstandstheorie

Die „extrem prozessuale[1581]" Lehre vom eingliedrigen Streitgegenstand stellt nur auf den Klageantrag, nicht auf den Lebenssachverhalt ab[1582]. Ein Antrag bedeute einen Streitgegenstand, mehrere Anträge führen zu mehreren Streitgegenständen - gleichgültig, ob ein oder mehrere Lebenssachverhalte vorlägen[1583]. Dieser Standpunkt wurde erstmals von Bötticher[1584] entwickelt, der sich jedoch mit seinen Feststellungen auf die Ehescheidungsklage im Eheprozeß beschränkte[1585]. Ausgangspunkt für diese Lehrmeinung war hiernach der Streitgegenstand der Gestaltungsklagen[1586]. Dem einzelnen Gestaltungsgrund wurde nicht die gleiche individualisierende Funktion zugemessen wie dem Anspruchsgrund oder dem materiellen Anspruch bei den Leistungsklagen[1587]. Schwab machte im folgenden diesen Gedanken für den gesamten Zivilprozeß fruchtbar[1588] und fand auf diese Weise einen Streitgegenstandsbegriff, der für alle Klagen in unveränderter Form Verwendung finden sollte[1589]. Er definiert sich hiernach als „das Begehren der im Klageantrag bezeichneten gerichtlichen Entscheidung"[1590]. Diese Theorie erhoffte sich insbesondere, die bei der zweigliedrigen Streitgegenstandslehre im Sachverhaltsbereich auftauchenden Abgrenzungs- und Konkurrenzprobleme vermeiden zu können[1591]. Der von der zweigliedrigen Auffassung herangezogene „Lebensvorgang" oder „Lebenssachverhalt" sei zu unbestimmt, weil dessen Grenzen nicht genau umschrie-

---

1576 Diese Sichtweise ist also nicht zwingend.

1577 Vgl. Blomeyer ZPR § 89 VII, S. 498 zur Abweisung von Gestaltungsklagen.

1578 Lent AcP 152, 401, 418.

1579 So Jauernig ZPR § 37 VIII 2, S. 149 zum Streitgegenstand von Gestaltungsklagen.

1580 Vgl. auch Bötticher FamRZ 1957, 409, 411.

1581 So Lüke FS Schwab, S. 309.

1582 Horn JuS 1992, 680, 682; Rosenberg/Schwab/Gottwald § 95 III 3, S. 532 f.; Stein/Jonas/Schumann (20. Auflage) Einleitung Rn. 273.

1583 Horn JuS 1992, 680, 682, 683; Stein/Jonas/Schumann (20. Auflage) Einleitung Rn. 273.

1584 Bötticher FS Rosenberg, S. 73, 84 ff.; Schwab JuS 1965, 81, 83.

1585 Bötticher FS Rosenberg, S. 73, 94; Stein/Jonas/Schumann (20. Auflage) Einleitung Rn. 274.

1586 Henckel S. 286.

1587 Henckel S. 286; Nikisch AcP 154, 271, 288 ff., der die Verbindung zum materiellen Recht nur bei den Feststellungs- und Leistungsklagen aufrechterhält (vgl. Henckel S. 286).

1588 Schwab S. 73 ff.

1589 Schwab S. 183 ff.; Stein/Jonas/Schumann (20. Auflage) Einleitung Rn. 274.

1590 Schwab S. 199.

1591 Fasching Rn. 1159; Zeiss Rn. 309.

ben werden könnten[1592]. Beachtenswert ist jedoch, daß diese Kritik in erster Linie nur auf die „natürliche Betrachtungsweise" innerhalb der zweigliedrigen Vorstellung zutrifft, was Schwab auch erkennt[1593]. Das zweite Lösungsmodell, das sich mit der Eingrenzung des Sachverhalts an den materiellrechtlichen Ansprüchen orientiert, vermeidet hingegen die Schwierigkeiten, die durch den (bei natürlicher Anschauung) unpräzisen Begriff des Sachverhalts oder Lebensvorgangs verursacht werden[1594]. Mit Hilfe der eingliedrigen Betrachtungsweise sollte es ferner möglich werden, auch mehrere Sachverhalte, die den gleichen Antrag rechtfertigen können, zu einem „Begehren" oder „prozessualen Anspruch" zusammenzufassen[1595]. Denn ein entscheidender Nachteil der zweigliedrigen prozessualen Theorie wird in der Vermehrung der Prozesse angesehen, wenn ein einheitliches Klageziel mit mehreren Sachverhalten begründet wird[1596]. Verdeutlicht wird dies durch den immer wieder gebrauchten Beispielsfall einer Zahlungsklage, die mit dem Grundgeschäft und einem Schuldanerkenntnis nach § 781 BGB[1597] begründet wird, obwohl der Kläger nur einmal Zahlung verlangen kann und will[1598]. Eine Schwäche der eingliedrigen Konzeption wird jedoch darin gesehen, daß sie nur bei den drei Bewährungspunkten der Rechtshängigkeit, der Klagenhäufung und der Klageänderung zu sachgerechten Ergebnissen führe[1599]. Bei dem vierten und wichtigsten Prüfstein für die Richtigkeit und Brauchbarkeit einer Streitgegenstandslehre - dem objektiven Umfang der Rechtskraft[1600] - seien die Schlußfolgerungen hingegen unhaltbar[1601]. Wird in dem Schuldanerkenntnis-Fall die Klage aus dem Grundgeschäft rechtskräftig abgewiesen und stützt der Kläger seinen neuen Antrag auf das Anerkenntnis, müßte nach der eingliedrigen Begriffsbestimmung, wenn man konsequent für die erste und zweite Klage wegen des jeweils gleichen Antrags einen einheitlichen Streitgegenstand bejaht, der zweiten Klage die Einrede der Rechtskraft entgegenstehen[1602]. Schwab, dessen Ziel es war, einen einheitlichen Begriff des Streitgegenstands zu finden, der

1592 Beys ZZP 105, 145, 163; Blomeyer FS Lent, S. 43, 68 ff.; Habscheid FS Schwab, S. 181, 188; Lent ZPR § 37 V 2, S. 103; Lent ZZP 65, 315, 350 ff.; Musielak/Musielak Einleitung Rn. 75; Schwab FS Lüke, S. 793, 794, 807; Schwab S. 27.

1593 Schwab FS Lüke, S. 793, 795.

1594 Schwab FS Lüke, S. 793, 795.

1595 Rosenberg/Schwab/Gottwald § 95 III 3, S. 533; Schwab JuS 1965, 81, 83, 84; Schwab JuS 1976, 69, 71; Schwab FS Lüke, S. 793, 795; Stein/Jonas/Schumann (20. Auflage) Einleitung Rn. 276.

1596 Beys ZZP 105, 145, 163; Schwab JuS 1965, 81, 83.

1597 Was hier über die Forderung aus einem abstrakten Schuldanerkenntnis oder Schuldversprechen gesagt wird, muß mutatis mutandis auch für die Wechsel- bzw. Scheckforderung gelten. Denn alle diese abstrakten Geschäfte werden als Bestärkungsgeschäfte abgeschlossen, die dem Gläubiger ein weiteres, zusätzliches Recht auf dieselbe Leistung, und zwar mit vereinfachter Geltendmachung im Prozeß, gewähren. Vgl. hierzu Georgiades S. 236 Fußnote 68; Habscheid S. 215.

1598 Rosenberg/Schwab/Gottwald § 95 III 3, S. 533 mit weiteren Varianten des Beispiels; Stein/Jonas/Schumann (20. Auflage) Einleitung Rn. 272.

1599 Stein/Jonas/Schumann (20. Auflage) Einleitung Rn. 276.

1600 Bötticher MDR 1954, 767; Nikisch AcP 154, 271, 279.

1601 Beys ZZP 105, 145, 164; Lüke FS Schwab, S. 309, 310; Schwab FS Lüke, S. 793, 797; Stein/Jonas/Schumann (20. Auflage) Einleitung Rn. 276; Wieczorek/Schütze/Prütting Einleitung Rn. 65.

1602 Nikisch AcP 154, 271, 279; Schneider MDR 1968, 290, 291; Stein/Jonas/Schumann (20. Auflage) Einleitung Rn. 276.

sich bei allen Arten von Klagen und bei allen Einrichtungen bewährt, für die der Streitgegenstand von Bedeutung ist[1603], hat sich jedoch für den Bereich der Rechtskraft von seiner eigenen Lehre völlig abgewendet[1604]. Denn auch er kommt zu dem Ergebnis, daß die zweite Klage nicht an der Rechtskraft des ersten Urteils scheitern darf, indem er ausdrücklich erwähnt, Grundgeschäft und Anerkenntnis seien „zwei voneinander unabhängige Sachverhalte"[1605]. Insgesamt ist dies ein bemerkenswertes Beispiel aufgrund der Bejahung der Identität des Streitgegenstands für Kaufpreis- und Wechselanspruch trotz der Verneinung der Präklusionswirkung, falls nur über einen Anspruch entschieden ist[1606]. Der offen zutage liegende enge Zusammenhang zwischen den Wirkungen der Rechtshängigkeit und der Rechtskraft wird auf diese Weise gänzlich ignoriert[1607]. Schwab kommt somit nicht daran vorbei, für den Umfang der Rechtskraft auf den Sachverhalt zurückzugreifen[1608]. Denn nur so ist in derartigen Fällen ein sachgerechtes Ergebnis zu erzielen[1609].

Ob die Theorie vom eingliedrigen Streitgegenstand jedenfalls für den laufenden Prozeß, das heißt bei den Bewährungspunkten der Rechtshängigkeit, der Klageänderung und der Klagenhäufung überlegen ist, erscheint ebenfalls zweifelhaft. Bei Zahlungsklagen und anderen Klagen auf eine unbestimmte Leistung versagt ihre Eigenständigkeit wiederum, weil hier zur Individualisierung ebenfalls auf den zugrunde liegenden Sachverhalt zurückgegriffen werden muß[1610]. Wollte man Schwab nämlich beim Wort nehmen, so wäre es keine Klageänderung, wenn der Kläger seinen auf Zahlung von 1.000 DM gerichteten Anspruch zuerst auf ein Darlehen und dann auf einen Kaufvertrag stützt, weil der Klageantrag jeweils völlig unverändert bleibt. Ferner stünde der Kaufpreisklage die Rechtshängigkeit der Darlehensklage entgegen[1611]. Auch Schwab räumt deshalb ein, daß in derartigen Fällen die Feststellung der Identität des Antrags „nur aus dem Sachverhalt heraus möglich ist"[1612]. Bemerkenswerterweise hält Schwab trotzdem daran fest, die Änderung des „Begehrens" und nicht des Sachverhaltes als das Entscheidende anzusehen[1613]. Dies gelingt ihm nur aufgrund subtiler Erwägungen, indem der Sachverhalt lediglich zur Auslegung des Antrags herangezogen wird[1614]. Den zur Klagebegründung vorgebrachten Tatsachen kommt damit nicht das gleiche Gewicht zu wie dem

---

1603 Nikisch AcP 154, 271, 279; Schwab S. 73.

1604 Bötticher MDR 1954, 767; Habscheid S. 63 f.; Nikisch AcP 154, 271, 279; Stein/Jonas/Schumann (20. Auflage) Einleitung Rn. 276.

1605 Schwab S. 172, 173.

1606 Vgl. Schwab S. 91, 112 f., 126 ff. einerseits und S. 172 f. andererseits. Dazu Otto S. 91.

1607 Nikisch AcP 154, 271, 279.

1608 Habscheid S. 63, 64; Schneider MDR 1968, 290, 291. In FS Lüke, S. 793, 797 ff. widerspricht Schwab diesem Vorwurf, indem er gewahr wird, der Grund für die fehlende Präklusion der zweiten Klage sei im Wesen der Entscheidung zu suchen und nicht darin, daß der Sachverhalt Bestandteil des Streitgegenstands sei.

1609 Schneider MDR 1968, 290, 291; Stein/Jonas/Schumann (20. Auflage) Einleitung Rn. 276.

1610 Fasching Rn. 1159; Horn JuS 1992, 680, 683; Schwab FS Lüke, S. 793, 796, 797; Zeiss Rn. 309.

1611 Nikisch AcP 154, 271, 278.

1612 Schwab S. 109, 111, 116, 125, 126. Vgl. dazu Nikisch AcP 154, 271, 278.

1613 Nikisch AcP 154, 271, 278; Schwab S. 116, 129.

1614 Beys ZZP 105, 145, 153, 154; Habscheid FS Schwab, S. 181, 182; Horn JuS 1992, 680, 683; Rosenberg/Schwab/Gottwald § 95 III 3, S. 532; Schwab JuS 1965, 81, 83, 84.

Antrag[1615]. Die Auffassung, der Sachverhalt diene nur zur Auslegung des Sachantrags, ändert jedoch nichts an seiner Eigenschaft als streitentscheidendes Element des prozessualen Anspruchs[1616]. Demzufolge besteht letztlich nur ein gradueller, aber kein prinzipieller Unterschied in der Bewertung des Sachverhalts als Streitgegenstandselement gegenüber dem zweigliedrigen Streitgegenstandsbegriff[1617]. Ob man den Sachverhalt als gleichwertigen Bestandteil des prozessualen Anspruchs ansieht oder lediglich zu seiner Auslegung heranzieht, ist von daher - in derartigen Fällen - im wesentlichen nur eine Formulierungsfrage[1618].

IV. Neue materiellrechtliche Lehren

Die Tendenz der Zivilprozeßrechtslehre, den Streitgegenstand rein prozessual zu bestimmen, zerriß den Zusammenhang zwischen Prozeßrecht und materiellem Recht. Einer völligen Lösung des Verfahrensrechts vom Privatrechtssystem wurde hiermit Vorschub geleistet[1619]. Dieser Progreß blieb nicht ohne Reaktion[1620]. Die Entwicklung des Streitgegenstands erreichte vielmehr ihre dritte Phase, in der eine Rückkehr zu der materiellrechtlich orientierten Streitgegenstandslehre gefordert wurde[1621]. Das materielle Recht sollte wieder in die Bestimmung des Streitgegenstands einbezogen werden[1622]. Die dargelegten Einwände gegen die einfache und ursprüngliche Gleichsetzung des prozessualen Anspruchs mit dem materiellrechtlichen Anspruch führten infolgedessen zu modifizierten materiellrechtlichen Streitgegenstandstheorien[1623]. Deren Anliegen bestand einheitlich darin, die sich bei der Anspruchskonkurrenz ergebenden Unzulänglichkeiten der älteren materiellrechtlichen Streitgegenstandslehre zu beseitigen[1624]. Im Anschluß an Nikisch[1625] wurden hierzu mehrere Ansprüche des materiellen Rechts, die sich aus demselben Sachverhalt ergeben, zu einem materiellrechtlichen Anspruch neuer Art zusammengefaßt (sogenannte Anspruchsnormenkonkurrenz)[1626]. Bei Begründung einer Klage zum Beispiel mit Vertrag, Delikt und Gefährdungshaftung soll demzufolge nur ein - lediglich mehrfach begründeter - Anspruch gegeben sein[1627]. Entscheidend war nach

---

1615 Beys ZZP 105, 145, 154; Horn JuS 1992, 680, 683; Nikisch AcP 154, 271, 278; Schwab JuS 1965, 81, 83, 84; Schwab S. 116, 129.
1616 Fasching Rn. 1159.
1617 Fasching Rn. 1159.
1618 Rosenberg/Schwab/Gottwald § 95 III 3, S. 532.
1619 Georgiades S. 239.
1620 Wieczorek/Schütze/Prütting Einleitung Rn. 66.
1621 Georgiades S. 239; Heiderhoff ZZP 111, 455, 460; Horn JuS 1992, 680, 683.
1622 Heiderhoff ZZP 111, 455, 460; Stein/Jonas/Schumann (20. Auflage) Einleitung Rn. 277; Zeiss Rn. 310.
1623 Fasching Rn. 1152.
1624 Beys ZZP 105, 145, 156; Fasching Rn. 1152; Georgiades S. 240; Schwab JuS 1965, 81, 84.
1625 Nikisch AcP 154, 271 ff.
1626 Beys ZZP 105, 145, 156; Habscheid FS Schwab, S. 181, 193; Larenz/Wolf AT § 18 Rn. 36 ff.; Larenz/Canaris SBT II 2 § 83 VI 1, S. 597; Medicus SAT Rn. 356; Musielak/Musielak Einleitung Rn. 72; Rimmelspacher S. 175 ff.; Rosenberg/Schwab/Gottwald § 95 III 4, S. 533. Vgl. dazu bereits oben bei Fußnote 578.
1627 Larenz/Canaris SBT II 2 § 83 VI 1, S. 597; Musielak/Musielak Einleitung Rn. 72; Schwab JuS 1965, 81, 85.

anderen ferner, ob die mehreren Einzelansprüche ein einheitliches Verfügungsobjekt bilden[1628] oder ob sie ein einheitliches Ziel verfolgen[1629].

Die Zusammenfassung mehrerer in Anspruchskonkurrenz stehender materiellrechtlicher Ansprüche zu einem materiellrechtlichen Anspruch erscheint jedoch aus vielfältigen Gründen nicht vertretbar[1630]. Zwar wird auf diese Art und Weise die Schwachstelle der alten materiellrechtlichen Streitgegenstandstheorie bei Anspruchskonkurrenz vermieden[1631]. Das Bemühen der verschiedenen Versionen, einen einheitlichen Anspruch im Falle der Anspruchsnormenkonkurrenz zu bilden, ist indes schwer mit den Bestimmungen des materiellen Rechts in Einklang zu bringen[1632]. Das materielle Recht stattet die aus verschiedenen Anspruchsgrundlagen abgeleiteten konkurrierenden Ansprüche unterschiedlich aus[1633]. So werden beispielsweise divergierende Verjährungsfristen gewährt, der Haftungsumfang uneinheitlich begrenzt oder gegen manche Ansprüche die Aufrechnung zugelassen, gegen andere aber ausgeschlossen[1634]. Schließlich ist auch die Beweislastverteilung bei der Vertrags- und Deliktshaftung verschiedenartig geregelt[1635]. Diese Differenzierungen sind mit der Annahme eines einheitlichen Anspruchs und damit eines einheitlichen Streitgegenstands nicht zu vereinbaren[1636].

V. Relativer Streitgegenstand

Die meisten Streitgegenstandsauffassungen gehen von einem Einheitsdogma aus[1637]. Der jeweils erarbeitete Begriff müsse an allen Stellen, wo er relevant werde, vor allem also bei Rechtshängigkeit, Klagehäufung, Klageänderung und Rechtskraft, übereinstimmend definiert werden[1638]. Der Streitgegenstand sei fernerhin für alle Klagearten und unabhängig von der Geltung des Verhandlungs- oder Untersuchungsgrundsatzes gleich zu bestimmen[1639]. Ausgangspunkt dieser Stellungnahme ist das Prinzip der Parteiherrschaft im Zivilprozeß, wonach das Gericht nicht befugt

---

1628 Henckel S. 262 ff. Dazu Zeiss Rn. 310.
1629 Georgiades S. 167 ff., 279 f.
1630 Vgl. Medicus SAT Rn. 356.
1631 Beys ZZP 105, 145, 164.
1632 Arens AcP 170, 392, 402 ff.; Beys ZZP 105, 145, 164.
1633 Fasching Rn. 1153.
1634 Beys ZZP 105, 145, 164; Fasching Rn. 1153; Horn JuS 1992, 680, 685; Wieczorek/Schütze/Prütting Einleitung Rn. 66.
1635 Beys ZZP 105, 145, 164; Habscheid FS Schwab, S. 181, 194; Horn JuS 1992, 680, 685.
1636 Arens AcP 170, 392, 402 ff.; Beys ZZP 105, 145, 164; Fasching Rn. 1153; Habscheid FS Schwab, S. 181, 194; Horn JuS 1992, 680, 685; Künzl Erlanger FS Schwab, S. 123, 127; Musielak/Musielak Einleitung Rn. 73; Rosenberg/Schwab/Gottwald § 95 III 4, S. 533; Stein/Jonas/Schumann (20. Auflage) Einleitung Rn. 282 a; Wieczorek/Schütze/Prütting Einleitung Rn. 66.
1637 Beys ZZP 105, 145, 157; Henckel S. 292; Stein/Jonas/Leipold § 322 ZPO Rn. 103; Zöller/Vollkommer Einleitung Rn. 61.
1638 So z. B. Georgiades S. 252, 254; Habscheid S. 284; Habscheid FS Schwab, S. 181, 188 ff.; MK/Gottwald § 322 ZPO Rn. 104; Rosenberg/Schwab/Gottwald § 153 I 1, S. 921; Schwab S. 139 ff.; Walker ZZP 111, 429, 449; Zeiss Rn. 569; Zöller/Vollkommer Einleitung Rn. 61.
1639 Vgl. Stein/Jonas/Schumann (20. Auflage) Einleitung Rn. 283.

ist, über die Parteianträge hinaus zu entscheiden (§ 308 I ZPO)[1640]. Es wird jedoch zunehmend in Zweifel gezogen, ob ein einheitlicher Verfahrensgegenstand für alle Probleme des Prozeßrechts überhaupt Sinn mache[1641].

1. Urteilsgegenstand

Die Lehrauffassung vom Urteilsgegenstand bewirkte den ersten Einbruch in die Einheitsvorstellung, indem zwischen dem Streitgegenstand während des laufenden Verfahrens (insbesondere Rechtshängigkeit, Klageänderung, Klagenhäufung) und dem Urteilsgegenstand nach Beendigung des Prozesses (also im Rahmen des Umfangs der materiellen Rechtskraft) unterschieden wurde[1642]. Der Einheitsvorstellung wird entgegengehalten, daß das Gericht in Ausnahmefällen die Parteianträge überschreiten oder hinter ihnen zurückbleiben kann, so daß Streitgegenstand und Urteilsgegenstand sich selbständig individualisieren lassen[1643]. Zwar liegt bei der rechtskräftigen Beurteilung eines nicht eingeklagten Rechtes ein rechtswidriger Verstoß gegen den Dispositionsgrundsatz (§ 308 I ZPO) vor[1644]. Die Verletzung des § 308 I ZPO führt aber lediglich zur Anfechtbarkeit, nicht zur Unwirksamkeit des Urteils[1645]; eine Verletzung des § 308 I ZPO ist auf Eintritt und Umfang der Rechtskraft ohne Einfluß[1646]. Die Rechtskraftwirkung des Urteils besteht also bis zu dessen Aufhebung fort[1647]. Der Urteilsgegenstand kann hiernach also einen größeren oder kleineren Umfang haben als der Streitgegenstand im Prozeß[1648]. Zu dieser Einschränkung gelangt die Lehre vom Urteilsgegenstand, indem sie davon ausgeht, ein

1640 Beys ZZP 105, 145, 157; Musielak FS Schwab, S. 349, 350.

1641 Beys ZZP 105, 145, 157; Brox JuS 1962, 121, 124; Fasching Rn. 1161; Heiderhoff ZZP 111, 455; Schwab FS Lüke, S. 793, 799; Stein/Jonas/Schumann (20. Auflage) Einleitung Rn. 283; Wieczorek/Schütze/Prütting Einleitung Rn. 67; Zöller/Vollkommer Einleitung Rn. 61, 82.

1642 Blomeyer ZPR § 89 III vor 1, S. 481; Blomeyer FS Lent, S. 43, 47 ff.; Lent ZZP 72, 63 ff.; Pohle JR 1954, 436, 437; Rüßmann ZZP 111, 399 Fußnote 1; Stein/Jonas/Schumann (20. Auflage) Einleitung Rn. 283; Stein/Jonas/Leipold § 322 ZPO Rn. 103 ff.; Zeuner S. 175 ff.

1643 Beys ZZP 105, 145, 157; Blomeyer ZPR § 89 III vor 1, S. 481.

1644 Musielak/Musielak § 308 Rn. 4.

1645 Musielak/Musielak § 308 Rn. 19. Im Schrifttum wird differenziert: Ein Urteil, daß dem Kläger etwas anderes (Aliud) zuspricht, als er beantragt hat, sei unwirksam. Dagegen sei eine Entscheidung wirksam, aber anfechtbar, wenn dem Kläger mehr zuerkannt wird, als er nach seinem Antrag begehrt; vgl. Musielak FS Schwab, S. 349, 359 ff.

1646 Brox JuS 1962, 121, 124.

1647 Beys ZZP 105, 145, 158. Ob ein rechtskräftiges Urteil, das unter Verletzung des § 308 I ZPO zustande gekommen ist, mit Mitteln des Zivilprozeßrechts nachträglich korrigiert werden kann, wird kontrovers diskutiert. Über die verschiedenen Lösungsansätze informiert Musielak FS Schwab, S. 349, 364 f.

1648 Blomeyer FS Lent, S. 43, 50; Brox JuS 1962, 121, 124. Abgesehen von diesen Fehlurteilen sollte der Urteilsgegenstand aber nicht weiter als der Gegenstand des laufenden Prozesses sein, weil anderenfalls die Parteien sich Rechtskraftwirkungen ausgesetzt sähen, über die sie vorher nicht gestritten haben. Auf der anderen Seite ist es nicht ausgeschlossen, den Gegenstand der Rechtskraft enger zu begrenzen als den Streitgegenstand im anhängigen Verfahren [Stein/Jonas/Schumann (20. Auflage) Einleitung Rn. 285]. Vgl. auch Köhler S. 18, 19. In der Regel werden allerdings der Gegenstand des Prozesses und der Gegenstand des Urteils sich decken. Nur dann ist der Gegenstand des Urteils ein anderer, wenn der Richter - bewußt oder unbewußt - über mehr oder weniger oder über etwas anderes (außer man befürwortet insoweit die Nichtigkeit des Urteils) entscheidet, als beantragt. Dazu Brox JuS 1962, 121, 124.

im Urteil nicht beschiedener Anspruch werde auch nicht von der Rechtskraft betroffen. Die Rechtskraft wirkt nur, soweit das Urteil über den Anspruch entschieden hat[1649]. Hierbei kommt demnach dem Willen des Gerichts, nur in beschränktem Umfang über den Klageantrag zu entscheiden, ausschlaggebende Bedeutung zu[1650]. Es geht nicht an, die Rechtskraft gegen den Willen des Gerichts auf konkurrierende Ansprüche zu erstrecken, die nach dem Urteilsinhalt nicht Urteilsgegenstand sein sollten[1651]. Letztlich ist demnach nicht dasjenige der Streitgegenstand des Urteils, was die Parteien zum Streitgegenstand des Rechtsstreits gemacht haben, sondern das, was der Richter zum Streitgegenstand des Urteils gemacht hat. Letzteres muß durch Auslegung des Urteils ermittelt werden[1652].

Als Hauptargumente für diese Lehrauffassung werden angeführt: Durch die Begrenzungsmöglichkeit des Urteilsgegenstandes gegenüber dem Streitgegenstand soll zum einen eine Ausuferung des Rechtsstreits konterkariert werden. Denn wenn der Umfang der Rechtskraftwirkung eingeschränkt wird, müssen die Parteien nicht befürchten, mit weiteren Gründen präkludiert zu werden[1653]. Wenn zum anderen alle Tatsachen, die den Klageantrag rechtfertigen, auch den Urteilsgegenstand bildeten, würde dies zu wesentlich härteren Konsequenzen als beim Streitgegenstand des laufenden Prozesses führen[1654]. Das Geltendmachen all dieser Tatsachen würde abgeschnitten, auch wenn es sich um Tatsachenkomplexe handelt, die einer Partei unbekannt und unerkennbar waren, das heißt unabhängig davon, ob die Partei die Tatsachen geltend machen konnte oder nicht[1655]. Die Rechtskraft soll aber primär den Parteiinteressen dienen und nicht der Prozeßökonomie[1656].

2. Variabler Streitgegenstand

Von der Unterscheidung zwischen Verhandlungs- und Urteilsgegenstand ausgehend wurde die Lehre von der Relativität des Streitgegenstandsbegriffs entwickelt[1657]. Diese Anschauung will die Streitgegenstandsproblematik nicht mehr mit Hilfe von begrifflich-konstruktivem Denken im Sinne einer einheitlichen Lösung bewältigen[1658]. In den Vordergrund rückt vielmehr die Erkenntnis, daß der Streitgegenstand je nach der Art des Prozesses und nach der Bewertung der dabei im Spiel befindlichen Parteiinteressen unterschiedlich ausfallen kann[1659]. Die Lehrmeinung betont, daß die

---

1649 Blomeyer ZPR § 89 I 2, S. 478.
1650 Blomeyer FS Lent, S. 43, 46.
1651 Blomeyer FS Lent, S. 43, 47.
1652 Brox JuS 1962, 121, 124.
1653 Stein/Jonas/Schumann (20. Auflage) Einleitung Rn. 294.
1654 Köhler S. 19.
1655 Köhler S. 19; Stein/Jonas/Leipold § 322 ZPO Rn. 104.
1656 Brox JuS 1962, 121, 126; Köhler S. 19.
1657 Beys ZZP 105, 145, 158; Stein/Jonas/Schumann (20. Auflage) Einleitung Rn. 283.
1658 Wieczorek/Schütze/Prütting Einleitung Rn. 67. Auch Schneider MDR 1968, 290, 292 lehnt es ab, sich vorweg zu einer bestimmten Theorie in der Lehre vom Streitgegenstand zu bekennen. Ein solches Verfahren bedeute einen Rückfall in die (überwundene) Begriffsjurisprudenz.
1659 Schneider MDR 1968, 290, 291 f.; Wieczorek/Schütze/Prütting Einleitung Rn. 67.

Zwänge, für alle Bereiche einen einheitlichen Streitgegenstandsbegriff anzunehmen, durchaus unterschiedlich ausgeprägt sein können[1660]. Sie ersieht - bei aller Einzelbetrachtung - im Hinblick auf das Ganze insbesondere die Wechselbeziehungen, die unter den verschiedenen prozessualen Vorschriften bestehen[1661]. Zwischen der Rechtshängigkeit, der Klageänderung und der Klagenhäufung bestehen zum Beispiel funktionale Verknüpfungen, die nicht außer acht gelassen werden dürfen[1662]: Was die Rechtshängigkeit des einen Verfahrens sperrt, kann im selben Prozeß nicht nur unter den erschwerten Bedingungen der Klageänderung zugelassen sein[1663]. Eine Streitgegenstandsdefinition, die diesen Konnex mißachtete, wäre mit dem Anspruch auf rechtliches Gehör (Art. 103 I GG) unvereinbar[1664]. Diese funktionale Beziehung zwischen Klageänderung und Rechtshängigkeitssperre muß auch umgekehrt gelten: Wenn das Vorbringen im anhängigen Rechtsstreit unzulässig ist, darf die gesonderte Klage nicht am Einwand der Rechtshängigkeit scheitern[1665]. Auch die Annahme einer Klagenhäufung sollte vermieden werden[1666]. Zwänge für die Annahme eines einheitlichen Streitgegenstands bestehen hingegen bei der Rechtshängigkeit und der Rechtskraft[1667]. Die Einwände der anderweitigen Rechtshängigkeit und der entgegenstehenden Rechtskraft haben das gemeinsame Ziel, widersprüchliche Entscheidungen zu verhindern[1668]. Diese übereinstimmende Intention legt es nahe, den Streitgegenstand für die Rechtshängigkeit genauso zu bestimmen wie für die Rechtskraft[1669]. Ausgehend von dieser Grundüberlegung und dem Zweck der jeweiligen zivilprozessualen Bestimmung[1670] wollen die Vertreter des

---

1660 Rüßmann ZZP 111, 399 Fußnote 1.

1661 Rimmelspacher S. 176.

1662 Rüßmann ZZP 111, 399 Fußnote 1; Stein/Jonas/Schumann (20. Auflage) Einleitung Rn. 285. Zu Unrecht ziehen Rüßmann ZZP 111, 399 Fußnote 1 und Stein/Jonas/Schumann (20. Auflage) Einleitung Rn. 292 jedoch die Konklusion, für die Rechtshängigkeit und die Klageänderung müsse aufgrund dieser Relation ein einheitlicher Streitgegenstand gelten. Ein verschiedenartiger Verfahrensgegenstand ist vielmehr zulässig, wenn und soweit dem Konnex zwischen Rechtshängigkeit und Klageänderung hinreichend Rechnung getragen wird. So wäre es z. B. ausgeschlossen, die Rechtshängigkeitssperre nach dem eingliedrigen, die Frage der Klageänderung hingegen nach dem zweigliedrigen Streitgegenstandsbegriff auszurichten. Demgegenüber bestünde umgekehrt die Möglichkeit, die Rechtshängigkeit am zweigliedrigen, die Klageänderung am eingliedrigen Anspruchsbegriff auszurichten, ohne die funktionalen Verknüpfungen ignorieren zu müssen.

1663 Blomeyer ZPR § 40 V 1, S. 234; Rimmelspacher S. 177; Stein/Jonas/Schumann (20. Auflage) Einleitung Rn. 285.

1664 Rimmelspacher S. 177.

1665 Blomeyer ZPR § 40 V 1, S. 234; Stein/Jonas/Schumann (20. Auflage) Einleitung Rn. 285.

1666 Rüßmann ZZP 111, 399 Fußnote 1.

1667 Gemeinsame verfassungsrechtliche Grundlage der Rechtshängigkeit und der Rechtskraft ist das Rechtsstaatsprinzip, vgl. Rosenberg/Schwab/Gottwald § 151 I, S. 915 und § 151 III 1 a, S. 917; Walker ZZP 111, 429, 449 Fußnote 121.

1668 BGHZ 4, 314, 322; Musielak/Foerste § 261 ZPO Rn 9.

1669 Die Verbundenheit dieser beiden Bewährungspunkte des prozessualen Anspruchs zeigen Walker ZZP 111, 429, 449 und Rosenberg/Schwab/Gottwald § 151 III 1 a, S. 917 auf. Auch Nikisch AcP 154, 271, 279 spricht von einem offen zutage liegenden engen Zusammenhang zwischen den Wirkungen der Rechtshängigkeit und der Rechtskraft. - Diese übereinstimmende Zielrichtung bewerten Rüßmann ZZP 111, 399 Fußnote 1; Stein/Jonas/Schumann (20. Auflage) Einleitung Rn. 292; Wieczorek/Schütze/Prütting Einleitung Rn. 69 und die Anhänger der Lehre vom Urteilsgegenstand zu gering, indem sie bei der Rechtshängigkeit und der Rechtskraft einen verschiedenartigen Streitgegenstand zulassen.

1670 Vgl. Baumgärtel JuS 1974, 69, 73 ff.; Rimmelspacher S. 175, 176.

variablen Streitgegenstands diesen teilweise eingliedrig, teilweise aber auch zweigliedrig bestimmen[1671]. Bei denjenigen Vorschriften, die Nahtstellen zum materiellen Recht[1672] aufweisen - also bei Rechtshängigkeit und materieller Rechtskraft -, soll ein eher materiellrechtlich orientierter Streitgegenstandsbegriff zur Anwendung gelangen[1673]. Bei den Normen hingegen, die vorrangig der Prozeßökonomie dienen - Klageänderung und Klagehäufung -, wird ein eher am formellen Recht ausgerichteter prozessualer Anspruchsbegriff befürwortet[1674]. Als Konsequenz wird daher von manchen die eingliedrige Streitgegenstandstheorie für die Klageänderung und die Klagenhäufung bevorzugt[1675], nicht aber für die Rechtshängigkeit und die materielle Rechtskraft, wo die zweigliedrige Theorie als geeigneter betrachtet wird[1676]. Schließlich wird auch vertreten, man könne für die Fragen der Klagenhäufung, der Klageänderung und auch für die Frage der Rechtshängigkeit der eingliedrigen Theorie vom Streitgegenstand folgen[1677]. Im Bereich des Umfangs der materiellen Rechtskraft hält man sich demgegenüber an die zweigliedrige Streitgegenstandstheorie, um die denkbare Präklusion nicht vorgebrachter Tatsachen möglichst zu beschränken[1678]. Eine umfassende Rechtskraftwirkung erscheint unbillig und kann auch nicht im Interesse der anderen Partei gefordert werden[1679].

3. Differenzierung nach Prozeßmaximen

Diese Lehrmeinung besinnt sich der entscheidenden Problematik, indem sie der Frage nachgeht, ob und in welchem Umfang der Klagegrund zum Inhalt des Streitgegenstandsbegriffs gehört[1680]. Sie sucht hierzu eine Lösung von den unterschiedlichen Prozeßmaximen her, die die Beschaffung des Tatsachenstoffs

---

1671 Horn JuS 1992, 680, 683 f.

1672 So Baumgärtel JuS 1974, 69, 75.

1673 Fasching Rn. 1161; Horn JuS 1992, 680, 684; Thomas/Putzo Einleitung II Rn. 7.

1674 Baumgärtel JuS 1974, 69, 73 ff.; Fasching Rn. 1161; Horn JuS 1992, 680, 684; Thomas/Putzo Einleitung II Rn. 7.

1675 Dezidiert anderer Auffassung ist insoweit Becker AcP 188, 24, 61 Fußnote 105. Nach ihm findet der zweigliedrige Streitgegenstandsbegriff gerade in der Vorschrift des § 264 ZPO eine Stütze. Daher müsse er wenigstens für die Beurteilung des Vorliegens einer Klageänderung gelten. Becker führt aus, daß die zwei Koordinaten des Streitgegenstands durch eine Zusammenschau des Eingangssatzes von § 264 ZPO und seiner Nr. 2 deutlich werden. Nach der Präambel darf der Klagegrund, also der Tatbestand oder Lebenssachverhalt, keine Änderung erfahren. Geschieht dies doch, so ist eine Klageänderung gegeben, selbst wenn eine der Nummern 1-3 verwirklicht ist. Nach Becker widerlegt diese Betrachtung das eingliedrige, nur auf den Antrag abstellende Streitgegenstandskonzept: läge es dem Gesetz zugrunde, wäre die Präambel von § 264 ZPO überflüssig.

1676 Baumgärtel JuS 1974, 69, 73 ff.; Beys ZZP 105, 145, 158; Fasching Rn. 1161; Horn JuS 1992, 680, 684; Schwab FS Lüke, S. 793, 799; Stein/Jonas/Schumann (20. Auflage) Einleitung Rn. 283.

1677 Beys ZZP 105, 145, 158; Blomeyer ZPR § 40 V 1, S. 234; Musielak/Musielak Einleitung Rn. 70; Schwab FS Lüke, S. 793, 799; Stein/Jonas/Schumann (20. Auflage) Einleitung Rn. 292, 294; Wieczorek/Schütze/Prütting Einleitung Rn. 67, 69.

1678 Musielak/Musielak Einleitung Rn. 70; Stein/Jonas/Schumann (20. Auflage) Einleitung Rn. 292, 294; Stein/Jonas/Leipold § 322 ZPO Rn. 104 ff.; Wieczorek/Schütze/Prütting Einleitung Rn. 67, 69.

1679 Stein/Jonas/Leipold § 322 ZPO Rn. 104.

1680 Baumgärtel JuS 1974, 69, 72.

betreffen[1681]. Soweit in Zivilprozessen die Untersuchungsmaxime gilt (vornehmlich also im Familienprozeß, vgl. § 616 I ZPO), soll ein globaler Streitgegenstandsbegriff gelten[1682]. Dieser werde allein durch den Antrag gebildet, weil der Sachverhalt vom Gericht zu ermitteln ist[1683]. Bei Verfahren mit Verhandlungsgrundsatz soll dagegen der Streitgegenstand durch Antrag und einem sehr eng am materiellen Recht orientierten Lebenssachverhalt festgelegt werden, da in solchen Verfahren der Kläger die Möglichkeit besitzt, den Sachverhalt enger zu fassen als in einem Verfahren mit Untersuchungsgrundsatz[1684].

Auf die Plausibilität dieser Unterscheidung ist in dieser Arbeit nicht näher einzugehen. Dies rechtfertigt sich aus der Tatsache, daß wir uns ausschließlich mit den Leistungsklagen und Feststellungsklagen (§ 4 S. 1 KSchG, § 256 ZPO in Verbindung mit § 495 ZPO, § 46 II ArbGG) des Zivilprozesses beschäftigen. Diese unterstehen ausnahmslos dem Verhandlungsgrundsatz[1685], so daß der Inquisitionsprozeß in dieser Sondierung nicht zum Tragen kommt. Verwertbar und daher von Bedeutung ist allein die Erkenntnis, daß Jauernig den Lebenssachverhalt mit Hilfe der Normen des materiellen Rechts abgrenzt[1686]. Soweit er also im Rahmen des Verhandlungsgrundsatzes den Sachverhalt als Element des Streitgegenstands ansieht, ist er innerhalb der zweigliedrigen Streitgegenstandstheorie der materiellrechtlichen Denkweise zuzuordnen.

§ 24 Der Streitgegenstandsbegriff in der Rechtsprechung

I. Reichsgericht

Bereits in den ersten Jahrzehnten seines Bestehens hat das Reichsgericht klargestellt, daß für die Abgrenzung des prozessualen Anspruchs neben dem Antrag auch der zugrunde liegende Sachverhalt maßgebend ist[1687]. Die anfängliche Neigung zu einem materiellen Streitgegenstandsbegriff[1688] wurde später zugunsten einer prozessual orientierten Auffassung verdrängt[1689]. Bei der im Rahmen des zweigliedrigen Streitgegenstands entscheidenden Zentralfrage, wie der Sachverhalt als Ausschnitt aus einem Lebensvorgang abzugrenzen ist, ergibt die Rechtsprechung des

---

1681 Baumgärtel JuS 1974, 69, 72; Horn JuS 1992, 680, 684.
1682 Jauernig S. 55 ff.; Jauernig ZPR § 37 VIII, S. 148 ff.
1683 Horn JuS 1992, 680, 684; Musielak/Musielak Einleitung Rn. 71.
1684 Horn JuS 1992, 680, 684; Jauernig ZPR § 37 VIII, S. 148 ff.; Musielak/Musielak Einleitung Rn. 71; Stein/Jonas/Schumann (20. Auflage) Einleitung Rn. 283.
1685 Vgl. Jauernig S. 7.
1686 Jauernig S. 50; Stein/Jonas/Schumann (20. Auflage) Einleitung Rn. 283; Stein/Jonas/Leipold § 322 ZPO Rn. 233.
1687 RGZ 26, 250, 253; 38, 171, 172; 41, 128; 118, 210; 126, 248; Mühl NJW 1954, 1665, 1666.
1688 Vgl. Köhler S. 24.
1689 Köhler S. 24; Stein/Jonas/Schumann (20. Auflage) Einleitung Rn. 284.

Reichsgerichts ein einheitliches Bild[1690]. Für das Reichsgericht maßgebend sind die Merkmale, welche die materiellrechtliche (anspruchsbegründende) Norm ausfüllen[1691]. Das Gericht spricht sich also für eine am materiellen Recht orientierte Abgrenzung des Sachverhaltes aus[1692]. Diese Vorgehensweise entspricht damit ebenfalls der materiellrechtlichen Grundhaltung innerhalb des zweigliedrigen Streitgegenstandsbegriffs.

II. Bundesgerichtshof

Der Bundesgerichtshof folgt insoweit der Rechtsprechung des Reichsgerichts, als auch er unter ausdrücklicher Ablehnung der ursprünglichen materiellen Theorie eine prozessuale Streitgegenstandsauffassung vertritt[1693]. Innerhalb der prozessualen Denkweise hat der Bundesgerichtshof anfangs eindeutig Stellung weder zugunsten der eingliedrigen noch der zweigliedrigen Streitgegenstandslehre bezogen[1694]. So hat sich der Bundesgerichtshof in einer Entscheidung aus dem Jahre 1953[1695] zu der zweigliedrigen Anschauung bekannt, wie sie seiner Zeit auch noch von Rosenberg vertreten wurde[1696]. Die Analyse weiterer Entscheidungen dokumentierte, daß hiermit keine Fixierung auf einen bestimmten Streitgegenstand beabsichtigt war[1697]. Vielmehr wurde beleuchtet, wie unterschiedliche Interessen zu jeweils verschiedenen prozessualen Ansprüchen führen können[1698]. Daraufhin sah sich der Bundesgerichtshof im Jahre 1970[1699] dazu bewogen, den ganzen Theorienstreit als weitgehend unfruchtbar zu bezeichnen und sich für eine Bestimmung des Streitgegenstands jeweils vom vernünftigen Ergebnis her auszusprechen[1700]. Diese zitierten Entscheidungen veranschaulichen die Tendenz des BGH, sich nicht vorweg zu einer bestimmten Ansicht in der Lehre vom Streitgegenstand zu bekennen. Vielmehr wird als Sachkriterium der Zweck der jeweiligen Einzelnorm herangezogen, in deren

---

1690 Mühl NJW 1954, 1665, 1666 ff. - Anders Schwab S. 102 ff., der die Einheitlichkeit der Rechtsprechung des früheren Reichsgerichts abstreitet. In diese Richtung auch Stein/Jonas/Schumann (20. Auflage) Einleitung Rn. 284.

1691 Vgl. die ständig gebrauchte Wendung des Reichsgerichts, die Rechtskraft beziehe sich auf eine bestimmte Rechtsfolge aus einem bestimmten Tatbestand, z. B. RGZ 125, 161; 136, 163; 160, 165; RG WarnRspr 1915 Nr. 281, S. 435 ff.; Mühl NJW 1954, 1665, 1667; Schwab S. 103; Stein/Jonas/Leipold § 322 ZPO Rn. 232.

1692 Mühl NJW 1954, 1665, 1667; Stein/Jonas/Leipold § 322 ZPO Rn. 232.

1693 BGH WarnRspr 1970, 48; Stein/Jonas/Schumann (20. Auflage) Einleitung Rn. 284.

1694 Stein/Jonas/Schumann (20. Auflage) Einleitung Rn. 284.

1695 BGHZ 9, 22, 27 ff.

1696 Rosenberg ZPR 5. Auflage § 88 II 3, S. 385. Seit der 6. Auflage (1954) vertrat Rosenberg dann - unter dem Eindruck der Habilitationsschrift seines Schülers Schwab - den eingliedrigen Streitgegenstandsbegriff. Vgl. Stein/Jonas/Schumann (20. Auflage) Einleitung Rn. 271.

1697 Vgl. einerseits BGH ZZP 75 (1962), 458, 459: Ein einziger Verfahrensgegenstand besteht bei Klage aus Wechsel und Grundgeschäft und andererseits BGHZ 45, 231, 232: Das Wechseln von Einwendungen bei der Klage nach § 767 ZPO ist eine Änderung des Klagegrundes und damit Klageänderung. Dazu Stein/Jonas/Schumann (20. Auflage) Einleitung Rn. 284 Fußnote 113.

1698 Zeiss Rn. 309.

1699 BGH WarnRspr 1970, 48, in Anlehnung an Schneider MDR 1968, 290, 292.

1700 Baumgärtel JuS 1974, 69; Horn JuS 1992, 680, 685; Köhler S. 25; Stein/Jonas/Schumann (20. Auflage) Einleitung Rn. 284.

Rahmen die Streitgegenstandsfrage auftaucht[1701]. Der Lösungsweg des Bundesgerichtshofs wies vor diesem Hintergrund - verglichen mit den Ansätzen in der Literatur - die stärkeren Parallelen zu einigen Vertretern des relativen Streitgegenstandsbegriffs auf[1702]. Schließlich hat sich der Bundesgerichtshof der zweigliedrigen Streitgegenstandsauffassung angeschlossen[1703]. Bezüglich der grundlegenden Frage der Abgrenzung des Lebenssachverhalts verweist das Gericht auf eine natürliche, vom Standpunkt der Parteien ausgehende Betrachtungsweise oder auf die Verkehrsauffassung[1704]. Der Senat hat sich im Rahmen der zweigliedrigen Streitgegenstandstheorie also für die „natürliche Betrachtungsweise" entschieden[1705].

§ 25 Bewertung

Der verwirrenden Meinungsvielfalt[1706] der herkömmlichen Lehren wird an dieser Stelle keine neue Variante des Streitgegenstandsbegriffs hinzugefügt. Es kommt vielmehr darauf an, aus dem bunten Strauß der vorgetragenen Lehrmeinungen diejenigen auszusondern, die leistungsfähig sind. Die ältere und die neueren materiellrechtlichen Lehren wurden bereits bei der Vorstellung der verschiedenen Betrachtungsweisen als unbrauchbar ausgeschieden. Somit beschränkt sich die Auswahl auf die prozessualen Lehrmeinungen, nämlich die eine, die den prozessualen Anspruch zusammensetzt aus Antrag und Sachverhalt, und die andere, die den Streitgegenstand mit dem Antrag gleichsetzt[1707]. Schließlich ermöglicht der variable Streitgegenstandsbegriff die Kombination beider Standpunkte, indem teilweise nur auf den Antrag abgestellt, teilweise aber auch der Sachverhalt herangezogen wird. Hiernach wird also keiner Ansicht pauschal der Vorzug gegeben, beide werden vielmehr miteinander verknüpft.

I. Relativität des Streitgegenstandsbegriffs

Selbst Schwab konnte seine These vom Einheitsbegriff[1708] nicht überall konsequent durchführen. Während er für die Rechtshängigkeit einen „globalen" Streitgegenstand bejaht, indem nur auf den klägerischen Antrag abstellt wird, verneint er ihn im Ergebnis für die Rechtskraft[1709]. Bei der Rechtskraft wird nämlich, ohne von Schwab

1701 Stein/Jonas/Schumann (20. Auflage) Einleitung Rn. 284.
1702 Stein/Jonas/Schumann (20. Auflage) Einleitung Rn. 284.
1703 BGHZ 79, 248; 94, 33; 117, 1, 5 f.; 123, 140; 124, 166; 132, 240, 243; BGH LM § 253 ZPO Nr. 56; BGH NJW 1983, 388, 389; 1996, 3152; Habscheid FS Schwab, S. 181, 182; Horn JuS 1992, 680, 682; Musielak/Musielak Einleitung Rn. 74, 75; Zöller/Vollkommer Einleitung Rn. 83.
1704 BGH NJW 2000, 1958; 1992, 1172; NJW 1993, 2684, 2685; 1995, 967, 968; NJW-RR 1996, 826, 827.
1705 Musielak/Musielak Einleitung Rn. 75.
1706 So Schlosser § 34 vor 1, S. 356; Schwab ZZP 71, 155.
1707 Vgl. Schneider MDR 1968, 290, 292.
1708 Vgl. Schwab S. 73.
1709 Baumgärtel JuS 1974, 69, 72; Schwab S. 126 gegenüber S. 172, 173.

hervorgehoben oder erklärt zu werden[1710], dem Sachverhalt - unter dem Gesichtspunkt der Präklusion[1711] - eine begrenzende Bedeutung beigelegt[1712]. Dies dokumentiert sehr deutlich, daß sich entgegen allen theoretischen Versuchen kein einheitlicher eingliedriger Begriff des Streitgegenstands für alle denkbaren Prozeßlagen herausarbeiten läßt[1713]. Die Abkehr vom „Einheitsdogma" beim Streitgegenstand ist daher zu begrüßen[1714]. Wie aufgezeigt haben beide prozessuale Streitgegenstandstheorien sowohl ihre Schwächen als auch ihre Vorzüge. Der relative Streitgegenstandsbegriff ist in der Lage, die jeweiligen Vorteile zu fokussieren und die vorhandenen Schwachpunkte auszusieben. Diese Lehrauffassung stellt hierzu die einzelne Prozeßvorschrift in den Vordergrund, und vermag deshalb den Zweck der jeweiligen Norm besser zu berücksichtigen[1715]. Man sollte insofern jede prozessuale Situation aus sich heraus erfassen und nicht apriorisch entworfene begriffliche Schablonen an sie herantragen, um durch systematischen Begriffszwang zu einer Lösung zu gelangen[1716]. Vor diesem Zusammenhang sollte man vom Verfahrensgang, von der Praktikabilität des Lösungswegs und vom Ergebnis her die in Betracht kommenden Argumente zusammentragen, abwägen und sich - erst dann - für eine bestimmte Beurteilung entscheiden[1717].

II. Kritik

Die Kritiker des relativen Streitgegenstandsbegriffs beschwören die Gefahr auf, daß der einheitliche Begriff des Streitgegenstands verlorengeht, so daß einem Begriffswirrwarr Vorschub geleistet wird[1718]. Die Ermittlung des prozessualen Anspruchs im Zivilprozeß soll durch die Auffassung vom variablen Verfahrensgegenstand nicht klarer werden, sondern immer mehr in die Konturlosigkeit abgleiten[1719]. Außerdem geböten die im Rechtsstaatsprinzip verankerten Gedanken der Rechtssicherheit und Rechtsklarheit die einheitliche Auslegung ein und desselben Begriffes - des Streitgegenstands[1720].

Dieser Gegenstimme ist zuzugeben, daß der variable Streitgegenstand zum Verfall des Einheitsdogmas führt[1721]. Gerade darin liegt jedoch auch seine Intention[1722]. Bei einem relativen prozessualen Anspruch darf der Jurist nicht mit einem vorgefertigten Streitgegenstandsbegriff zur Lösung schreiten. Er soll gerade gezwungen werden,

---

1710 Nikisch AcP 154, 271, 279.
1711 Vgl. Schwab`s Überschrift zu § 15 auf S. 158: „Die Ausschlußwirkung".
1712 Baumgärtel JuS 1974, 69, 72.
1713 Schneider MDR 1968, 290, 291; Wieczorek/Schütze/Prütting Einleitung Rn. 69.
1714 Vgl. auch Stein/Jonas/Schumann Einleitung Rn. 283.
1715 Stein/Jonas/Schumann (20. Auflage) Einleitung Rn. 283.
1716 Schneider MDR 1968, 290, 292; Stein/Jonas/Schumann (20. Auflage) Einleitung Rn. 283.
1717 Schneider MDR 1968, 290, 292.
1718 Habscheid FS Schwab, S. 181, 189 ff.
1719 Horn JuS 1992, 680, 685.
1720 Horn JuS 1992, 680, 685.
1721 Stein/Jonas/Schumann (20. Auflage) Einleitung Rn. 283.
1722 Baumgärtel JuS 1974, 69; Stein/Jonas/Schumann (20. Auflage) Einleitung Rn. 283.

den Begriff jeweils im Blick auf die einzelnen Vorschriften der Zivilprozeßordnung zu bilden[1723]. Die zuletzt angeführte Bemängelung, die sich für die einheitliche Auslegung derselben Vokabeln einsetzt, kann sich zwar auf die Einheit der Rechtsordnung[1724] berufen[1725]. Diese verlangt eine möglichst einheitliche Interpretation der Rechtsbegriffe[1726]. Ein der Klarheit verpflichteter Gesetzgeber wird sich daher bemühen, ein und dasselbe Wort nur in einem Sinn zu verwenden, also gleiche Dinge durch gleiche Begriffe zu bezeichnen[1727]. Hinzu kommt, daß die ohnehin schon schwer zu überblickende Rechtsordnung unter jeder weiteren Differenzierung leidet[1728]. Gleichwohl ist für unsere heutige Hermeneutik geradezu bezeichnend, daß ein und dieselbe Vokabel selbst in demselben Gesetz nicht dasselbe bedeuten muß[1729]. Denn für die Auslegung einer gesetzlichen Vorschrift ist gerade auch dessen Zweck maßgebend[1730]. Auf diese Weise kommt es zum Widerstreit zwischen einer solchen „Relativität der Rechtsbegriffe" und dem Postulat einer einheitlichen Deutung desselben Rechtsbegriffes[1731]. Zur Lösung dieses Konfliktes ist schließlich zu beachten, daß auch normative Begriffe[1732] - wie der des „Streitgegenstands" - einer sehr unterschiedlichen Auslegung zugänglich sind[1733]. Angesichts dieser unserer Rechtsordnung immanenten „Relativität der Rechtsbegriffe" ist daher dem letztgenannten Kritikpunkt nicht beizupflichten. Gerade in der ZPO[1734] dient oft derselbe Ausdruck zur Bezeichnung verschiedener Begriffe[1735]. Umgekehrt kommen aber auch mehrere Ausdrücke für denselben Begriff vor[1736], so daß nicht automatisch aus der unterschiedlichen Wortwahl auf verschiedene Inhalte geschlossen werden darf[1737]. Die gegen den variablen Streitgegenstandsbegriff vorgetragenen Bedenken sind deshalb nicht überzeugend[1738], so daß der Einheitsvorstellung vom Streitgegenstand nicht gefolgt werden kann[1739].

III. Allgemeine Festlegung des Streitgegenstands

Im Rahmen der näheren Festlegung des Umfangs des Verfahrensgegenstandes müssen die bereits aufgezeigten funktionalen Beziehungen zwischen den verschie-

---

1723 Stein/Jonas/Schumann (20. Auflage) Einleitung Rn. 283.
1724 Vgl. dazu bereits oben bei Fußnote 1329 und Engisch S. 160 ff.; Engisch Einheit S. 13 ff.
1725 Vgl. Schumann FS Lüke, S. 767, 769.
1726 Schumann FS Lüke, S. 767, 769.
1727 Schumann FS Lüke, S. 767, 769.
1728 Schumann FS Lüke, S. 767, 773.
1729 Engisch S. 78. Baumgärtel JuS 1974, 69, 73 bezeichnet die Relativität der juristischen Begriffe als eine bekannte Erscheinung.
1730 Engisch S. 78; Schumann FS Lüke, S. 767, 769.
1731 Schumann FS Lüke, S. 767, 770.
1732 Hierzu Engisch S. 109.
1733 Schumann FS Lüke, S. 767, 770.
1734 Vgl. die aufgelisteten Beispiele bei Stein/Jonas/Schumann (20. Auflage) Einleitung Rn. 53.
1735 Allgemein als Homonymie bezeichnet.
1736 Allgemein als Synonymie bezeichnet.
1737 Stein/Jonas/Schumann (20. Auflage) Einleitung Rn. 53.
1738 Stein/Jonas/Schumann (20. Auflage) Einleitung Rn. 283.
1739 Stein/Jonas/Leipold § 322 ZPO Rn. 103.

denen prozessualen Vorschriften beachtet werden[1740]. Hiernach ist von folgendem auszugehen. Der Streitgegenstand ist im Verlauf des Prozesses möglichst weit zu ziehen, damit eine möglichst umfassende Erledigung des angefallenen Streitstoffs erreicht werden kann[1741]. Bei den Normen der Klageänderung und der Klagenhäufung, die vorrangig der Prozeßökonomie dienen, ist demnach ein am formellen Recht ausgerichteter prozessualer Anspruchsbegriff einschlägig[1742]. Bei der Klageänderung nach § 264 ZPO, die nach ihrem Sinn und Zweck auch eine Schutzvorschrift für den Beklagten darstellt, und diesen vor einer Änderung des Begehrens - also des Antrags - schützt, auf den er sich präpariert hat, kommt es folglich nicht auf den Sachverhalt an, sondern allein auf den Antrag[1743]. Gleichermaßen ist auch bei der Fragestellung der Klagenhäufung nach § 260 ZPO zu entscheiden. Dieser ebenfalls auf dem Gedanken der Verfahrenskonzentration beruhenden Vorschrift wird am ehesten der eingliedrige Streitgegenstandsbegriff gerecht[1744]. Der entscheidende Nachteil der zweigliedrigen prozessualen Theorie - die Vermehrung der Verfahren, wenn ein einheitliches Klageziel mit mehreren Sachverhalten begründet wird[1745], - kann auf diese Weise überwunden werden[1746]. Anders verhält es sich hingegen nach dem Abschluß des Rechtsstreits. Hier sollten die Grenzen des Streitgegenstands und damit seiner Rechtskraft je nach dem vorgetragenen Sachverhalt enger gezogen werden, um die Präklusion[1747] nicht vorgebrachter Tatsachen möglichst zu beschränken[1748]. Es ist deshalb angebracht, bei der materiellen Rechtskraft einem materiellrechtlich orientierten Streitgegenstandsbegriff zu folgen. Insoweit kann also auf den zugrunde liegenden Lebenssachverhalt nicht verzichtet werden[1749]. Entsprechend zweigliedrig ist auch die Frage der Rechtshängigkeit im Sinne des § 261 III Nr. 1 ZPO zu lösen, da hier ebenso wie bei der Rechtskraft die Nahtstellen zum materiellen Recht liegen[1750]. Bei dieser Festlegung des Streitgegenstands werden zum einen die funktionalen Zusammenhänge der einzelnen Prüfsteine,

---

1740 Vgl. oben Fußnote bei 1665.

1741 Wieczorek/Schütze/Prütting Einleitung Rn. 69.

1742 Horn JuS 1992, 680, 684.

1743 Baumgärtel JuS 1974, 69, 74; Horn JuS 1992, 680, 684; Stein/Jonas/Schumann (20. Auflage) Einleitung Rn. 291; Wieczorek/Schütze/Prütting Einleitung Rn. 69.

1744 Baumgärtel JuS 1974, 69, 74; Horn JuS 1992, 680, 684; Stein/Jonas/Schumann (20. Auflage) Einleitung Rn. 291; Wieczorek/Schütze/Prütting Einleitung Rn. 69.

1745 Beys ZZP 105, 145, 163; Schwab JuS 1965, 81, 83.

1746 Rosenberg/Schwab/Gottwald § 95 III 3, S. 533; Schwab JuS 1965, 81, 83, 84; Schwab JuS 1976, 69, 71; Schwab FS Lüke, S. 793, 795; Stein/Jonas/Schumann (20. Auflage) Einleitung Rn. 276.

1747 Zum Ausschluß nicht vorgebrachter Tatsachen oben bei Fußnote 1452.

1748 Köhler S. 22; Stein/Jonas/Schumann (20. Auflage) Einleitung Rn. 294; Wieczorek/Schütze/Prütting Einleitung Rn. 69.

1749 Stein/Jonas/Schumann (20. Auflage) Einleitung Rn. 294; Wieczorek/Schütze/Prütting Einleitung Rn. 69.

1750 Baumgärtel JuS 1974, 69, 74, 75; Horn JuS 1992, 680, 684. - Die gegenteilige Annahme von Rüßmann ZZP 111, 399 Fußnote 1; Stein/Jonas/Schumann (20. Auflage) Einleitung Rn. 292 und Wieczorek/Schütze/Prütting Einleitung Rn. 69, die bei der Rechtshängigkeit - im Unterschied zur Rechtskraft - nur auf den Antrag abstellt, bewertet den Zusammenhang zwischen diesen beiden Prüfsteinen zu gering.

insbesondere zwischen Rechtshängigkeit und Klageänderung, bedacht[1751]. Zum anderen wird der gemeinsamen Zielrichtung[1752] der Rechtshängigkeit und der Rechtskraft dadurch Rechnung getragen, daß insoweit übereinstimmend der zweigliedrige Streitgegenstandsbegriff zur Anwendung gelangt. Im Ergebnis wird demgemäß die eingliedrige Streitgegenstandstheorie für die Klagenhäufung und die Klageänderung favorisiert, nicht aber für die Rechtshängigkeit und die materielle Rechtskraft, wo die zweigliedrige These geeigneter erscheint.

§ 26 Die Individualisierung des Sachverhalts

Soweit im Rahmen der Rechtshängigkeit und der Rechtskraft der zweigliedrigen Streitgegenstandstheorie gefolgt wird, stellt sich die entscheidende Frage, wie der Sachverhalt zu individualisieren ist. Die funktionsgerechte Abgrenzung des Sachverhalts bildet bekanntermaßen die elementare Schwierigkeit der zweigliedrigen Auffassung[1753]. Bei der uns interessierenden Fallgruppe geht es dabei um die Kernproblematik, ob alle potentiellen Gestaltungsgründe oder nur die mit der Klage vorgebrachten Gegenstand von Rechtsstreit und Rechtskraft sind. Zu enthüllen ist also, ob ein Prozeß definitiv die Wirksamkeit eines Rechtsgeschäfts oder nur die Frage klärt, inwieweit es wegen des in concreto geltend gemachten Gestaltungsgrundes vernichtbar ist. Wie aufgezeigt stehen sich zur Eingrenzung des Sachverhalts eine „natürliche" und eine „materiellrechtliche" Betrachtungsweise gegenüber[1754].

I. Gestaltungsrecht und Gestaltungsklagerecht

Die Thematik wird in der (zitierten) Literatur und Rechtsprechung weitgehend nicht im Zusammenhang mit einer Leistungsklage nach vorangegangener rechtsaufhebender Gestaltung eines Rechtsverhältnisses erörtert. Die Mehrzahl der Stellungnahmen befassen sich mit den allgemeinen Gestaltungsklagen und den jeweiligen Gestaltungsklagerechten[1755]. Die Parallelen zwischen der Abweisung von

---

1751 Diese Wechselbezüglichkeit erfordert jedoch nicht die Annahme eines einheitlichen Streitgegenstands bei den Bewährungspunkten der Rechtshängigkeit und der Klageänderung, vgl. oben in Fußnote 1665.

1752 Dazu oben bei Fußnote 1668.

1753 Vgl. Baumgärtel JuS 1974, 69; Schwab ZZP 71, 155, 157.

1754 Vgl. oben bei Fußnote 1559.

1755 Den Erörterungsschwerpunkt bildet hierbei der Streitgegenstand im Eheauflösungsverfahren. Ehescheidungs-, Eheaufhebungs- und Ehenichtigkeitsklagen (die es heute nicht mehr gibt) sind Gestaltungsklagen, in deren Rahmen die Problematik behandelt wurde, vgl. Stein/Jonas/Schlosser (19. Auflage) vor § 614 ZPO a. F. I mit weiteren Nachweisen zu Rechtsprechung und Literatur. Durch das neue Eheverfahrensrecht sind die alten Streitfragen nur zum Teil überholt, vgl. dazu Köhler S. 27 ff.; Stein/Jonas/Schlosser (20. Auflage) § 611 ZPO Rn. 2 ff. Sie wiederholen sich mit neuem Inhalt in der Diskussion um den Streitgegenstand der gesellschaftsrechtlichen Anfechtungs- und Nichtigkeitsklagen, Arens S. 15 ff.; K. Schmidt JZ 1977, 769 ff.; Köhler S. 87 ff.; Stein/Jonas/Schumann (20. Auflage) Einleitung Rn. 274 Fußnote 53. Ferner wird die Überlegung angestellt, im Rahmen einer Kündigungsschutzklage nach

Gestaltungsklagen und der Zurückweisung von Leistungsklagen, die auf einer rechtsaufhebenden Gestaltung gründen, sind begreiflich. Die Abweisung einer Gestaltungsklage stellt fest, daß (jedenfalls) der vorgebrachte Gestaltungsgrund nicht vorliegt[1756]. Der Umfang der Rechtskraftwirkung muß sich danach bestimmen, wie weit die Verneinung von Gestaltungsgründen reicht[1757]. Dies kann insbesondere dann akut werden, wenn verschiedene Gründe die Gestaltung rechtfertigen könnten und nur einer von ihnen im Abweisungsurteil verneint wird[1758]. Die dargestellte Problematik deckt sich mithin weitgehend mit der uns interessierenden Komplexität, mit welchen Gestaltungsgründen der Kläger bei Zurückweisung einer Leistungsklage präkludiert ist. In beiden Fällen geht es um die Reichweite einer rechtskräftigen Sachabweisung. Da die Schwierigkeit in beiden Fallkonstellationen ähnlich ist, stellt sich folglich die Frage, ob die zur Individualisierung des Streitgegenstands von Gestaltungsklagen entwickelten Grundsätze auf unsere Sachverhalte transformiert werden können. Es wurde insoweit bereits festgestellt[1759], daß auch den Gestaltungsklagen ein vom öffentlichrechtlichen Anspruch auf Erlaß eines Urteils zu unterscheidendes privatrechtliches Recht auf Rechtsänderung, also ein Gestaltungsrecht zugrunde liegt[1760]. Die Gestaltungsklagerechte stellen hiernach lediglich besondere Gestaltungsrechte dar. Im folgenden ist deshalb nur noch zu untersuchen, ob die Übertragungsfähigkeit nicht nur in materieller, sondern auch in formeller Hinsicht bezüglich der Struktur der Streitgegenstände zu sanktionieren ist.

Insoweit macht es entgegen Schopp[1761] keinen so grundlegenden Unterschied, ob das Urteil lediglich eine Leistungsklage zum Beispiel auf Räumung abweist, oder eine Gestaltung enthält, die sich auf die Kündigung selbst bezieht. Während zwar in Gestaltungsurteilen oder bei einem Feststellungsverlangen der Nichtigkeit oder Unwirksamkeit einer Gestaltungserklärung (wie bei der Kündigung im Arbeitsverhältnis nach § 4 S. 1 KSchG, wo die Feststellung begehrt wird, daß das Arbeitsverhältnis aufgrund der Kündigung nicht aufgelöst sei) bereits im Tenor der Entscheidung die jeweilige Rechtsfolge ausgesprochen wird (Gestaltung eines Rechtsverhältnisses oder Feststellung über die Wirksamkeit eines bestimmte Aktes wie etwa einer Kündigung), erscheint bei der Leistungsklage auf Räumung im Tenor des Urteils lediglich ein Ausspruch über das Räumungsbegehren des Vermieters, und die Kündigung wird erst in den Entscheidungsgründen behandelt[1762]. Für die Leistungsklage auf Räumung ist die Kündigung also nur Vorfrage[1763]. Dies ist jedoch für die hier

---

§ 4 S. 1 KSchG zur Bestimmung des Streitgegenstands danach zu differenzieren, auf welchem Grund die Kündigung beruht und worauf der Kläger deswegen die Klage stützt, vgl. Köhler S. 151 ff.

1756 BAG EzA § 322 ZPO Nr. 9; Blomeyer ZPR § 89 VII, S. 498.

1757 Blomeyer ZPR § 89 VII, S. 498.

1758 Blomeyer ZPR § 89 VII, S. 498.

1759 Vgl. oben bei Fußnote 560.

1760 BGHZ 97, 304, 308; Arens S. 31; Bötticher FS Dölle I, S. 41, 54; Habscheid S. 210; Hellwig § 58 II 2, S. 467; MK/Wolf § 1564 BGB Rn. 25; Nikisch AcP 154, 271, 288, 289; Seckel S. 48.

1761 Schopp MDR 1979, 57, 58.

1762 Stadie MDR 1978, 798, 799.

1763 Schopp MDR 1979, 57, 58.

interessierende Frage der Individualisierung des Sachverhalts ohne Bedeutung. Die Leistungsklage auf Räumung wird gerade aufgrund einer Gestaltungserklärung des Klägers, nämlich seiner Kündigung erhoben[1764]. Der Räumungsanspruch ist nur begründet, wenn er zu Recht wirksam gekündigt hat und demgemäß das Mietverhältnis beendet ist[1765]. Ob dies nur in den Entscheidungsgründen geprüft oder ob schon in der Urteilsformel über die Kündigung als solche befunden wird, bedeutet für die Frage der Reichweite der Präklusion und damit der Individualisierung keinen Unterschied[1766]. Die Kündigung ist es, die den Streit hervorgerufen hat und über ihre Wirksamkeit oder Unwirksamkeit wird in der Entscheidung geurteilt[1767].

Es kann mit anderen Worten also keine Rolle spielen, ob, wie bei der Kündigungsschutzklage nach § 4 S. 1 KSchG, unmittelbar auf Feststellung der Unwirksamkeit der Kündigung angetragen wird, oder ob die Wirksamkeit oder Unwirksamkeit der Kündigung in Gestalt der daraus resultierenden Folgen (zum Beispiel Verpflichtung zur Räumung) vor den Richter gebracht wird[1768]. Zwar ist es richtig, daß die Urteilsgründe für sich (das heißt absolut) nicht der Rechtskraft fähig sind[1769]. Von dieser absoluten Rechtskraft ist jedoch die sogenannte relative Rechtskraft zu sondern[1770]. Die rechtliche Wertung des Tatbestandes, die in der Entscheidung erfolgt ist, um zu der Rechtsfolge zu gelangen, über die das Urteil entschieden hat, erwächst hiernach nicht selbständig (absolut) sondern nur als Grundlage der ausgesprochenen Rechtsfolge in Rechtskraft[1771]. Nur insoweit (also relativ), als der prozessuale Anspruch in Betracht kommt, über den das Urteil entschieden hat, kann der Tatbestand nicht anders gewürdigt werden[1772]. Soweit das nicht der Fall ist, ist eine andere rechtliche Qualifizierung möglich[1773].

In der Struktur des Streitgegenstands bestehen nach alledem keine wesentlichen Unterschiede[1774] zwischen den Gestaltungsklagen einerseits und den Feststellungs- und Leistungsklagen andererseits, so daß auch für die Individualisierung die gleichen Grundsätze herangezogen werden können[1775]. Die im Komplex der Gestaltungsklagen gewonnenen Erkenntnisse können somit – mit den nötigen Abänderungen - auch zur Klärung unserer Thematik herangezogen werden[1776].

1764 Stadie MDR 1978, 798, 799.
1765 Stadie MDR 1978, 798, 799.
1766 Vgl. Stadie MDR 1978, 798, 799; Zeuner MDR 1956, 257, 259.
1767 Stadie MDR 1979, 57, 58.
1768 Bötticher FS Dölle I, S. 41, 70.
1769 Baumbach/Lauterbach/Hartmann § 322 ZPO Rn. 9; Doderer NJW 1991, 878.
1770 Vgl. zu den Begriffen der relativen und absoluten Rechtskraft Baumbach/Lauterbach/Hartmann § 322 ZPO Rn. 9, 10; Jürgen Blomeyer NJW 1969, 587, 590; Rosenberg/Schwab/Gottwald § 155 II 1, S. 933.
1771 Schopp ZMR 1963, 353.
1772 Doderer NJW 1991, 878, 879.
1773 Schopp ZMR 1963, 353.
1774 Auch Zeuner MDR 1956, 257, 259 geht davon aus, daß die unterschiedliche Plazierung der Kündigung - entweder in der Klagebegründung oder im Klageantrag - die Rechtskraftabgrenzung nicht maßgeblich beeinflussen kann.
1775 Henckel S. 287.
1776 Auch das BAG EzA § 322 ZPO Nr. 9 betont die Ähnlichkeit von Gestaltungsrecht und Gestaltungsklage und beruft sich dabei auf Bötticher FS Dölle I, S. 41, 42 ff., der überzeugend

II. Vier Grundpositionen

1. Natürliche Betrachtungsweise

a) Globaler Lebenssachverhalt

Mit einem gegenüber dem historischen Ereignis weiter gefaßten globalen Lebenssachverhalt würden durch die Klage alle denkbaren Gestaltungsgründe mit zum Gegenstand des Prozesses[1777]. Dann wären sie, unabhängig von ihrem Vorbringen[1778] oder ihrer Kenntnis, aufgrund der Rechtskraft präkludiert und könnten nicht mehr in einer neuen Klage als Begründung angeführt werden[1779]. Sachverhalt und damit Streitgegenstand wäre dieser Ansicht zufolge also weder die einzelne Geltendmachung eines selbständigen Gestaltungstatbestandes noch eines gesonderten Gestaltungsgrundes, sondern die globale Auflösung des Rechtsverhältnisses in toto[1780]. Sämtliche zur Zeit der letzten mündlichen Tatsachenverhandlung vorhandenen Tatsachen, aus denen sich ein Gestaltungsgrund ergeben kann, wären somit präkludiert[1781]. Die Abweisung der Klage bedeutete somit, daß ein Anspruch aufgrund einer rechtsaufhebenden Gestaltung eines Rechtsverhältnisses (zum Beispiel Anfechtung) nicht besteht[1782].

Im Bereich des Arbeitsrechts würde der Klagegrund der Kündigungsschutzklage durch das „notleidende Arbeitsverhältnis" gebildet[1783]. Dieser Standpunkt hätte zur Folge, daß der Arbeitgeber, dessen ordentliche Kündigung von dem Arbeitnehmer mit der Kündigungsschutzklage angegriffen ist, durch den Prozeß genötigt wird, grundsätzlich alle Gründe einer außerordentlichen Kündigung durch eine neu auszusprechende fristlose Kündigung während des Prozesses zu aktivieren, weil er durch ein der Klage stattgebendes Urteil mit diesen Gründen ausgeschlossen würde[1784].

---

nachgewiesen habe, daß es sachlich nicht gerechtfertigt sei, Gestaltungsrechte und Gestaltungsklagen bei der Prüfung des Umfangs der Rechtskraft unterschiedlich zu behandeln. Auch Hungerbühler S. 49 ff. spricht von einer entsprechenden Problematik bei den Gestaltungsklagen. Die nahe Verwandtschaft beider Rechtsinstitute (Gestaltungsrechte und Gestaltungsklagerechte) ist nach Hungerbühler nicht verkennbar (gleichermaßen Bötticher FS Dölle I, S. 41, 42 ff.), so daß er zum Beispiel im Rahmen der Klageänderung die erneute Ausübung eines Gestaltungsrechts dem Vorbringen neuer Gestaltungsklagerechte gleichstellt (S. 131 Fußnote 1).

1777 Vgl. Köhler S. 27.

1778 Lüke FS Gaul, S. 425, 428.

1779 Hungerbühler S. 68; Lent AcP 152, 401, 418.

1780 Vgl. Habscheid S. 214, der z. B. den Lebenssachverhalt einer Mietaufhebungsklage durch das gesamte Mietverhältnis in seinem notleidenden Zustand gekennzeichnet sieht. - Hiergegen Schwab ZZP 71, 155, 157, 158.

1781 Vgl. Jauernig S. 57.

1782 Hungerbühler S. 68; Lent AcP 152, 401, 418.

1783 Habscheid RdA 1958, 95, 98.

1784 Vgl. Bötticher Anm. BAG AP § 626 BGB Nr. 11 Bl. 563.

b) Konkretes historisches Ereignis

Die Differenzierung zwischen dem Lebenssachverhalt und dem historischen Ereignis geht im wesentlichen auf Habscheid[1785] zurück[1786]. Dessen Begriff des „globalen Lebenssachverhalts" stimmt mit dem in der bisherigen Streitgegenstandslehre üblichen Begriff des Sachverhalts nicht überein[1787]. Was Habscheid als „Lebenssachverhalt" etikettiert, ist die Summe aller vom Kläger vorgetragenen Tatsachen[1788]. Dieser Lebenssachverhalt ist im Unterschied zum engeren historischen Ereignis praktisch unbegrenzt[1789] und soll gerade deswegen auf die uns interessierende Fallgruppe der Dauerrechtsverhältnisse[1790] zugeschnitten sein[1791]. Während nach dem globalen Lebenssachverhalt das gesamte Miet- oder Arbeitsverhältnis zum Klagegrund gehört, wenn Vermieter und Mieter, Arbeitgeber und Arbeitnehmer miteinander prozessieren[1792], ermöglicht eine an der Verkehrsauffassung orientierte Betrachtungsweise eine weitere Sachverhaltsaufgliederung nach natürlichen Gesichtspunkten. Es ließe sich solcherart zum Beispiel im Bereich der Anfechtung die arglistige Täuschung von der widerrechtlichen Drohung scheiden, wenn sie in keinem Zusammenhang stehen. Eine derartige Aufspaltung wäre allerdings wiederum zweifelhaft, falls sich die Drohung auch der Täuschung bedient (sogenannte Scheindrohung).

2. Materiellrechtliche Betrachtungsweise

a) Gestaltungstatbestände

Bei einer Ausrichtung des Sachverhaltes am materiellen Rechts läge es hingegen nahe, auf die gesetzlichen Tatbestände der jeweiligen Gestaltungsgründe abzustellen. Anfechtung und Kündigung wären dann mit ihren jeweiligen gesetzlichen Gründen voneinander zu trennen[1793]. Lebenssachverhalt wäre also nicht die globale Auflösung des Rechtsverhältnisses en bloc, sondern dessen punktuelle Auflösung bezogen auf den gesonderten Gestaltungstatbestand[1794]; so viele Gestaltungstatbe-

---

1785 Habscheid S. 214 ff.; Habscheid RdA 1958, 95, 98.

1786 Schwab ZZP 71, 155, 157.

1787 Schwab JuS 1965, 81, 83.

1788 Schwab JuS 1965, 81, 83.

1789 Dietrich ZZP 83, 201, 204 f.; Schwab ZZP 71, 155, 158.

1790 Habscheid S. 215.

1791 Habscheid S. 215 unterscheidet bei seiner Sachverhaltsabgrenzung zwischen Dauerrechtsverhältnissen und Rechtsverhältnissen des täglichen Lebens. Bei den letztgenannten Rechtsverhältnissen will er den Sachverhalt nach der Verkehrsanschauung des täglichen Lebens abgegrenzt wissen. Bei Dauerrechtsverhältnissen plädiert Habscheid hingegen für einen „globalen" Sachverhaltsbegriff, der so weit zu fassen ist, daß zusammenhängende Lebensvorgänge nicht auseinander gerissen werden. Vgl. Dietrich ZZP 83, 201, 204 f.; Stein/Jonas/Schumann (20. Auflage) Einleitung Rn. 271.

1792 Schellhammer ZPR Rn. 133.

1793 Vgl. Blomeyer ZPR § 89 VII, S. 498 zur Abweisung von Gestaltungsklagen; Hungerbühler S. 68.

1794 Lent AcP 152, 401, 418.

stände - so viele Streitgegenstände[1795]. Hieraus ergäbe sich dann folgende, von der natürlichen Vorstellung abweichende Konsequenz: Die Rechtskraft eines abweisenden Urteils schließt eine erneute Klage, welche auf einen anderen Gestaltungstatbestand gestützt wird als die abgewiesene Klage, nicht aus[1796].

b) Gestaltungstatbestände sowie jeder geltend gemachte Gestaltungsgrund

Diese Abgrenzung nach den gesetzlichen Tatbeständen versagt aber, wenn eine Vielzahl von Gestaltungstatbeständen in einer Generalklausel zusammengefaßt wird[1797], etwa im „wichtigen Grund" der §§ 543 I, 626 I BGB für die Kündigung eines Miet- beziehungsweise Dienstverhältnisses. Die Grenzen des Streitgegenstands würden in derartigen Fällen nur durch das Tatbestandsmerkmal „wichtiger Grund" gezogen[1798]. Dem Entstehungsvorgang einzelner Gründe, die für sich alleine schon den Tatbestand des „wichtigen Grundes" erfüllen, käme hiernach keine individualisierende Bedeutung zu[1799]. Die daraus resultierende Gesamtbetrachtung des Gestaltungsgrundes führte letztlich zu der Konsequenz, daß auch zahlreiche andere „wichtige Gründe" von der (globalen[1800]) Rechtskraft erfaßt werden. Sie wären dann - wiederum unabhängig von ihrem Vorbringen oder ihrer Kenntnis - präkludiert[1801]. Um dieser umfassenden Rechtskraftwirkung entgegenzutreten, bedarf es innerhalb des einheitlichen, durch den gesetzlichen Tatbestand festgelegten Gestaltungsgrundes einer weiteren Aufgliederung nach Sachverhaltsausschnitten, die jeweils für sich allein schon den Tatbestand erfüllen[1802], also ein selbständiges Kündigungsrecht darstellen. Mehrere Vorgänge oder Umstände, von denen jeder für sich isoliert ausreichen würde, den Gestaltungsgrund zu begründen, gehen nach dieser Ansicht also nicht in einem Streitgegenstand auf[1803], sondern bilden mehrere prozessuale Ansprüche[1804]. Diese Zergliederung eines einheitlichen Gestaltungstatbestandes nach Sachverhaltsausschnitten ist zwar in erster Linie bei den generalklauselartig gefaßten Gestaltungsgründen erforderlich und besonders deutlich[1805]. Aber auch in den Fällen, in denen das Gesetz (wie etwa in den §§ 119 ff. BGB) mehrere bestimmte Tatbestände aufführt, die das Gestaltungsrecht begründen, läßt sich dieser Gedanke fruchtbar machen. Die weitere Auffächerung des einzelnen Gestaltungstatbestandes nach Sachverhaltssegmenten ermöglicht es beispielsweise, auch die wiederholte Verwirklichung ein und desselben Tatbestandes (zum Beispiel mehrere Irrtümer über verschieden Eigenschaften im Sinne des § 119 II BGB) gesondert zu erfassen[1806].

1795 So Jauernig ZPR § 37 VIII 2, S. 149 zum Streitgegenstand von Gestaltungsklagen.
1796 Lent AcP 152, 401, 418.
1797 Dazu Blomeyer ZPR § 89 VII, S. 498; Henckel S. 288.
1798 Vgl. Henckel S. 288.
1799 Vgl. Henckel S. 288.
1800 Vgl. Schlosser ZZP 80, 137, 144.
1801 Blomeyer ZPR § 89 VII, S. 498.
1802 Anders Henckel S. 288; Nikisch AcP 154, 271, 291.
1803 So aber Henckel S. 288.
1804 Brox JuS 1962, 121, 126, 127.
1805 Nikisch AcP 154, 271, 291.
1806 Vgl. Stein/Jonas/Schlosser (19. Auflage) vor § 614 ZPO a. F. I.

Der Kläger könnte dieser Anschauung zufolge nach rechtskräftiger Abweisung seiner Räumungsklage eine neue Klage anhängig machen, die er entweder auf einen anderen gesetzlichen Kündigungsgrund stützt (beispielshalber auf § 543 II 1 Nr. 2 BGB anstelle von § 543 II 1 Nr. 3 BGB) oder die den schon früher geltend gemachten Tatbestand auf andere Tatsachen gründet[1807].

Der Streitgegenstand wird daher nicht nur nach dem geltend gemachten gesetzlichen Gestaltungstatbestand, sondern auch durch den tatsächlich vorgebrachten Gestaltungsgrund bestimmt[1808]. Eine Mehrheit von Streitgegenständen ist demzufolge anzunehmen, wenn ein Lebenssachverhalt mehrere Gesetzestatbestände erfüllt (§ 119 und § 123 BGB), ebenso, wenn mehrere Lebenssachverhalte denselben Tatbestand mehrmals erfüllen (mehrere wichtige Gründe im Sinne des § 626 BGB)[1809].

III. Keine zwingende Klassifikation

Die hier vorgenommene Rubrizierung ist, worauf die bedachte Formulierung hindeuten soll, nicht zwingend. Es wurde bereits an anderer Stelle erwähnt[1810], daß die aus der Orientierung des Sachverhalts an materiellrechtlichen Normen zu ziehenden Schlußfolgerungen umstritten sind[1811]. So wäre es auch der materiellrechtlichen Sichtweise nicht verwehrt, auf das Rechtsverhältnis im Ganzen abzustellen. Die Koordinierung des Streitprogramms mit den jeweiligen Gestaltungstatbeständen beziehungsweise -gründen ist bei materiellrechtlicher Einstellung aber naheliegender. Dies belegt auch der Vergleich mit den Gestaltungsklagen, wo analog verfahren wird[1812]. Das Abzielen auf das globale Rechtsverhältnis konveniert demgegenüber am ehesten einer natürlichen, prozessualen Auffassung.

IV. Rechtskraft

Nach den natürlichen Sichtweisen „verspielte" der Kläger in dem anhängigen Prozeß also seine Gestaltungsrechte grundsätzlich[1813] schlechthin (Totalpräklusion[1814]), nach den materiellrechtlichen lediglich den geltend gemachten Gestaltungstatbestand beziehungsweise (nach der engeren Einstellung) den konkreten Gestaltungsgrund[1815]. Diese Folgenprognose verdeutlicht, wie unterschiedlich die

1807 Vgl. BGH ZZP 80, 132, 133.
1808 Lent AcP 152, 401, 418; Schlosser ZZP 80, 137, 140.
1809 Vgl. auch Hungerbühler S. 55.
1810 Oben bei Fußnote 1564.
1811 Vgl. Musielak/Musielak Einleitung Rn. 76.
1812 Vgl. Jauernig § 37 VIII 2, S. 149.
1813 Bei der engeren Anschauung, die auf das historische Ereignis abstellt, ist dies - anders als bei dem globalen Lebenssachverhalt - zwar nicht „zwingend", aber doch wahrscheinlich.
1814 Dieser Terminus stammt von Bettermann ZfA 1985, 5, 12.
1815 Vgl. auch Bötticher FamRZ 1957, 409, 411.

Ausschlußwirkung eines Urteils sein kann, je nachdem, welchen Streitgegenstandsbegriff der Rechtsanwender privilegiert. Dabei ist hervorzuheben, daß die am materiellen Recht orientierte zweigliedrige Anschauung zu einem zweifach engeren[1816] Streitgegenstandsbegriff führt, als ihr eingliedriges Pendant. Zum ersten führt die eingliedrige Lehre zu einem breiteren prozessualen Anspruch, weil die zusätzliche Grenze des Sachverhalts bei der zweigliedrigen Auffassung einen eingegrenzteren Begriff zur Folge hat[1817]. Zum zweiten bringt die Ausrichtung des Sachverhalts an den Normen des materiellen Rechts gegenüber einer natürlichen Denkweise einen punktuellen Streitgegenstand mit sich[1818].

V. Ablehnung des globalen Lebenssachverhalts

Bereits an dieser Stelle soll die erstgenannte Auffassung verworfen worden. Denn dies gelingt nicht nur aufgrund einfacher Argumentation. Vielmehr wird der weitere Fortgang der Sondierung durch die frühzeitige Abspaltung einer Ansicht übersichtlicher und transparenter. Innerhalb der natürlichen Betrachtungsweise vermag der globale Sachverhaltsbegriff deshalb nicht zu überzeugen[1819], weil der Lebenssachverhalt zu einer Zwangsjacke wird, in die etwas hineingepreßt wird, das nicht hineingehört[1820]. Faßt man den Klagegrund so weit, dann entscheidet in Wirklichkeit über die inhaltliche Bestimmung des Streitgegenstands doch nur der Antrag[1821]. Der Sachverhaltsbegriff verliert seine Begrenzung und kann seine Funktionen nicht mehr erfüllen[1822]. Dem unkonturierten Lebensvorgang kommt so praktisch keine individualisierende Bedeutung zu, weil der Begriff zu weit gefaßt ist[1823]. Der Sachverhalt wird auf diese Weise nicht be- sondern entgrenzt, so daß dessen Häufung dann ebenso ausgeschlossen ist wie dessen Änderung[1824]. Außerdem bleibt bei dieser Sichtweise unklar, wie der globale Lebenssachverhalt von dem historischen Ereignis abzugrenzen ist[1825]. Wegen dieser rechtlichen Bedenken, die auch die praktische Brauchbarkeit des besagten Streitgegenstandsbegriffs in Frage stellen[1826], ist jene Meinung daher ablehnen.

Die folgenden Paragraphen sondieren die von Rechtsprechung und Literatur behandelten Rechtsverhältnisse daraufhin, welche Streitgegenstandsvariante aus dem soeben skizzierten Grobraster vertreten wird und mit welchen Argumenten dies erfolgt. Die Darstellung orientiert sich dabei an den bekannten Bewährungspunkten

---

1816 Vgl. Schlosser ZZP 80, 137, 140.
1817 Stein/Jonas/Schumann (20. Auflage) Einleitung Rn. 290.
1818 Jauernig ZPR § 37 III 1, S. 143.
1819 Bülow DNotZ 1957, 107, 108; Schellhammer ZPR Rn. 133.
1820 Bülow DNotZ 1957, 107, 108.
1821 Schwab ZZP 71, 155, 158.
1822 Schwab JuS 1965, 81, 83.
1823 Henckel S. 287 Fußnote 125.
1824 Schwab JuS 1965, 81, 83.
1825 Schwab ZZP 71, 155, 157.
1826 Schwab ZZP 71, 155, 160.

des Streitgegenstands. Zunächst wird die Rechtslage im Mietrecht, dann die im Arbeitsrecht erörtert, um anschließend auf die Situation der außerhalb dieser Rechtsverhältnisse anzutreffenden Gestaltungsrechte einzugehen. Endlich wird die konkrete Fallebene wieder verlassen. Auf höherer Abstraktionsebene sollen die erzielten Ergebnisse die Bestimmung eines allgemeinen Streitgegenstandsmodells induzieren, um sie dadurch auch theoretisch zu bestätigen und gegen Angriffe abzusichern.

§ 27 Die Rechtslage im Mietrecht

I. Rechtshängigkeit

Die Stellungnahmen der Literatur und Rechtsprechung zum Streitgegenstand einer Räumungsklage nach vorangegangener Kündigung sind nicht einheitlich. Dies verdeutlicht nachstehender Fall[1827]: In einem Prozeß klagt die Klägerin auf Räumung und Herausgabe der Mietwohnung des Beklagten. Die Klage ist auf eine Kündigung wegen Zahlungsverzuges (§§ 543 II 1 Nr. 3, 569 III BGB) gestützt. Über sie ist noch nicht entschieden. In einem weiteren Rechtsstreit klagt die Klägerin erneut auf Räumung und Herausgabe derselben Mietwohnung, nunmehr gestützt auf eine Kündigung wegen anderweitig vertragswidrigen Verhaltens (§§ 543 II 1 Nr. 2, 569 II BGB) des Beklagten.

Nach der Rechtsauffassung des AG Plettenberg[1828] steht der zweiten Räumungsklage, gestützt auf einen anderen Kündigungsgrund, die Rechtshängigkeit der ersten Räumungsklage entgegen. Beiden Prozessen liege dieselbe Streitsache zugrunde. Der Streitgegenstand sei nicht verschieden. In beiden Gerichtsverfahren sei hinsichtlich der Räumung und Herausgabe derselbe Klageantrag gestellt. Auch der Klagegrund sei gleich, nämlich die Beendigung eines Mietverhältnisses aufgrund Kündigung, die Gesamtheit von Tatsachen, welche die Tatbestandsmerkmale ausfüllen, auf welche die Klägerin ihren Räumungs- und Herausgabeanspruch stützt (§ 546 I BGB). Allein die Tatsache, daß die Beendigung desselben Mietverhältnisses auf eine jeweils andere Kündigung gestützt wird, beinhalte nicht eine Verschiedenheit des Streitgegenstands. Das Gericht greift zur Bestimmung des maßgeblichen Sachverhalts also weder auf die gesetzlichen Kündigungstatbestände (§§ 543 II 1 Nr. 3, 569 III, 543 II 1 Nr. 2, 569 II BGB) geschweige denn auf den konkret geltend gemachten Kündigungsgrund zurück. Sachverhalt ist nach der Anschauung des AG Plettenberg vielmehr die Auflösung des Mietverhältnisses durch Kündigung in toto.

Die gegenteilige Ansicht vertritt zum Beispiel Sternel[1829]. Wegen der unterschiedlichen Streitgegenstände steht einer Räumungsklage, die auf eine Kündigung aus

---

1827 AG Plettenberg WuM 1983, 57.
1828 AG Plettenberg WuM 1983, 57.
1829 Sternel V 30.

§§ 543 II 1 Nr. 2, 569 II BGB gestützt wird, nicht die Rechtshängigkeit einer weiteren Räumungsklage entgegen, die auf einer Kündigung aus §§ 543 II 1 Nr. 3, 569 III BGB beruht. Der Autor individualisiert demzufolge den Streitgegenstand der beiden Mietprozesse anders als das Amtsgericht nach den jeweiligen Kündigungsgründen[1830].

II. Rechtskraft

1. Objektive Grenzen

Folgerichtig vertreten Sternel[1831] und andere[1832] den Standpunkt, daß einer Räumungsklage nur dann die Einrede der Rechtskraft[1833] entgegensteht, wenn die Klage auf eine Kündigung gestützt wird, deren Gründe bereits Gegenstand einer früheren Räumungsklage waren, die abgewiesen worden ist[1834]. Eine erneute Herausgabeklage kann deshalb auf eine neue Kündigung mit neuen Kündigungsgründen gestützt werden, ohne sich dem Einwand der res iudicata ausgesetzt sehen zu müssen[1835].

Die Vertreter dieser Auffassung können sich mit ihrer Argumentation auf eine Entscheidung des Reichsgerichts aus dem Jahre 1926 stützen[1836]. Gemäß diesem Urteil steht nach rechtskräftiger Abweisung der Räumungsklage für die Parteien lediglich fest, daß die erstmalig ausgesprochene Kündigung das Mietverhältnis nicht zum

1830 Nach diesen Ausführungen stellt die zweite Kündigung einen selbständigen Streitgegenstand dar. Es kann deswegen auch gesondert Klage erhoben werden, bevor der alte Rechtsstreit entschieden ist. Dem neuen Begehren steht der Einwand anderweitiger Rechtshängigkeit nicht entgegen, vgl. Bub/Treier/Fischer VIII 52.

1831 Sternel V 30.

1832 Zum Beispiel LG Hamburg MDR 1978, 847, 848; Barthelmess § 564 b BGB a. F. Rn. 218.

1833 Schopp MDR 1979, 57, 58 hingegen würde - unter Berufung auf BGH MDR 1965, 479, 480 - für die zweite Räumungsklage, der der gleiche Sachverhalt und eine zweite inhaltsgleiche Kündigung zugrundeliegt, das Rechtsschutzinteresse verneinen. Vgl. Barthelmess § 564 b BGB a. F. Rn. 218.

1834 Mit dieser Rechtsansicht beantworten die vorgenannten Autoren zugleich die anfangs aufgeworfene allgemeine Frage, unter welchen Voraussetzungen eine neue, vom vorangegangenen Urteil unabhängige Sachentscheidung möglich ist, wenn die vorgebrachten Tatsachen nur zum Teil nach der letzten mündlichen Verhandlung des Vorprozesses eingetreten sind (neue Kündigungserklärung), im übrigen aber bereits im Vorprozeß dem Gericht unterbreitet worden waren (Kündigungsgründe). Der Kläger erklärt also zwar eine neue Kündigung, bringt aber keine neuen Kündigungsgründe vor. Nicht jede neue, d. h. nach dem für die Rechtskraft der Vorentscheidung maßgeblichen Zeitpunkt eingetretene Tatsache kann nach dieser Auffassung den Weg zu einer nochmaligen Sachprüfung eröffnen. Es müssen vielmehr ganz bestimmte Tatsachen sein, deren Eintritt eine neue Nachprüfung ermöglicht. Für die hier zu beurteilende Fallkonstellation verlangen die genannten Autoren z. B. eine erneute Kündigungserklärung, die sich wiederum auf neue Kündigungsgründe stützt. Allein durch die Abgabe einer weiteren Kündigungserklärung kann der Kläger - bei sonst unverändertem Sachverhalt - keine neue Sachentscheidung herbeiführen. Auf diese zentrale Fragestellung wird unter dem Stichwort „Wiederholungs- und Trotzkündigung", insbesondere auch im Rahmen der Kündigungsschutzklage nach dem KSchG, noch genauer zurückzukommen sein. Vgl. zum ganzen Arens S. 72 ff.; Zeuner MDR 1956, 257-261.

1835 LG Berlin ZMR 1993, XI 14; Barthelmess § 564 b BGB a. F. Rn. 218. Vgl. auch Dietrich ZZP 83, 201, 205 f., der in derartigen Fällen „ganz gewiß" einen neuen Prozeß zulassen will.

1836 RG WarnRspr 1926 Nr. 182.

Erlöschen gebracht hat[1837]. Auf diesen Punkt beschränkt sich demzufolge die (punktuelle) Rechtskraftwirkung des ergangenen Richterspruchs[1838]. Gegenstand der Entscheidung in einem nachfolgenden Räumungsprozess ist dagegen die Frage, ob durch die zweite Kündigungserklärung der Vertrag beendet wurde, und ob der Kläger aufgrund dieses neuen und selbständigen Beendigungsgrundes Räumung und Herausgabe beanspruchen kann[1839]. Das im Vorprozeß ergangene Urteil kann aus diesem Grunde (wegen der verschiedenartigen Streitgegenstände) für den nachfolgenden Räumungsprozeß keine Rechtskraftwirkung haben[1840].

Diese Deutung des Reichsgerichts hat sich der Bundesgerichtshof in einer neueren Entscheidung zu eigen gemacht[1841]. Auch der BGH geht danach nicht davon aus, daß durch die Klage außer dem in concreto geltend gemachten Kündigungsgrund alle denkbaren Auflösungsgründe, die bereits während des Vorprozesses „im Raume standen"[1842], mit zum Gegenstand des Prozesses werden. Lebenssachverhalt ist nach dieser Entscheidung des BGH jedenfalls nicht die globale Auflösung des Mietverhältnisses in toto. Vielmehr individualisiert das Gericht den zugrunde liegenden Lebenssachverhalt nach den jeweils geltend gemachten Kündigungsgründen, indem es ausführt, daß einer neuen Klage, mit der vorgebracht wird, das Mietverhältnis sei durch erneute Kündigung nunmehr beendet, nicht die Rechtskraft des Vorprozesses entgegensteht[1843]. Gemäß dem BGH ist die erneute Kündigung wegen eines anderen Grundes erfolgt, so daß die neue Klage automatisch einen anderen Streitgegenstand als das vorherige Rechtsverfahren hat[1844].

Der Bundesgerichtshof grenzt den Sachverhalt aber nicht nur nach den gesetzlichen Kündigungsgründen ab. Auch innerhalb des einheitlichen, durch den gesetzlichen Tatbestand festgelegten Gestaltungsgrundes (hier § 554 a BGB a. F.), sieht er das Bedürfnis nach einer weiteren Aufgliederung nach Sachverhaltssegmenten, die jeweils für sich schon den Tatbestand erfüllen. Nur durch diese weitere Aufspaltung des einzelnen Gestaltungstatbestandes wird es dem BGH möglich, auch die wiederholte Verwirklichung ein und desselben Tatbestandes (§ 554 a BGB a. F.), die hier in einer erhöhten Intensität des Vertragsverstoßes besteht, gesondert zu erfassen. Die Grenze des prozessualen Anspruchs wird in dem vom BGH entschiedenen Fall insofern keineswegs nur durch das Tatbestandsmerkmal „Unzumutbarkeit" in § 554 a BGB a. F. gezogen. Der Streitgegenstand der Räumungsklage wird vielmehr

---

1837 RG WarnRspr 1926 Nr. 182.

1838 RG WarnRspr 1926 Nr. 182.

1839 RG WarnRspr 1926 Nr. 182.

1840 So auch die Rechtsansicht des Oberlandesgerichts als Vorinstanz.

1841 BGH NJW 1998, 374, 375.

1842 Vgl. Dauner-Lieb EWiR 1998, 285.

1843 BGH NJW 1998, 374, 375 unter Berufung auf RG WarnRspr 1926 Nr. 182. Die Frage, ob der mit seiner Räumungsklage rechtskräftig abgewiesene Vermieter mit gleicher Begründung erneut kündigen und Räumung verlangen kann (vgl. zu diesem Problem unten bei Fußnote 1917), hat der BGH ausdrücklich offen gelassen. Im Arbeitsrecht wird dieser Problemkreis unter dem Schlagwort „Trotz- und Wiederholungskündigung" besprochen, vgl. Dauner-Lieb EWiR 1998, 285; Stahlhacke/Preis/Vossen Rn. 1160.

1844 Gottwald/Pfaller Anm. LM.

sowohl durch den gesetzlichen Kündigungstatbestand als auch durch den tatsächlich vorgebrachten Kündigungsgrund bestimmt[1845]. Eine erneute Kündigung, die einen weiteren Kündigungstatbestand vorbringt, oder den bereits geltend gemachten Tatbestand auf neue Fakten gründet, formt also einen anderen prozessualen Anspruch. Das Urteil des Bundesgerichtshofs[1846] zur Reichweite der Rechtskraft eines die Räumungsklage des Vermieters abweisenden Urteils erzeugt für diesen also eine günstige Folge. Denn der Vermieter kann nach gescheiterter Räumungsklage einen „neuen Anlauf nehmen"[1847], indem ihm ein Rückgriff auf solche Kündigungsgründe gestattet wird, die im Zeitpunkt der letzten mündlichen Verhandlung des Vorprozesses zwar schon objektiv vorlagen, dem Vermieter aber erst nach diesem Zeitpunkt bekannt geworden sind[1848]. An sich nahe Überlegungen zu Streitgegenstand und Rechtskraft bei streitiger Beendigung von Dauerschuldverhältnissen sucht man jedoch bei sämtlichen Urteilen und Stellungnahmen aus der Literatur vergeblich[1849]. Insbesondere der Richterspruch des BGH ist ganz auf die §§ 553, 554 a BGB a. F. und die Umstände des konkreten Einzelfalls zugeschnitten[1850]. Diese pragmatische Sicht steht in Einklang mit der schon zitierten[1851] Entscheidung des BGH aus dem Jahr 1970[1852], in der das Gericht den ganzen Theorienstreit als weitgehend unfruchtbar bezeichnete und sich für eine Bestimmung des Streitgegenstands jeweils vom vernünftigen Ergebnis her aussprach.

2. Zeitliche Grenzen

Sind die Streitgegenstände bei unterschiedlichen Kündigungsgründen verschieden, ist es auch belanglos, ob der Vermieter die neue Kündigungserklärung vor oder nach der letzten mündlichen Tatsachenverhandlung abgegeben hat. Bei einem anderen prozessualen Anspruch kommt es nämlich überhaupt nicht darauf an, ob und welche neue Tatsachen vorliegen[1853]. Denn wenn der Folgeprozeß schon die objektiven Grenzen der Rechtskraft des Erstprozesses verläßt, ist die Frage nach deren zeitlichen Grenzen irrelevant. In solchen Fällen kann deshalb allemal erneut geklagt werden[1854], da die Rechtskraft einen neuen anderen Anspruch nicht erfassen kann[1855]. Das Problem der zeitlichen Grenzen der Rechtskraftwirkung stellt sich lediglich dann, wenn die neuen Tatsachen als Teil des Lebenssachverhalts des

1845 Innerhalb der materiellrechtlichen Betrachtungsweise hat sich der Bundesgerichtshof folglich der zweiten, engeren Auslegung angeschlossen.
1846 BGH NJW 1998, 374, 375.
1847 Gottwald/Pfaller Anm. LM.
1848 Vgl. Dauner-Lieb EWiR 1998, 285, 286. Indem der BGH auf die fehlende Kenntnis vom Gestaltungsgrund abstellt, unterscheidet er sich vom oben dargelegten Streitgegenstandsbegriff, der auf eine subjektive Komponente verzichtet.
1849 Vgl. Dauner-Lieb EWiR 1998, 285, 286.
1850 Dauner-Lieb EWiR 1998, 285, 286.
1851 Oben bei Fußnote 1699.
1852 BGH WarnRspr 1970, 48.
1853 Dietrich ZZP 83, 201, 203; Zöller/Vollkommer vor § 322 ZPO Rn. 55.
1854 Dietrich ZZP 83, 201, 203.
1855 Jürgen Blomeyer NJW 1969, 587, 588.

Erstprozesses erscheinen und deshalb im Zweitprozeß über denselben Streitgegenstand wie in einem Erstprozeß zu entscheiden ist[1856]. Nur wenn sich der prozessuale Anspruch nicht verändert hat, ist es demzufolge fragwürdig, ob die Rechtskraft des bereits erlassenen Urteils einer neuerlichen Klage zuwiderläuft[1857].

Aus dieser Überlegung ergeben sich zwei Konsequenzen. Zum einen stellt sich wegen der Verschiedenheit der Streitgegenstände nicht das Problem, wie die zeitlichen Grenzen der Rechtskraft gegenüber der nachträglichen Ausübung von Gestaltungsrechten zu ziehen sind[1858]. Zum anderen ist an dieser Stelle nicht erörterungsbedürftig, in welchen Punkten sich der Sachverhalt gegenüber der Lage zur Zeit des Vorprozesses im einzelnen geändert haben muß, damit die Rechtskraft der Vorentscheidung einem abweichenden neuen Urteil nicht mehr im Wege steht[1859].

III. Klageänderung

1. Literatur und Rechtsprechung

Die Rechtsauffassung, nach der der Lebenssachverhalt nach den jeweiligen Kündigungsgründen individualisiert wird, teilt auch das OLG Zweibrücken[1860]. Das Gericht sieht es als Klageänderung[1861] an, wenn der Kläger seinen Räumungsanspruch auf eine neue Kündigung stützt[1862]. Der Senat stellt zunächst klar, daß eine Klageänderung nach § 263 ZPO dann vorliegt, wenn anstelle des rechtshängigen prozessualen Anspruchs oder neben ihm[1863] ein anderer Anspruch geltend gemacht wird[1864]. Es kommt demnach darauf an, ob sich der zweigliedrige[1865] Streitgegenstand ändert. Das OLG bedient sich dabei einer Wendung des Reichsgerichts[1866], indem es eine Sachverhaltsänderung dann bejaht, wenn der Kläger weitere Tatsachen geltend macht, „so daß der Tatbestand als ein anderer erscheint"[1867]. Zur Abgrenzung wird

---

1856 Zöller/Vollkommer vor § 322 ZPO Rn. 55.

1857 Dietrich ZZP 83, 201, 203.

1858 Es ist streitig, ob die Ausübung eines Gestaltungsrechts nach der letzten mündlichen Verhandlung gegen die Rechtskraft des Urteils verstößt, wenn der Gestaltungsgrund bereits zur Zeit des früheren Verfahrens vorlag, Zeiss Rn. 591. Vgl. zu dieser Frage, die freilich nicht primär in dem größeren Zusammenhang der zeitlichen Grenzen der Rechtskraft sondern unter dem Gesichtspunkt der Vollstreckungsgegenklage und der dieser in § 767 II ZPO gesetzten Schranken erörtert wird, Gaul FS Knobbe-Keuk, S. 135 ff.; Zöller/Vollkommer vor § 322 ZPO Rn. 62 ff.

1859 Diese Kernfrage stellt sich insbesondere im Bereich der Wiederholungskündigung, deren Problematik noch darzustellen sein wird. Vgl. Zeuner S. 33 ff.; Zeuner MDR 1956, 257 ff. sowie allgemein Henckel Prozeßrecht und materielles Recht S. 170 f.

1860 OLG Zweibrücken (Rechtsentscheid) WuM 1981, 177 ff.

1861 Vorausgesetzt man befürwortet auch für den Prüfstein der Klageänderung den zweigliedrigen und nicht - wie hier vertreten - den eingliedrigen Streitgegenstandsbegriff.

1862 Gleichermaßen LG Heidelberg WuM 1982, 133 f. Dazu Zimmermann WuM 1982, 134.

1863 BGH LM § 264 ZPO a. F. Nr. 25.

1864 OLG Zweibrücken WuM 1981, 177, 179.

1865 OLG Zweibrücken WuM 1981, 177, 179.

1866 RGZ 99, 172, 176.

1867 OLG Zweibrücken WuM 1981, 177, 179.

demzufolge der Tatbestand der Rechtsnorm herangezogen, die zur Entscheidung über den Sachantrag erforderlich ist. Das OLG schlägt sonach mit dieser Formulierung vom Prozeßrecht her die Brücke zum materiellen Recht[1868]. Im folgenden untermauert der Senat seine dargelegte materiellrechtliche Sichtweise, indem er mehrere Beispielsfälle aus der Rechtsprechung zitiert[1869]. So hat die Jurisdiktion einen neuen Lebenssachverhalt zum Beispiel dann angenommen, wenn die Klage auf Herausgabe eines Kaufeigenheims zunächst auf einen wirksamen Rücktritt, sodann auf andere Vorgänge[1870], wenn die Kündigung eines Arbeitsverhältnisses auf einen neuen, erst nach der Kündigungserklärung entstandenen Kündigungsgrund gestützt wird[1871], wenn statt der üblichen die vereinbarte Vergütung gefordert[1872] oder wenn die Klage auf Abtretung statt auf eigenes Recht gestützt wird[1873]. Diese Fallgestaltungen vergleicht das OLG Zweibrücken sodann mit der Konstellation, in der die Räumungsklage zunächst mit einer Kündigung aufgrund eines bestimmten Sachverhalts begründet und anschließend Räumung aufgrund einer weiteren Kündigung, die auf einem anderen Lebenssachverhalt beruht, verlangt wird[1874]. Das Gericht geht nach alledem davon aus, daß verschiedene Kündigungen auch die Annahme verschiedener Streitgegenstände bedingen[1875]. Daraus ergibt sich die Folge, daß der Übergang auf eine neue Kündigung als Grundlage des Klageanspruchs eine Klageänderung darstellt[1876].

1868 Vgl. Fasching Rn. 1157.

1869 OLG Zweibrücken WuM 1981, 177, 179.

1870 BGH LM 2. WoBauG Nr. 18.

1871 BAG AP § 626 BGB Nr. 11.

1872 RGZ 126, 245, 248. - Dagegen MK/Lüke § 263 ZPO Rn. 18. Vgl. auch OLG Frankfurt MDR 1984, 238.

1873 OLG Zweibrücken OLGZ 70, 179.

1874 OLG Zweibrücken WuM 1981, 177, 179.

1875 Ebenso LG Heidelberg WuM 1982, 133, 134; Zimmermann WuM 1982, 134; Wolter S. 268.

1876 AG Freiburg WuM 1989, 572, 573; LG Düsseldorf WuM 1990, 505; OLG München ZMR 1996, 496, 498; Baumbach/Lauterbach/Hartmann § 264 ZPO Rn. 19; Kinne/Schach § 564 BGB a. F. Rn. 14, II Rn. 85; Kossmann § 203 Rn. 5; Lützenkirchen/Eisenhardt J Rn. 297; Musielak/Foerste § 264 ZPO Rn. 2; Palandt/Weidenkaff § 564 b BGB a. F. Rn. 20; Schmidt-Futterer/Blank (6. Auflage) B 747 (Die früher [B 552, 4. Auflage, München 1981] vertretene abweichende Ansicht, die ohne nähere Begründung in solchen Fällen von einer Identität des Streitgegenstands ausging, haben Schmidt-Futterer/Blank ausdrücklich aufgegeben.); Wolter S. 268; Zimmermann WuM 1982, 134. - Anderer Ansicht sind Rosenberg/Schwab/Gottwald § 101 I 1 a, S. 573, die das Vorliegen einer Klageänderung unter Rückgriff auf § 264 Nr. 1 ZPO („ohne Änderung des Klagegrundes") ablehnen. Auch nach MK/Lüke § 263 ZPO Rn. 18 bedeutet es keine Veränderung des Klagegrundes und damit keine Klageänderung, wenn der Kläger sein Räumungsbegehren auf eine zweite Kündigung stützt. Stein/Jonas/Schumann § 264 ZPO Rn. 34 negieren eine Klageänderung jedenfalls für den Fall, daß der neue Kündigungsgrund zu einer Kündigung zu demselben Termin führen würde. Daraus ist im Umkehrschluß zu entnehmen, daß die Berufung auf später wirksam gewordene Beendigungsgründe eine Klageänderung, also einen anderen Streitgegenstand darstellt. Diese Sicht paßt zur Rechtsprechung des BAG zur Kündigungsschutzklage des Arbeitnehmers. Wurde der Klage rechtskräftig stattgegeben, so kann sich der Arbeitgeber nach Auffassung des BAG nicht darauf berufen, das Arbeitsverhältnis sei zu einem früheren oder zu demselben Zeitpunkt beendet worden. Mit der Rechtskraft des Urteils im Kündigungsschutzprozeß steht nämlich außerdem fest, daß im Zeitpunkt des Zugangs der Kündigung beziehungsweise zum vorgesehenen Auflösungszeitpunkt (= Kündigungstermin) ein Arbeitsverhältnis zwischen den streitenden Parteien bestanden hat (BAG AP § 4 KSchG Nr. 3 1969; AP § 256 ZPO Nr. 50 1979). Nach dem genannten Zeitpunkt wirkende Auflösungsgründe kann der Arbeitgeber auch nach der Rechtsprechung des BAG heranziehen, ohne die Präklusion durch die Rechtskraft

Auch das LG Mannheim[1877] erachtet in einer neuen Kündigung, die weitere Kündigungsgründe anführt, eine Sachverhaltsänderung, weil der Räumungsanspruch auf einen anderen Beendigungsgrund gestützt wird. In gleicher Weise bewertet das LG Gießen[1878] die Geltendmachung eines zusätzlichen Auflösungsgrundes als eine Änderung des Streitgegenstands[1879]. Laut LG Hamburg[1880] entspricht es allgemeiner Meinung, daß es sich um eine Klageänderung im Sinne von § 263 ZPO handelt, wenn eine Räumungsklage - auch hilfsweise - auf eine neu ausgesprochene Kündigung gestützt wird.

Um eine bloße Ergänzung des bisherigen tatsächlichen Vorbringens (§ 264 Nr. 1 ZPO) handelt es sich in den besagten Fällen also deshalb nicht, weil in dem neuen Vorbringen eine erneute Ausübung des Kündigungsrechts auf anderer tatsächlicher Grundlage, also eine neue Gestaltungserklärung liegt[1881]. Mit dieser Gestaltungserklärung wird ein neuer Klagegrund eingeführt[1882].

Nach Rosenberg[1883] liegt eine Klageänderung vor, wenn eine Räumungsklage zunächst auf Nichtigkeit des Mietvertrages und dann auf Kündigung oder auf Ablauf der Mietzeit gestützt wird[1884]. Der Autor geht also davon aus, daß selbst von dem weiter gefächerten Sachverhalt „Nichtigkeit des Mietvertrages" eine spätere Kündigung nicht erfaßt wird. Erst recht vertretbar erscheint dann die Wertung, welche in der zweiten Kündigung einen gegenüber der erstmalig ausgesprochenen Kündigung isolierten Sachverhalt erblickt.

2. Normativer Anknüpfungspunkt

Die Überzeugung, die eine Klageänderung im Sinne des § 263 ZPO favorisiert, wenn eine Räumungsklage auf eine neu ausgesprochene Kündigung gestützt wird, kann sich auch auf eine gesetzliche Grundlage stützen. Unter Geltung des früheren MSchG[1885] war der Vermieter verpflichtet, Aufhebungsklage[1886] vor Gericht beim Vorliegen gesetzlicher Aufhebungsgründe zu erheben, um das Mietverhältnis aufzu-

---

befürchten zu müssen. Sowohl Stein/Jonas/Schumann als auch das BAG (beide a. a. O.) ersehen in der späteren Kündigung folglich einen anderen prozessualen Anspruch. Vgl. zum ganzen Stahlhacke/Preis/Vossen Rn. 1158, 1159.

1877 LG Mannheim WuM 1991, 687 und 695, 696.

1878 LG Gießen ZMR 1994, 332.

1879 So auch BezG Erfurt WuM 1992, 357, 358; AG Rheine WuM 1998, 752; Barthelmess § 564 b BGB a. F. Rn. 218; Bub/Treier/Fischer VIII 50.

1880 LG Hamburg NZM 1999, 464.

1881 Hungerbühler S. 131.

1882 Barthelmess § 564 b BGB a. F. Rn. 218; Hungerbühler S. 131.

1883 Rosenberg ZPR 5. Auflage § 100 I 1 a, S. 450.

1884 Den konträren Standpunkt (also keine Klageänderung) vertreten RG LZ 1931, 834; Rosenberg/Schwab/Gottwald § 101 I 1 a, S. 573.

1885 In der Fassung vom 15.12.1942 (RGBl. S. 712).

1886 Vgl. §§ 1 I, 17 MSchG.

lösen[1887]. Streitgegenstand dieser Aufhebungsklage war das einzelne aus einem bestimmten Sachverhalt, der mit dem jeweiligen Aufhebungsgrund identisch war, erwachsene Aufhebungsrecht[1888]; bei mehreren Aufhebungsgründen also die mehreren Aufhebungsrechte - nicht aber das aufzuhebende Mietverhältnis im ganzen[1889].

Aus dieser Konzeption ergab sich folgende Konsequenz: War Streitgegenstand der Mietaufhebungsklage nur das aus einem bestimmten Aufhebungsgrunde entspringende Aufhebungsrecht, so bedeutete die Geltendmachung eines anderen Aufhebungsgrundes eine Klageänderung[1890]. Dies wäre nur dann nicht der Fall, wenn Streitgegenstand der Aufhebungsklage der Bestand des Mietverhältnisses wäre[1891]. Daß jede Änderung des Aufhebungsgrundes eine Klageänderung darstellte, entsprach auch der Auffassung des Gesetzgebers des MSchG, argumentum § 13 I 2 MSchG („zu der Änderung der Klage")[1892]. Zwar handelte es sich bei der Mietaufhebungsklage um eine Gestaltungsklage[1893], bei den einzelnen Aufhebungsgründen somit nicht um Gestaltungsrechte, sondern Gestaltungsklagerechte[1894]. Aufgrund der herausgearbeiteten wertungsmäßigen Gleichstellung beider Rechte[1895] kann aber die in § 13 I 2 MSchG verankerte gesetzliche Wertung auch für unsere Fallkonstellation dahingehend ersprießlich sein, daß jeder konkret geltend gemachte Kündigungsgrund im Rahmen der Räumungsklage einen gesonderten Lebenssachverhalt verkörpert.

IV. Wiederholungs- und Trotzkündigung

In Rechtsprechung und Literatur wird nahezu einhellig angenommen, daß eine wiederholte Kündigung[1896], die der Vermieter auf denselben Kündigungsgrund stützt, der schon Gegenstand des ersten Prozesses war, nicht mehr zu einer materiellen Nachprüfung des Kündigungsgrundes im zweiten Prozeß führen kann[1897]. Die gegebenen Begründungen weichen allerdings stark voneinander ab. Sie reichen von prozeßrechtlichen Lösungsversuchen, die das Ergebnis unter die Rechtskraft fassen, bis hin zu materiellrechtlichen Vorschlägen über § 138 BGB beziehungsweise der

---

1887 Unter Aufhebung im Sinne des MSchG (vg. die Überschrift über den §§ 1-19 und § 1 I MSchG) ist die durch - privates oder publizistisches - Rechtsgeschäft herbeigeführte Beendigung des Rechtsverhältnisses für die Zukunft (ex nunc-Wirkung) zu verstehen; sie ist demnach identisch mit der „Auflösung". Vgl. zum ganzen Bettermann MSchG § 1 MSchG Rn. 136.

1888 Bettermann MSchG vor §§ 2-4 MSchG Rn. 72.

1889 Bettermann MSchG vor §§ 2-4 MSchG Rn. 72.

1890 Bettermann MSchG vor §§ 2-4 MSchG Rn. 75.

1891 Bettermann MSchG vor §§ 2-4 MSchG Rn. 75.

1892 Bettermann MSchG vor §§ 2-4 MSchG Rn. 75, § 13 MSchG Rn. 2; Bettermann MDR 1954, 196, 200.

1893 Bettermann MSchG vor §§ 2-4 MSchG Rn. 1; Schlosser § 7 I, S. 52.

1894 Die Anerkennung und Qualität solcher Gestaltungsklagerechte im Rahmen der Gestaltungsklage ist umstritten, vgl. oben bei Fußnote 532 und Schlosser § 36, S. 366 ff.

1895 Vgl. dazu oben bei Fußnote 560.

1896 Zum Begriff der Wiederholungskündigung vgl. bereits oben in Fußnote 1431.

1897 So LG Hamburg MDR 1978, 847 zur Kündigung eines Mietvertrages durch den Vermieter und BAG EzA § 322 ZPO Nr. 9; BB 1996, 1557 zur Kündigung eines Arbeitsverhältnisses durch den Arbeitgeber.

Annahme eines Verzehrs des Gestaltungsrechts durch einmalige Ausübung[1898]. Die Erörterung des prozessualen Lösungsweges ist dabei für die exakte Bestimmung der Struktur des Klagegrundes besonders nutzbringend und deshalb zuvörderst darzustellen.

1. Prozeßrechtliche Lösung

Bei der Diskussion dieser Frage bietet sich eine Unterscheidung hinsichtlich des Zeitpunktes der Wiederholung der Kündigung an[1899]. Die Kündigung kann nach Rechtskraft des den ersten Prozeß abschließenden Urteils wiederholt werden[1900]. Bei der Wiederholung der Kündigung vor Rechtskraft des ersten Richterspruchs ist zu differenzieren, ob die Wiederholung vor Schluß der letzten mündlichen Tatsachenverhandlung erfolgt ist, oder zwischen diesem Zeitpunkt und dem Eintritt der formellen Rechtskraft[1901]. Im ersteren Fall werden (möglicherweise) die objektiven, im zweiten die zeitlichen Grenzen der Rechtskraft tangiert.

a) Objektive Grenzen

Zur genauen Fixierung des maßgeblichen Klagegrundes ist zu beurteilen, ob insoweit allein auf die Gestaltungserklärung oder aber auf das rechtliche Gefüge zwischen Erklärung und Gestaltungsgrund abzustellen ist. Dies wiederum bestimmt sich nach der Konsistenz der Verbindung, die zwischen diesen beiden Elementen besteht. Wird davon ausgegangen, die Verbindung Willenserklärung/Grund sei untrennbar, ist schon allein bei neuer Willenserklärung ein anderer Streitgegenstand gegeben[1902]. Der Sachverhalt wird bei dieser Sichtweise also allein durch die Willenserklärung individualisiert. Auch eine erneute Kündigung, der keine zusätzlichen Gründe zur Seite stünden, schüfe dieser Ansicht zufolge einen neuen Sachverhalt. Hieraus ergäbe sich die Konsequenz, daß der mit seiner Räumungsklage rechtskräftig abgewiesene Vermieter mit gleicher Begründung erneut kündigen und Räumung verlangen könnte[1903]. Nimmt man indessen an, der Lebenssachverhalt sei in zwei völlig selbstwertige Bestandteile aufgeteilt, Lebenssachverhalt sei nicht nur die Willenserklärung, sondern auch das rechtliche Beziehungsgeflecht zwischen Willenserklärung und ganz konkretem Grund, läge bei einer Wiederholungskündi-

---

1898 Vgl. LG Hamburg MDR 1978, 847; BAG EzA § 322 ZPO Nr. 9.

1899 Vgl. Arens S. 54.

1900 Diese Unterscheidung ist in erster Linie für die anschließend zu schildernden materiellrechtlichen Lösungsvorschläge von Relevanz. Vgl. Zeuner S. 122.

1901 Arens S. 54.

1902 Vgl. APS/Ascheid § 4 KSchG Rn. 148 und Ascheid FS Stahlhacke, S. 1, 6 zur Kündigung eines Arbeitsverhältnisses durch den Arbeitgeber.

1903 Wegen der differierenden Streitgegenstände käme es auch nicht darauf an, zu welchem Zeitpunkt die erneute Kündigung erklärt würde, vgl. Dietrich ZZP 83, 201, 203.

gung ein gleicher Sachverhalt und damit prozessualer Anspruch vor[1904]. Einem erneuten Rechtsstreit stünde hiernach die Einwendung der Rechtskraft entgegen[1905].

Das damit angeschnittene Problem der sogenannten Wiederholungs- und Trotzkündigung[1906] ist - soweit ersichtlich - in der mietrechtlichen[1907] Rechtsprechung[1908] höchstrichterlich noch nicht entschieden[1909]. Zwar brauchten auch die hier ausgewerteten Gerichtsentscheidungen zu dieser Kompliziertheit nicht ausdrücklich Stellung zu nehmen[1910]. Die zitierten Beispiele aus der Rechtsprechung präzisieren aber wenigstens, daß nur die Kombination aus einer erneuten Kündigungserklärung und einem neuen Kündigungsgrund einen anderen prozessualen Anspruch bedeutet. Allein die Abgabe einer weiteren Kündigungserklärung, die lediglich den bereits vorgebrachten Kündigungsgrund wiederholt, hat also weder eine Klageänderung zur Folge noch kann sie den Weg zu einem erneuten Prozeß eröffnen[1911]. Mit dieser Sicht harmonisieren die genannten Gerichte mit einer Entscheidung des LG Hamburg[1912] aus dem Jahre 1978. Das Hamburger Landgericht[1913] führt in seinem Urteil[1914] zunächst aus, daß es strittig ist, ob der zweiten Kündigung, die auf Tatsachen gründet, die der Vermieter bereits in dem früheren Rechtsstreit geltend gemacht hat, materiell keine Wirkung zukommt[1915] oder ob dem nachfolgenden Prozeß formell die Einwendung der Rechtskraft entgegensteht[1916]. Sodann schließt sich das Gericht der in dieser Frage im Ergebnis einhelligen Meinung an, nach der ein

---

1904 So APS/Ascheid § 4 KSchG Rn. 148 zur Kündigung eines Arbeitsverhältnisses durch den Arbeitgeber.

1905 Nur in dieser Konstellation, wenn sich der Streitgegenstand also nicht verändert hat, ist es zweifelhaft, ob die Rechtskraft des bereits erlassenen Urteils einer zweiten Klage entgegensteht, vgl. Dietrich ZZP 83, 201, 203; Jürgen Blomeyer NJW 1969, 587, 588.

1906 Zum Begriff der Wiederholungs- und Trotzkündigung siehe oben in Fußnote 1431.

1907 In der arbeitsrechtlichen Rechtsprechung hat sich das Bundesarbeitsgericht zu dieser Frage bereits geäußert, vgl. BAG EzA § 322 ZPO Nr. 9; BB 1996, 1557 und unten bei Fußnote 2088.

1908 Auch allgemein betrachtet hat diese Problematik Eingang in die rechtswissenschaftliche Diskussion gefunden. Insbesondere wurde die Rechtslage erörtert, wie dem siegreichen Gestaltungskläger Schutz vor Wiederholungsakten gewährt werden kann (Vgl. nur die Entscheidung BGHZ 21, 354 ff., mit der die Fragestellung in die akademische Auseinandersetzung eingeführt worden war, dazu Arens S. 15 ff.; Schlosser § 38 II 1, S. 409 f.). Parallele Probleme können überall da auftreten, wo eine Gestaltungsklage gegen einen Hoheitsakt, gegen die zunächst wirksame Ausübung eines privatrechtlichen Gestaltungsrechts, gegen Verbandsakte oder auch nur gegen tatsächliche Beeinträchtigungen durch Realakte gegeben ist, vgl. Schlosser § 38 II, S. 409 ff. Als Musterfall (nach Stein/Jonas/Leipold § 322 ZPO Rn. 209 Fußnote 288) sei nur die Aufhebung eines Verwaltungsaktes durch verwaltungsgerichtliches Urteil genannt. Hier wird zum Beispiel die Rechtskraftwirkung gegenüber der Wiederholung des Verwaltungsaktes bejaht, soweit die Sach- und Rechtslage unverändert geblieben ist (BVerwGE 14, 359, 362). Zu diesem Fall und allgemein zum verwaltungsgerichtlichen Anfechtungsverfahren Arens S. 80 ff.; Zeuner S. 116, 117, 123.

1909 So die Anmerkung des BGH NJW 1998, 374, 375 unter Berufung auf Stadie MDR 1978, 798.

1910 Auch der BGH NJW 1998, 374, 375 sah sich in seinem Urteil nicht dazu veranlaßt, diese Rechtsfrage zu entscheiden.

1911 So auch Bötticher FS Dölle I, S. 41, 70.

1912 LG Hamburg MDR 1978, 847, 848.

1913 LG Hamburg MDR 1978, 847, 848.

1914 Vgl. zu dieser Entscheidung den Aufsatz von Stadie MDR 1978, 798 ff.

1915 Zu den materiellrechtlichen Lösungsvorschlägen siehe unten bei Fußnote 1951.

1916 Überwiegend wird dieser letzte - prozessuale - Weg vertreten, vgl. Stadie MDR 1978, 798, 799; Stein/Jonas/Leipold § 322 ZPO Rn. 209.

Vermieter mit Tatsachen, auf die er in einem zweiten Prozeß eine erneute Kündigung stützt, die er schon in einem vorangegangenen rechtskräftig entschiedenen Vorprozeß als Kündigungsgrund angegeben hatte, präkludiert ist[1917]. Lediglich ein anderer Tatsachenkomplex, der nicht mit dem Klagegrund des Vorprozesses identisch ist, steht einer erneuten Kündigung nicht entgegen und kann insoweit eine neuerliche Sachprüfung eröffnen[1918]. Die zunächst ausgesprochene Kündigung und die Wiederholungskündigung sind vom Streitgegenstand her folglich nicht allein deshalb verschieden, weil verschiedene Willenserklärungen vorliegen, die zu anderen Zeitpunkten die Beendigung des Mietverhältnisses herbeiführen sollen[1919]. Das zeitliche Moment allein reicht mit anderen Worten nicht aus, um die Divergenz des prozessualen Anspruchs zu begründen[1920].

Lebenssachverhalt ist nach diesen Entscheidungen also nicht allein die Willenserklärung als solche, sondern vielmehr das rechtliche Beziehungsgeflecht zwischen Willenserklärung und dem geltend gemachten konkreten Grund. Die erste Kündigung und die Wiederholungskündigung haben danach den gleichen prozessualen Anspruch, so daß einem Zweitprozeß die res iudicata entgegenstünde.

Für die Vertretbarkeit dieses Ergebnisses spricht auch folgende Überlegung: Nach dem früheren MSchG[1921] war der Vermieter gehalten, Mietaufhebungsklage vor Gericht beim Vorliegen gesetzlicher Aufhebungsgründe zu erheben, um das Mietverhältnis aufzuheben. Nach dieser Rechtslage würde, wie bereits dargelegt, durch die Rechtskraft des die Gestaltungsklage abweisenden Urteils das fehlende Mietaufhebungsrecht festgestellt und eine Wiederholung der Klage aufgrund derselben Tatsachen wäre unzulässig. Die bereits konstatierte wertungsmäßige Gleichstellung von Gestaltungsrecht und Gestaltungsklagerecht[1922] gebietet es, dem obsiegenden Mieter im Mietprozeß die gleiche Rechtskraftwirkung zuzubilligen.

b) Zeitliche Grenzen

Das LG Hamburg[1923] vertritt die geschilderte Rechtsansicht, ohne dabei deutlich zwischen den objektiven[1924] und den zeitlichen[1925] Grenzen der Rechtskraft zu

[1917] LG Hamburg MDR 1978, 847.
[1918] LG Hamburg MDR 1978, 847.
[1919] Vgl. Ascheid FS Stahlhacke, S. 1, 7.
[1920] Wird demgegenüber davon ausgegangen, die erste Kündigung und die Wiederholungskündigung seien vom Streitgegenstand her aufgrund verschiedener Willenserklärungen differierend, stellt sich die Folgefrage, ob zumindest Elemente des ersten Urteils eine Rechtskraftwirkung unter dem Aspekt der Präjudizialität entfalten. Nur wenn sich die Rechtskraft auch auf den Kündigungsgrund ausdehnen ließe, wäre die zweite Räumungsklage des Vermieters angesichts Verschiedenheit der Streitgegenstände dann zwar zulässig, jedoch aus Gründen der Präjudizialität von vornherein unbegründet.
[1921] Vgl. dazu oben bei Fußnote 1885.
[1922] Dazu oben bei Fußnote 560.
[1923] LG Hamburg MDR 1978, 847, 848.
[1924] Streitgegenstand.
[1925] Letzte mündliche Tatsachenverhandlung.

unterscheiden. Das Gericht geht stillschweigend davon aus, daß die zweite Kündigungserklärung, obschon erst nach der letzten mündlichen Tatsachenverhandlung erklärt, gleichwohl nicht den Weg zu einem abermaligen Prozeß eröffnen kann[1926]. In der Tat ist zwar nach rechtskräftig abgewiesener Klage eine erneute Klage mit demselben Streitgegenstand unzulässig[1927]. Das rechtskräftige Urteil berücksichtigt jedoch nur Tatsachen, die vor der letzten mündlichen Tatsachenverhandlung eingetreten sind[1928]. Auch nach rechtskräftiger Abweisung der Klage im Vorprozeß ist daher eine erneute Klage auf Räumung zulässig, wenn sie sich auf nach Schluß der letzten mündlichen Verhandlung eingetretene Fakten bezieht[1929]. Vor diesem Hintergrund stellt sich daher die Frage, ob der Kläger eine neue Sachentscheidung dadurch herbeiführen kann, indem er - bei sonst unverändertem Sachverhalt[1930] - nach der letzten mündlichen Verhandlung eine abermalige Kündigungserklärung abgibt und Räumung aufgrund dieser Erklärung verlangt. Zwar vermag diese Willenserklärung nach dem oben gesagten keinen anderen Streitgegenstand zu formen[1931]. Aber rein faktisch handelt es sich bei der zweiten Kündigung um eine „neue Tatsache"[1932], die deshalb den Weg zu einer erneuten Sachprüfung ermöglichen könnte[1933]. Dabei ist bereits in dieser Fragestellung der Ausgangspunkt festgelegt, daß keineswegs jeder Eintritt irgendwelcher neuer Tatsachen eine von der Vorentscheidung unabhängige neue Urteilsfindung auch hinsichtlich derjenigen

---

1926 Erst recht kann diese Wirkung daher auch nicht einer solchen Kündigung zuteil werden, die noch während der letzten mündlichen Tatsachenverhandlung des Vorprozesses erklärt wurde.

1927 Vgl. nur BGH NJW 1995, 2993.

1928 BGH NJW 1984, 127; Gottwald/Pfaller Anm. LM; Zöller/Vollkommer vor § 322 ZPO Rn. 53.

1929 BGH NJW 1998, 374; Gottwald/Pfaller Anm. LM mit weiteren Nachweisen.

1930 Der Kläger trägt also keine gegenüber dem Erstprozeß verschiedenartige Kündigungsgründe vor.

1931 Nach MK/Gottwald § 322 ZPO Rn. 142 führt hingegen der Eintritt eines neuen Ereignisses nach dem Präklusionszeitpunkt stets zu einem neuen Streitgegenstand, auch wenn die gleiche Tatsache, wäre sie früher eingetreten, dem früheren Sachverhalt zuzurechnen wäre. Der Autor unterscheidet also nicht streng zwischen den zeitlichen Grenzen der Rechtskraft und den Grenzen des Streitgegenstands im Vorprozeß.

1932 So Stadie MDR 1978, 798, 799.

1933 Es ist umstritten, wie die zeitlichen Grenzen der Rechtskraft gegenüber der nachträglichen Ausübung von Gestaltungsrechten zu ziehen sind. Bei dieser klassischen Streitfrage im Wechselbezug zwischen materiellem Recht und Prozeßrecht (Gaul FS Knobbe-Keuk, S. 135), die insbesondere im Rahmen der Vollstreckungsgegenklage erörtert wird, geht es darum, ob ein bereits während des Erstprozesses objektiv bestehendes Gestaltungsrecht noch nachträglich ausgeübt werden kann (MK/Gottwald § 322 ZPO Rn. 151). Die Rechtsprechung und ein Teil des Schrifttums stellen in solchen Fällen für die Rechtskraftpräklusion grundsätzlich auf den Zeitpunkt des objektiven Entstehens des Gestaltungsrechts ab (BGHZ 34, 274, 279; 38, 122, 123; 42, 37, 39 ff.; 131, 82; Baumbach/Lauterbach/Hartmann § 767 ZPO Rn. 52 f.; Zöller/Vollkommer vor § 322 ZPO Rn. 62) und nicht wie die ganz überwiegende Ansicht in der Literatur auf den Zeitpunkt der Ausübung des Gestaltungsrechts (Becker AcP 188, 24, 48; Gaul FS Knobbe-Keuk, S. 135, 138 ff.; MK/Gottwald § 322 ZPO Rn. 155; Musielak/Musielak § 322 ZPO Rn. 41; Schellhammer ZPR Rn. 233, 861 f.; Stein/Jonas/Leipold § 322 ZPO Rn. 245 f.; Thomas/Putzo § 767 ZPO Rn. 22; Zeuner FS BGH, S. 337, 360 ff.). Nach der Auffassung des BGH kann also eine nach Schluß der letzten mündlichen Tatsachenverhandlung abgegebene Gestaltungserklärung nicht mehr als eine neue Tatsache betrachtet werden, die es rechtfertigt, eine neue Klage geltend zu machen (Musielak/Musielak § 322 ZPO Rn. 39). Nur für die überwiegend anders entscheidende Literaturansicht stellt sich demgemäß das Folgeproblem, ob jede neue Tatsache herangezogen werden kann oder ob unter noch zu bestimmenden Gesichtspunkten bestimmte Fakten auszuwählen sind, bei deren Eintritt erneut geklagt werden kann.

Tatbestandselemente ermöglicht, die von der Veränderung nicht berührt werden[1934]. Denn da unsere Umwelt sich in unaufhörlicher Bewegung befindet, wäre der Rechtskraft von vornherein der Boden entzogen, wenn jede beliebige Veränderung in der Umwelt sie beiseite schöbe[1935]. Daß danach nur ganz bestimmte Tatsachen eine neue Sachprüfung ermöglichen, entspricht voll dem Befriedigungszweck der Rechtskraft[1936]. Bei der Antwort auf die Frage, welche neuen Tatsachen den Weg zu einem wiederholten Prozeß ebnen, hat sich folgende allgemeine Linie abgezeichnet[1937]: Der nachträgliche Eintritt neuer Tatsachen eröffnet die Möglichkeit zu einem von einer rechtskräftigen Vorerkenntnis abweichenden Urteil grundsätzlich nur insoweit, als die neuen Tatsachen diejenigen Teile des Tatbestandes der maßgeblichen Rechtsnorm betreffen, hinsichtlich deren es für die Begründung der angestrebten neuen Entscheidung einer Veränderung der Situation bedarf[1938]. Mit anderen Worten wird also gefordert, die neuen Tatsachen müßten das im Vorprozeß verneinte Tatbestandsmerkmal betreffen, demnach geeignet sein, die im Erstprozeß festgestellte Rechtsfolge zu beeinflussen[1939]. Der Neueintritt einer nur beiläufigen, nicht entscheidungserheblichen Tatsache genügt dagegen nicht[1940].

Hinsichtlich der hier aufgeworfenen Frage, wann neue Tatsachen im beschriebenen Sinn vorliegen, läßt sich somit folgendes feststellen. Bei unverändert gebliebenen Kündigungsgründen ist entscheidend, ob die Gründe für das Obsiegen des Mieters beim Gestaltungsrecht selbst oder beim Gestaltungsakt (der Ausübung des Gestaltungsrechts) liegen[1941]. Nur im letzten Fall scheitert eine erneute Sachprüfung nicht an der Rechtskraft der Vorentscheidung[1942]. Gemäß dieser Abgrenzung stünde in dem vom LG Hamburg[1943] entschiedenen Fall die Rechtskraft dann nicht entgegen, wenn in dem ersten Urteil nicht der Kündigungsgrund materiell verneint worden wäre, sondern die Kündigung aus formellen Gründen für unwirksam gehalten worden wäre[1944], so daß der Fehler gerade in der Ausübung des Gestaltungsrechts, beim Gestaltungsakt, und nicht im Gestaltungsrecht selbst läge.

1934 Stadie MDR 1978, 798, 799; Zeuner MDR 1956, 257; Zeuner FS BGH, S. 337, 360.

1935 Zeuner MDR 1956, 257.

1936 Zeuner FS BGH, S. 337, 360.

1937 Zu anderen Differenzierungskriterien vgl. Dietrich ZZP 83, 201, 208.

1938 Arens S. 72 ff.; Habscheid RdA 1958, 95, 98, 99; Zeuner FS BGH, S. 337, 360; Zeuner MDR 1956, 257, 258; Zeuner S. 33 ff.

1939 BGH NJW 1984, 126, 127; Arens S. 72 ff.; Dietrich ZZP 83, 201; Gottwald/Pfaller Anm. LM; MK/Gottwald § 322 ZPO Rn. 144; Rosenberg/Schwab/Gottwald § 155 I Fußnote 1, S. 931; Stein/Jonas/Leipold § 322 ZPO Rn. 247, 252; Zöller/Vollkommer vor § 322 ZPO Rn. 61.

1940 Vgl. MK/Gottwald § 322 ZPO Rn. 145, der an dieser Stelle auch zu der weitergehenden Lehre von den sogenannten alternativen Abweisungsgründen Stellung nimmt.

1941 Stadie MDR 1978, 798, 799; Zeuner MDR 1956, 257, 258 ff.

1942 Stadie MDR 1978, 798, 799.

1943 LG Hamburg MDR 1978, 847.

1944 Stadie MDR 1978, 798, 799 f.

c) Ergebnis

Allgemein ausgedrückt führt dieses Kriterium zu einem sachgerechten Resultat[1945]: Ist im ersten Urteil rechtskräftig über das Kündigungsrecht als solches entschieden und die Kündigung für materiell nicht gerechtfertigt erklärt worden, so kann der Vermieter in einem nachfolgenden Rechtsstreit die Räumung nicht mit Erfolg auf Grund der gleichen Kündigungsgründe wie im Vorprozeß begehren[1946]. Der Kläger begehrt nämlich eine von der früheren abweichende Entscheidung über eine sinngleiche Rechtsfolge, ohne daß neue Tatsachen hinsichtlich derjenigen Tatbestandselemente vorgebracht werden, hinsichtlich deren das neue Erkenntnis vom alten abweichen muß, wenn der begehrte neue Entscheidungssatz begründet sein soll[1947]. Liegt dagegen der Fehler des Vermieters im vorangegangenen Verfahren beim Gestaltungsakt (im formellen Bereich der Kündigung), so kann dieser nachfolgend geheilt und das Räumungsverlangen auf die gleichen materiellen Kündigungsgründe wie im Vorprozeß gestützt werden[1948]. Denn nur in dieser letzten Konstellation bezieht sich die neue Tatsache (Kündigungserklärung) auf das im Erstprozeß verneinte Tatbestandsmerkmal (Kündigungserklärung)[1949].

2. Materiellrechtliche Lösungsversuche

Mit den potentiellen materiellrechtlichen Lösungsvorschlägen befassen sich - soweit ersichtlich - weder mietrechtliche Literatur noch Rechtsprechung. Von daher wird insoweit auf die Grundauffassung des BAG[1950] vorgegriffen, da sie auch für die Kündigung eines Mietrechtsverhältnisses nutzbar gemacht werden kann.

a) Nichtigkeit nach § 138 I BGB

Nach dieser Spielart innerhalb der materiellen Lösungsvorschläge verstößt die zweite Kündigung gegen die Rechtskraft[1951] und ist daher materiell unbeachtlich[1952].

1945 So auch Arens S. 74.

1946 Vgl. auch Schlosser § 38 II 1, S. 410 Fußnote 12.

1947 Zeuner MDR 1956, 257, 259.

1948 Stadie MDR 1978, 798, 800.

1949 Dieses Ergebnis entspricht der Lage in dem Fall, in dem eine rechtskräftig zur Leistung verurteilte Partei, die sich erfolglos auf ein nach Ansicht des Gerichts nicht bestehendes Gestaltungsrecht berufen hatte, eine Vollstreckungsgegenklage auf die erneute Ausübung des alten Gestaltungsrechts stützen will. Einem solchen Versuch steht von vornherein § 767 II ZPO entgegen. Das ist unbestritten, vgl. Zeuner MDR 1956, 257, 258, 259.

1950 BAG EzA § 322 ZPO Nr. 9.

1951 Nach Becker AcP 188, 24, 53 Fußnote 82 sind Trotzrechtsakte wegen Verstoßes gegen die materielle Urteilsrechtskraft ohne weiteres nichtig (§ 322 I ZPO). Der Autor befürwortet also eine „automatische Unwirksamkeit" sämtlicher Trotzrechtshandlungen.

1952 Zu der materiellrechtlichen Lösung paßt auch das Urteil BGHZ 21, 354 ff. In dieser Entscheidung hatte sich der BGH mit der Frage zu befassen, welche Folgen sich ergeben, wenn der auf Anfechtungsklage rechtskräftig für nichtig erklärte Hauptversammlungsbeschluß einer Aktiengesellschaft durch einen zweiten Beschluß wiederholt wird, der den gleichen Mangel wie der für nichtig erklärte aufweist. Der BGH hat hier nicht nur eine prozessuale Bindungswirkung

So hat zum Beispiel auch das Bundesarbeitsgericht[1953] es für an sich rechtlich haltbar erklärt, daß einer Kündigung nach § 138 BGB die Wirksamkeit versagt werden kann, wenn sie aus den gleichen Gründen ausgesprochen wird, die die Gerichte schon mißbilligt haben[1954]. In einer neueren Entscheidung aus dem Jahre 1993 ist das Gericht jedoch den Bemühungen, derartige Fälle nach § 138 BGB beziehungsweise durch Gewährung eines Schadensersatzanspruches materiellrechtlich zu lösen, entgegengetreten[1955]. Allenfalls in einer Trotzkündigung des Arbeitgebers nach rechtskräftiger Erledigung des ersten Kündigungsschutzverfahrens könne man eine sittenwidrige oder zum Schadensersatz verpflichtende Handlung sehen[1956]. Damit aber fehlte eine schlüssige Lösung für die Fälle, in denen der Arbeitgeber schon während der Dauer des ersten Prozesses eine erneute Kündigung auf der Basis desselben Kündigungsgrundes nachschiebt. Nach dem Bundesarbeitsgericht[1957] sei es schließlich nicht gerechtfertigt, beide Fälle unterschiedlich zu behandeln[1958].

b) Konsumtion

Das Bundesarbeitsgericht[1959] leitet aus der Rechtsnatur der Kündigung als Gestaltungserklärung ein materiellrechtliches Wiederholungsverbot für Kündigungen bei gleichbleibendem Kündigungsgrund her. Das Gericht beruft sich dabei auf Bötticher[1960], der darauf hinweist, den Gestaltungsrechten[1961] sei das Prinzip des „ne bis in idem" gewissermaßen „schon materiellrechtlich eingeboren", weil die ordnungsgemäße Gestaltungserklärung das Gestaltungsrecht verbrauche[1962]. Unwiederholbarkeit und Unwiderruflichkeit der Gestaltungserklärung sind danach der Preis, den man dafür zahlt, daß man auf so einfache Weise, nämlich durch bloße Willenserklärung, sein Recht verwirklichen kann[1963]. Bei der Beurteilung dieser Auffassung ist zu beachten, daß die in Fußnote 648 genannten Autoren eine

für die zweite Anfechtung, sondern eine ipso iure eintretende Nichtigkeit des neuen Beschlusses angenommen. Vgl. Zeuner S. 117.

1953 BAG AP § 3 KSchG Nr. 5.

1954 Dazu (ablehnend) Nikisch DB 1956, 1133, 1134; Nikisch § 51 VI 5, S. 776; Schlosser § 38 II 2, S. 414; Zeuner S. 121.

1955 BAG EzA § 322 ZPO Nr. 9.

1956 BAG EzA § 322 ZPO Nr. 9.

1957 BAG EzA § 322 ZPO Nr. 9.

1958 Stadie MDR 1978, 798, 799 hält eine solche Kündigung für rechtsmißbräuchlich.

1959 BAG EzA § 322 ZPO Nr. 9.

1960 Bötticher S. 5 f.; Bötticher FS Herschel, S. 181, 194; Bötticher FS Dölle I, S. 41, 68.

1961 Diese Aussage gilt nicht für die sogenannten „Dauergestaltungsrechte", wie etwa das Weisungsrecht des Dienstgebers oder gewisse Rechte aus Bezugsverträgen. Trotz Erteilung einer Weisung oder Abrufs einer Leistung bleibt die Gestaltungsbefugnis des Berechtigten für die Zukunft unverändert aufrecht (Bydlinski S. 6, 7; Hungerbühler S. 66 Fußnote 2). Diese Dauerbefugnis hat erstmals Bötticher S. 6 als „Muttergestaltungsrechte" bezeichnet.

1962 BAG EzA § 322 ZPO Nr. 9. Zur Konsumtion von Gestaltungsrechten vgl. bereits oben bei Fußnote 648.

1963 BAG EzA § 322 ZPO Nr. 9; Bötticher S. 6; Söllner S. 28 f.

Konsumtion des Gestaltungsrechts nur bei dessen wirksamer Ausübung bejahen[1964]. Der Verzehr des Gestaltungsrechts durch einmalige Ausübung ist nämlich keine Eigentümlichkeit dieser Befugnisse[1965]. Die Konsumtion des Gestaltungsrechts ist vielmehr Folge der Tatsache, daß die gewünschte Änderung der Rechtslage allein durch die wirksame Ausübung herbeigeführt wird[1966]: Die Berechtigung erlischt durch Zweckerreichung[1967]. Die bloße Geltendmachung eines Gestaltungsrechts hat demgegenüber auf den Bestand des Rechts noch keine Auswirkung, da allein dadurch der Berechtigte noch nicht das erreicht hat, was er möchte[1968]. Bleibt also einem Gestaltungsrecht die Wirksamkeit - aus welchem Grund auch immer - versagt, so tritt die mit der Ausübung des Gestaltungsrechts angestrebte Rechtsfolge nicht ein[1969]. Ein Erlöschen des Gestaltungsrechts nach materiellem Recht ist dann ausgeschlossen[1970].

Wenn das Gericht die Räumungsklage des Vermieters mangels Vorliegens eines Kündigungsgrundes abgewiesen hat, kommt ein Verzehr des Gestaltungsrechts demnach nur dann noch in Betracht, wenn die Rechtslage dadurch falsch gewürdigt wurde, daß die Gestaltungsbasis zu Unrecht verneint wurde[1971]. Das Urteil schafft in diesem Fall „tabula rasa" ganz ebenso, als wenn es eine ipso iure eingetretene Rechtsfolge (zum Beispiel Tilgung durch Zahlung) verkannt hätte[1972]. Es ist also unzutreffend, einen Verzehr des Gestaltungsrechts in solchen Fällen generell für ausgeschlossen zu halten. Dem Unterlegenen bliebe nur der Nachweis, daß in Wahrheit das verneinte Gestaltungsrecht noch gar nicht ausgeübt und somit noch nicht erloschen sei[1973]. Diesen Nachweis wird man aber demjenigen, der sich selbst zuvor auf die Ausübung des Gestaltungsrechts berufen hatte, unter dem Gesichtspunkt des Verbots des venire contra factum proprium in aller Regel abschneiden müssen[1974]. Im Ergebnis ist folglich ein Verbrauch des Gestaltungsrechts zwar nur bei dessen wirksamer Ausübung anzunehmen. Hierunter fallen aber auch diejenigen

---

1964 Ascheid FS Stahlhacke, S. 1, 3; Hungerbühler S. 66; Preis S. 116; Vogg Anm. BAG EzA § 322 ZPO Nr. 9 Bl. 15, 16.

1965 Larenz/Wolf AT § 14 Rn. 49.

1966 So auch BGH NJW-RR 1995, 714; Arens S. 114; Bub/Treier/Reinstorf II Rn. 210; Bucher S. 91; Bydlinski S. 6, 7; Enneccerus/Nipperdey AT I 2 § 239 I 1, S. 1438; Grimm S. 105; Grunsky JuS 1964, 97, 100; Hungerbühler S. 66; Jauernig/Jauernig § 143 BGB Rn. 2; Larenz/Wolf AT § 14 Rn. 49, § 15 Rn. 102; Leser S. 225; Leverenz Jura 1996, 1, 8; MK/Thode § 305 BGB Rn. 33; Palandt/Heinrichs vor § 104 BGB Rn. 17, § 143 BGB Rn. 1; Preis S. 116, 344; Seckel S. 36, 41; Staudinger/Dilcher Einleitung zu §§ 104-185 BGB Rn. 49, § 142 BGB Rn. 2; Steinbeck S. 23; von Tuhr AT II 1 § 47 I, S. 94; von Tuhr AT II 2 § 92 I 4, S. 547; Waltermann S. 9.

1967 Arens S. 114; Bydlinski S. 7; Larenz/Wolf AT § 14 Rn. 49; Waltermann S. 9.

1968 Bydlinski S. 7.

1969 Preis S. 116; Vogg Anm. BAG EzA § 322 ZPO Nr. 9 Bl. 15, 16, 17.

1970 Preis S. 116. Eine weitergehende materiellrechtliche Lösung erfordert eine materiellrechtliche Norm, die es aber nicht gibt. Vgl. APS/Ascheid § 4 KSchG Rn. 148; Ascheid FS Stahlhacke, S. 1, 3.

1971 Bötticher FS Herschel, S. 181, 194.

1972 Bötticher FS Herschel, S. 181, 194.

1973 Bötticher FS Herschel, S. 181, 194.

1974 Bötticher FS Herschel, S. 181, 194.

Sachverhalte, in denen das Gericht die wirksame Ausübung des Gestaltungsrechts zu Unrecht verneint hat.

c) Konsequenzen

Nach der materiellen Lösung sind die materiellrechtlichen Folgen für die Wiederholungskündigung klar: Ist im Hinblick auf einen Kündigungsgrund eine fristlose Kündigung ausgesprochen worden, so ist das Kündigungsrecht verbraucht, und der Vermieter kann allenfalls noch kündigen, wenn er andere Kündigungsgründe geltend macht[1975]. Mit der bloßen Wiederholung der fristlosen Kündigung aufgrund desselben Kündigungssachverhalts ist der Vermieter also in jedem Fall ausgeschlossen[1976].

Die aufgrund einer Wiederholungskündigung vom Vermieter erhobene Klage ist bei materialer Sichtweise nicht als unzulässig, sondern als unbegründet abzuweisen. Hierfür spricht der Rechtsgedanke des § 616 ZPO a. F., denn nach überwiegender Ansicht war eine gegen diese Vorschrift verstoßende Klage nicht etwa unzulässig, sondern vielmehr unbegründet[1977]. Ebenso darf die Geltendmachung der Einwendung im Rahmen der Vollstreckungsgegenklage nach dem Wortlaut des § 767 II ZPO nicht unzulässig sein. Damit handelt es sich um eine Frage der Begründetheit der Klage, nicht der Zulässigkeit[1978]. Konstruktiv ist dieser materielle Weg daher näherliegend. Letztlich handelt es sich aber mehr um einen akademischen Streit, der an dieser Stelle nicht weiter ausgebreitet oder vertieft werden soll. Viel entscheidender ist die Rekapitulation der bisher gewonnenen Ergebnisse.

V. Konkrete Festlegung des Streitgegenstands

Die Auswertung der Literatur und Rechtsprechung zum Streitgegenstand einer Räumungsklage nach vorheriger Vermieterkündigung dokumentiert die zunehmende Tendenz der Rechtsanwender, zumindest in dieser Fallkonstellation den prozessualen Anspruch punktuell am materiellen Recht, das heißt an den konkret geltend gemachten Kündigungsgründen auszurichten[1979]. Bei der genauen Fixierung

---

1975 BAG EzA § 322 ZPO Nr. 9.

1976 BAG EzA § 322 ZPO Nr. 9.

1977 Vgl. Stadie MDR 1978, 798, 799.

1978 Musielak/Lackmann § 767 ZPO Rn. 30.

1979 Hierbei ist zu bemerken, daß bei der Bewertung der zitierten Entscheidungen der Landgerichte bezüglich des Vorliegens einer Klageänderung die Bedeutung des Rechtsentscheids des OLG Zweibrücken WuM 1981, 177 ff. kaum überschätzt werden kann (vgl. zur Relevanz der Rechtsentscheide für die Praxis Hassold JR 1985, 96 ff.). Denn in anderen Verfahren ist jedes Landgericht (wie jedes OLG und das BayObLG) an einen Rechtsentscheid insofern gebunden (vgl. MK/Voelskow § 564 a BGB a. F. Rn. 7 Fußnote 7), als es von ihm nicht selbständig abweichen darf, sondern die Rechtsfrage dem übergeordneten OLG zum erneuten Rechtsentscheid vorlegen muß (vgl. § 541 I 1 ZPO a. F. und MK/Rimmelspacher § 541 ZPO a. F. Rn. 43; Musielak/Ball § 541 ZPO a. F. Rn. 21). Daher wird von einer „authentischen Interpretation des Gesetzes" in Wohnraummietsachen durch die Obergerichte und den BGH gesprochen

des Lebenssachverhalts ist folgendes hervorzuheben. Nach den Ausführungen zur Wiederholungs- und Trotzkündigung bedeutet allein[1980] die Abgabe einer neuen Willenserklärung (Gestaltungserklärung) keine Veränderung des Streitgegenstands, weil nicht die Willenserklärung als solche, sondern das rechtliche Beziehungsgeflecht zwischen Willenserklärung und dem geltend gemachten konkreten Grund den Klagegrund bildet[1981]. Der Ausspruch der erneuten Kündigung kann also allein deswegen, weil er ein neues Rechtsgeschäft mit anderem Datum darstellt, keinen rechtskraftfreien Sachverhalt schaffen[1982]. Aus demselben Argument ist Lebenssachverhalt nicht etwa alleinig die den Kündigungsgrund bildende Tatsache, denn bei Eintritt dieser Tatsache entsteht erst das Gestaltungsrecht[1983]. Klagegrund ist vielmehr die Tatsache, daß dem Gestaltungsgegner (Mieter) eine durch die Angabe eines bestimmten Kündigungsgrundes individualisierte Kündigungserklärung zugegangen ist, da erst sie den mit der Klage verfolgten Räumungsanspruch auslöst[1984].

Bei einem Räumungsanspruch zum Beispiel aufgrund des § 543 II 1 Nr. 2 BGB ist also die Erklärung der Kündigung in Verbindung mit einem bestimmten, sich als Verfehlung im Sinne des § 543 II 1 Nr. 2 BGB darstellenden Verhalten des Mieters der Klagegrund[1985]. Aus dem Gesagten ergibt sich, daß auch dann nur ein Streitgegenstand vorliegt, wenn der Herausgabeanspruch auf eine Gestaltungserklärung gestützt wird, die die Angabe mehrerer (zutreffender oder unzutreffender) Gestaltungsgründe zum Inhalt hat[1986]. Da Klagegrund nicht die mehreren Verfehlungen, sondern die eine, durch die Angabe der mehreren Gestaltungsgründe individualisierte Gestaltungserklärung ist, liegt dennoch nur ein prozessualer Anspruch vor[1987]. Anders ist die Rechtslage dagegen dann zu beurteilen, wenn zunächst unter Angabe eines Vergehens und dann vorsorglich nochmals wegen einer anderen Pflichtverletzung gekündigt wird. Dann liegen zwei selbständige Gestaltungserklärungen und damit zwei Klagegründe vor[1988]. Im Ergebnis müssen also zur Umgestaltung des Sachverhaltes und damit des Streitgegenstands zwei Elemente modifiziert werden. Erforderlich aber auch ausreichend ist die Erklärung einer erneuten Kündigung, die ihrerseits einen neuen Kündigungsgrund angibt.

(vgl. Hassold JR 1985, 96, 97; MK/Rimmelspacher § 541 ZPO a. F. Rn. 43). § 541 ZPO a. F. wurde durch das Zivilprozeßreformgesetz mit Wirkung zum 01.01.2002 aufgehoben.

1980 Die abermalige Ausübung des Gestaltungsrechts wird also auf den bereits vorgebrachten Gestaltungsgrund gestützt.

1981 Die bereits im materiellen Teil dieser Arbeit eruierte rechtliche Beziehung zwischen Gestaltungsrecht und Gestaltungserklärung wirkt also auch im prozessualen Kontext fort.

1982 Hungerbühler S. 67.

1983 Vgl. Hungerbühler S. 131.

1984 So für den Widerruf einer Schenkung Flume DB 1979, 1637. Dazu Hungerbühler S. 131.

1985 Vgl. RG WarnRspr 1915 Nr. 281, S. 435, 436 bezüglich des Widerrufs einer Schenkung.

1986 Hungerbühler S. 132.

1987 Hungerbühler S. 132.

1988 Hungerbühler S. 132.

§ 28 Die Rechtslage im Arbeitsrecht

Im arbeitsgerichtlichen Verfahren bedarf die Kündigungsschutzklage nach § 4 S. 1 KSchG besonderer Erörterung. Die eindeutige Determination des Streitgegenstands wirkt sich nach rechtskräftig abgeschlossenem Kündigungsrechtsstreit nach zwei Seiten hin aus[1989]. Unterliegt der Arbeitgeber, so ist zweifelhaft, ob er sich außer auf den bereits vorgebrachten Kündigungsgrund noch auf weitere Beendigungsgründe berufen kann[1990]. Diese Schwierigkeit wird uns im folgenden ausführlicher beschäftigen. Unterliegt hingegen der Arbeitnehmer, so stellt sich die Frage, ob er daran gehindert ist, die Unwirksamkeit der Kündigung aus anderen als den im Kündigungsverfahren vorgebrachten Gründen geltend zu machen. Wird zum Beispiel mit der rechtskräftigen Verneinung der Sozialwidrigkeit der Kündigung auch ihre Unwirksamkeit aus sonstigen Gründen verneint[1991].

I. Unterliegen des Arbeitgebers

Ob der Arbeitgeber auch andere Beendigungstatbestände im anhängigen Kündigungsschutzprozeß geltend machen muß beziehungsweise in einem erneuten Verfahren geltend machen kann, hängt von dem vom Arbeitnehmer gestellten Antrag ab[1992]. Denn der Antrag umreißt, was der Kläger sachlich erstrebt[1993]. Wir gehen dabei im folgenden davon aus, daß der Arbeitnehmer den Kündigungsschutzantrag gemäß dem Wortlaut des § 4 S. 1 KSchG stellt[1994]. Nach der ausdrücklichen Regelung in § 4 S. 1 KSchG hat der Arbeitnehmer, der geltend machen will, eine Kündigung sei sozial ungerechtfertigt, Klage auf Feststellung[1995] zu erheben, das Arbeitsverhältnis sei durch die Kündigung nicht aufgelöst[1996]. In gleicher Weise muß

1989 Vgl. BAG AP § 4 KSchG Nr. 3 1969; MünchArbR/Berkowsky § 148 Rn. 88.

1990 BAG AP § 4 KSchG Nr. 3 1969.

1991 Dazu BAG AP § 4 KSchG Nr. 3 1969; Bettermann ZfA 1985, 5 ff.

1992 KPK/Ramrath § 4 KSchG Rn. 69.

1993 Habscheid RdA 1958, 95, 96.

1994 Über die Fassung des Klageantrages besteht jedoch keine Einmütigkeit. Zu den unterschiedlichen Formulierungsvorschlägen Habscheid RdA 1958, 95, 96.

1995 Ungeachtet dieses Wortlauts gibt es Stimmen in Literatur und Rechtsprechung, die in der Kündigungsschutzklage eine Gestaltungsklage erblicken. Von der überwiegenden Lehre und nach fast einhelliger Rechtsprechung (vgl. nur BAG AP § 4 KSchG Nr. 7 1969) wird die Kündigungsschutzklage hingegen als Feststellungsklage angesehen. Ausführlich zu dieser Streitfrage äußert sich Köhler S. 126 ff.

1996 Bereits an diesem Antrag wird deutlich, daß im Kündigungsstreit nach dem Kündigungsschutzgesetz die Verhältnisse anders liegen könnten, als in den obigen Beispielsfällen zur Rechtslage im Mietrecht. In dem Kündigungsschutzverfahren erscheint neben dem Arbeitsverhältnis auch die Kündigung im Antrag, während in den Mietrechtssachverhalten ihr Platz nur in der Klagebegründung war. Vgl. Zeuner MDR 1956, 257, 259. Das Feststellungsverlangen nach § 4 S. 1 KSchG hat insofern mit den Gestaltungsurteilen gemeinsam, daß bereits im Tenor der Entscheidung die jeweilige Rechtsfolge ausgesprochen wird (Feststellung über die Wirksamkeit der Kündigung beziehungsweise Gestaltung eines Rechtsverhältnisses), während bei der Leistungsklage zum Beispiel auf Räumung im Tenor des Urteils lediglich ein Ausspruch über das Räumungsbegehren des Vermieters ergeht, und die Kündigung erst in den Entscheidungsgründen behandelt wird. Für die Leistungsklage auf Räumung ist die Kündigung also nur Vorfrage.

von einem gegen Kündigung geschützten Arbeitnehmer die Unwirksamkeit einer außerordentlichen Kündigung geltend gemacht werden, wenn er das Fehlen eines wichtigen Grundes behauptet (§ 13 I 2 KSchG). Trotz dieser an sich klaren Regelung streiten zu der Frage, was Streitgegenstand[1997] der Kündigungsschutzklage nach § 4 S. 1 KSchG ist, drei Auffassungen um Anerkennung[1998]. Bei der Abgrenzung des Umfangs der Rechtskraftwirkung des der Kündigungsschutzklage stattgebenden Urteils werden demzufolge auch drei Lösungen angeboten[1999].

1. Globaler oder bestandsrechtlicher Streitgegenstand[2000]

Am weitesten geht die insbesondere von Bötticher[2001] und Lüke[2002] vertretene Auffassung, wonach Streitgegenstand des Kündigungsschutzverfahrens das Bestehen des Arbeitsverhältnisses zur Zeit der letzten mündlichen Verhandlung ist[2003]. Nach dieser Auffassung wird also durch die gerichtliche Feststellung im Kündigungsschutzprozeß, daß das Arbeitsverhältnis durch die Kündigung nicht aufgelöst worden ist (§ 4 S. 1 KSchG), zugleich festgestellt, daß es auch zum Zeitpunkt der letzten mündlichen Verhandlung noch besteht[2004]. Der Streitgegenstand wird insofern zeitlich nicht durch den Termin beschränkt, auf den die angegriffene Kündigung wirken sollte[2005]. Das klagestattgebende Urteil stellt vielmehr weiter fest, daß das Arbeitsverhältnis auch später nicht beendet worden ist. Der zeitliche Einschnitt, jenseits dessen in einem zweiten Verfahren um die Auflösung des Arbeitsverhältnisses gestritten werden kann, wird erst durch die letzte mündliche Tatsachenverhandlung des ersten Verfahrens markiert[2006]. Von der Rechtskraft des Erstprozesses werden somit auch alle sonstigen, eventuell entstandenen Beendigungsgründe wie weitere Kündigungen, Aufhebungsverträge oder Anfechtungserklärungen erfaßt, die deshalb vom Arbeitgeber nicht mehr geltend gemacht werden können[2007]. Die so verstandene Kündigungsschutzklage hat damit den gleichen Streitgegenstand wie eine Feststellungsklage nach § 256 ZPO dahingehend, daß das Arbeitsverhältnis fortbesteht[2008].

1997 Die Diskussion um den Streitgegenstand im Kündigungsschutzprozeß ist ein Miniaturbild der Kontroversen über den Begriff des Streitgegenstands im Zivilprozeß, vgl. Habscheid RdA 1958, 46, 48.

1998 Ascheid Rn. 751; Stahlhacke FS Wlotzke, S. 173, 175.

1999 Grunsky Anm. BAG AP § 4 KSchG Nr. 3 Bl. 603.

2000 Vgl. zur Begrifflichkeit Löwisch § 4 KSchG Rn. 11.

2001 Bötticher FS Herschel, S. 181 ff.

2002 Lüke JZ 1960, 203 ff. So auch Becker AcP 188, 24, 54 Fußnote 84; Zeuner MDR 1956, 257 ff.

2003 Nun ist allerdings auch der Fall denkbar, daß bei längeren Kündigungsfristen die Frist im Augenblick der letzten mündlichen Verhandlung noch nicht abgelaufen ist. Die Feststellung, daß das Arbeitsverhältnis fortbesteht, reicht in diesem Falle nicht aus, um volle Klarheit zu schaffen. Es ist daher der Zusatzantrag zu empfehlen, der die Feststellung erstrebt, daß das Arbeitsverhältnis durch die konkrete Kündigung nicht aufgelöst wird. Vgl. Habscheid RdA 1958, 95, 97; Nikisch DB 1956, 1133, 1134.

2004 Habscheid RdA 1958, 46, 48; Köhler S. 148; MünchArbR/Berkowsky § 148 Rn. 89; Nikisch § 51 VI 4, S. 775.

2005 Grunsky Anm. BAG AP § 4 KSchG Nr. 3 Bl. 603.

2006 Grunsky Anm. BAG AP § 4 KSchG Nr. 3 Bl. 603.

2007 Grunsky Anm. BAG AP § 4 KSchG Nr. 3 Bl. 603; MünchArbR/Berkowsky § 148 Rn. 89.

2008 MünchArbR/Berkowsky § 148 Rn. 89.

Die Vertreter dieser Auffassung stützen sich dabei insbesondere auf die Wendung in §§ 11 S. 1, 12 S. 1 KSchG: „Besteht nach der Entscheidung des Gerichts das Arbeitsverhältnis fort" [...][2009]. Zur weiteren Rechtfertigung dieser Lehre werden vor allem zwei Gesichtspunkte angeführt[2010]. Zum einen sollte der Arbeitnehmer darauf vertrauen können, daß über den Fortbestand seines Arbeitsverhältnisses in dem von ihm fristgerecht eingeleiteten Kündigungsschutzprozeß umfassend entschieden werde. Ziel war es demzufolge, ihm durch einen global gefaßten Verfahrensgegenstand die Sorge und Unbehaglichkeit immer neuer form- und fristgerechter Angriffe gegen spätere Kündigungen abzunehmen, die er möglicherweise nur schwer als solche erkennen konnte[2011]. Zum anderen versprachen sich die Vertreter dieser Meinung durch diesen Streitgegenstand eine den Forderungen der Prozeßökonomie entsprechende Verfahrenskonzentration[2012]. Dieser weite Streitgegenstandsbegriff, dem die Rechtsprechung nur vereinzelt gefolgt ist[2013], hat sich nicht durchsetzen können[2014]. Er wird heute - soweit ersichtlich - kaum noch vertreten[2015].

2. Punktueller Streitgegenstand

Nach der von A. Hueck[2016] begründeten Lehre vom sogenannten punktuellen Streitgegenstand[2017] ist Streitgegenstand einer Kündigungsschutzklage nach § 4 S. 1 KSchG die Frage, ob das Arbeitsverhältnis durch eine bestimmte Kündigung zu dem in ihr genannten Termin (ordentliche Kündigung oder außerordentliche Kündigung mit Auslauffrist) oder im Falle der fristlosen Kündigung im Zeitpunkt ihres Wirksamwerdens aufgelöst ist[2018]. Kernpunkt des Rechtsstreits ist also die Ermittlung der Rechtswirksamkeit der konkreten mit der Kündigungsschutzklage bekämpften Kündigung[2019]. Zur besseren Verständlichkeit von Abgrenzungsfragen muß hervorgehoben werden, daß nach dieser Theorie die Klage nach § 4 S. 1 KSchG inhaltlich nicht identisch ist mit der Feststellungsklage nach § 256 ZPO[2020]. Bei letzterer geht es um den Bestand eines Rechtsverhältnisses. Bei § 4 S. 1 KSchG geht es um die

---

2009 MünchArbR/Berkowsky § 148 Rn. 89.

2010 Stahlhacke FS Wlotzke, S. 173, 175.

2011 Stahlhacke FS Wlotzke, S. 173, 175.

2012 Stahlhacke FS Wlotzke, S. 173, 176.

2013 LAG Stuttgart BB 1967, 1423; AG Wuppertal DB 1980, 1800, 1802.

2014 Stahlhacke FS Wlotzke, S. 173, 176.

2015 Ascheid Rn. 754; Stahlhacke FS Wlotzke, S. 173, 176. Allerdings sind die angeführten Gründe präzise die Überlegungen, die den Zweiten Senat des BAG EzA § 4 KSchG Nr. 33 dazu geführt haben, für die Kombination mit der allgemeinen Feststellungsklage einzutreten, die dem Arbeitnehmer die von dieser Lehre geforderte günstige Position im Verfahren einräumt. Vgl. Stahlhacke FS Wlotzke, S. 173, 176.

2016 Hueck FS Nipperdey, S. 99, 107 ff.

2017 Teilweise auch als kündigungsrechtliche oder kündigungsschutzrechtliche Auffassung bezeichnet, vgl. Köhler S. 147 Fußnote 4.

2018 APS/Ascheid § 4 KSchG Rn. 136; Ascheid Rn. 752; ErfK/Ascheid § 4 KSchG Rn. 78; Grunsky Anm. BAG AP § 4 KSchG Nr. 3 Bl. 603, 604; Hueck/von Hoyningen-Huene § 4 KSchG Rn. 69; KR/Friedrich § 4 KSchG Rn. 225; Löwisch § 4 KSchG Rn. 11; MünchArbR/Berkowsky § 148 Rn. 91; Stahlhacke/Preis/Vossen Rn. 1147.

2019 Ascheid Rn. 752; Nikisch DB 1956, 1133, 1134; Nikisch § 51 VI 4, S. 774.

2020 Ascheid Rn. 752.

Wirksamkeit einer zivilrechtlichen Erklärung, die Folgen für den Bestand eines Arbeitsverhältnisses auslöst[2021]. Im Unterschied zur erstgenannten Lehre wird von der Rechtskraft also nicht ein Zeitraum (bis zur letzten mündlichen Tatsachenverhandlung), sondern lediglich ein Zeitpunkt (der Kündigungstermin) erfaßt. Wird der Kündigungsschutzklage stattgegeben, so ist nach dieser Meinung demnach noch nicht geklärt, ob überhaupt ein kündbares Arbeitsverhältnis bestanden hat[2022]. Die Rechtskraft des Urteils schneidet dem Arbeitgeber lediglich die Berufung darauf ab, daß das Arbeitsverhältnis durch die angegriffene Kündigung beendet worden ist[2023]. Der Dienstherr kann sich mit anderen Worten sowohl auf nach dem Kündigungstermin wirksam gewordene Beendigungsgründe als auch darauf berufen, das Arbeitsverhältnis sei zu einem früheren oder zu demselben Zeitpunkt (auf andere Weise) beendet worden. Für den unterlegenen Arbeitgeber ist folglich wegen der nur punktuell wirkenden Rechtskraft weder „Vergangenheit noch Gegenwart noch Zukunft verspielt"[2024]. Diese Ansicht stützt sich einerseits auf den Wortlaut von § 4 S. 1 KSchG, wonach das Arbeitsgericht festzustellen hat, ob das Arbeitsverhältnis durch die Kündigung nicht aufgelöst worden ist[2025], andererseits auf die Überlegung, daß es im wohlverstandenen Interesse des (mehrfach) gekündigten Arbeitnehmers liegen kann, nur eine dieser Kündigungen - etwa eine ehrverletzende außerordentliche Kündigung - mit der Kündigungsschutzklage anzugreifen, eine andere hingegen nicht[2026].

3. Erweiterter punktueller Streitgegenstand

Während die Rechtsprechung des Bundesarbeitsgerichts ursprünglich ausschließlich die Wirksamkeit der konkreten Kündigung als Streitgegenstand der Kündigungsschutzklage bestimmte, verfolgt sie seit der Entscheidung vom 12. Januar 1977[2027] eine mittlere Linie[2028]. Danach ist Streitgegenstand der Bestand des Arbeitsverhältnisses im Augenblick des Kündigungstermins[2029]. Dabei soll nicht nur darüber entschieden werden, ob das Arbeitsverhältnis durch die Kündigung aufgelöst worden ist[2030]. Wird der Kündigungsschutzklage stattgegeben, so soll damit auch feststehen, daß das Arbeitsverhältnis überhaupt zustande gekommen ist und daß es bis zum Kündigungstermin nicht aus anderen Gründen sein Ende gefunden hat[2031]. Das Bestehen des Arbeitsverhältnisses vor der Kündigung ist also nicht nur eine den Streitgegenstand des Kündigungsschutzurteils bedingende Frage, auf die sich die

---

2021 Ascheid Rn. 752.
2022 Grunsky Anm. BAG AP § 4 KSchG Nr. 3 Bl. 603, 604; Stahlhacke FS Wlotzke, S. 173, 176.
2023 Grunsky Anm. BAG AP § 4 KSchG Nr. 3 Bl. 603, 604.
2024 Grunsky Anm. BAG AP § 4 KSchG Nr. 3 Bl. 603, 604.
2025 Köhler S. 148.
2026 BAG AP § 4 KSchG Nr. 17 1969; MünchArbR/Berkowsky § 148 Rn. 91; KR/Friedrich § 4 KSchG Rn. 227; Stahlhacke FS Wlotzke, S. 173, 174.
2027 BAG AP § 4 KSchG Nr. 3 1969.
2028 Grunsky Anm. BAG AP § 4 KSchG Nr. 3 Bl. 603; Stahlhacke FS Wlotzke, S. 173, 176, 177.
2029 Grunsky Anm. BAG AP § 4 KSchG Nr. 3 Bl. 603; Stahlhacke FS Wlotzke, S. 173, 176, 177.
2030 Grunsky Anm. BAG AP § 4 KSchG Nr. 3 Bl. 603.
2031 Grunsky Anm. BAG AP § 4 KSchG Nr. 3 Bl. 603; MünchArbR/Berkowsky § 148 Rn. 92.

Rechtskraft nicht erstrecken würde[2032]. Der unterlegene Arbeitgeber hat dieser Ansicht zufolge „Gegenwart und Vergangenheit verspielt"[2033], weil er sich nicht mehr darauf berufen kann, das Arbeitsverhältnis sei zu einem früheren oder zu demselben Zeitpunkt beendet worden[2034]. Das Bundesarbeitsgericht begründet seine Auffassung damit, daß anderenfalls die materielle Rechtskraft die ihr zugeordnete Funktion nicht erfülle könne, weil ansonsten jeder Arbeitgeber, der ein Kündigungsschutzverfahren verloren hat, geltend machen könne, ein Arbeitsverhältnis habe gar nicht bestanden, das Arbeitsverhältnis sei aufgrund einer bereits früher erklärten Anfechtung erloschen, die Parteien hätten in der Vergangenheit einen Aufhebungsvertrag geschlossen oder das Arbeitsverhältnis habe aus anderen Gründen ein Ende gefunden[2035]. Das BAG hat sich demnach mit dieser Entscheidung[2036] von der punktuellen Streitgegenstandstheorie im oben dargestellten Sinn zumindest partiell verabschiedet[2037], obwohl es in den genannten Urteilen[2038] ausdrücklich akzentuiert, es folge dem punktuellen Streitgegenstand[2039].

4. Stellungnahme

Die Auffassung Böttichers[2040] trägt allerdings der Prozeßökonomie und dem Bedürfnis, widersprechende Entscheidungen zu verhüten, Rechnung[2041]. Sie entspricht aber nicht dem Willen des Gesetzgebers[2042]. Der bestandsrechtliche Streitgegenstandsbegriff ist mit dem Wortlaut des § 4 S. 1 KSchG nicht vereinbar, wonach „die Kündigung" angegriffen und nicht der Bestand des Arbeitsverhältnisses zur Prüfung gestellt wird[2043]. Vor allem aber ist zu beachten, daß Bötticher[2044] zu dem Gesetzentwurf Stellung genommen und den Vorschlag gemacht hat, man solle eine dem § 616 ZPO a. F. entsprechende Vorschrift in das KSchG aufnehmen. Dem ist der Gesetzgeber in Kenntnis dieses Vorschlags nicht nachgekommen[2045]. Eine

2032 Köhler S. 169.
2033 Grunsky Anm. BAG AP § 4 KSchG Nr. 3 Bl. 603, 604.
2034 Stahlhacke/Preis/Vossen Rn. 1158. Auf später wirksam gewordene Beendigungsgründe kann sich der Arbeitgeber auch nach der Rechtsprechung des BAG berufen, vgl. Stahlhacke/Preis/Vossen Rn. 1159.
2035 Köhler S. 169.
2036 BAG AP § 4 KSchG Nr. 3 1969. Vgl. auch die Entscheidung BAG AP § 4 KSchG Nr. 17 1969, die diese Rechtsprechung bekräftigt und sich hierbei auch mit der von Grunsky (Anm. BAG AP § 4 KSchG Nr. 3 Bl. 603 ff.) geäußerten Kritik an der Entscheidung aus dem Jahr 1977 auseinandersetzt.
2037 Teilweise wird deshalb in Betracht gezogen, diese Auffassung nicht mehr der punktuellen Streitgegenstandslehre zuzurechnen. Die neue Bestimmung des Streitgegenstands durch das BAG wird deshalb auch als enger oder zeitlich begrenzter bestandsrechtlicher Streitgegenstandsbegriff bezeichnet, vgl. Köhler S. 148 ff. mit weiteren Nachweisen zur Terminologie.
2038 BAG AP § 4 KSchG Nr. 3 1969; AP § 4 KSchG Nr. 17 1969. So jetzt auch die Entscheidung BAG AP § 4 KSchG Nr. 38 1969.
2039 Köhler S. 149; Künzl Erlanger FS Schwab, S. 123, 124; Stahlhacke/Preis/Vossen Rn. 1158.
2040 Bötticher FS Herschel, S. 181 ff.
2041 Vgl. Brox JuS 1962, 121, 127.
2042 Brox JuS 1962, 121, 127.
2043 Brox JuS 1962, 121, 127; Köhler S. 170; Stahlhacke FS Wlotzke, S. 173, 177.
2044 Bötticher RdA 1951, 81, 86.
2045 Vgl. Brox JuS 1962, 121, 127.

§ 616 ZPO a. F. entsprechende Präklusionswirkung hat die Legislative also gerade nicht gewollt[2046]. Darüber hinaus ist es Sache des klagenden Arbeitnehmers, worüber der Prozeß geführt werden soll. Das BAG[2047] hat insoweit zutreffend ausgeführt, es könne durchaus im Interesse des Arbeitnehmers liegen, nur die Feststellung durch das Gericht klären zu lasen, ob eine ganz bestimmte Kündigung das Arbeitsverhältnis aufgelöst habe, nicht aber, ob das Arbeitsverhältnis auch noch zum Zeitpunkt der letzten mündlichen Verhandlung in der Tatsacheninstanz bestehe[2048].

Ausschlaggebend für die Favorisierung der punktuellen Streitgegenstandstheorie dürfte letztlich folgende Überlegung sein. Der Gesetzgeber eröffnet mit § 4 S. 1 KSchG in Abweichung von der allgemeinen Regelung in § 256 ZPO, die die Feststellung eines Rechtsverhältnisses zum Gegenstand hat, die Möglichkeit der Konstatierung des rechtlichen Elementes eines Rechtsverhältnisses, nämlich die Feststellung der Wirksamkeit einer konkreten Kündigung[2049]. Mit dieser Besonderheit geht allerdings auch die rechtliche Obliegenheit einher, bei mehreren Kündigungen jede einzelne mit einer Kündigungsschutzklage anzugreifen[2050]. Durch eine Beschränkung des Streitgegenstands auf die einzelne Kündigung ergeben sich dabei auch keinerlei Rechtsschutzlücken[2051]. Will der Arbeitnehmer eine rechtskraftfähige Feststellung des Inhalts, daß das Arbeitsverhältnis bis zur letzten mündlichen Tatsachenverhandlung nicht aufgelöst ist, so steht es ihm frei, einen dahingehenden allgemeinen Feststellungsantrag gemäß § 256 I ZPO (in Verbindung mit § 495 ZPO, § 46 II ArbGG) zu stellen[2052]. Die Zulässigkeit derartiger erweiterter Feststellungsanträge ist allgemein anerkannt[2053]. Aufgrund dieser Kombinationsmöglichkeit der Anträge nach § 4 S. 1 KSchG und § 256 I ZPO fehlt es mit anderen Worten an der Notwendigkeit, den Streitgegenstand der gemäß dem Wortlaut des § 4 S. 1 KSchG gestellten Kündigungsschutzklage über die Frage der Wirksamkeit der Kündigung hinaus auf den Bestand des Arbeitsverhältnisses auszudehnen[2054]. Vor diesem Hintergrund ist die neuere Rechtsprechung des BAG insoweit inkonsequent, als sie der Auffassung ist, die Feststellung, daß eine bestimmte Kündigung das Arbeitsverhältnis nicht beendet hat, enthalte zugleich die Feststellung, daß das Arbeitsverhältnis im Zeitpunkt des Kündigungstermins (noch) bestanden hat[2055]. Dem klagenden Arbeitnehmer, der die „Globalentscheidung" über den Bestand des Arbeitsverhältnisses anstrebt, ist es - wie oben dargelegt - unbenommen, einen

2046 Brox JuS 1962, 121, 127.
2047 BAG EzA § 4 KSchG Nr. 31.
2048 Grunsky Anm. BAG AP § 4 KSchG Nr. 3 Bl. 603; Stahlhacke FS Wlotzke, S. 173, 177.
2049 Stahlhacke FS Wlotzke, S. 173, 178.
2050 Stahlhacke FS Wlotzke, S. 173, 178.
2051 Grunsky Anm. BAG AP § 4 KSchG Nr. 3 Bl. 603.
2052 Grunsky Anm. BAG AP § 4 KSchG Nr. 3 Bl. 603.
2053 BAG AP § 4 KSchG Nr. 28 1969; AP § 4 KSchG Nr. 29 1969; AP § 4 KSchG Nr. 38 1969; APS/Ascheid § 4 KSchG Rn. 140; Hueck/von Hoyningen-Huene § 4 KSchG Rn. 72 ff.; Köhler S. 172, 173; KR/Friedrich § 4 KSchG Rn. 237, 243; Löwisch § 4 KSchG Rn. 86; Stahlhacke FS Wlotzke, S. 173, 180 ff.; Stahlhacke/Preis/Vossen Rn. 1150.
2054 Köhler S. 172.
2055 MünchArbR/Berkowsky § 148 Rn. 92.

dahingehenden Antrag zu stellen[2056]. Ihn „automatisch" mit einer solchen Entscheidung zu beglücken, besteht insofern kein Anlaß[2057]. Als weiteres Argument gegen die Meinung des BAG läßt sich anführen, daß es damit dem Arbeitgeber auch dann verwehrt ist, sich auf sonstige zeitlich vor dem Zugang der streitgegenständlichen Kündigung oder vor dem Schluß der mündlichen Verhandlung liegende Unwirksamkeits- oder Beendigungsgründe zu berufen, wenn er gehindert war, diese im Kündigungsschutzprozeß geltend zu machen, weil sie ihm nicht bekannt waren[2058]. Nach dem Abschluß des Rechtsstreits sollten die Grenzen des Streitgegenstands und damit seiner Rechtskraft jedoch enger gezogen werden, um die Präklusion nicht vorgebrachter Tatsachen möglichst zu beschränken[2059]. Denn die Rechtskraft dient primär den Parteiinteressen und nicht zuerst der Prozeßökonomie[2060]. Im anderen Falle bestünde obendrein die Gefahr der unnötigen Ausweitung des Rechtsstreits, weil der beklagte Arbeitgeber einen umfassenden vergangenheitsbezogenen Vortrag bringen muß, um hiermit, sobald der Kündigungsschutzklage rechtskräftig stattgegeben ist, nicht für immer ausgeschlossen zu sein[2061]. Die gleichen Erwägungen, die bei der allgemeinen Bestimmung des Streitgegenstands bezüglich des Bewährungspunktes der Rechtskraft gegen die eingliedrige Theorie sprechen, sind somit auch hier gegen die bestandsrechtlichen Auffassungen anzuführen.

5. Zwischenergebnis

Die Kündigungsschutzklage, die dem Wortlaut des § 4 S. 1 KSchG gemäß gestellt ist, hat nur die Wirksamkeit der konkreten Kündigung zum Streitgegenstand[2062]. Prozessualer Anspruch ist also nicht der Bestand des Arbeitsverhältnisses, weder zum Kündigungszeitpunkt[2063] noch zum Schluß der mündlichen Verhandlung[2064]. Zu einer derartigen Ausdehnung des Streitgegenstands besteht kein Bedürfnis. Dem klagenden Arbeitnehmer steht es frei[2065], durch einen allgemeinen Feststellungsantrag gemäß § 256 I ZPO (in Verbindung mit § 495 ZPO, § 46 II ArbGG) das Bestehen des Arbeitsverhältnisses selbst zum Gegenstand des Prozesses zu machen[2066].

2056 Grunsky Anm. BAG AP § 4 KSchG Nr. 3 Bl. 603, 604; Köhler S. 174.

2057 Grunsky Anm. BAG AP § 4 KSchG Nr. 3 Bl. 603, 604.

2058 Köhler S. 172.

2059 Stein/Jonas/Schumann (20. Auflage) Einleitung Rn. 294; Wieczorek/Schütze/Prütting Einleitung Rn. 69.

2060 Vgl. Brox JuS 1962, 121, 126.

2061 Köhler S. 171, 192.

2062 Dies verdeutlicht, daß in Wahrheit dann nicht mehr ausschließlich der Kläger, obwohl prozessualer Angreifer, sondern der Beklagte den Streitgegenstand festlegt oder doch wenigstens entscheidend vorprogrammiert. Der Kläger muß das Streitprogramm zwangsläufig auf das Vorgehen des Beklagten abstellen. Vgl. Becker AcP 188, 24, 62; Lüke JZ 1960, 203, 205.

2063 So die enge bestandsrechtliche respektive erweiterte punktuelle Streitgegenstandstheorie des Bundesarbeitsgerichts.

2064 So der (weite) bestandsrechtliche Streitgegenstandsbegriff.

2065 Notfalls hat das Gericht nach § 139 I ZPO einen Hinweis zu geben, so Grunsky Anm. BAG AP § 4 KSchG Nr. 3 Bl. 603.

2066 Vgl. Köhler S. 174.

6. Wiederholungs- und Trotzkündigung

Wie bereits im Komplex des Mietrechts dient die Sondierung der Wiederholungskündigung auch im Rahmen des Kündigungsschutzprozesses der genaueren Festlegung des (punktuellen) Streitgegenstands[2067]. Innerhalb der punktuellen Streitgegenstandslehre besteht nämlich Uneinigkeit hinsichtlich der „Feinabstimmung", also der präzisen Individualisierung des prozessualen Anspruchs[2068]. Vergleichbar mit dem Mietrecht fungiert auch hier die Frage, ob der Arbeitgeber eine erneute Kündigung auf Kündigungsgründe stützen kann, die er schon zur Begründung der ersten Kündigung vorgebracht hat und die in dem Erstprozeß materiell mit dem Ergebnis geprüft wurden, sie könnten die Kündigung nicht rechtfertigen, als Anknüpfungspunkt für die exakte Abgrenzung des Streitgegenstands. Zur Bewältigung dieser Besonderheit bei der Arbeitgeberkündigung werden - gleichsam der Vermieterkündigung - prozessuale und materiellrechtliche Lösungsvorschläge angeboten.

a) Prozeßrechtliche Lösung

Zur Strukturierung der Problemfelder ist auch[2069] im arbeitsgerichtlichen Verfahren zu differenzieren, ob die Wiederholung der Ausübung des Kündigungsrechts vor Schluß der letzten mündlichen Tatsachenverhandlung erfolgt ist, oder danach[2070]. Im ersteren Fall geht es um die objektiven, im zweiten um die zeitlichen Grenzen der Rechtskraft.

aa) Objektive Grenzen

Im Ergebnis wird in Rechtsprechung und Literatur zwar fast einhellig angenommen, daß eine wiederholte Kündigung, die der Arbeitgeber auf denselben Kündigungsgrund stützt, der schon Gegenstand des verlorenen ersten Prozesses war, nicht mehr zu einer materiellen Nachprüfung des Kündigungsgrundes im zweiten Prozeß führen kann[2071]. Es ist mit anderen Worten nahezu unstreitig, daß der Feststellung der Unwirksamkeit der Kündigung Wirkung gegenüber der Wiederholung zuzuerkennen ist[2072]. Das erste Urteil ist insofern in jedem Fall präjudiziell für den Folgeprozeß[2073]. Präjudizialität wirkt sich jedoch verschieden aus[2074]. Sind die Streit-

---

2067 Auch Bötticher FS Herschel, S. 181, 194 ff. hält das Problem der Trotzkündigung geradezu für einen Bewährungspunkt der Lehre vom Streitgegenstand im Kündigungsschutzprozeß (vgl. Habscheid RdA 1958, 46, 48).

2068 Ascheid FS Stahlhacke, S. 1, 6.

2069 Zur entsprechenden Rechtslage im Mietrecht vgl. oben bei Fußnote 1901.

2070 Arens S. 54.

2071 So BAG EzA § 322 ZPO Nr. 9; Ascheid Rn. 785; Bötticher FS Herschel, S. 181, 194; Lüke JZ 1960, 203, 207; Zeuner S. 119 ff., 132 f.

2072 Nach Stein/Jonas/Leipold § 322 ZPO Rn. 209 gilt diese Aussage in gleicher Weise für alle Gestaltungserklärungen, deren Unwirksamkeit festgestellt wurde.

2073 Vgl. Zeuner S. 132 f.

gegenstände des Erst- und des Zweitprozesses identisch, ist die zweite Klage unzulässig[2075]. Sind die Streitgegenstände verschieden, wird im Folgeprozeß bei der sachlichen Prüfung des Anspruchs mit der Präjudizialität gearbeitet[2076]. In derartigen Fällen ist die materielle Rechtskraft also keine negative Sachentscheidungsvoraussetzung[2077]. Sie bewirkt lediglich, daß der Richter des zweiten Prozesses die rechtskräftige Vorentscheidung seinem Urteil zugrunde legen muß[2078]. Es stellt sich folglich die Frage, welche dieser Rechtskraftwirkungen dem der Kündigungsschutzklage des Arbeitnehmers stattgebenden Urteil beigemessen wird, was wiederum von der genauen Fixierung des Streitgegenstands abhängig ist.

Hierzu kann auf die bereits im Komplex des Mietrechts entwickelte Fragestellung zurückgegriffen werden. Wenn danach die Verflechtung Willenserklärung/Grund untrennbar wäre, wären die erste Kündigung und die Wiederholungskündigung vom Streitgegenstand her schon deshalb verschieden, weil verschiedene Willenserklärungen vorliegen. Falls insofern die bloße Wiederholung der Kündigung eine Tatsache ist, die eine neuerliche Klage möglich und notwendig macht, stellt sich anschließend die Folgefrage, ob wenigstens Elemente des ersten Urteils - trotz anderen Streitgegenstands - eine Rechtskraftwirkung aus Gründen der Präjudizialität entfalten[2079]. Nimmt man indessen an, Streitgegenstand ist nicht nur die Willenserklärung, sondern auch die rechtliche Verknüpfung zwischen Willenserklärung und ganz konkretem Grund, liegt bei einer Wiederholungskündigung derselbe prozessuale Anspruch vor[2080]. Bei einer Trotzkündigung ist ein neuer Prozeß unzulässig[2081], eine weitere Klage damit weder möglich noch erforderlich[2082].

Im Mietrecht ist der Meinungsstand insoweit einheitlich. Die erste Kündigung und die Wiederholungskündigung haben den gleichen Streitgegenstand, so daß der zweiten Räumungsklage des Vermieters der Einwand der res iudicata entgegensteht[2083]. Im arbeitsgerichtlichen Kündigungsschutzprozeß ist die Frage hingegen umstritten. Das Bundesarbeitsgericht[2084] ist der Auffassung, der Arbeitgeber könne eine erneute Kündigung nicht auf Kündigungsgründe stützen, die er schon zur Begründung der ersten Kündigung vorgebracht habe und die in dem ersten Kündigungsschutzverfahren materiell mit dem Ergebnis geprüft worden seien, sie könnten die Kündigung

---

2074 APS/Ascheid § 4 KSchG Rn. 148.
2075 APS/Ascheid § 4 KSchG Rn. 148; Stein/Jonas/Leipold § 322 ZPO Rn. 44; Zeiss Rn. 559.
2076 APS/Ascheid § 4 KSchG Rn. 148.
2077 Zeiss Rn. 560.
2078 BGH NJW 1993, 3205; Rosenberg/Schwab/Gottwald § 151 III 2, S. 917, 918; Zeiss Rn. 560.
2079 Vgl. Ascheid FS Stahlhacke, S. 1, 7.
2080 APS/Ascheid § 4 KSchG Rn. 148.
2081 APS/Ascheid § 4 KSchG Rn. 148.
2082 Anders könnten nur diejenigen entscheiden, die in der materiellen Rechtskraft keine negative Prozeßvoraussetzung erblicken. Die Vertreter dieser sogenannten Lehre vom Widerspruchsverbot (dazu oben in Fußnote 1440) anerkennen, daß der Kläger unter Umständen die Möglichkeit haben muß, die gleiche Entscheidung über denselben Streitgegenstand noch einmal herbeizuführen. Gerade um dem Kläger gegen derartige Wiederholungsakte eine prozessuale Handhabe zu geben, wurde diese Auffassung entwickelt. Vgl. Arens S. 29.
2083 Vgl. oben bei Fußnote 1927.
2084 BAG EzA § 322 ZPO Nr. 9, bestätigt durch BAG BB 1996, 1557.

nicht rechtfertigen. Der Arbeitnehmer sieht sich aber genötigt, gegen die zweite Kündigung nach §§ 4, 7 KSchG Klage zu erheben, wobei der zweiten rechtzeitig erhobenen Klage jedoch aus Gründen der Präjudizialität ohne weiteres stattzugeben sei[2085]. Das Bundesarbeitsgericht ist bei seiner Entscheidung also incidenter davon ausgegangen, daß die erste Kündigung und die Wiederholungskündigung vom Streitgegenstand her verschieden sind, weil verschiedene Willenserklärungen vorliegen, die zu anderen Zeitpunkten die Auflösung des Arbeitsverhältnisses herbeiführen sollen[2086]. Das Arbeiten mit der Präjudizialität führt ferner dazu, daß das rechtskräftige Verneinen eines Kündigungsgrundes in einem weiteren Prozeß mit anderem Streitgegenstand als feststehend zugrunde zu legen ist, da es sich insoweit um ein vorgreifliches Rechtsverhältnis handelt, das von der Rechtskraft des ersten Kündigungsschutzverfahrens umfaßt wird[2087].

In seinem dogmatischen Begründungskonzept hat das BAG[2088] den Grundsatz, daß die Gründe der Entscheidung selbst nicht von der Rechtskraft erfaßt werden[2089], mit folgenden Argumenten überwunden: Mit eingehender Rechtfertigung wird zunächst die wertungsmäßige Gleichstellung der Kündigungsschutzklage mit einer Gestaltungsklage konstatiert[2090]. Im Rahmen einer Gestaltungsklage ist allgemein anerkannt[2091], daß die Berechtigung beziehungsweise Nichtberechtigung zur Herbeiführung der Gestaltung an der Rechtskraft teilnimmt[2092]. Allein die Tatsache, daß zwei verschiedene Kündigungserklärungen (und damit zwei Streitgegenstände) vorliegen, rechtfertigt insofern nicht, die neuerliche Kündigungsberechtigung anders als im ersten Prozeß zu beurteilen[2093]. Wurde im ersten Kündigungsschutzprozeß demnach das Vorliegen eines Kündigungsgrundes[2094] rechtskräftig verneint und kündigt der Arbeitgeber mit derselben Begründung neuerlich, so ist dem Arbeitgeber diese mangelnde Kündigungsberechtigung im zweiten unter dem Gesichtspunkt der Präjudizialität entgegenzuhalten[2095].

Der größte Teil des Schrifttums hat sich dieser Judikatur des BAG angeschlossen[2096]. Der ersten Ausgangsthese des Gerichts (zwei verschiedene Kündigungen

---

2085 BAG EzA § 322 ZPO Nr. 9.

2086 Vgl. Ascheid FS Stahlhacke, S. 1, 9.

2087 Vogg Anm. BAG EzA § 322 ZPO Nr. 9 Bl. 15, 18.

2088 BAG EzA § 322 ZPO Nr. 9.

2089 Vgl. BGH NJW-RR 1990, 701, 702; Rosenberg/Schwab/Gottwald § 153 III, S. 922; Stein/Jonas/Leipold § 322 ZPO Rn. 89.

2090 Vgl. Vogg Anm. BAG EzA § 322 ZPO Nr. 9 Bl. 15, 18.

2091 Die Abweisung einer Gestaltungsklage stellt fest, daß jedenfalls der vorgebrachte Gestaltungsgrund nicht vorliegt, vgl. Blomeyer ZPR § 89 VII, S. 498.

2092 BAG EzA § 322 ZPO Nr. 9; Vogg Anm. BAG EzA § 322 ZPO Nr. 9 Bl. 15, 18.

2093 BAG EzA § 322 ZPO Nr. 9; Vogg Anm. BAG EzA § 322 ZPO Nr. 9 Bl. 15, 18.

2094 Keine Präklusion tritt demzufolge ein, wenn die Wirksamkeit der ersten Kündigung aus formellen Gründen verneint wurde, also die materiellen Gründe der Kündigung in diesem Prozeß gar keine Rolle spielten, das Gericht über sie daher gar nicht befunden hat. Vgl. KR/Friedrich § 4 KSchG Rn. 273.

2095 Vogg Anm. BAG EzA § 322 ZPO Nr. 9 Bl. 15, 18.

2096 Hueck/von Hoyningen-Huene § 4 KSchG Rn. 91; KR/Friedrich § 4 KSchG Rn. 272; Stahlhake/Preis/Vossen Rn. 1160; Stein/Jonas/Leipold § 322 ZPO Rn. 209, 210; Vogg Anm. BAG EzA § 322 ZPO Nr. 9 Bl. 15, 18.

bedeuten zwei verschiedene Streitgegenstände) wird dabei mit Hinweis auf den punktuellen Streitgegenstand und der hierdurch bedingten Beschränkung des Urteilsausspruchs auf die konkrete Kündigung gefolgt. Es ist danach belanglos, daß die zweite Kündigung auf die gleichen Gründe gestützt wird wie die erste[2097]. Dem zweiten vom BAG vertretenen Standpunkt, der von einer Erstreckung der Rechtskraft auf die Kündigungsgründe ausgeht, wird auch nicht etwa ein Verstoß gegen fundamentale Prozeßgrundsätze[2098] vorgeworfen[2099]. Es wird zwar eingeräumt, die im Rahmen der Kündigungsschutzklage ergehende rechtskräftige Feststellung beziehe sich nur auf die Nichtigkeit der ersten konkreten Kündigung[2100]. Aber weder das Gesetz noch die Interessen der Parteien sprechen dafür, die Rechtskraft in diesen Fällen derart eng zu beschränken[2101]. In dem Kündigungsschutzprozeß wird mit anderen Worten auch das Recht des Gegners zum Erlaß der Kündigung zum Streitgegenstand[2102], so daß das aus dem Kündigungsgrund hergeleitete Recht zur Gestaltung verneint und nicht nur der Ausübungsakt durchstrichen wird[2103]. Diese Frage ist dieser Ansicht zufolge also nicht eine vom Begehren der Parteien gesonderte Vorfrage. Sie bildet vielmehr den eigentlichen Kern des Streits. Die Kündigungsschutzklage in bezug auf die konkrete Kündigung ist dabei nur die Form, um diesen Streit auszutragen[2104].

Nach der anderen Sichtweise der Literatur kommt punktuell nicht nur der Kündigungserklärung, sondern auch den sie tragen sollenden Tatsachen in bezug auf die mit ihnen nicht begründbare Auflösung des Arbeitsverhältnisses rechtliche Relevanz hinsichtlich der Festlegung des Streitgegenstands zu[2105]. Die rechtliche Verflechtung der Gestaltungserklärung mit dem zugeordneten Gestaltungsgrund determiniert also den prozessualen Anspruch, so daß die erste Kündigung und die Wiederholungskündigung den gleichen Streitgegenstand haben[2106]. Die Rechtskraftwirkung erstreckt sich demzufolge nicht lediglich auf die Wirksamkeit einer bestimmten Kündigungserklärung. Erfaßt wird vielmehr auch der der Erklärung immanente Inhalt[2107]. Wird der Kündigungsschutzklage hiernach stattgegeben, wird also zum einen rechtskräftig festgestellt, daß das Arbeitsverhältnis durch die Kündigung nicht aufgelöst ist[2108]. Darüber hinaus erwächst auch die Feststellung, daß der konkrete Kündigungsgrund eine Kündigung der ausgesprochenen Art nicht rechtfertigen kann, in Rechtskraft[2109].

2097 Vgl. Arens S. 69; Hueck FS Nipperdey, S. 99 ff.
2098 Gemeint ist die Maxime, daß die Entscheidungsgründe nicht an der Rechtskraft teilnehmen. Vgl. nur Zeuner S. 124.
2099 Diese Vorhaltung erhebt aber z. B. Nikisch DB 1956, 1133, 1134.
2100 Stein/Jonas/Leipold § 322 ZPO Rn. 209.
2101 Stein/Jonas/Leipold § 322 ZPO Rn. 209.
2102 Bruns ZZP 78, 264, 273 f.; Stein/Jonas/Leipold § 322 ZPO Rn. 209.
2103 Vgl. Bruns ZZP 78, 264, 273 f.
2104 Stein/Jonas/Leipold § 322 ZPO Rn. 209.
2105 Vgl. Ascheid FS Stahlhacke, S. 1, 13.
2106 Ascheid FS Stahlhacke, S. 1, 6 f.
2107 Ascheid FS Stahlhacke, S. 1, 6 f.
2108 Ascheid FS Stahlhacke, S. 1, 13.
2109 Ascheid FS Stahlhacke, S. 1, 13.

Der letztgenannten Literaturauffassung ist der Vorzug zu geben. Genau wie im Mietrecht bedeutet einzig die Kombination aus einer erneuten Kündigungserklärung und einem neuen Kündigungsgrund einen anderen prozessualen Anspruch. Allein die Abgabe einer weiteren Kündigungserklärung, die lediglich den bereits vorgebrachten Kündigungsgrund wiederholt, kann also nicht den Weg zu einem erneuten Kündigungsschutzprozeß eröffnen. Bei einer Wiederholungskündigung ist demzufolge eine zweite Klage unzulässig, weil bereits rechtskräftig über den Streitgegenstand entschieden ist[2110]. Warum sollte es auch dem Arbeitgeber möglich sein, aus demselben Grund immer wieder kündigen zu können, und zwar mit der Folge, daß immer wieder neue Sachentscheidungen ergehen müssen[2111]. Das mag zunächst an das berühmte Argument „Da könnte ja jeder kommen" erinnern. Daß es um mehr geht, wird aber im folgenden klar. Als Argumentationsschiene läßt sich wiederum die wertungsmäßige Gleichstellung der Gestaltungsrechte mit den Gestaltungsklagerechten fruchtbar machen. Selbst das BAG[2112] hat - unter Berufung auf Bötticher[2113] - überzeugend nachgewiesen, daß es sachlich nicht gerechtfertigt ist, Gestaltungsrechte und Gestaltungsklagen bei der Prüfung der Rechtskraftwirkung unterschiedlich zu behandeln.

Im Rahmen der Diskussion über eine Neugestaltung des Kündigungsschutzes[2114] wurde und wird immer wieder die Gestaltungsklage vorgeschlagen[2115], deren Einführung zu einer Vertauschung der Parteirollen führen würde[2116]. Der Arbeitgeber kann nach diesen Reformempfehlungen die Aufhebung des Arbeitsvertrages nur durch Gestaltungsklage herbeiführen, wenn der Betriebsrat der ordentlichen oder außerordentlichen Kündigung widerspricht[2117]. An die Stelle des bisherigen Gestaltungsrechts, der rechtsgeschäftlichen Kündigung, soll also ein Gestaltungsklagerecht, die gerichtliche Kündigung[2118], treten, wie es beispielsweise aus dem Recht der Personalhandelsgesellschaften[2119] und dem früheren Mieterschutzrecht[2120] bekannt ist[2121]. Würde die Kündigungsschutzklage hiernach prozessual wie die unter Geltung des früheren MSchG[2122] zu erhebende Mietaufhebungsklage als Gestal-

---

2110 Vgl. APS/Ascheid § 4 KSchG Rn. 148; Ascheid FS Stahlhacke, S. 1, 4.
2111 Ascheid FS Stahlhacke, S. 1, 4.
2112 BAG EzA § 322 ZPO Nr. 9.
2113 Bötticher FS Dölle I, S. 41 ff.
2114 Denkbar ist diese Entwicklung auch bei anderen Dauerschuldverhältnissen, vgl. Oetker S. 261 Fußnote 63.
2115 Vgl. APS/Preis Grundlagen B Rn. 43; Becker/Rommelspacher ZRP 1976, 40, 42; Stahlhacke/Preis/Vossen Rn. 595; Wank RdA 1992, 225, 227, 228.
2116 APS/Preis Grundlagen B Rn. 43; Stahlhacke/Preis/Vossen Rn. 595.
2117 APS/Preis Grundlagen B Rn. 43; Hueck/von Hoyningen-Huene Einleitung Rn. 68 a; Stahlhacke/Preis/Vossen Rn. 595.
2118 Die Begriffe der rechtsgeschäftlichen und gerichtlichen Kündigung verwendet Bettermann JZ 1954, 461, 462.
2119 Vgl. Oetker S. 261 Fußnote 63 und oben bei Fußnote 542.
2120 Vgl. oben bei Fußnoten 1885, 1921.
2121 Vgl. Nickel AuR 1975, 97, 103.
2122 In der Fassung vom 15.12.1942 (RGBl. S. 712).

tungsklage ausgestaltet[2123], müßte also derjenige klagen, der auch in der Sache der Angreifende ist[2124], so wäre von der Rechtskraft her gesehen das Ergebnis klar[2125]: Wird die Klage des Arbeitgebers abgewiesen, so kann er nicht dieselbe Klage erneut erheben, ne bis in idem[2126]. Es entbehrte jeder sachlichen Rechtfertigung, das umgekehrte Ergebnis anzunehmen, wenn aufgrund der besonderen technischen Ausgestaltung der angreifende Arbeitgeber die Beklagtenrolle übernehmen darf und der klagende Arbeitnehmer sich in der Verteidigerposition befindet[2127]. Der Obsieg des Arbeitnehmers im Kündigungsschutzprozeß ist deshalb genötigt, die gleiche Wirkung zu haben, wie die Abweisung einer anstelle der Kündigung vom Gesetzgeber etwa geforderten Aufhebungsklage des Arbeitgebers[2128].

Für diese Auffassung spricht auch das Postulat der gleichen Verteilung des Prozeßrisikos, auf das Bötticher[2129] zutreffend hinweist. Der Arbeitnehmer, der mit seiner Klage abgewiesen wurde, kann nach herrschender Meinung[2130] nicht einmal solche Kündigungsmängel vortragen, die er im ersten Prozeß noch nicht geltend gemacht hat. Erst recht ist ihm eine neuerliche Berufung auf denselben Unwirksamkeitsgrund verwehrt[2131]. Die zweite Klage wäre also unzulässig, weil rechtskräftig über den Streitgegenstand entschieden ist[2132]. Um eine Ungleichbehandlung[2133] der Parteien zu vermeiden und aus Gründen der Waffengleichheit[2134], darf es auch dem unterlegenen Arbeitgeber nicht möglich sein, durch eine nur formale Handlung, nämlich die Wiederholung der Kündigung, dem Arbeitnehmer abermals und immer wieder die Klägerrolle aufzuoktroyieren[2135].

Aus dem Vorstehenden ergibt sich ferner, daß nach der gegenteiligen Ansicht dem Sinn der materiellen Rechtskraft, der darin liegt, daß jeder Streit zwischen Parteien

---

2123 Es sei hier daran erinnert, daß die Entscheidung des Gesetzgebers, ob eine Gestaltungsklage oder ein Gestaltungsrecht gewählt wird, oft lediglich eine „Stilfrage" darstellt. Vgl. BAG EzA § 322 ZPO Nr. 9; Bötticher FS Dölle I, S. 41, 66.

2124 Im gegenwärtigen Kündigungsschutzstreit ist der Arbeitnehmer zwar formell Kläger, da er mit der Kündigungsschutzklage geltend machen muß, die Kündigung des Arbeitgebers habe das Arbeitsverhältnis nicht aufgelöst, und der beklagte Arbeitgeber ist Verteidiger seiner Kündigung. Materiell greift er aber das durch das Kündigungsschutzgesetz geschützte Rechtsgut des Arbeitnehmers an. Vgl. Nickel AuR 1975, 97, 98 Fußnote 12. Dem Arbeitgeber ist durch die Regelung in §§ 4, 7 KSchG also nicht (auch) die Rolle des prozessualen Angreifers zugewiesen, um die Wirksamkeit der Kündigung feststellen zu lassen, sondern dem Arbeitnehmer die, für deren Unwirksamkeit zu streiten. Der Arbeitnehmer ist unmittelbarer Kläger, der Arbeitgeber praktisch „mittelbarer prozessualer Täter" im Hinblick auf die Einleitung des Verfahrens. Vgl. APS/Ascheid § 4 KSchG Rn. 148.

2125 Vgl. BAG EzA § 322 ZPO Nr. 9; Bötticher FS Dölle I, S. 41, 63.

2126 BAG EzA § 322 ZPO Nr. 9.

2127 BAG EzA § 322 ZPO Nr. 9; Bötticher FS Dölle I, S. 41, 63.

2128 Bötticher FS Dölle I, S. 41, 63. Vgl. auch oben bei Fußnote 1921 die ähnliche Argumentation im Rahmen der Wiederholungskündigung des Vermieters.

2129 Bötticher FS Herschel, S. 181, 194.

2130 Vgl. dazu ausführlich unten bei Fußnoten 2171, 2177.

2131 Ascheid FS Stahlhacke, S. 1, 4.

2132 Ascheid FS Stahlhacke, S. 1, 4.

2133 Vgl. Bötticher FS Dölle I, S. 41, 62.

2134 APS/Ascheid § 4 KSchG Rn. 148. Über den Grundsatz der Waffengleichheit im Zivilprozeß informiert Vollkommer FS Schwab, S. 503 ff.

2135 APS/Ascheid § 4 KSchG Rn. 148; Arens S. 78.

einmal ein Ende haben muß[2136], nicht Rechnung getragen wird[2137]. Zwar trifft dieser Vorwurf auf alle punktuellen, am materiellen Recht orientierten Streitgegenstandslehren zu. Doch dieser Umstand findet seine Rechtfertigung unter anderem darin, daß die Rechtskraft primär den Parteiinteressen und nicht der Prozeßökonomie dienen soll[2138]. Bei der Wiederholungskündigung geht es aber nicht darum, auf schutzwürdige Interessen des Arbeitgebers Rücksicht zu nehmen. Dieser will nämlich gerade nicht einen bisher nicht vorgetragenen, weil unbekannten Kündigungsgrund zur richterlichen Kognition stellen. Der bereits im Vorprozeß geltend gemachte und rechtskräftig verneinte Gestaltungsgrund soll vielmehr erneut gerichtlich überprüft werden. Da Parteiinteressen nicht tangiert werden, geht es bei der Trotzkündigung allein um die Integrität der Rechtskraft mit ihrer Befriedungsfunktion[2139]. Deshalb erscheint es billigenswert und erforderlich, den Streitgegenstand und damit auch die Rechtskraft auf den jeweils vorgetragenen Kündigungsgrund auszudehnen[2140], so daß bei einer Wiederholungskündigung ein neuer Prozeß unzulässig wäre[2141].

Teilweise[2142] wird gegen die hier favorisierte Anschauung argumentiert, auch eine Wiederholungskündigung müsse auf jeden Fall wiederum nach § 4 S. 1 KSchG angegriffen werden, weil das Gesetz aus Gründen der Rechtssicherheit und -klarheit eine befristete Klageerhebung vorsehe. Man könne deshalb nicht einfach die Unwirksamkeit (Nichtigkeit) der wiederholten Kündigung wegen des Widerspruchs zum rechtskräftigen Urteil annehmen[2143]. Diese Begründung vermag nicht zu überzeugen. Zum einen erfaßt § 7 KSchG nach seinem Wortlaut und nach § 13 II-III KSchG ausdrücklich nicht alle Unwirksamkeitsgründe[2144]. Zum anderen wirken die Folgen einer Kündigung nur zwischen Arbeitgeber und Arbeitnehmer[2145]. Es besteht aber insoweit kein anerkennenswertes Bedürfnis, den Arbeitgeber vor einer Rechtsunsicherheit zu schützen, die er selbst rechtswidrig herbeigeführt hat[2146]. Von daher muß der vom BAG bereits eingeschlagene Weg nur stringent zu Ende gedacht werden. Bezieht man demgemäß den vom Arbeitgeber geltend gemachten Kündigungsgrund in die

---

2136 Rosenberg/Schwab/Gottwald § 151 I, S. 915.
2137 APS/Ascheid § 4 KSchG Rn. 148. So auch Becker AcP 188, 24, 53 Fußnote 82.
2138 Vgl. Brox JuS 1962, 121, 126; Köhler S. 19.
2139 Vgl. auch Becker AcP 188, 24, 53 Fußnote 82.
2140 Vgl. auch APS/Ascheid § 4 KSchG Rn. 148.
2141 Zu diesem Ergebnis, wenn auch mit anderer Begründung, gelangen auch Becker AcP 188, 24, 53 Fußnote 82 und APS/Ascheid § 4 KSchG Rn. 148. Die Befriedungsfunktion der Rechtskraft gebietet nach Becker, von den Parteien nicht nur Gehorsam gegenüber dem eigentlichen Leistungsbefehl des Urteils, sondern darüber hinaus Respekt vor den das Urteil tragenden Sachverhaltselementen und rechtlichen Schlußfolgerungen zu verlangen. Diese (rechtskraftfremde) Präklusion von Gestaltungsgründen ergibt sich nach Becker aus Vorschriften wie §§ 322 II, 767 III ZPO. Ascheid spricht sich dafür aus, die Rechtskraftwirkung durch Präklusion aus den genannten Gründen auf den Arbeitgeber zu erstrecken. Die neue Kündigung wäre dann als Tatsache zu werten, mit der erreicht werden soll, die frühere gerichtliche Bewertung nochmals zu überprüfen. Die entsprechende Anwendung des Präklusionsprinzips führte so dazu, daß bei der Wiederholungskündigung ein weiterer Prozeß unzulässig wäre.
2142 Stein/Jonas/Leipold § 322 ZPO Rn. 210.
2143 Stein/Jonas/Leipold § 322 ZPO Rn. 210.
2144 Vgl. Ascheid FS Stahlhacke, S. 1, 9.
2145 Ascheid FS Stahlhacke, S. 1, 9.
2146 Ascheid FS Stahlhacke, S. 1, 9.

Festlegung des Streitgegenstands mit ein, ist bei einer Wiederholungskündigung ein neuer Prozeß unzulässig. Denn die Wiederholungskündigung vermag dann, nur weil sie ein neues Rechtsgeschäft darstellt, keinen neuen Streitgegenstand zu bilden[2147]. Allein auf diese Weise kann dem Arbeitnehmer der erneute Angriff gegen die wiederholte Ausübung des Kündigungsrechts gänzlich erspart werden.

bb) Zeitliche Grenzen

Für die nachprozessuale Kündigung des Arbeitgebers, jene also, die nach Schluß der letzten mündlichen Tatsachenverhandlung erklärt wurde, soll der Hinweis auf die Rechtslage im Mietrecht[2148] genügen[2149]. Bei unverändert gebliebenen Kündigungsgründen ist eine neue Kündigung demzufolge nur dann eine für die Rechtskraftabgrenzung bedeutsame neue Tatsache, wenn die Gründe für das Obsiegen des Arbeitnehmers im Vorprozeß nicht beim Gestaltungsrecht, sondern beim Gestaltungsakt lagen[2150]. Ist im ersten Urteil hingegen rechtskräftig über das Kündigungsrecht als solches entschieden und die Kündigung für materiell nicht gerechtfertigt erklärt worden, so kann der Arbeitgeber in einem nachfolgenden Rechtsstreit die Kündigung nicht mit Erfolg auf Grund der gleichen Kündigungsgründe wie im Vorprozeß erklären[2151]. Der Kläger begehrt nämlich eine von der früheren abweichende Entscheidung über eine sinngleiche Rechtsfolge, ohne daß neue Tatsachen hinsichtlich derjenigen Tatbestandselemente vorgebracht werden, hinsichtlich deren das neue Erkenntnis vom alten abweichen muß, wenn der begehrte neue Entscheidungssatz begründet sein soll[2152].

b) Materiellrechtliche Lösungsversuche

Die zur Behandlung der Wiederholungskündigung vertretenen materiellrechtlichen Lösungsvorschläge wurden bereits im Rahmen der Trotzkündigung des Vermieters dargelegt[2153]. Auf die dortigen Ausführungen wird deshalb verwiesen[2154]. Es sei nur nochmal in Erinnerung gerufen, daß eine Konsumtion des Kündigungsrechts nur bei dessen wirksamer Ausübung angenommen werden kann[2155]. Die Kündigung des Arbeitgebers ist also wirksam. Das Arbeitsgericht hat der Kündigungsschutzklage des Arbeitnehmers gleichwohl (also zu Unrecht) stattgegeben. Die Wiederholungs-

---

2147 Bötticher FS Dölle I, S. 41, 70.
2148 Vgl. oben bei Fußnote 1923.
2149 Auch Zeuner MDR 1956, 257, 259 ff. geht davon aus, daß für den Kündigungsschutzprozeß das zu gelten hat, was bereits an Hand der Beispiele zum Mietrechtskomplex herausgearbeitet wurde.
2150 Arens S. 72 ff.; Zeuner MDR 1956, 257, 260.
2151 Vgl. auch Schlosser § 38 II 1, S. 410 Fußnote 12.
2152 Zeuner MDR 1956, 257, 259.
2153 Vgl. BAG EzA § 322 ZPO Nr. 9; Vogg Anm. BAG EzA § 322 ZPO Nr. 9 Bl. 15, 16 f.
2154 Oben bei Fußnote 1950.
2155 Vgl. Ascheid FS Stahlhacke, S. 1, 3; Hungerbühler S. 66; Preis S. 116; Vogg Anm. BAG EzA § 322 ZPO Nr. 9 Bl. 15, 16 und oben bei Fußnote 1964.

kündigung des Arbeitgebers ist dann wegen Verzehrs des Gestaltungsrechts unwirksam. Der Arbeitnehmer ist nicht gezwungen, diese Kündigung nach § 4 S. 1 KSchG anzugreifen. Der Regelungsbereich des § 4 KSchG erfaßt nur die Sozialwidrigkeit einer Kündigung. Will der Arbeitnehmer geltend machen, das Arbeitsverhältnis bestehe fort, weil die ordentliche Kündigung aus anderen Gründen unwirksam sei, braucht er nicht innerhalb drei Wochen Feststellungsklage zu erheben (§ 13 III KSchG).

c) Zwischenergebnis

Die dem Wortlaut des § 4 S. 1 KSchG gemäß gestellte Kündigungsschutzklage hat zwar nur die Wirksamkeit der konkreten Kündigung zum Streitgegenstand. Die konkrete Kündigung bedeutet jedoch nicht nur die Willenserklärung als solche. Gemeint ist vielmehr das rechtliche Beziehungsgeflecht zwischen Willenserklärung und ganz konkretem Grund[2156]. Der wiederholte Ausspruch der erneuten Kündigung kann für sich betrachtet also keinen rechtskraftfreien Streitgegenstand schaffen. Aus demselben Argument ist prozessualer Anspruch nicht etwa alleinig die den Kündigungsgrund bildende Tatsache, denn bei Eintritt dieser Tatsache entsteht erst das Gestaltungsrecht[2157]. Streitgegenstand ist - ähnlich dem Lebenssachverhalt des mietrechtlichen Räumungsprozesses[2158] - die durch die Angabe des Gestaltungsgrundes individualisierte Gestaltungserklärung des Arbeitgebers. Deshalb handelt es sich auch nur um einen Verfahrensgegenstand, wenn im Kündigungsschutzprozeß die Feststellung begehrt wird, das Arbeitsverhältnis sei durch die auf mehrere wichtige Gründe gestützte außerordentliche Kündigung nicht aufgelöst (§§ 13 I 2, 4 S. 1 KSchG)[2159]. Entsprechendes gilt für die ordentliche Kündigung, die auf mehreren sogenannten relativen Gründen der Sozialwidrigkeit nach § 1 II 1 KSchG[2160] beziehungsweise sogenannten absoluten Gründen nach § 1 II 2, 3 KSchG[2161] gründet[2162].

II. Unterliegen des Arbeitnehmers

Es stellt sich das Problem, ob der Streitgegenstand der Kündigungsschutzklage lediglich die Nichtauflösung des Arbeitsverhältnisses wegen Unwirksamkeit der Kündigung aus einem ganz bestimmten Grund, oder die Unwirksamkeit der angegriffenen Kündigung schlechthin umfaßt[2163]. Diese Fragestellung scheint mit

---

2156 Die schon im materiellen Teil dieser Arbeit entschlüsselte rechtliche Verknüpfung zwischen Gestaltungsrecht und Gestaltungserklärung wirkt damit auch im prozessualen Kontext des Kündigungsschutzverfahrens (ebenso wie im Räumungsprozeß) fort.

2157 Vgl. Hungerbühler S. 131.

2158 Vgl. dazu oben bei Fußnote 1984.

2159 Vgl. Hungerbühler S. 132.

2160 KR/Etzel § 1 KSchG Rn. 217.

2161 Hueck/von Hoyningen-Huene § 1 KSchG Rn. 118; KR/Etzel § 1 KSchG Rn. 218.

2162 Vgl. Köhler S. 151 ff.

2163 Vgl. Zöllner/Loritz § 23 VIII 2, S. 308.

unserer Ausgangsproblematik, inwiefern bei der Bestimmung des prozessualen Anspruchs auf den einzelnen materiellen Grund abzustellen ist, nicht viel gemeinsam zu haben. Schließlich trägt der Arbeitnehmer im arbeitsrechtlichen Kündigungsschutzprozeß keine Kündigungsgründe, sondern Kündigungsmängel vor[2164]. Bötticher und Bettermann[2165] waren es, die die Parallelität und Ähnlichkeit dieser diversen, vom Gesetz different behandelten Unwirksamkeitsgründe mit den „Einwendungen" des § 767 III ZPO und den „neuen Tatsachen" in § 616 ZPO a. F. (1900-1976) und § 17 MSchG (1923-1967/68) herausgehoben haben. Nach den beiden zuletzt genannten Vorschriften konnte der mit seiner Klage auf Scheidung oder Aufhebung der Ehe oder auf Mietaufhebung Abgewiesene eine erneute Auflösungsklage nicht mehr auf Tatsachen gründen, die er in dem früheren Rechtsstreit geltend gemacht hatte oder geltend machen konnte. Mit den „Tatsachen" waren in Wahrheit die verschiedenen Ehescheidungs- und Auflösungsgründe des damaligen Eherechts und die verschiedenen Mietaufhebungsgründe des damaligen Mieterschutzgesetzes gemeint - so wie § 767 III ZPO mit seinen „Einwendungen" nicht einzelne Tatsachen anspricht, sondern die verschiedenen Gründe für die nachträgliche Vernichtung, Reduzierung oder Hemmung des im Titel zuerkannten Anspruchs[2166]. Diesen „Einwendungen" des § 767 III ZPO und den „neuen Tatsachen" in § 616 ZPO a. F. und § 17 MSchG entsprechen im Kündigungsschutzverfahren die vielfältigen Kündigungsmängel[2167]. Die Affinität der beiden Problembereiche ist damit sichtbar geworden[2168]. Im folgenden ist deshalb zu klären, ob aufgrund der soeben herausgestellten Verwandtschaft der Problemfelder und der Symmetrie der beiden Sachverhalte, die in dem ersten Sachverhaltskomplex[2169] gewonnenen Resultate auf die andere Konstellation jedenfalls dem Grunde nach transformiert werden können. Zur Beurteilung dieser Ähnlichkeitsbewertung ist zunächst ein Überblick über das Meinungsspektrum innerhalb der Rechtsprechung und Literatur geboten.

1. Rechtsprechung des Bundesarbeitsgerichts

Das Bundesarbeitsgericht[2170] vertritt den Standpunkt, daß der Arbeitnehmer durch die Rechtskraft eines die Kündigungsschutzklage abweisenden Urteils nicht nur die im Kündigungsschutzverfahren vorgebrachten Unwirksamkeitsgründe verspielt. Das Urteil soll vielmehr insgesamt über die Wirksamkeit der Kündigung entscheiden. Mit der rechtskräftigen Verneinung der Sozialwidrigkeit der Kündigung zum Beispiel ist

2164 Bettermann ZfA 1985, 5, 12.
2165 Vgl. Bettermann ZfA 1985, 5, 11 f.
2166 Bettermann ZfA 1985, 5, 11 f.
2167 Bettermann ZfA 1985, 5, 12.
2168 Auch Köhler S. 156 ff. ordnet diese Kernfrage der Individualisierung des Streitgegenstands zu, indem er untersucht, ob der prozessuale Anspruch einer Kündigungsabwehrklage des Arbeitnehmers je nach den behaupteten Kündigungsmängeln verschieden ist.
2169 Der Arbeitgeber verliert den Kündigungsschutzprozeß.
2170 Vgl. BAG AP § 3 KSchG Nr. 17 1951; AP § 4 KSchG Nr. 3 1969; NJW 1977, 1895; NZA 1987, 273 ff.

damit auch ihre Unwirksamkeit aus sonstigen Gründen verneint[2171]. Die Abweisung der Klage bewirkt demnach eine Totalpräklusion zu Lasten des Arbeitnehmers[2172]. Eine Analyse des Streitgegenstands nach den einzeln dargelegten Kündigungsmängeln findet nicht statt. Das Bundesarbeitsgericht[2173] argumentiert, anderenfalls könne die materielle Rechtskraft die ihr zugeordnete Funktion nicht erfüllen, den Rechtsfrieden zu bewahren, der es erfordert, daß jeder Streit einmal beigelegt wird[2174]. Ferner müsse Rücksicht auf die Gerichte genommen werden, indem ausgeschlossen wird, daß wegen eines unanfechtbar entschiedenen Streits sie von neuem angegangen werden können[2175]. Schließlich gelte es, das Ansehen der Gerichte dadurch zu erhalten, daß widerstreitende Entscheidungen vermieden werden[2176].

2. Herrschende Ansicht in der Literatur

Der größte Teil der Literatur hat sich dieser Rechtsposition angeschlossen[2177]. Dies wird damit begründet, daß die mit der Kündigungsschutzklage angegriffene Kündigung des Arbeitgebers unter allen denkbaren rechtlichen Gesichtspunkten zu prüfen sei, so daß das die Klage rechtskräftig abweisende Urteil im Kündigungsschutzprozeß die spätere Berufung des Klägers auf andere Unwirksamkeitsgründe verhindere[2178]. Durch die Zurückweisung der Kündigungsschutzklage soll das Arbeitsgericht also sämtliche Kündigungsmängel verneint haben[2179]. Die herrschende Meinung verweist dabei allein auf den Wortlaut von § 4 S. 1 letzter Halbsatz KSchG, wonach es um die Feststellung gehe, daß das Arbeitsverhältnis durch die Kündigung nicht aufgelöst sei[2180].

Dieser Auffassung zufolge kann sich der Arbeitnehmer bei Klageabweisung folglich nicht mehr darauf berufen, die Kündigung sei zum Beispiel wegen eines Verstoßes gegen die §§ 15, 21 SchwbG, § 102 BetrVG oder wegen Geschäftsunfähigkeit des Arbeitgebers[2181] unwirksam[2182].

2171 BAG AP § 4 KSchG Nr. 3 1969.

2172 Bettermann ZfA 1985, 5, 12.

2173 BAG AP § 4 KSchG Nr. 17 1969.

2174 Vgl. Köhler S. 163.

2175 Köhler S. 163, 164.

2176 Köhler S. 163, 164.

2177 Schwerdtner NZA 1987, 263 vertritt sogar den Standpunkt, bezüglich dieser Auswirkung des Präklusionsprinzips bestünde in der Literatur Einigkeit. Das Schrifttum ist aber keineswegs so einheitlich, wie es Schwerdtner in seinem Beitrag dem Leser fingiert.

2178 APS/Ascheid § 4 KSchG Rn. 145; Ascheid Rn. 757, 783; Backmeister/Trittin § 4 KSchG Rn. 30 f.; Boemke RdA 1995, 211, 223; Boewer NZA 1997, 359, 361; ErfK/Ascheid § 4 KSchG Rn. 84; Grunsky Anm. BAG AP § 4 KSchG Nr. 3 Bl. 603, 604; HaKo/Gallner § 4 KSchG Rn. 150; Hueck FS Nipperdey, S. 99, 106 ff., 109; Hueck/von Hoyningen-Huene § 4 KSchG Rn. 81; Knorr/Bichlmeier/Kremhelmer 14. Kapitel Rn. 95; KPK/Ramrath § 4 KSchG Rn. 138; KR/Friedrich § 4 KSchG Rn. 221, 250; Löwisch § 4 KSchG Rn. 73; Schaub § 136 Rn. 15; Schwerdtner NZA 1987, 263; Stahlhacke FS Wlotzke, S. 173, 176; Stahlhacke/Preis/Vossen Rn. 1148 a, 1157; Zöllner/Loritz § 23 VIII 2, S. 308.

2179 HK/Hauck § 4 KSchG Rn. 141.

2180 KR/Friedrich § 4 KSchG Rn. 250.

2181 Vgl. Ascheid Rn. 783.

3. Abweichende Meinung in der Literatur

Dieser Rechtsauffassung widerspricht Bettermann[2183] dezidiert. Nach seiner entwikkelten und von Berkowsky[2184] zustimmend kommentierten Lehre, soll das Vorbringen der Parteien den Streitgegenstand nach § 4 S. 1 KSchG bestimmen[2185]. Macht der Kläger die Unwirksamkeit der Kündigung nur wegen Sozialwidrigkeit geltend, so sei auch nur diese Frage Streitgegenstand des Prozesses[2186]. Die Rechtskraft des Urteils erfasse sonstige Unwirksamkeitsgründe nicht[2187]. Diese Restriktion des Streitgegenstands gegenüber der abweichenden herrschenden Meinung, die gleichermaßen für die Klage aus §§ 13 I 2, 4 S. 1 KSchG (Unwirksamkeit der außerordentlichen Kündigung wegen Unbegründetheit) gelten soll, folgert Bettermann aus den §§ 6 und 7 KSchG[2188]. Aus § 6 KSchG folge, daß der Arbeitnehmer seine Kündigungsabwehrklage auf einzelne Kündigungsmängel beschränken könne[2189]. Diese Vorschrift unterscheide ausdrücklich nach dem Grund der Unwirksamkeit der Kündigung und sei überflüssig, wenn mit der auf einen bestimmten Kündigungs- oder Wirksamkeitsmangel gestützten Abwehrklage alle anderen Mängel rechtshängig würden[2190]. Aus § 7 KSchG folge, so Bettermann, daß die Kündigung bei Versäumung der Klagefrist nur dann als von Anfang an rechtswirksam gelte, wenn sie nicht aus einem anderen Grund als der Sozialwidrigkeit unwirksam sei[2191]. Hieraus ergebe sich, daß ein Urteil, das die Kündigungsschutzklage wegen Versäumung der Klagefrist abweise, nur die Wirksamkeit der Kündigung wegen fehlender Sozialwidrigkeit feststelle, nicht aber diejenige wegen fehlender sonstiger Unwirksamkeitsgründe[2192]. Dieser Vorbehalt zugunsten anderer Unwirksamkeitsgründe, der dem § 13 III KSchG Rechnung trägt, verbiete es dem Gericht, im Falle verspäteter Klage aus § 4 S. 1 KSchG oder § 13 I 2 KSchG über die Wirksamkeit der Kündigung und deren Einfluß auf den Bestand des Arbeitsverhältnisses abschließend zu entscheiden[2193]. Aus diesen Erwägungen zieht Bettermann[2194] den Schluß, daß der Streitgegenstand der Kündigungsschutzklage danach zu bestimmen sei, welche Unwirksamkeitsgründe im einzelnen von dem Arbeitnehmer geltend gemacht werden[2195]. Durch die Klage aus § 4 S. 1 KSchG werde nur die Unwirksamkeit der Kündigung wegen Sozialwidrigkeit streitbefangen - mit der Klage aus §§ 13 I 2, 4 S. 1 KSchG nur die Unwirksamkeit wegen Unbegründetheit[2196]. Andere Mängel der Kündigung könnten zwar im Prozeß geltendgemacht werden, müßten es aber nicht.

2182 Köhler S. 162; Schwerdtner NZA 1987, 263.
2183 Bettermann ZfA 1985, 5, 11 ff. So auch schon Ostermeyer RdA 1952, 142, 143.
2184 MünchArbR/Berkowsky § 148 Rn. 96.
2185 MünchArbR/Berkowsky § 148 Rn. 94.
2186 Boewer NZA 1997, 359, 360.
2187 MünchArbR/Berkowsky § 148 Rn. 94.
2188 Boewer NZA 1997, 359, 360; Köhler S. 158 f.; MünchArbR/Berkowsky § 148 Rn. 94.
2189 MünchArbR/Berkowsky § 148 Rn. 94.
2190 Boewer NZA 1997, 359, 360.
2191 MünchArbR/Berkowsky § 148 Rn. 95.
2192 Bettermann ZfA 1985, 5, 13; MünchArbR/Berkowsky § 148 Rn. 95.
2193 Bettermann ZfA 1985, 5, 13; MünchArbR/Berkowsky § 148 Rn. 95.
2194 Bettermann ZfA 1985, 5, 16.
2195 So auch MünchArbR/Berkowsky § 148 Rn. 96.
2196 Bettermann ZfA 1985, 5, 16.

Werden die weiteren Kündigungsmängel vom Arbeitnehmer nicht vorgebracht, so werden sie durch die Sachabweisung der Klage aus § 4 S. 1 KSchG beziehungsweise § 13 I 2 KSchG auch nicht präkludiert[2197]. Will der Arbeitgeber den Arbeitnehmer zur Geltendmachung sämtlicher Einwendungen gegen die Kündigung zwingen, müsse er auf Feststellung widerklagen (§§ 256 I, 33 ZPO in Verbindung mit § 495 ZPO, § 46 II ArbGG), daß die Kündigung wirksam und/oder daß durch sie das Arbeitsverhältnis aufgelöst sei[2198].

4. Auslegung des § 4 S. 1 KSchG

Die Rechtsprechung und die herrschende Ansicht in der Literatur haben es bislang weitgehend vermieden[2199], sich mit dieser Entgegnung Bettermanns inhaltlich näher auseinanderzusetzen. Im folgenden ist deshalb anhand der Auslegungskriterien zu klären, welcher Ansicht der Vorzug zu geben ist.[2200].

a) Wortlaut

§ 4 S. 1 KSchG enthält eine gegensätzliche Aussage[2201]: Einerseits braucht der Arbeitnehmer nur geltend zu machen, daß eine Kündigung sozial ungerechtfertigt ist, andererseits soll er Klage auf Feststellung erheben, das Arbeitsverhältnis sei durch die Kündigung nicht aufgelöst. Der erste Teil des § 4 S. 1 KSchG spricht dafür, daß allein die Sozialwidrigkeit zur richterlichen Kognition gestellt wird[2202]. Die zweite gesetzliche Formulierung enthält diese Einschränkung nicht[2203], weshalb danach der prozessuale Anspruch die Kündigung generell zu umfassen scheint[2204].

b) Systematik

Die auf den §§ 6, 7, 13 II-III KSchG gründende systematische Argumentation Bettermanns[2205] deutet darauf hin, daß die Kündigungsschutzklage nach § 4 S. 1 KSchG lediglich die Sozialwidrigkeit betrifft, während eine andere Kündigungsabwehrklage einen anderen Streitgegenstand hat[2206]. Dieses Auslegungsergebnis folgt jedoch

---

2197 Bettermann ZfA 1985, 5, 16; Köhler S. 161.
2198 Bettermann ZfA 1985, 5, 16; Köhler S. 162.
2199 Einzig Ascheid Rn. 757; Boewer NZA 1997, 359, 361 und Köhler S. 161 ff. unterziehen die Argumentation Bettermanns einer kritischen Würdigung.
2200 Zu den einzelnen Auslegungskriterien vgl. Wank Auslegung § 5, S. 47 ff.
2201 Bettermann ZfA 1985, 5, 7.
2202 Köhler S. 157.
2203 Köhler S. 157.
2204 Augenscheinlich stützt sich die Wortlautinterpretation der herrschenden Ansicht allein auf diesen zweiten Abschnitt des § 4 S. 1 KSchG, indem sie die vorangehende textliche Passage ignoriert. Vgl. Köhler S. 157 Fußnote 59; MünchArbR/Berkowsky § 148 Rn. 96.
2205 Bettermann ZfA 1985, 5, 7, 15.
2206 Köhler S. 158.

nicht zwingend aus § 6 KSchG[2207]. Die in dieser Norm enthaltene Aussage, daß der Streitgegenstand einer nicht auf § 4 S. 1 KSchG gerichteten Klage die Sozialwidrigkeit nicht umfaßt, erfordert nicht gezwungenermaßen die Schlußfolgerung, daß eine Kündigungsschutzklage gemäß § 4 S. 1 KSchG nur die Sozialwidrigkeit zur gerichtlichen Kontrolle stellt[2208]. Vertretbar ist auch die Annahme, eine sonstige Kündigungsabwehrklage beinhalte zwar nicht die Sozialwidrigkeit, die Kündigungsschutzklage nach § 4 S. 1 KSchG habe aber die Überprüfung der Kündigung bezüglich aller Kündigungsmängel zum Gegenstand[2209].

c) Normzweck

Durch die Regelung in §§ 4, 7 KSchG soll nach einer Kündigung im Interesse von Arbeitgeber und Arbeitnehmer alsbald Klarheit über den Weiterbestand oder das Ende des Arbeitsverhältnisses geschaffen werden[2210]. Mit dieser gesetzlichen Intention scheint die Bestimmung des Streitgegenstands nach den behaupteten Kündigungsmängeln nur schwer in Einklang zu stehen. Denn der Nachteil dieser punktuellen Streitgegenstandsauffassung liegt darin, daß der Kläger den Beklagten nacheinander mit mehreren Klagen überziehen kann, ohne durch die Rechtskraft einer vorherigen Entscheidung daran gehindert zu sein[2211]. Dies könnte auch insofern mißlich sein, da die Rechtskraft mehrere Streitverfahren gerade unterbinden soll[2212]. Im arbeitsrechtlichen Kündigungsschutzverfahren ist die Gefahr des Mißbrauchs jedoch als gering einzustufen, weil regelmäßig erst recht der (ehemalige) Arbeitnehmer an einer definitiven Klärung der Rechtslage interessiert sein wird[2213]. Außerdem mag der Arbeitgeber, wenn er volle und endgültige Klarheit über die Wirksamkeit der Kündigung und den Fortbestand des Arbeitsverhältnisses wünscht, eine entsprechende Feststellungswiderklage (§§ 256, 33 ZPO in Verbindung mit §§ 261 III Nr. 1, 495 ZPO, 46 II ArbGG) erheben, wodurch er den Arbeitnehmer zwingt, mit seinen sonstigen Einwendungen und Mängelrügen herauszurücken[2214]. Vor diesem Hintergrund wird ersichtlich, daß durch die dargelegte Beschränkung des Kündigungsschutzklageantrags keine schutzwürdigen Belange des Arbeitgebers verletzt werden[2215]. Auf der anderen Seite hat das KSchG den schutzwürdigen Belangen des Arbeitnehmers partiell Rechnung getragen. Bei der Entscheidung des Interessenkonflikts zwischen dem Einwendungsschutzinteresse des Arbeitnehmers und dem Rechtssicherheitsinteresse der Allgemeinheit ist der Gesetzgeber in

2207 Vgl. Köhler S. 158.
2208 Köhler S. 158.
2209 So Köhler S. 158, wobei unter „Kündigungsgründen" richtigerweise Kündigungsmängel zu verstehen sind.
2210 BAG AP § 12 SchwbG Nr. 3; APS/Ascheid § 4 KSchG Rn. 3; KR/Friedrich § 4 KSchG Rn. 10; Vollkommer AcP 161, 332, 346.
2211 Vgl. Köhler S. 161.
2212 Köhler S. 161, 162.
2213 Vgl. Köhler S. 162.
2214 Bettermann ZfA 1985, 5, 11.
2215 Vgl. Bettermann ZfA 1985, 5, 11.

§§ 4, 7, 13 KSchG einen Mittelweg gegangen[2216]. Er hat sich nicht entschließen können, die Geltendmachung sämtlicher Unwirksamkeitsgründe (etwa Verstoß gegen zwingende gesetzliche Vorschriften oder vertragliche Vereinbarungen, Formmangel, Sittenwidrigkeit, Fehlen behördlicher Zustimmung) an die kurze Ausschlußfrist des § 4 S. 1 KSchG zu binden, obzwar dies zweifellos den großen Vorteil gehabt hätte, daß in kurzer Zeit Klarheit über das Bestehen oder Nichtbestehen des Arbeitsverhältnisses geschaffen worden wäre[2217]. Vielmehr hat der Gesetzgeber insoweit das Interesse des Arbeitnehmers an der Aufrechterhaltung seiner Einwendungen gegenüber den Rechtsklarheitsinteressen höher bewertet[2218]. Letzteren räumte er nur den Vorzug ein bei der ordentlichen Kündigung gegenüber dem Einwand der mangelnden sozialen Rechtfertigung (§§ 4 S. 1, 1 II, III KSchG), bei der außerordentlichen Kündigung gegenüber dem Einwand des fehlenden wichtigen Grundes (§§ 13 I 2, 4 S. 1 KSchG)[2219]. Die engere Streitgegenstandsauffassung[2220] konvergiert insofern mit dieser gesetzlichen Wertung, als der Arbeitnehmer durch die Rechtskraft des klageabweisenden Urteils mit nicht die soziale Rechtfertigung betreffenden Unwirksamkeitsgründen, die ihm unbekannt waren und die er deswegen dem Gericht nicht vortragen konnte, nicht präkludiert ist[2221]. Die Festlegung des Streitgegenstands als global hingegen zwingt den klagenden Arbeitnehmer dazu, im Kündigungsschutzverfahren alle denkbaren Unwirksamkeitsgründe vorzubringen, wenn er vermeiden will, mit ihnen ausgeschlossen zu werden[2222]. Dies führt zwar zu einer Konzontration der Prozesse[2223]. Andererseits droht jedoch eine Ausuferung des Rechtsstreits, weil der Arbeitnehmer befürchten muß, mit weiteren Tatsachen präkludiert zu werden[2224].

d) Waffengleichheit

Schließlich ist in diesem Zusammenhang noch der bereits angesprochene Grundsatz der Waffengleichheit hervorzuheben[2225]. Die Wurzeln der prozessualen Waffengleichheit liegen im Verfassungsrecht, im allgemeinen Gleichheitssatz (Art. 3 I in Verbindung mit Art. 1 III GG) in Verbindung mit dem Rechtsstaats-, aber

---

2216 Vollkommer AcP 161, 332, 347.

2217 In der Literatur war deshalb vielfach gefordert worden, die Geltendmachung sämtlicher Kündigungsmängel an eine Ausschlußfrist von drei Wochen zu knüpfen, vgl. Hueck FS Nipperdey, S. 99, 112.

2218 Vollkommer AcP 161, 332, 348.

2219 Vollkommer AcP 161, 332, 348.

2220 Im Rahmen dieser Sondierung wurde bereits mehrfach deutlich, daß der Umfang der Rechtskraftwirkung nicht zu weit gesteckt werden darf. Insbesondere deshalb wurde bei dem Bewährungspunkt der Rechtskraft nicht der eingliedrigen sondern der zweigliedrigen Streitgegenstandslehre gefolgt.

2221 Köhler S. 161.

2222 Hueck/von Hoyningen-Huene § 4 KSchG Rn. 84 ff.; KR/Friedrich § 4 KSchG Rn. 221; Stahlhacke/Preis/Vossen Rn. 1157, 1169.

2223 Vgl. Köhler S. 163.

2224 Stein/Jonas/Schumann (20 Auflage) Einleitung Rn. 294; Stein/Jonas/Leipold § 322 ZPO Rn. 75, 99 ff.

2225 In Rechtsprechung und Literatur ist der Grundsatz der Waffengleichheit der Parteien im Zivilprozeß nahezu einmütig anerkannt, vgl. Vollkommer FS Schwab, S. 503, 515.

auch dem Sozialstaatsgrundsatz[2226]. Dieses Prinzip gewährleistet im Zivilverfahren die Gleichwertigkeit der prozessualen Stellung der Parteien vor dem Richter und gebietet die Gleichheit der Rechtsanwendung durch den Richter im Interesse materialer Gerechtigkeit[2227]. Aufgrund dieser prozessualen Gleichheit haben beide Parteien ohne Rücksicht auf ihre Stellung als Angreifer oder Gegner oder ein etwa außerprozessual bestehendes Über- und Unterordnungsverhältnis im Prozeß die gleiche Rechtsstellung[2228]. In einer speziellen Ausprägung verbietet diese prozessuale Maxime unter anderem die ungerechtfertigte Präklusion von Sachvortrag oder Beweismitteln[2229]. Gerade im Hinblick auf die Symmetrie und Vergleichbarkeit der beiden Sachverhaltskonstellationen (Arbeitgeber respektive Arbeitnehmer verliert den Kündigungsschutzprozeß) streitet dieser letzte Aspekt für die Bestimmung des Streitgegenstands nach den behaupteten Kündigungsmängeln. Diese Streitgegenstandslehre bildet geradezu das spiegelbildliche Pendant zur punktuellen Streitgegenstandstheorie, die Anwendung findet, wenn der Arbeitgeber den Kündigungsschutzprozeß verliert. Wenn nach jener Lehre der Arbeitgeber im Falle des Obsiegens des Arbeitnehmers nicht daran gehindert ist, eine erneute Kündigung auf bisher nicht geltend gemachte Kündigungsgründe zu stützen, so erscheint es billigenswert und vertretbar, dem Arbeitnehmer, wenn er unterliegt, die gleiche Befugnis bezüglich nicht vorgebrachter Kündigungsmängel einzuräumen.

e) Historische Auslegung

Im Rahmen der historischen Auslegung ist das Augenmerk auf die Vorgeschichte des KSchG zu richten[2230]. Die engere Streitgegenstandstheorie entsprach der Rechtslage vor Inkrafttreten des Kündigungsschutzgesetzes[2231] gemäß dem Arbeitsordnungsgesetz (AOG) und dem Betriebsrätegesetz von 1920[2232]. Nach dem BRG 1920 und dem AOG war Gegenstand des Rechtsstreits die Ausübung des Gestaltungsrechts. Wurde die Klage rechtskräftig abgewiesen, war nicht darüber entschieden, ob die Kündigung nicht an einem anderen Mangel litt. Der Arbeitnehmer konnte also immer noch geltend machen, die Kündigung sei aus irgendeinem anderen Grund, etwa wegen Formmangels oder Sittenwidrigkeit oder Verstoßes gegen ein Gesetzesverbot oder Versäumung der Kündigungsfrist und so weiter, nichtig. Das Gericht entschied mit anderen Worten nur über die Frage, ob die Kündigung sozial zu mißbilligen war, nicht dagegen darüber, ob sie sonst rechtswirksam sei. Sozialwidrigkeit der Kündigung und Rechtswidrigkeit der Kündigung waren danach verschiedene Streitgegenstände[2233]. Ob der Gesetzgeber des KSchG an dieser

2226 Rosenberg/Schwab/Gottwald § 1 VII, S. 6; Vollkommer FS Schwab, S. 503, 504.
2227 BVerfGE 52, 131, 156; 54, 117, 125; 69, 248, 254.
2228 Stein/Jonas/Schumann (20. Auflage) Einleitung Rn. 506; Vollkommer FS Schwab, S. 503, 516.
2229 Vgl. Vollkommer FS Schwab, S. 503, 518.
2230 Zum Begriff der Vorgeschichte vgl. bereits oben bei Fußnote 1412.
2231 Dessen ursprüngliche Fassung war vom 10.08.1951 (BGBl. I S. 499).
2232 Vgl. Köhler S. 157 Fußnote 57.
2233 Vgl. Hueck FS Nipperdey, S. 99, 106.

Rechtslage etwas ändern wollte, kann angesichts des antinomischen Wortlauts des § 4 S. 1 KSchG bezweifelt werden.

f) Zwischenergebnis

Die dargelegten Argumente sprechen dafür, den Streitgegenstand der Kündigungsschutzklage danach zu bestimmen, welche Unwirksamkeitsgründe im einzelnen geltend gemacht werden[2234]. Wegen der Regelung des § 7 KSchG ist der Arbeitnehmer freilich dennoch gehindert, einen bislang nicht behandelten Kündigungsmangel vorzubringen, wenn dieser die soziale Rechtfertigung nach § 1 KSchG betrifft[2235].

III. Gesamtergebnis

Die Kündigungsschutzklage, die dem Wortlaut des § 4 S. 1 KSchG gemäß erhoben wird, hat nur die Wirksamkeit der konkreten Kündigung zum Streitgegenstand. Die konkrete Kündigung beinhaltet nicht nur die Willenserklärung als solche. Einbegriffen ist vielmehr das rechtliche Beziehungsgeflecht zwischen Willenserklärung und ganz konkretem Grund[2236]. Prozessualer Anspruch ist deshalb auch nicht alleinig die den Kündigungsgrund bildende Tatsache, denn bei Eintritt dieser Tatsache entsteht erst das Gestaltungsrecht[2237]. Streitgegenstand ist die durch die Angabe des Gestaltungsgrundes individualisierte Gestaltungserklärung des Arbeitgebers. Zu einer Ausdehnung des Streitgegenstands auf den Bestand des Arbeitsverhältnisses, sei es zum Kündigungszeitpunkt[2238], sei es zum Schluß der mündlichen Verhandlung[2239], besteht kein Bedürfnis. Dem klagenden Arbeitnehmer ist es anheimgestellt, durch einen allgemeinen Feststellungsantrag gemäß § 256 I ZPO (in Verbindung mit § 495 ZPO, § 46 II ArbGG) das Bestehen des Arbeitsverhältnisses selbst zum Gegenstand des Prozesses zu machen[2240].

Eine Klage auf Feststellung der Unwirksamkeit der Kündigung hat dabei nicht notwendig sämtliche Unwirksamkeitsgründe und folglich nicht notwendig die Auflösung des Arbeitsverhältnisses zum Streitgegenstand[2241]. Vielmehr richtet sich dessen Umfang nach den Unwirksamkeitsgründen, die der Arbeitnehmer „geltend macht"[2242].

2234 So auch MünchArbR/Berkowsky § 148 Rn. 96.

2235 Vgl. Köhler S. 163.

2236 Die schon im materiellen Teil dieser Arbeit entschlüsselte rechtliche Verknüpfung zwischen Gestaltungsrecht und Gestaltungserklärung wirkt damit auch im prozessualen Kontext des Kündigungsschutzverfahrens (ebenso wie im Räumungsprozeß) fort.

2237 Vgl. Hungerbühler S. 131.

2238 So die enge bestandsrechtliche respektive erweiterte punktuelle Streitgegenstandstheorie des Bundesarbeitsgerichts.

2239 So der (weite) bestandsrechtliche Streitgegenstandsbegriff.

2240 Vgl. Köhler S. 174.

2241 Bettermann ZfA 1985, 5, 15.

2242 Die Wendung „geltend machen" findet sich in §§ 4 S. 1, 6 S. 1, 13 I 2, 13 II 1 KSchG. Vgl. Bettermann ZfA 1985, 5, 15.

Nicht vorgetragene Mängel der Kündigung werden durch die Sachabweisung der Klage aus § 4 S. 1 beziehungsweise § 13 I 2 KSchG nicht präkludiert[2243]. Der Arbeitgeber kann aber den Arbeitnehmer zur Geltendmachung sämtlicher Einwendungen gegen die Kündigung zwingen, indem er auf Feststellung widerklagt (§§ 256, 33 ZPO in Verbindung mit §§ 261 III Nr. 1, 495 ZPO, 46 II ArbGG), daß die Kündigung wirksam und/oder daß durch sie das Arbeitsverhältnis aufgelöst sei[2244]. Den Arbeitgeber „automatisch" mit einer solchen Entscheidung zu beglücken, besteht kein Anlaß.

Damit bestimmt sich der Streitgegenstand der Kündigungsschutzklage also sowohl nach den die Kündigungserklärung des Arbeitgebers individualisierenden geltend gemachten Kündigungsgründen, als auch nach den vom Arbeitnehmer vorgebrachten Kündigungsmängeln.

§ 29 Die Rechtslage außerhalb von Wohnraummiet- und Arbeitsverhältnissen

I. Anfechtung einer Willenserklärung

Der in diesem Kontext praktisch in Betracht kommende Fall[2245] ist der, daß die Klage des Erklärenden, zum Beispiel auf Herausgabe der Bereicherung, abgewiesen ist mit der Begründung, es fehle nach dem vorgebrachten Material an der Rechtfertigung für die Anfechtungserklärung. Beispielsweise sei der Willensmangel nicht nachgewiesen oder der Irrtum betreffe keine verkehrswesentliche Eigenschaft[2246]. Wenn jetzt der abgewiesene Kläger erneut klagt auf dieselbe Bereicherung wieder aufgrund einer Anfechtung, aber mit neuer Begründung derselben, also einem neuen Anfechtungsgrund, ist dann diese neue Klage zulässig oder steht ihr die Rechtskraft des abweisenden Urteils entgegen[2247]? Die beiden Lösungsmöglichkeiten reflektieren die zwei bereits beschriebenen Grundauffassungen, die bei der Individualisierung des Sachverhalts um Anerkennung streiten[2248].

Die globale, natürliche Sichtweise nimmt an, mit der Bereicherungsklage aufgrund einer Anfechtung würden alle denkbaren Anfechtungsgründe mit zum Gegenstand des Prozesses[2249]. Dann sind sie - unabhängig von ihrem Vorbringen oder ihrer Kenntnis - durch die Rechtskraft erledigt und können nicht mehr in einer neuen Klage als Begründung angeführt werden. Die Abweisung der Klage nach dieser Lehre

---

2243 Bettermann ZfA 1985, 5, 16.

2244 Bettermann ZfA 1985, 5, 16.

2245 Der Fall orientiert sich am Prüfstein der Rechtskraft, weil dort die mit der divergierenden Ausrichtung des Streitgegenstands einhergehenden Folgen am gravierendsten sind.

2246 Lent AcP 152, 401, 417.

2247 Lent AcP 152, 401, 417.

2248 Vgl. Lent AcP 152, 401, 418.

2249 Lent AcP 152, 401, 418.

bedeutet also, daß ein Bereicherungsanspruch aufgrund einer Anfechtung dieser Willenserklärung nicht besteht[2250].

Nach der materiellrechtlichen Anschauung stellt jede Geltendmachung eines selbständigen Gestaltungsgrundes die Ausübung eines gesonderten Gestaltungsrechts dar, und damit einen separaten Sachverhalt[2251]. Die Anfechtung vom 1.3. mit der Begründung x ist demnach ein anderer Sachverhalt als die Erklärung vom 1.5. mit der Begründung y[2252]. Dann ist auch der Bereicherungsanspruch, der sich auf die andere Anfechtung stützt, ein anderer materieller Anspruch, weil er aus einem anderen Entstehungsgrund abgeleitet, daher anders individualisiert wird[2253]. Aus dieser Betrachtungsweise ergibt sich folglich, daß die Rechtskraft des abweisenden Urteils eine erneute Klage, die sich auf eine andere Anfechtungserklärung stützt als die abgewiesenen Klage, nicht ausschließt[2254].

Das Schrifttum hat sich bei den unterschiedlichen Prüfsteinen des Streitgegenstands der materiellrechtlichen Betrachtungsweise angeschlossen. So formuliert etwa Hungerbühler[2255] für den Bewährungspunkt der Rechtskraft: Die rechtskräftige Abweisung einer Leistungsklage, mit der der Anfechtende den aus seiner Anfechtung angeblich erwachsenen Bereicherungsanspruch (§ 812 I BGB) durchsetzen wollte, darf ihm nicht die Möglichkeit einer erneuten Bereicherungsklage nehmen, die er auf eine erneute Gestaltungserklärung wegen eines anderen Gestaltungsgrundes stützt. Auch gemäß Coing[2256] erstreckt sich die Rechtskraft eines Urteils, welches in einem Streit über die Wirksamkeit einer ausgesprochenen Anfechtung ergeht, nur auf den jeweils geltend gemachten Anfechtungsgrund. Nach Lent[2257] kann derjenige, der mit einer Bereicherungsklage gestützt auf die Anfechtung wegen des Irrtums x abgewiesen ist, Klage erheben gestützt auf die Täuschung über den Umstand y, auch wenn er dieselbe Summe einklagt und denselben Vertrag als nichtig hinstellt.

Weil es sich bei der auf eine andere Anfechtungserklärung gestützten neuen Klage dann um einen anderen Streitgegenstand handelt, wenn die Gestaltungserklärung durch die Angabe eines andersartigen Anfechtungsgrundes individualisiert wird, steht ihr nicht der Einwand der Rechtshängigkeit entgegen (§ 261 III Nr. 1 ZPO)[2258].

Wird nach Erhebung der Leistungsklage anstelle des in der Gestaltungserklärung genannten Gestaltungsgrundes ein anderer selbständiger Anfechtungsgrund vorgebracht, so sieht Hungerbühler[2259] darin eine Änderung des Klagegrundes und damit

---

2250 Lent AcP 152, 401, 418.
2251 Lent AcP 152, 401, 418.
2252 Lent AcP 152, 401, 418.
2253 Lent AcP 152, 401, 418.
2254 So Lent AcP 152, 401, 418.
2255 Hungerbühler S. 67.
2256 Staudinger/Coing (11. Auflage) § 143 BGB Rn. 4. In neueren Auflagen wird diese prozessuale Thematik im Rahmen der Anfechtung nicht mehr behandelt.
2257 Lent AcP 152, 401, 418.
2258 Hungerbühler S. 132.
2259 Hungerbühler S. 131.

eine Klageänderung (§ 263 ZPO)[2260]. Um einen bloßen Nachtrag oder Berichtigung des bisherigen tatsächlichen Vorbringens (§ 264 Nr. 1 ZPO) handelt es sich in diesem Fall deshalb nicht, weil in dem neuen Vorbringen eine erneute Ausübung des Anfechtungsrechts auf anderer tatsächlicher Grundlage, also eine neue Gestaltungserklärung liegt[2261]. Mit dieser Gestaltungserklärung wird ein neuer Klagegrund[2262] eingeführt[2263].

II. Widerruf einer Schenkung nach §§ 530, 531 BGB

Das Reichsgericht[2264] hatte im Jahre 1915 folgenden Fall zu entscheiden: Die Klägerin stützte ihren Bereicherungsanspruch aus § 812 I 2 1. Fall BGB auf den Widerruf ihrer Schenkung gemäß §§ 530 I, 531 II BGB[2265]. Der aus § 530 I BGB entnommene Klagegrund war in der ersten Instanz dahin begründet worden, der Beklagte habe sich zum Nachteil der Klägerin zweier Wechselfälschungen schuldig gemacht. In der Berufungsinstanz ist die Klägerin auf diese Behauptungen nicht zurückgekommen. Sie hat vielmehr eine Reihe anderer Tatsachen vorgebracht, in denen sie ein den Widerruf ihrer dem Beklagten gemachten Schenkung rechtfertigendes Verhalten gefunden wissen will[2266].

Das Reichsgericht hat hierin nicht eine bloße Ergänzung des tatsächlichen Vorbringens zur Begründung eines bereits in der ersten Instanz geltend gemachten Klagegrundes (§ 264 Nr. 1 ZPO), sondern die Geltendmachung neuer Klagegründe und damit eine Klageänderung erblickt. Jeder einzelne Grund, der den Widerruf wegen Undank begründen soll, ist nämlich selbständig zu beurteilen und besonders auf die Wahrung der Frist des § 532 BGB zu prüfen[2267]. Nach der Überzeugung des Reichsgerichts[2268] ist also bei dem Herausgabeanspruch aufgrund des § 531 II BGB der Widerruf der Schenkung in Verbindung mit einem bestimmten, sich als grober Undank im Sinne des § 530 I BGB darstellenden Verhalten des Beklagten der Klagegrund. Zwar gibt es auch nach dem Dafürhalten des Gerichts Fallgestaltungen, in

2260 Dies ist nur möglich, wenn man mit Hungerbühler auch im Rahmen der Klageänderung der zweigliedrigen Streitgegenstandstheorie folgt. Hier wird insoweit die eingliedrige Theorie präferiert.

2261 Hungerbühler S. 131.

2262 Hungerbühler S. 131.

2263 Dieser Standpunkt entspricht auch der Ansicht Beckers. Nach Becker AcP 188, 24, 62 ist sowohl das Nachschieben später entstandener oder bekanntgewordener wie das Nachschieben im Augenblick der Rechtsausübung bekannter Gründe nach den Regeln über die Klageänderung zu behandeln.

2264 RG WarnRspr 1915 Nr. 281, S. 435 ff.

2265 Strittig ist, ob es sich bei § 531 II BGB um eine Rechtsfolgen- oder Rechtsgrundverweisung handelt. Nach BGHZ 132, 105, 108; MK/Kollhosser § 531 BGB Rn. 3; Staudinger/Cremer § 531 BGB Rn. 2 ist die Annahme eines selbständigen Bereicherungstatbestandes vorzugswürdiger. Anderer Ansicht (also Rechtsfolgeverweisung) ist z. B. Jauernig/Vollkommer §§ 530-533 BGB Rn. 8.

2266 Vgl. RG WarnRspr 1915 Nr. 281, S. 435.

2267 RG WarnRspr 1915 Nr. 281, S. 435, 436. Diese Auffassung entsprach auch der Ansicht der Vorinstanz.

2268 RG WarnRspr 1915 Nr. 281, S. 435, 436.

denen eine einzelne Verfehlung nur im Zusammenhang mit anderweitigen Vorfällen geeignet ist, den Tatbestand einer schweren Verfehlung zu erfüllen. Wenn in derartigen Konstellationen zur näheren Beleuchtung oder Unterstützung eines in der Klage zur Begründung des Widerrufsrechts dargelegten Verhaltens des Beschenkten nachträglich auf anderweitige Vorfälle zurückgegriffen wird, so handelt es sich hierbei um eine bloße Ergänzung der zur Klagebegründung angeführten Tatsachen (§ 264 Nr. 1 ZPO)[2269]. Davon zu unterscheiden sind aber solche Sachverhalte, wenn an Stelle einer fallen gelassenen, bisher allein geltend gemachten Verfehlung des Beschenkten eine damit in keinem Zusammenhang stehende selbständige anderweitige Missetat nachträglich als Grund für den Widerruf eingeführt wird. Dann handelt es sich nicht um eine Ergänzung oder Berichtigung des zur Klagebegründung erforderlichen Vorbringens, sondern um dessen Ersetzung durch eine neue abweichende Klagebegründung, das heißt um die Nachschiebung eines neuen Klagegrundes[2270].

Die Literatur hat sich dieser materiellrechtlichen Sichtweise des Reichsgerichts angeschlossen. So soll im Prozeß jede Verfehlung nach § 530 BGB einen selbständigen Klagegrund darstellen[2271]. Die nachträgliche Angabe anderer Gründe enthält eine neue, weitere Widerrufserklärung[2272] und ist im Prozeß nur durch Klageänderung möglich[2273].

Diese Meinungsschau vermittelt folgendes Bild. Bei der Zentralfrage, wie der Sachverhalt als Ausschnitt aus einem Lebensvorgang abzugrenzen ist, deckt sich die Entscheidung mit der bereits oben beschriebenen[2274] durchgängigen Rechtsprechung des Reichsgerichts. Für das Reichsgericht maßgebend sind auch in diesem Urteil die Merkmale, welche die materiellrechtliche (anspruchsbegründende) Norm ausfüllen[2275]. Das Gericht spricht sich also für eine am materiellen Recht orientierte Abgrenzung des Sachverhaltes aus[2276]. Diese Vorgehensweise entspricht damit der materiellrechtlichen Grundhaltung innerhalb des zweigliedrigen Streitgegenstandsbegriffs, indem zur Individualisierung des Klagegrundes der konkret geltend gemachte Widerrufsgrund im Sinne des § 530 BGB herangezogen wird[2277]. Reichsgericht und Literatur grenzen den Sachverhalt also nicht nur nach dem einzig vorhandenen gesetzlichen Widerrufsgrund des § 530 BGB ab. Auch innerhalb dieses einheitlichen, durch den gesetzlichen Tatbestand festgelegten

---

2269 RG WarnRspr 1915 Nr. 281, S. 435, 436.

2270 RG WarnRspr 1915 Nr. 281, S. 435, 436.

2271 Staudinger/Cremer § 531 BGB Rn. 11.

2272 Vgl. dazu auch BGHZ 31, 77, 81 f. zur parallelen Lage bei Ausübung des Heimfallrechts gemäß § 12 Reichsheimstättengesetz (RHG) in Verbindung mit § 20 der Verordnung zur Ausführung des Reichsheimstättengesetzes (AVO).

2273 Erman/Seiler § 531 BGB Rn. 1; Hungerbühler S. 131 Fußnote 1; MK/Kollhosser § 531 BGB Rn. 2; Soergel/Mühl/Teichmann § 531 BGB Rn. 1; Staudinger/Cremer § 531 BGB Rn. 11.

2274 Vgl. oben bei Fußnote 1687.

2275 So z. B. auch RGZ 125, 161; 136, 163; 160, 165; Mühl NJW 1954, 1665, 1667; Schwab S. 103; Stein/Jonas/Leipold § 322 ZPO Rn. 232.

2276 Vgl. Mühl NJW 1954, 1665, 1667; Stein/Jonas/Leipold § 322 ZPO Rn. 232.

2277 So auch RG WarnRspr 1940 Nr. 5, S. 12.

Gestaltungsgrundes, herrscht das Bestreben nach einer weiteren Aufgliederung nach Sachverhaltsausschnitten, die jeweils für sich schon den Tatbestand erfüllen. Allein durch diese weitere Aufspaltung des einzigen Widerrufstatbestandes wird es dem Rechtsanwender möglich, auch die wiederholte Verwirklichung ein und desselben Tatbestandes (§ 530 BGB), gesondert zu erfassen. Die Grenze des prozessualen Anspruchs wird in dem vom Reichsgericht entschiedenen Fall insofern keineswegs nur durch die Tatbestandsmerkmale „schwere Verfehlung" und „grober Undank" in § 530 BGB gezogen. Der Streitgegenstand der Bereicherungsklage wird vielmehr sowohl durch den gesetzlichen Widerrufstatbestand als auch durch den tatsächlich vorgebrachten Widerrufsgrund bestimmt[2278].

III. Rücktritt, Minderung, Aufrechnung

Nach Lent[2279] wird man kaum behaupten können, daß der mit der Minderungsklage[2280] aufgrund des Fehlers x abgewiesene Kläger, wenn er nachträglich den anderen Fehler y entdeckt und daraufhin erneut mindern will, an dieser Klage durch die Rechtskraft des abweisenden Urteils gehindert werde. Auch diese Rechtsauffassung läßt sich auf den bereits im materiellrechtlichen Teil der Arbeit angesprochenen § 475 BGB a. F. stützen. Der Grundgedanke dieser Vorschrift, daß sich die Gewährleistung stets auf den einzelnen Mangel bezieht[2281], wirkt hiernach in den prozessualen Bereich hinein. Ebensowenig wird nach Lent[2282] ein Schuldner, der mit einer Aufrechnung, welche er auf die Forderung x (aus Kaufvertrag) gestützt hat, nicht durchgedrungen ist, daran gehindert, eine neue Aufrechnung, gestützt auf die Forderung y (aus Delikt), durchzusetzen.

§ 30 Fazit

Rechtsprechung und Literatur haben sich überwiegend dafür ausgesprochen, den Streitgegenstandsbegriff in enger Anlehnung an das materielle Recht zu bestimmen. Innerhalb der zweigliedrigen prozessualen Streitgegenstandsauffassung wird der maßgebliche Sachverhalt durch eine einschränkende, an den Normen des materiellen Rechts orientierte Individualisierung eingegrenzt. Als Anknüpfungspunkte für die Absteckung des Sachverhalts fungieren dabei sowohl die gesetzlichen Gestaltungstatbestände als auch die konkret geltend gemachten Gestaltungsgründe. Lebenssachverhalt ist anders gewendet nicht einzig die den Gestaltungsgrund bildende Tatsache, weil bei Eintritt dieser Tatsache erst das Gestaltungsrecht entsteht[2283].

2278 Innerhalb der materiellrechtlichen Betrachtungsweise (dazu oben bei Fußnote 1797) haben sich das Reichsgericht und die ihm folgende Literatur folglich der zweiten, engeren Auslegung angeschlossen.

2279 Lent AcP 152, 401, 419.

2280 Entsprechendes muß für die Klage nach Erklärung des Rücktritts gelten.

2281 Palandt/Putzo § 475 BGB a. F. Rn. 1.

2282 Lent AcP 152, 401, 419.

2283 Vgl. Hungerbühler S. 34, 131.

Klagegrund ist vielmehr die durch den jeweiligen Gestaltungsgrund individualisierte Gestaltungserklärung. Denn erst durch ihren Zugang tritt die gewollte Rechtswirkung ein[2284], wird der mit der Klage verfolgte Anspruch (Räumungsanspruch, Bereicherungsanspruch) ausgelöst[2285]. Von ausschlaggebender Bedeutung ist hierbei die Erkenntnis, daß weder der Gestaltungsgrund als solcher noch die Willenserklärung als solche, sondern vielmehr das rechtliche Beziehungsgeflecht zwischen diesen beiden Komponenten den Klagegrund bildet[2286]. Wegen der Maßgeblichkeit des rechtlichen Beziehungsgeflechtes zwischen Gestaltungsgrund und Gestaltungserklärung bedeutet allein[2287] die Abgabe einer neuen Willenserklärung (Gestaltungserklärung) demzufolge auch keinen Wandel des Streitgegenstands. Der Ausspruch der erneuten Gestaltungserklärung kann also nur deswegen, weil er ein neues Rechtsgeschäft mit anderem Datum darstellt, keinen rechtskraftfreien Sachverhalt schaffen[2288]. Im Ergebnis müssen also zur Umgestaltung des Sachverhaltes und damit des Streitgegenstands zwei Elemente modifiziert werden. Erforderlich aber auch ausreichend ist die Bekundung einer erneuten Gestaltungserklärung, die ihrerseits einen neuen Gestaltungsgrund angibt.

I. Abstrakte Definition des Streitgegenstands

Abschließend ist aus den konkret erzielten Ergebnissen eine von den einzelnen Rechtsverhältnissen losgelöste Bestimmung des Streitgegenstands anzustellen, die die materiellrechtliche Ausrichtung des Lebenssachverhalts theoretisch untermauern soll. Der Hebel dieser abstrakten Umgrenzung des Streitgegenstands ist dabei an der Erkenntnis anzusetzen, daß formelles und materielles Recht eng miteinander verwoben und aufeinander ausgerichtet sind[2289]. Der zunehmenden Tendenz der Zivilprozeßrechtslehre, den Streitgegenstand als den tragenden Begriff der ZPO[2290] rein prozessual zu bestimmen, ist bei dem hier betonten ganzheitlichen Grundverständnis von Recht und Rechtsverwirklichung daher entgegenzutreten. Dieser auf das Streitprogramm fokussierte Separierungsprogress leistet der zunehmenden Abkopplung des Prozeßrechts vom materiellen Recht auch insgesamt Vorschub[2291]. Eine völlige Lösung des Verfahrensrechts vom Privatrechtssystem steht dadurch zu befürchten. Daß der Rückbezug des formellen auf das materielle Recht erforderlich ist, zeigt sich denn auch gerade bei der Bestimmung des Streitgegenstands. Die Anknüpfung dieses für das Prozeßrecht zentralen Mosaikstücks an das materielle Recht ist aus folgenden Überlegungen unerläßlich.

2284 Hungerbühler S. 34.

2285 So für den Widerruf einer Schenkung RG WarnRspr 1915 Nr. 281, S. 435, 436; 1940 Nr. 5, S. 12. Dazu Hungerbühler S. 131.

2286 Die bereits im materiellen Teil dieser Arbeit eruierte rechtliche Beziehung zwischen Gestaltungsrecht und Gestaltungserklärung wirkt also auch im prozessualen Kontext fort.

2287 Die abermalige Ausübung des Gestaltungsrechts wird also auf den bereits vorgebrachten Gestaltungsgrund gestützt, sogenannte Wiederholungskündigung.

2288 Hungerbühler S. 67.

2289 Vgl. dazu bereits oben bei Fußnote 901.

2290 Stein/Jonas/Schumann (20. Auflage) Einleitung Rn. 263.

2291 Vgl. Georgiades S. 239.

1. Materiellrechtliche Rechtsbehauptung

Zwar ist primär nicht das Bestehen des materiellrechtlichen Anspruchs selbst, sondern seine Behauptung durch die Partei Gegenstand der gerichtlichen Erkenntnis[2292]. Daraus aber zu folgern, das materielle Recht sei keinesfalls Gegenstand des Rechtsstreits, klingt nicht nur für den Laien und Praktiker, sondern auch für einige konstruktionsfreundliche Theoretiker lebensfremd[2293]. Der Prozeß wird erfahrungsgemäß um ein materielles Recht geführt[2294]. Das Urteil soll regelmäßig in den materiellrechtlichen Bereich hineinwirken, in dem die den Prozeß veranlassende Ungewißheit oder Meinungsverschiedenheit entstanden war[2295]. Das gerichtliche Verfahren wird so auf die Strukturen des materiellen Rechts hin ausgerichtet[2296]. Die rein prozessuale Auffassung erscheint insofern zu formalistisch, orientiert allein an der (prozessualen) Klage und der Tatsache, daß sie den Klageantrag enthält[2297]. Die Parteien wollen vor Gericht über ihre materielle Rechtslage, nicht über die Klage streiten[2298]. Letztere wurde nur als Hilfsmittel, also aus technischen Erwägungen und praktischen Durchführungsbefugnissen eingeführt[2299], damit ein Verfahren überhaupt abzurollen vermag[2300]. Der materiellrechtlich ausgerichtete prozessuale Anspruch harmonisiert auch mit unserer Privatrechtsordnung, nach der ein materielles Recht oder ein materiellrechtlicher Anspruch mit der Klage bei Gericht anhängig und damit rechtshängig gemacht wird (§§ 197 I Nr. 3, 204 I Nr. 1, 291, 292, 818 IV, 987, 989 BGB)[2301]. Schließlich belegen auch die §§ 265, 325 ZPO, daß der Streitgegenstandsbegriff in enger Anlehnung an das materielle Recht bestimmt werden muß[2302]. Die Prozeßstandschaft des § 265 ZPO, der die Veräußerung des streitbefangenen Gegenstandes nach Rechtshängigkeit betrifft, knüpft an materiellrechtliche Tatbestände an[2303]. Die Wirkungen des § 265 ZPO treten nämlich bei einem Wechsel der Verfügungsbefugnis über ein bestimmtes materielles Recht ein[2304]. Zur Identifikation dieses Rechts ist wiederum der Prozeßgegenstand heranzuziehen[2305], so daß es geboten erscheint, diesen selbst nach materiellrechtlichen Gesichtspunkten zu be-

---

2292 Beys ZZP 105, 145, 150, 170; Böhm FS Kralik, S. 83, 86; Fasching Rn. 1151; Schwab JuS 1965, 81, 82. Nach Nikisch AcP 154, 269, 298 besteht der einzige wirklich wesentliche Unterschied zwischen materiellem Recht und Prozeßrecht darin, daß es im Prozeß immer nur um behauptete Rechte geht.

2293 Beys ZZP 105, 145, 171.

2294 Stein/Jonas/Schumann (20. Auflage) Einleitung Rn. 34.

2295 Schnorr von Carolsfeld FS Lent, S. 245, 253 ff., insbesondere Fußnote 38; Stein/Jonas/Schumann (20. Auflage) Einleitung Rn. 34.

2296 Bettermann MDR 1954, 196, 199; Windel S. 86.

2297 Schnorr von Carolsfeld FS Lent, S. 245, 255 Fußnote 38.

2298 Schnorr von Carolsfeld FS Lent, S. 245, 255 Fußnote 38.

2299 Schnorr von Carolsfeld FS Lent, S. 245, 255 Fußnote 38.

2300 Über die Notwendigkeit des Streits über den Formelinhalt vor dem Laienrichter im römischen Formularprozeß informiert Schnorr von Carolsfeld FS Lent, S. 245, 255 Fußnote 38.

2301 Bettermann MDR 1954, 196, 200; Lüke NJW 1960, 1333; Nikisch AcP 154, 269, 298; Schreiber FS Medicus, S. 575, 578. Für den Umfang der Verjährungsunterbrechung nach § 209 I BGB a. F. ist der Streitgegenstand maßgeblich, vgl. BAG NJW 1960, 838; Lüke NJW 1960, 1333; Staudinger/Peters § 209 BGB a. F. Rn. 13.

2302 Henckel S. 251.

2303 Henckel S. 251.

2304 Henckel S. 251.

2305 Henckel S. 251.

stimmen[2306]. Ebenso wie der Tatbestand des § 265 ZPO ist der des § 325 ZPO materiellrechtlicher Natur[2307]. Der Begriff der Rechtsnachfolge meint jeden materiellrechtlichen abhängigen Erwerb[2308]. Wenn der Erwerber eines materiellen Rechts an die Rechtskraft des im Prozeß des Veräußerers ergangenen Urteils gebunden sein soll, dann muß das Bestehen oder Nichtbestehen dieses materiellen Rechts festgestellt sein[2309]. Demzufolge kann der Streitgegenstand von den materiellen Rechtsnormen nicht gänzlich isoliert werden[2310].

2. Prozeßführungsbefugnis

Das Gewinnen oder Verlieren eines Prozesses sind zwar rechtlich nicht dem Erwerb oder Verlust von Rechten gleichzusetzen, können aber im praktischen Ergebnis dem nahe kommen[2311]. So bedeutet Prozeßführung letztlich dann eine Verfügung über das materielle Recht, wenn das Recht im Prozeß zu Unrecht aberkannt wird, so daß es verloren ist[2312]. Aus dieser verfügungsähnlichen Wirkung des Urteils[2313] erklärt sich, daß die Prozeßführungsbefugnis, die das Verhältnis der Parteien zum Streitgegenstand regelt[2314], an das materiellrechtliche Vorbild der Verfügungsbefugnis anknüpft[2315]. Aufgrund dieses verfügungsanalogen Effekts muß im Falle der gewillkürten Prozeßstandschaft der Rechtsträger der Prozeßführung durch den Prozeßstandschafter analog § 185 I BGB zustimmen[2316]. In bezug auf diese Zustimmung wird man nicht argumentieren können, sie müsse stets so weit reichen wie der Streitgegenstand und daß dieser deshalb unabhängig von den materiellrechtlichen Grundlagen der Prozeßführungsbefugnis bestimmt werden könnte[2317]. Es ist undenklich, den Umfang der materiellrechtlichen Verfügung vom Streitgegenstand her zu bestimmen und damit prozessuale Aspekte zur Auslegung materieller Rechtsgeschäfte heranzuziehen[2318]. Vielmehr ist umgekehrt aus dem Grundgedanken, der die Zustimmung fordert, ihre Reichweite festzulegen[2319]. Die Zustimmung soll den Mangel der Verfügungsbefugnis ersetzen[2320]. Deshalb ist es naheliegend, sie auf das gleiche Objekt zu beschränken wie eine materiellrechtliche Verfügungsermächtigung[2321]. Verfügungsgeschäfte müssen sich als zuordnungsändernde Geschäfte auf

---

2306 Henckel S. 251 ff.
2307 Henckel S. 253.
2308 Henckel S. 253.
2309 Henckel S. 253.
2310 Beys ZZP 105, 145, 171.
2311 Stein/Jonas/Schumann (20. Auflage) Einleitung Rn. 34; Windel S. 52.
2312 Vgl. Röhl § 45 III, S. 365.
2313 Windel S. 101.
2314 Thomas/Putzo § 51 ZPO Rn. 21; Windel S. 91.
2315 BGH NJW 1960, 523; Henckel S. 107, 154; Stein/Jonas/Schumann (20. Auflage) Einleitung Rn. 34.
2316 Vgl. Röhl § 45 III, S. 365; Thomas/Putzo § 51 ZPO Rn. 33.
2317 Henckel S. 249.
2318 Henckel S. 253.
2319 Henckel S. 249.
2320 Henckel S. 249.
2321 Henckel S. 249.

einen bestimmten Gegenstand beziehen, wodurch allgemein und ohne weitere Maßnahmen der Standort der Sache bestimmt werden kann[2322]. Um materiellrechtliche und prozessuale Befugnisse einander anzupassen[2323], muß auch der Streitgegenstand als Objekt der Prozeßführungsbefugnis hinreichend individualisiert werden[2324]. Die Abgrenzung des Sachverhalts nach den Gestaltungstatbeständen der materiellen Normen beziehungsweise nach den konkret geltend gemachten Gestaltungsgründen hat insoweit vieles für sich[2325]. Denn der Lebensvorgang, der nach der natürlichen Theorie den Sachverhalt bestimmen soll, läßt sich im Gegensatz zu den gesetzlichen Tatbeständen des bürgerlichen Rechts nicht scharf abgrenzen[2326]. Es ist ein Irrtum, wenn man annimmt, die sogenannten Lebensvorgänge bildeten scharf umrissene Tatbestände[2327]. In Wahrheit folgen die Lebensvorgänge ohne jede Abgrenzung im unausgesetzten Fluß der Ereignisse aufeinander[2328]. Ohne den Anschluß zum materiellen Recht[2329] gibt es mit anderen Worten kein eindeutiges Kriterium, das aussagt, wann derselbe und wann ein anderer Lebenssachverhalt vorliegt[2330]. Das Arbeiten mit der „natürlichen Auffassung" respektive der „Verkehrsauffassung" ist in vielen Fällen sicher zureichend. Aber gerade in den Grenzfragen manifestieren diese Begriffe ihre Schwächen[2331], weil die Ansichten darüber, ob es noch derselbe oder schon ein anderer Sachverhalt ist, in aller Regel auseinandergehen und deshalb nicht vorhersehbar und prozessual berechenbar sind[2332]. Eine befriedigende Abgrenzung ließe sich in derartigen Fällen nur ex post erzielen, nämlich nach beendetem Rechtsstreit, wenn das Rechtsschutzziel endgültig festgelegt ist[2333]. Diese Vorgehensweise hilft aber im Prozeß selbst nicht weiter[2334]. Auf der anderen Seite ist an der Abgrenzung nach den materiellen Normen auch soviel richtig, daß ein neuer Sachverhalt vielfach dann vorliegt, wenn er einen anderen gesetzlichen Tatbestand erfüllt[2335]. Denn auch das Gesetz hat typisch umgrenzte Lebensvorgänge häufig durch gesonderte Normen geregelt[2336].

2322 Sogenannter Bestimmtheitsgrundsatz, vgl. Westermann § 3 II 1, S. 20.

2323 Henckel S. 107.

2324 Man spricht insoweit auch vom „prozessualen Spezialitätsprinzip", vgl. dazu MK/Lindacher vor § 50 ZPO Rn. 56.

2325 Vgl. Stein/Jonas/Leipold § 322 ZPO Rn. 233.

2326 Böhm FS Kralik, S. 83, 102; Fasching Rn. 1158; Lent ZPR § 37 V, S. 103.

2327 Lent ZPR § 37 V, S. 103.

2328 Lent ZPR § 37 V, S. 103.

2329 Die Abgrenzung des Sachverhaltes nach materiellrechtlichen Gesichtspunkten fordert auch Mühl NJW 1954, 1665 ff. Im Grundsatz ebenso auch Lent ZZP 65, 315 ff. Vgl. Henckel S. 278 Fußnote 87.

2330 Stein/Jonas/Schumann (20. Auflage) Einleitung Rn. 272.

2331 Schwab als Verfechter der eingliedrigen Theorie befindet, der Sachverhalt sei deshalb aus dem Begriff des Streitgegenstands zu eliminieren, weil dieses Element ohne (unmittelbaren oder mittelbaren) Rückgriff auf das materielle Recht nicht abgrenzbar sei. Vgl. Böhm FS Kralik, S. 83, 88.

2332 Stein/Jonas/Schumann (20. Auflage) Einleitung Rn. 272.

2333 Fasching Rn. 1158.

2334 Fasching Rn. 1158.

2335 Stein/Jonas/Leipold § 322 ZPO Rn. 233.

2336 Stein/Jonas/Leipold § 322 ZPO Rn. 233.

Zwar nimmt man bei dieser materiellrechtlichen Version der zweigliedrigen Theorie bewußt in Kauf, durch die punktuelle Abgrenzung des Streitgegenstands Parallel- und Nachklagen Vorschub zu leisten[2337]. Diese Gefahr der Prozeßvermehrung ist aber das geringere Übel gegenüber einer nicht vorhersagbaren und letztlich der Willkür überlassenen natürlichen Abgrenzung des Streitgegenstands[2338], zumal die Rechtskraft zuerst den Parteiinteressen und nicht der Prozeßökonomie dienen soll[2339]. Die natürliche Sichtweise zwänge andererseits die Parteien zu einem alle Tatsachen des Lebensvorganges erfassenden Faktenvortrag[2340], was wiederum eine unnötige Ausweitung des Rechtsstreits zur Folge hätte.

II. Ergebnis

Diese Gedankenkette fordert für unsere Sachverhaltskonstellation, die jeweiligen Gestaltungstatbestände und konkret geltend gemachten Gestaltungsgründe als die maßgeblichen Schnittpunkte anzusehen, mit denen der Lebensvorgang zum Zwecke der Individualisierung zerlegt wird. Die durch die Angabe eines bestimmten Gestaltungsgrundes konkretisierte Gestaltungserklärung, die dem Gestaltungsgegner zugegangen ist, bildet also den für das Streitprogramm entscheidenden selbständigen Klagegrund. Stützt der Kläger seine Klage auf einen nach Ansicht des Gerichts nicht vorliegenden Gestaltungsgrund, so werden anderweitige Gestaltungsgründe durch die insoweit gebotene Klageabweisung demzufolge nicht präkludiert. Hierdurch wird erreicht, daß die Prozeßabweisung zum Beispiel wegen mangelnder Anfechtungsbefugnis für einen bestimmten Anfechtungsgrund jeweils einen isolierten Streitgegenstand betrifft und nicht einen einheitlichen prozessualen Anspruch zerreißt[2341]. Die bei den einzelnen Gestaltungsrechten favorisierte materiellrechtliche Ausrichtung des Lebenssachverhalts findet sich durch die vorstehenden Überlegungen damit auch auf einer höheren Abstraktionsebene bestätigt.

2337 Vgl. Böhm FS Kralik, S. 83, 102; Fasching Rn. 1158.
2338 Böhm FS Kralik, S. 83, 102; Fasching Rn. 1158.
2339 Brox JuS 1962, 121, 126; Köhler S. 19.
2340 Böhm FS Kralik, S. 83, 102; Fasching Rn. 1158.
2341 Vgl. auch Henckel S. 250.

Zusammenfassung

I. Es gibt grundabhängige und grundunabhängige Gestaltungsrechte. Während bei diesen die Gestaltungsbefugnis dem zu gestaltenden Rechtsverhältnis immanent ist, das Gestaltungsrecht also ohne weiteres mit dem Rechtsverhältnis entsteht, ist bei jenen zur Legitimation der Gestaltungsmacht des Rechtsinhabers ein besonderer Gestaltungsgrund erforderlich. Der Gestaltungsgrund wird gestaltet durch einen Sachverhalt, der den gesetzlich normierten oder vertraglich vereinbarten Tatbestand erfüllt, an den als Rechtsfolge die Entstehung des Gestaltungsrechts geknüpft ist.

II. Nur bei den grundabhängigen Gestaltungsrechten kann die Fragestellung auftauchen, ob der Gestaltende zur wirksamen Herbeiführung des Gestaltungserfolges den Gestaltungsgrund angeben muß. Bei den grundunabhängigen Gestaltungsrechten geht es von Rechts wegen lediglich um die Mitteilung des Gestaltungsmotivs.

III. Stellt die Begründung einen wesensnotwendigen Bestandteil der Gestaltungserklärung dar, wird dadurch die Befugnis des Gestaltungsberechtigten, andere Gründe nachzuschieben, weitgehend eingeschränkt. Sowohl das Nachholen der Grundangabe als auch das ersetzende Nachschieben sind ausgeschlossen. Der Berechtigte kann in diesen Fällen - unter Wahrung etwaig bestehender Ausübungsfristen - seine Erklärung unter Angabe eines zutreffenden Gestaltungsgrundes wiederholen. Dem Gestaltenden ist lediglich das ergänzende Nachschieben gestattet, das der Konkretisierung und Erläuterung der in der Gestaltungserklärung zum Gestaltungsgrund angegebenen Tatsachen dient.

IV. Bei den grundabhängigen Gestaltungsrechten erzeugt jeder Gestaltungsgrund ein selbständiges Gestaltungsrecht. Es liegen ebenso viele Gestaltungsrechte wie Gestaltungsgründe vor. Es gibt sonach kein Gestaltungsrecht an sich, sondern nur ganz konkrete Gestaltungsrechte, die auf ganz konkreten Gestaltungsgründen beruhen. Deshalb muß der Gestaltungsberechtigte zur Herbeiführung der Gestaltungswirkung ein individuelles Gestaltungsrecht ausüben. Damit festgestellt werden kann, welches Gestaltungsrecht durch den Gestaltenden ausgeübt werden sollte, muß sich die Gestaltungserklärung auf einen ganz bestimmten Gestaltungsgrund beziehen. Diese Beziehung wird dadurch hergestellt, daß die Angabe des Gestaltungsgrunds, aus dem das auszuübende Gestaltungsrecht erwächst, mit zum Inhalt der Gestaltungserklärung zählt. Dieser Grundsatz gilt für alle Gestaltungserklärungen, mit denen grundabhängige Gestaltungsrechte ausgeübt werden, also auch für die Kündigung eines Arbeits- oder Mietverhältnisses.

V. Enthält die Gestaltungserklärung keine Anhaltspunkte, welcher Gestaltungsgrund und welches Gestaltungsrecht mit ihr ausgeübt werden soll, ist die Erklärung wegen Fehlens eines unabdingbaren Elements unbestimmt und somit nichtig. Dies folgt in erster Linie bereits aus der rechtlichen Einordnung der Begründung als wesensnotwendiger Bestandteil jeder Gestaltungserklärung. Für die Nichtigkeitsfolge des Ausübungsakts und gegen die Anerkennung eines bloßen Schadensersatzanspruchs des Betroffenen sprechen darüber hinaus auch systematische und praktische Erwägungen.

VI. Die Bedeutung des Gestaltungsgrunds erschöpft sich nicht auf materiellrechtlicher Ebene. Auf der Ebene des Prozeßrechts markiert der jeweilige Gestaltungsgrund die maßgebliche Schnittstelle, mit der der Streitgegenstand individualisiert wird. Dieser wird also nicht nur nach dem geltend gemachten gesetzlichen Gestaltungstatbestand, sondern auch durch den konkret vorgebrachten Gestaltungsgrund bestimmt. Diese Zergliederung eines einheitlichen Gestaltungstatbestandes nach Sachverhaltsausschnitten kommt in erster Linie bei den generalklauselartig gefaßten Gestaltungstatbeständen in Betracht. Aber auch in den Fällen, in denen das Gesetz mehrere bestimmte Tatbestände aufführt, die das Gestaltungsrecht begründen, findet die aufgezeigte Segmentierung statt.

VII. Bei der genauen Fixierung des Lebenssachverhalts gilt folgendes: Allein die Abgabe einer neuen Willenserklärung (Gestaltungserklärung) bedeutet keine Veränderung des Streitgegenstands, weil nicht die Willenserklärung als solche, sondern das rechtliche Beziehungsgeflecht zwischen Willenserklärung und dem geltend gemachten konkreten Grund den Klagegrund bildet. Der Ausspruch der erneuten Gestaltungserklärung kann also allein deswegen, weil er ein neues Rechtsgeschäft mit anderem Datum darstellt, keinen rechtskraftfreien Sachverhalt schaffen. Aus demselben Argument ist Lebenssachverhalt nicht etwa alleinig die den Gestaltungsgrund bildende Tatsache, denn bei deren Eintritt entsteht erst das Gestaltungsrecht. Klagegrund ist vielmehr die Tatsache, daß dem Gestaltungsgegner eine durch die Angabe eines bestimmten Gestaltungsgrundes individualisierte Gestaltungserklärung zugegangen ist, da erst sie die Gestaltungswirkung auslöst. Aus dem Gesagten ergibt sich, daß auch dann nur ein Streitgegenstand vorliegt, wenn der aus dem Gestaltungserfolg hervorgehende Anspruch auf eine Gestaltungserklärung gestützt wird, die die Angabe mehrerer Gestaltungsgründe zum Inhalt hat. Da Klagegrund nicht die mehreren Gründe, sondern die eine, durch die Angabe der mehreren Gestaltungsgründe individualisierte Gestaltungserklärung ist, liegt dennoch nur ein prozessualer Anspruch vor. Anders ist die Rechtslage dagegen dann zu beurteilen, wenn zunächst unter Angabe eines Grundes und dann vorsorglich nochmals wegen eines anderen Gestaltung begehrt wird. Dann liegen zwei selbständige Gestaltungserklärungen und damit zwei Klagegründe vor. Im Ergebnis müssen also zur Umgestaltung des

Sachverhaltes und damit des Streitgegenstands zwei Elemente modifiziert werden. Erforderlich, aber auch ausreichend ist der Ausspruch einer erneuten Gestaltungserklärung, die ihrerseits einen neuen Gestaltungsgrund angibt.

VIII. Zusammenfassend lassen sich dem Gestaltungsgrund drei Funktionen zuschreiben: Jeder Gestaltungsgrund erzeugt ein eigenes Gestaltungsrecht. Der Gestaltungsgrund individualisiert die Gestaltungserklärung und gehört somit zu deren wesensnotwendigem Inhalt. Die durch die Angabe eines bestimmten Gestaltungsgrundes konkretisierte Gestaltungserklärung, die dem Gestaltungsgegner zugegangen ist, bildet den für den Streitgegenstand maßgeblichen Lebenssachverhalt.

Literaturverzeichnis

Adam, Roman F. — Grundfragen der Abmahnung im Arbeitsverhältnis, AuR 2001, 41-46
(zit.: Adam AuR 2001)

Adomeit, Klaus — Der Kündigungsgrund, Arbeitsrecht-Blattei, Handbuch für die Praxis, Band 15, D, Kündigung I-XII, Kündigungsschutz, Kündigung, IX Kündigungsgrund, Stuttgart 1972
(zit.: Adomeit AR-Blattei)

Annuß, Georg — § 242 BGB als Fundament eines allgemeinen Kündigungsschutzes? BB 2001, 1898-1902
(zit.: Annuß BB 2001)

Arens, Peter — Streitgegenstand und Rechtskraft im Aktienrechtlichen Anfechtungsverfahren, Dissertation, Bielefeld 1960
(zit.: Arens)

Arens, Peter — Zur Anspruchskonkurrenz bei mehreren Haftungsgründen, AcP 170 (1970), 392-425
(zit.: Arens AcP 170)

Arens, Peter/ Lüke, Wolfgang — Zivilprozeßrecht, 6. Auflage, München 1994
(zit.: Arens/Lüke)

Ascheid, Reiner — Beweislastfragen im Kündigungsschutzprozeß, Dissertation, Pfaffenweiler 1989
(zit.: Ascheid Beweislastfragen)

Ascheid, Reiner — Kündigungsschutzrecht, Stuttgart, Berlin, Köln 1993
(zit.: Ascheid)

Ascheid, Reiner — Die Wiederholungskündigung als Problem der „hinkenden" Rechtskraftwirkung, Festschrift für Eugen Stahlhacke, S. 1-13, Neuwied, Kriftel, Berlin 1995 (zit.: Ascheid FS Stahlhacke)

Ascheid, Reiner/ Preis, Ulrich/ Schmidt, Ingrid — Großkommentar zum Kündigungsrecht, München 2000 (zit.: APS/Bearbeiter)

Backmeister, Thomas/ Trittin, Wolfgang — Kündigungsschutzgesetz mit Nebengesetzen, München 2000 (zit.: Backmeister/Trittin)

Barthelmess, Jochen — Wohnraumkündigungsschutzgesetz, Miethöhegesetz, 5. Auflage, Düsseldorf 1995 (zit.: Barthelmess)

Bauer, Jobst-Hubertus — Arbeitsrechtliche Aufhebungsverträge, 6. Auflage, München 1999 (zit.: Bauer)

Baumbach, Adolf/ Hopt, Klaus J. — Handelsgesetzbuch, 30. Auflage, München 2000 (zit.: Baumbach/Hopt)

Baumbach, Adolf/ Lauterbach, Wolfgang — Zivilprozeßordnung, 60. Auflage, München 2002 (zit.: Baumbach/Lauterbach/Bearbeiter)

Baumgärtel, Gottfried — Zur Lehre vom Streitgegenstand, JuS 1974, 69-75 (zit.: Baumgärtel JuS 1974)

Becker, Friedrich/ Rommelspacher, Peter — Ansatzpunkte für eine Reform des Kündigungsrechts, ZRP 1976, 40-44 (zit.: Becker/Rommelspacher ZRP 1976)

Becker, Friedrich/ Hillebrecht, Wilfried — Gemeinschaftskommentar zum Kündigungsschutzgesetz und zu sonstigen kündigungsschutzrechtlichen Vorschriften, 5. Auflage, Neuwied, Kriftel 1998 (zit.: KR/Bearbeiter)

Ältere Auflage:
Gemeinschaftskommentar zum Kündigungsschutzgesetz und zu sonstigen kündigungsschutzrechtlichen Vorschriften, 3. Auflage, Neuwied, Kriftel 1989
(zit.: KR/Bearbeiter [3. Auflage])

Becker, Michael — Gestaltungsrecht und Gestaltungsgrund, AcP 188 (1988), 24-68
(zit.: Becker AcP 188)

Becker-Schaffner, Reinhard — Die Darlegungs- und Beweislast in Kündigungsrechtsstreitigkeiten, BB 1992, 557-564
(zit.: Becker-Schaffner BB 1992)

Becker-Schaffner, Reinhard — Die Rechtsprechung zum Umfang der Pflicht zur Mitteilung der Kündigungsgründe gemäß § 102 I BetrVG, DB 1996, 426-430
(zit.: Becker-Schaffner DB 1996)

Behrends, Okko — Römischrechtliche Exegese: Das deliktische Haftungssystem der lex Aquilia, JuS 1985, 878-885
(zit.: Behrends JuS 1985)

Belling, Detlev W. — Die Kündigung wegen verdachtsbedingten Vertrauenswegfalls, RdA 1996, 223-240
(zit.: Belling RdA 1996)

Berkowsky, Wilfried — Aktuelle Probleme im Recht der betriebsbedingten Kündigung, NJW 1983, 1292-1297
(zit.: Berkowsky NJW 1983)

Bettermann, Karl August — Die Vollstreckung des Zivilurteils in den Grenzen seiner Rechtskraft, Hamburg 1948
(zit.: Bettermann)

Bettermann, Karl August	Kommentar zum Mieterschutzgesetz und seinen Nebengesetzen, 12. Lieferung, Tübingen 1957 (zit.: Bettermann MSchG)
Bettermann, Karl August	Mieterschutz und Vertragsfreiheit, JZ 1954, 461-465 (zit.: Bettermann JZ 1954)
Bettermann, Karl August	Eigentumsherausgabeklage, Mieträumungsklage und Mietaufhebungsklage. Kritische Bemerkungen zu BGH IV ZR 249/52 vom 10.11.1952 und 09.02.1953 - zugleich ein Beitrag zur Lehre vom Streitgegenstand im Zivilprozeß, MDR 1954, 196-200 (zit.: Bettermann MDR 1954)
Bettermann, Karl August	Der Gegenstand des Kündigungsstreits nach dem Kündigungsschutzgesetz, ZfA 1985, 5-20 (zit.: Bettermann ZfA 1985)
Beys, Kostas A.	Zum Problem des Streitgegenstandes im Zivilprozeß und den (gegebenenfalls national) zu ziehenden Folgerungen, insbesondere für die Rechtskraft, ZZP 105 (1992), 145-181 (zit.: Beys ZZP 105)
Birk, Rolf	Anmerkung zu BAG AP § 626 BGB Nr. 1 1980, AP § 626 BGB Nr. 1 1980 Bl. 415-417 (zit.: Birk Anm. BAG AP § 626 BGB Nr. 1)
Blank, Hubert/ Börstinghaus, Ulf P.	Miete, BGB-Mietrecht und MHG, München 2000 (zit.: Blank/Börstinghaus)
Blomeyer, Arwed	Zivilprozeßrecht, 1. Auflage, Berlin, Göttingen, Heidelberg 1963 (zit.: Blomeyer ZPR [1. Auflage])

Blomeyer, Arwed	Zivilprozeßrecht, 2. Auflage, Berlin 1985 (zit.: Blomeyer ZPR)
Blomeyer, Arwed	Zum Urteilsgegenstand im Leistungsprozeß, Festschrift für Friedrich Lent, S. 43-88, München und Berlin 1957 (zit.: Blomeyer FS Lent)
Blomeyer, Jürgen	Rechtskraft und Rechtsmittel bei Klagabweisung, NJW 1969, 587-593 (zit.: Jürgen Blomeyer NJW 1969)
Boemke, Burkhard	Privatautonomie im Arbeitsvertragsrecht, NZA 1993, 532-538 (zit.: Boemke NZA 1993)
Boemke, Burkhard	Kündigungsschutzklage (§ 4 KSchG) und allgemeine Feststellungsklage (§ 256 ZPO), RdA 1995, 211-229 (zit.: Boemke RdA 1995)
Boemke, Burkhard	Anmerkung zu BAG JuS 2001, 1133, JuS 2001, 1133-1134 (zit.: Boemke JuS 2001)
Boewer, Dietrich	Der Streitgegenstand des Kündigungsschutzprozesses, NZA 1997, 359-365 (zit.: Boewer NZA 1997)
Böhm, Peter	Die Ausrichtung des Streitgegenstandes am Rechtsschutzziel, Festschrift für Winfried Kralik, S. 83-123, Wien 1986 (zit.: Böhm FS Kralik)
Bork, Reinhard	Allgemeiner Teil des Bürgerlichen Gesetzbuchs, Tübingen 2001 (zit.: Bork AT)
Börstinghaus, Ulf P./ Eisenschmid, Norbert	Arbeitskommentar Neues Mietrecht, Recklinghausen 2001 (zit.: Börstinghaus/Eisenschmid)

Bötticher, Eduard	Gestaltungsrecht und Unterwerfung im Privatrecht, Berlin 1964 (zit.: Bötticher)
Bötticher, Eduard	Zur Lehre vom Streitgegenstand im Eheprozeß, Festschrift für Leo Rosenberg, S. 73-99, München und Berlin 1949 (zit.: Bötticher FS Rosenberg)
Bötticher, Eduard	Zum Regierungsentwurf des Kündigungsschutzgesetzes, RdA 1951, 81-87 (zit.: Bötticher RdA 1951)
Bötticher, Eduard	Buchbesprechung zu Schwab, Karl Heinz: Der Streitgegenstand im Zivilprozeß, München und Berlin 1954, MDR 1954, 767 (zit.: Bötticher MDR 1954)
Bötticher, Eduard	Streitgegenstand und Rechtskraft im Kündigungsschutzprozeß, Festschrift für Wilhelm Herschel, S. 181-197, Stuttgart 1955 (zit.: Bötticher FS Herschel)
Bötticher, Eduard	Anmerkung zu BAG AP § 626 BGB Nr. 11 1956, AP § 626 BGB Nr. 11 1956 Bl. 563-564 (zit.: Bötticher Anm. BAG AP § 626 BGB Nr. 11)
Bötticher, Eduard	Streitgegenstand und Rechtskraft unter besonderer Berücksichtigung der Wiederholung der Ehescheidungsklage, FamRZ 1957, 409-414 (zit.: Bötticher FamRZ 1957)
Bötticher, Eduard	Besinnung auf das Gestaltungsrecht und das Gestaltungsklagerecht, Festschrift für Hans Dölle, Band I, S. 41-77, Tübingen 1963 (zit.: Bötticher FS Dölle I)

Bötticher, Eduard	Buchbesprechung zu Blomeyer, Arwed: Zivilprozeßrecht, 1. Auflage, Berlin, Göttingen, Heidelberg 1963, ZZP 77 (1964), 477-495 (zit.: Bötticher ZZP 77)
Brox, Hans	Allgemeiner Teil des BGB, 25. Auflage, Köln, Berlin, Bonn, München 2001 (zit.: Brox AT)
Brox, Hans	Die objektiven Grenzen der materiellen Rechtskraft im Zivilprozeß, JuS 1962, 121-128 (zit.: Brox JuS 1962)
Bruns, Rudolf	„Funktionaler" und „instrumentaler" Gehalt der Gestaltungsrechte und Gestaltungsklagerechte, ZZP 78 (1965), 264-286 (zit.: Bruns ZZP 78)
Bub, Wolf-Rüdiger/ Treier, Gerhard	Handbuch der Geschäfts- und Wohnraummiete, 3. Auflage, München 1999 (zit.: Bub/Treier/Bearbeiter)
Bucher, Eugen	Das subjektive Recht als Normsetzungsbefugnis, Tübingen 1965 (zit.: Bucher)
Bülow, Arthur	Buchbesprechung zu Habscheid, Walther J.: Der Streitgegenstand im Zivilprozeß und im Streitverfahren der freiwilligen Gerichtsbarkeit, Bielefeld 1956, DNotZ 1957, 107-109 (zit.: Bülow DnotZ 1957)
Bydlinski, Peter	Die Übertragung von Gestaltungsrechten, Wien 1986 (zit.: Bydlinski)
Däubler, Wolfgang	Rechtsgeschäftlicher Ausschluß der Veräußerlichkeit von Rechten? NJW 1968, 1117-1123 (zit.: Däubler NJW 1968)

Däubler, Wolfgang/ Kittner, Michael/ Klebe, Thomas	Betriebsverfassungsgesetz, mit Wahlordnung, §§ 321-325 UmwG, §§ 121-128 InsO und EBR-Gesetz, 7. Auflage, Frankfurt am Main 2000 (zit.: DKK/Bearbeiter)
Dauner-Lieb, Barbara	Anmerkung zu BGH NJW 1998, 374, 375, EWiR 1998, 285-286 (zit.: Dauner-Lieb EwiR 1998)
Dietrich, Peter	Zur materiellen Rechtskraft eines klagabweisenden Urteils, ZZP 83 (1970), 201-214 (zit.: Dietrich ZZP 83)
Dietz, Rolf	Anspruchskonkurrenz bei Vertragsverletzung und Delikt, Bonn, Köln 1934 (zit.: Dietz)
Doderer, Hans-Joachim	Auswirkungen materieller Rechtskraft auf Einwendungen und Einreden, NJW 1991, 878-881 (zit.: Doderer NJW 1991)
Dölle, Hans	Zum Wesen der Gestaltungsklagerechte, Festschrift für Eduard Bötticher, S. 93-99, Berlin 1969 (zit.: Dölle FS Bötticher)
Düwell, Franz Josef	Welche Zukunft haben die Gerichte für Arbeitssachen? – Betrachtungen eines Arbeitsrichters zur aktuellen Debatte über Pläne zur Entlastung der Justiz und zur Reform ihrer Struktur, Festschrift für Wolfgang Däubler, S. 745-759, Frankfurt am Main 1999 (zit.: Düwell FS Däubler)
Emmerich, Volker/ Sonnenschein, Jürgen	Miete, Handkommentar, 7. Auflage, Berlin, New York 1999 (zit.: Emmerich/Sonnenschein)

Engisch, Karl — Einführung in das juristische Denken, 7. Auflage, Stuttgart, Berlin, Köln, Mainz 1977
(zit.: Engisch)

Engisch, Karl — Die Einheit der Rechtsordnung, Neudruck, Darmstadt 1987
(zit.: Engisch Einheit)

Enneccerus, Ludwig/ Nipperdey, Hans Carl — Allgemeiner Teil des Bürgerlichen Rechts, Ein Lehrbuch, Erster Band, Erster Halbband, 15. Auflage, Tübingen 1959
(zit.: Enneccerus/Nipperdey AT I 1)

Enneccerus, Ludwig/ Nipperdey, Hans Carl — Allgemeiner Teil des Bürgerlichen Rechts, Ein Lehrbuch, Erster Band, Zweiter Halbband, 15. Auflage, Tübingen 1960
(zit.: Enneccerus/Nipperdey AT I 2)

Erfurter Kommentar — zum Arbeitsrecht, 2. Auflage, München 2001
(zit.: ErfK/Bearbeiter)

Erman, Walter — Bürgerliches Gesetzbuch, Band 1, §§ 1-853, 10. Auflage, Köln 2000
(zit.: Erman/Bearbeiter)

Ältere Auflage:
Bürgerliches Gesetzbuch, Band 1, §§ 1-853, 7. Auflage, Münster 1981
(zit.: Erman/Bearbeiter [7. Auflage])

Esser, Josef/ Schmidt, Eike — Schuldrecht, Band I, Allgemeiner Teil, Teilband 1, 7. Auflage, Heidelberg 1992
(zit.: Esser/Schmidt SAT I 1)

Fabricius, Fritz/ Kraft, Alfons/ Wiese, Günther/ Kreutz, Peter — Gemeinschaftskommentar zum Betriebsverfassungsgesetz, Band II, §§ 74-132, 5. Auflage, Neuwied, Kriftel, Berlin 1995
(zit.: GK/Bearbeiter)

Falkenberg, Rolf-Dieter — Zum Ersten Arbeitsrechtsbereinigungsgesetz, BB 1970, 537-538 (zit.: Falkenberg BB 1970)

Falter, Rudolf — Die Begründungspflicht bei Kündigungen von Arbeitsverhältnissen und die Möglichkeit des Nachschiebens von weiteren Gründen im Kündigungsprozeß, Dissertation, München 1975 (zit.: Falter)

Fasching, Hans W. — Lehrbuch des österreichischen Zivilprozeßrechts, 2. Auflage, Wien 1990 (zit.: Fasching)

Fiebig, Stefan/ Gallner, Inken/ Pfeiffer, Gerhard — Kündigungsschutzgesetz, Handkommentar, Baden-Baden 2000 (zit.: HaKo/Bearbeiter)

Fischer-Dieskau, Alfred/ Pergande, Hans-Günther/ Schwender, Heinz Werner — Wohnungsbaurecht, Kommentare, Band 5, Mietrecht, Bürgerliches Gesetzbuch, Erster Teil, §§ 535-564 c BGB a. F., Essen 1994 (zit.: Fischer-Dieskau/Pergande/Schwender/Bearbeiter)

Flume, Werner — Allgemeiner Teil des Bürgerlichen Rechts, Zweiter Band, Das Rechtsgeschäft, 3. Auflage, Berlin, Heidelberg, New York 1979 (zit.: Flume AT II)

Flume, Werner — Eigenschaftsirrtum und Sachmängelhaftung beim Spezieskauf, DB 1979, 1637-1639 (zit.: Flume DB 1979)

Frankfurter Kommentar — zur Insolvenzordnung, Neuwied, Kriftel 1999 (zit.: FK/Bearbeiter)

Frey, Erich — Begründungszwang oder Nachschieben von Kündigungsgründen? BB 1953, 1070-1072
(zit.: Frey BB 1953)

Frey, Erich — Anmerkung zu BAG AuR 1960, 90, 91, AuR 1960, 91-93
(zit.: Frey AuR 1960)

Galperin, Hans/ Löwisch, Manfred — Kommentar zum Betriebsverfassungsgesetz, Band II, §§ 74-132, 6. Auflage, Heidelberg 1982
(zit.: Galperin/Löwisch)

Galperin, Otto — Der wichtige Grund zur außerordentlichen Kündigung, DB 1964, 1114-1118
(zit.: Galperin DB 1964)

Galperin, Otto — Die Rechtsmängel der Kündigung des Arbeitsverhältnisses, BB 1966, 1458-1465
(zit.: Galperin BB 1966)

Gamillscheg, Franz — Nipperdey und sein Kritiker, JZ 1965, 47-53
(zit.: Gamillscheg JZ 1965)

Gamillscheg, Franz — Betriebsrat und Kündigung, Festschrift für 25 Jahre Bundesarbeitsgericht, S. 117-131, München 1979
(zit.: Gamillscheg FS BAG)

Gaul, Hans Friedhelm — Die Ausübung privater Gestaltungsrechte nach rechtskräftigem Verfahrensabschluß - ein altes und beim „verbraucherschützenden" Widerrufsrecht erneut aktuell gewordenes Thema, Festschrift für Brigitte Knobbe-Keuk, S. 135-167, Köln 1997
(zit.: Gaul FS Knobbe-Keuk)

Gentges, Peter	Prognoseprobleme im Kündigungsschutzrecht, Dissertation, Baden-Baden 1995 (zit.: Gentges)
Georgiades, Apostolos	Die Anspruchskonkurrenz im Zivilrecht und Zivilprozeßrecht, München 1967 (zit.: Georgiades)
Gernhuber, Joachim	Die Erfüllung und ihre Surrogate sowie das Erlöschen der Schuldverhältnisse aus anderen Gründen, Handbuch des Schuldrechts, Band 3, 2. Auflage, Tübingen 1994 (zit.: Gernhuber)
Gernhuber, Joachim	Bürgerliches Recht, 3. Auflage, München 1991 (zit.: Gernhuber BR)
Geßler, Ernst/ Hefermehl, Wolfgang/ Eckardt, Ulrich/ Kropff, Bruno	Aktiengesetz, Band V, §§ 241-290, München 1984 (zit.: Geßler/Hefermehl/Bearbeiter)
Giese, Wolfgang	Fristlose und vorzeitige Kündigung von Mietverhältnissen über Wohn- und Geschäftsräume, BB 1968, 361-364 (zit.: Giese BB 1968)
Gottwald, Peter/ Pfaller, Markus	Anmerkung zu BGH NJW 1998, 374, 375=LM H. 3/1998 § 553 BGB Nr. 16, LM H. 3/1998 § 553 BGB Nr. 16 Bl. 3 (zit.: Gottwald/Pfaller Anm. LM)
Gragert, Nicola	Kündigungsschutz in Kleinbetrieben, NZA 2000, 961-970 (zit.: Gragert NZA 2000)
Gragert, Nicola/ Wiehe, Henning	Das Aus für die freie Auswahl in Kleinbetrieben - § 242 BGB! NZA 2001, 934-937 (zit.: Gragert/Wiehe NZA 2001)

Grimm, Peter — Zur Berücksichtigung nachträglicher Umstandsänderungen zu Lasten des Gestaltenden bei der Ausübung rechtsaufhebender Gestaltungsrechte, Dissertation, Aachen 1999
(zit.: Grimm)

Grunsky, Wolfgang — Grundlagen des Verfahrensrechts, 2. Auflage, Bielefeld 1974
(zit.: Grunsky)

Grunsky, Wolfgang — Das Nachschieben von Gestaltungsgründen - BAG NJW 1963, 1276, JuS 1964, 97-102
(zit.: Grunsky JuS 1964)

Grunsky, Wolfgang — Anmerkung zu BAG AP § 4 KSchG Nr. 3 1969, AP § 4 KSchG Nr. 3 1969 Bl. 603-605
(zit.: Grunsky Anm. BAG AP § 4 KSchG Nr. 3)

Habermeier, Stefan — Die Prozeßführungsbefugnis eines Miterben für Gestaltungsprozesse: Gestaltungsklagen im Rahmen des § 2039 BGB, ZZP 105 (1992), 182-211
(zit.: Habermeier ZZP 105)

Habscheid, Walther J. — Der Streitgegenstand im Zivilprozeß und im Streitverfahren der freiwilligen Gerichtsbarkeit, Bielefeld 1956
(zit.: Habscheid)

Habscheid, Walther J. — Die Präklusionswirkung des rechtskräftigen Urteils, AcP 152 (1952/53), 169-182
(zit.: Habscheid AcP 152)

Habscheid, Walther J. — Zur Lehre vom Streitgegenstand im Kündigungsschutzprozeß, RdA 1958, 46-50, 95-100
(zit.: Habscheid RdA 1958)

Habscheid, Walther J. — Die neuere Entwicklung der Lehre vom Streitgegenstand im Zivilprozeß, Festschrift für Karl Heinz Schwab, S. 181-195, München 1990
(zit.: Habscheid FS Schwab)

Haft, Fritjof — Verhandlung und Mediation, 2. Auflage, München 2000
(zit.: Haft)

Hartmann, Peter — Zivilprozeß 2001/2002: Hunderte wichtiger Änderungen, NJW 2001, 2577-2598
(zit.: Hartmann NJW 2001)

Hassold, Gerhard — Rechtsfortbildung durch Rechtsentscheid, JR 1985, 96-98
(zit.: Hassold JR 1985)

Hauck, Friedrich — Arbeitsgerichtsgesetz, München 1996
(zit.: Hauck)

Heidelberger Kommentar — zum Kündigungsschutzgesetz, 3. Auflage, Heidelberg 1999
(zit.: HK/Bearbeiter)

Heidelberger Kommentar — zum Wohnraummietrecht, Heidelberg 1998
(zit.: HK/Lammel)

Heiderhoff, Bettina — Diskussionsbericht zu Streitgegenstandslehre und EuGH, ZZP 111 (1998), 455-462
(zit.: Heiderhoff ZZP 111)

Hellwig, Konrad — Anspruch und Klagerecht, Jena 1900
(zit.: Hellwig)

Henckel, Wolfram — Parteilehre und Streitgegenstand im Zivilprozeß, Heidelberg 1961
(zit.: Henckel)

Henckel, Wolfram	Prozeßrecht und materielles Recht, Göttingen 1970 (zit.: Henckel Prozeßrecht und materielles Recht)
Herschel, Wilhelm	Gedanken zum Ersten Arbeitsrechtsbereinigungsgesetz, BB 1970, 5-8 (zit.: Herschel BB 1970)
Herschel, Wilhelm	Anmerkung zu ArbG Münster EzA § 1 KSchG Nr. 11 1983 Krankheit, EzA § 1 KSchG Nr. 11 1983 Krankheit (zit.: Herschel Anm. ArbG Münster EzA § 1 KSchG Nr. 11 1983)
Herschel, Wilhelm/ Löwisch, Manfred	Kommentar zum Kündigungsschutzgesetz, 6. Auflage, Heidelberg 1984 (zit.: Herschel/Löwisch)
Hess, Harald/ Weis, Michaela/ Wienberg, Rüdiger	Kommentar zur Insolvenzordnung, Band 1, 2. Auflage, Heidelberg 2001 (zit.: Hess/Weis/Wienberg I)
Hess, Harald/ Schlochauer, Ursula/ Glaubitz, Werner	Kommentar zum Betriebsverfassungsgesetz, 5. Auflage, Neuwied, Kriftel, Berlin 1997 (zit.: Hess/Schlochauer/Glaubitz)
Hesselberger, Dieter	Die Lehre vom Streitgegenstand, Dissertation, Köln, Berlin, Bonn, München 1970 (zit.: Hesselberger)
Hinz, Werner	Mietrechtsreform im Rechtsausschuß, NZM 2001, 264-276 (zit.: Hinz NZM 2001)
Hippel, Fritz von	Das Problem der rechtsgeschäftlichen Privatautonomie, Tübingen 1936 (zit.: Hippel)
Hönn, Günther	Entwicklungslinien des Vertragsrechts, JuS 1990, 953-962 (zit.: Hönn JuS 1990)

Honsell, Heinrich	Privatautonomie und Wohnungsmiete, AcP 186 (1986), 115-186 (zit.: Honsell AcP 186)
Horn, Lutz	Die Lehre vom Streitgegenstand, JuS 1992, 680-685f (zit.: Horn JuS 1992)
Hueck, Alfred	Klage und Urteil im Kündigungsschutzstreit, Festschrift für Hans Carl Nipperdey, S. 99-118, München und Berlin 1955 (zit.: Hueck FS Nipperdey)
Hueck, Alfred/ Nipperdey, Hans Carl	Lehrbuch des Arbeitsrechts, 1. Band, 7. Auflage, Berlin, Frankfurt am Main 1963 (zit.: Hueck/Nipperdey I)
Hueck, Alfred/ Hueck, Götz/ Hoyningen-Huene, Gerrick von	Kündigungsschutzgesetz, 12. Auflage, München 1997 (zit.: Hueck/von Hoyningen-Huene)
Hueck, Götz	Kündigungsschutz und Mitwirkung des Betriebsrats in der Rechtsprechung des Bundesarbeitsgerichts, Festschrift für 25 Jahre Bundesarbeitsgericht, S. 243-271, München 1979 (zit.: Hueck FS BAG)
Hungerbühler, Rolf	Das Nachschieben von Gestaltungsgründen, Dissertation, Marburg 1972 (zit.: Hungerbühler)
Jahr, Günther	Die Einrede des bürgerlichen Rechts, JuS 1964, 125-132, 293-305 (zit.: Jahr JuS 1964)
Jauernig, Othmar	Verhandlungsmaxime, Inquisitionsmaxime und Streitgegenstand, Tübingen 1967 (zit.: Jauernig)

Jauernig, Othmar	Zivilprozeßrecht, 25. Auflage, München 1998 (zit.: Jauernig ZPR)
Jauernig, Othmar	Bürgerliches Gesetzbuch, 9. Auflage, München 1999 (zit.: Jauernig/Bearbeiter)
Jauernig, Othmar	Materielles Recht und Prozeßrecht, JuS 1971, 329-334 (zit.: Jauernig JuS 1971)
Kinne, Harald/ Schach, Klaus	Mietvertrags- und Mietprozeßrecht, 2. Auflage, Berlin 1999 (zit.: Kinne/Schach)
Kipp, Theodor	Über Doppelwirkungen im Recht, insbesondere über die Konkurrenz von Nichtigkeit und Anfechtbarkeit, Festschrift für Ferdinand von Martitz, S. 211-233, Berlin 1911 (zit.: Kipp FS Martitz)
Kissel, Otto Rudolf	Defizite im arbeitsgerichtlichen Rechtsschutz, Die Arbeitsgerichtsbarkeit, Festschrift zum 100jährigen Bestehen des Deutschen Arbeitsgerichtsverbandes, S. 19-30, Neuwied, Kriftel, Berlin 1994 (zit.: Kissel FS Arbeitsgerichtsbarkeit)
Kittner, Michael/ Däubler, Wolfgang/ Zwanziger, Bertram	Kündigungsschutzrecht, Kommentar für die Praxis zu Kündigungen und anderen Formen der Beendigung des Arbeitsverhältnisses, 4. Auflage, Frankfurt am Main 1999 (zit.: Kittner/Däubler/Zwanziger)
Kittner, Michael/ Zwanziger, Bertram	Arbeitsrecht, Handbuch für die Praxis, Frankfurt am Main 2001 (zit.: Kittner/Zwanziger/Bearbeiter)
Knorr, Gerhard/ Bichlmeier, Gerd/ Kremhelmer, Hans	Handbuch des Kündigungsrechts, 4. Auflage, München und Berlin 1998 (zit.: Knorr/Bichlmeier/Kremhelmer)

Knütel, Rolf

Die Begründungspflicht bei Kündigungen, NJW 1970, 121-125
(zit.: Knütel NJW 1970)

Köhler, Helmut

Der Streitgegenstand bei Gestaltungsklagen, Dissertation, Frankfurt am Main 1995
(zit.: Köhler)

Kohler, Josef

Das materielle Recht im Urteil, Festschrift für Franz Klein, S. 1-13, Wien 1914
(zit.: Kohler FS Klein)

Konzen, Horst

Rechtsverhältnisse zwischen Prozeßparteien, Berlin 1976
(zit.: Konzen)

Kopp, Ferdinand O./ Ramsauer, Ulrich

Verwaltungsverfahrensgesetz, 7. Auflage, München 2000
(zit.: Kopp/Ramsauer)

Kopp, Ferdinand O./ Schenke, Wolf-Rüdiger

Verwaltungsgerichtsordnung, 12. Auflage, München 2000
(zit.: Kopp/Schenke)

Kossmann, Ralph

Handbuch der Wohnraummiete, 5. Auflage, München 2000
(zit.: Kossmann)

Koussoulis, Stelios

Beiträge zur modernen Rechtskraftlehre, Dissertation, Köln, Berlin, Bonn, München 1986
(zit.: Koussoulis)

Krampe, Christoph

Buchbesprechung zu Roth, Herbert: Die Einrede des Bürgerlichen Rechts, München 1988, AcP 191 (1991), 163-171
(zit.: Krampe AcP 191)

Künzl, Reinhard — Abschied vom punktuellen Streitgegenstandsbegriff? Erlanger Festschrift für Karl Heinz Schwab, S. 123-144, Erlangen 1990
(zit.: Künzl Erlanger FS Schwab)

Larenz, Karl — Lehrbuch des Schuldrechts, Zweiter Band, Besonderer Teil, 1. Halbband, 13. Auflage, München 1986
(zit.: Larenz SBT II 1)

Larenz, Karl — Methodenlehre der Rechtswissenschaft, 6. Auflage, Berlin, Heidelberg, New York, London, Paris, Tokyo, Hong Kong, Barcelona, Budapest 1991
(zit.: Larenz)

Larenz, Karl/ Canaris, Claus-Wilhelm — Lehrbuch des Schuldrechts, Zweiter Band, Besonderer Teil, 2. Halbband, 13. Auflage, München 1994
(zit.: Larenz/Canaris SBT II 2)

Larenz, Karl/ Wolf, Manfred — Allgemeiner Teil des Bürgerlichen Rechts, 8. Auflage, München 1997
(zit.: Larenz/Wolf AT)

Lent, Friedrich — Die Gesetzeskonkurrenz im Bürgerlichen Recht und Zivilprozeßrecht, I. Band, Leipzig 1912
(zit.: Lent I)

Lent, Friedrich — Die prozessuale Bedeutung der bürgerlich-rechtlichen Gesetzeskonkurrenz, II. Band, Leipzig 1916
(zit.: Lent II)

Lent, Friedrich — Zivilprozeßrecht, 7. Auflage, München und Berlin 1957
(zit.: Lent ZPR)

Lent, Friedrich — Zur Lehre vom Streitgegenstand, ZZP 65 (1952), 315-360
(zit.: Lent ZZP 65)

Lent, Friedrich	Die Notwendigkeit einer Begründung bei Ausübung von Gestaltungsrechten, AcP 152 (1952/53), 401-419 (zit.: Lent AcP 152)
Lent, Friedrich	Anmerkung zu BAG JZ 1959, 727, 728, JZ 1959, 728, 729 (zit.: Lent JZ 1959)
Lent, Friedrich	Zur Lehre vom Entscheidungsgegenstand, ZZP 72 (1959), 63-98 (zit.: Lent ZZP 72)
Leser, Hans G.	Der Rücktritt vom Vertrag, Tübingen 1975 (zit.: Leser)
Lessmann, Herbert	Nachschieben von Gründen und Arglisteinrede bei verspäteter Anfechtung wegen arglistiger Täuschung - BGH, NJW 1969, 604, JuS 1970, 504-506 (zit.: Lessmann JuS 1970)
Leverenz, Kent	Die Gestaltungsrechte des Bürgerlichen Rechts, Jura 1996, 1-9 (zit.: Leverenz Jura 1996)
Löhnig, Martin	Entscheidungsbesprechung zu BGH NJW 1998, 374-375, JA 1998, 533-535 (zit.: Löhnig JA 1998)
Löwe, Walter	Zweifelsfragen aus dem neuen Wohnraumkündigungsschutzgesetz (WKSchG), NJW 1972, 2017-2022 (zit.: Löwe NJW 1972)
Löwisch, Manfred	Kommentar zum Kündigungsschutzgesetz, 8. Auflage, Heidelberg 2000 (zit.: Löwisch)
Löwisch, Manfred	Die Verknüpfung von Kündigungsschutz und Betriebsverfassung nach dem BetrVG 1972, DB 1975, 349-355 (zit.: Löwisch DB 1975)

Löwisch, Manfred — Grenzen der ordentlichen Kündigung in kündigungsschutzfreien Betrieben, BB 1997, 782-790
(zit.: Löwisch BB 1997)

Lübtow, Ulrich von — Erbrecht, 1. Halbband, Berlin 1971
(zit.: von Lübtow I)

Lücke, Jörg — Begründungszwang und Verfassung, Tübingen 1987
(zit.: Lücke)

Lüke, Gerhard — Zum Streitgegenstand im arbeitsgerichtlichen Kündigungsschutzprozoß, JZ 1960, 203-209
(zit.: Lüke JZ 1960)

Lüke, Gerhard — Arbeitsgerichtliche Kündigungsschutzklage und Verjährung des Gehaltsanspruchs, NJW 1960, 1333, 1334
(zit.: Lüke NJW 1960)

Lüke, Gerhard — Zur Streitgegenstandslehre Schwabs - eine zivilprozessuale Retrospektive, Festschrift für Karl Heinz Schwab, S. 309-320, München 1990
(zit.: Lüke FS Schwab)

Lüke, Gerhard — Konkurrenz von Eheaufhobungs- und Scheidungsbegehren, Festschrift für Hans Friedhelm Gaul, S. 425-433, Bielefeld 1997
(zit.: Lüke FS Gaul)

Lützenkirchen, Klaus — Anwalts-Handbuch, Mietrecht, Köln 2000
(zit.: Lützenkirchen/Bearbeiter)

Maus, Wilhelm — Handbuch des Arbeitsrechts, Teil VI, Baden-Baden 1980
(zit.: Maus Handbuch)

Medicus, Dieter — Allgemeiner Teil des BGB, 7. Auflage, Heidelberg 1997
(zit.: Medicus AT)

Medicus, Dieter — Schuldrecht I, Allgemeiner Teil, 12. Auflage, München 2000
(zit.: Medicus SAT)

Medicus, Dieter — Schuldrecht II, Besonderer Teil, 10. Auflage, München 2000
(zit.: Medicus SBT)

Mittelstein, Kurt/ Stern, Carl — Die Miete nach dem Rechte des Deutschen Reiches, 4. Auflage, Berlin 1932
(zit.: Mittelstein/Stern)

Molitor, Erich — Die Kündigung, 2. Auflage, Mannheim 1951
(zit.: Molitor)

Monjau, Herbert — Erstes Arbeitsrechtsbereinigungsgesetz, BB 1969, 1042-1046
(zit.: Monjau BB 1969)

Motive — zu dem Entwurfe eines Bürgerlichen Gesetzbuches für das Deutsche Reich, Band I, Allgemeiner Teil, 2. Auflage, Berlin 1896
(zit.: Motive I)

Mugdan, B. — Die gesamten Materialien zum Bürgerlichen Gesetzbuch für das Deutsche Reich, I. Band, Berlin 1899
(zit.: Mugdan I)

Mühl, Thomas — Die Bedeutung des Sachverhalts für den Begriff des Streitgegenstandes bei Leistungsklagen in der Rechtsprechung, NJW 1954, 1665-1669
(zit.: Mühl NJW 1954)

Müller-Ibold, Till — Die Begründungspflicht im europäischen Gemeinschaftsrecht und im deutschen Recht, Dissertation, Frankfurt am Main, Bern, New York, Paris 1990
(zit.: Müller-Ibold)

Münchener Handbuch — Zum Arbeitsrecht, Band 2, Individualarbeitsrecht II, 2. Auflage, München 2000
(zit.: MünchArbR/Bearbeiter)

Münchener Kommentar — zum Bürgerlichen Gesetzbuch, Band 1, Allgemeiner Teil, §§ 1-240, 4. Auflage, München 2001
Band 2, Schuldrecht Allgemeiner Teil, §§ 241-432, 4. Auflage, München 2001
Band 4, Schuldrecht Besonderer Teil II, §§ 607-704, 3. Auflage, München 1997
Band 5, Schuldrecht Besonderer Teil III, §§ 705-853, 3. Auflage, München 1997
Band 7, Familienrecht I, §§ 1297-1588, 4. Auflage, München 2000
Band 9, Erbrecht, §§ 1922-2385, 3. Auflage, München 1997
(zit.: MK/Bearbeiter)

Ältere Auflage:
Band 3, Schuldrecht Besonderer Teil, 1. Halbband, §§ 433-651 k, 2. Auflage, München 1988
(zit.: MK/Bearbeiter [2. Auflage])

Münchener Kommentar — Zur Zivilprozeßordnung, Band 1, §§ 1-354, 2. Auflage, München 2000
Band 2, §§ 355-802, 2. Auflage, München 2000
(zit.: MK/Bearbeiter)

Musielak, Hans-Joachim — Kommentar zur Zivilprozeßordnung, 2. Auflage, München 2000
(zit.: Musielak/Bearbeiter)

Musielak, Hans-Joachim — Die Bindung des Gerichts an die Anträge der Parteien im Zivilprozeß, Festschrift für Karl Heinz Schwab, S. 349-365, München 1990
(zit.: Musielak FS Schwab)

Nassall, Wendt — Schriftformerfordernisse im Wohnraummietrecht, MDR 1985, 893-898
(zit.: Nassall MDR 1985)

Nickel, Egbert — Abschied von der fristlosen Kündigung, AuR 1975, 97-105
(zit.: Nickel AuR 1975)

Nikisch, Arthur — Der Streitgegenstand im Zivilprozeß, Tübingen 1935
(zit.: Nikisch Streitgegenstand)

Nikisch, Arthur — Arbeitsrecht, I. Band, Allgemeine Lehren und Arbeitsvertragsrecht, 2. Auflage, Tübingen 1955
(zit.: Nikisch [2. Auflage])

Nikisch, Arthur — Arbeitsrecht, I. Band, Allgemeine Lehren und Arbeitsvertragsrecht, 3. Auflage, Tübingen 1961
(zit.: Nikisch)

Nikisch, Arthur — Zweifelsfragen aus dem Kündigungsschutzrecht, Teil I, DB 1953, 647-649
(zit.: Nikisch DB 1953)

Nikisch, Arthur — Zur Lehre vom Streitgegenstand im Zivilprozeß, AcP 154 (1955), 271-299
(zit.: Nikisch AcP 154)

Nikisch, Arthur — Probleme des Kündigungsschutzrechts (Teil II), DB 1956, 1133-1134
(zit.: Nikisch DB 1956)

Nikisch, Arthur	Buchbesprechung zu Habscheid, Walther J.: Der Streitgegenstand im Zivilprozeß und im Streitverfahren der freiwilligen Gerichtsbarkeit, Bielefeld 1956, AcP 156 (1957), 71-77 (zit.: Nikisch AcP 156)
Oehmann, Werner	Begründungszwang oder Nachschieben von Kündigungsgründen? BB 1953, 627, 628, 1072 (zit.: Oehmann BB 1953)
Oertmann, Paul	Einrede und Verzug, ZHR 78 (1916), 1-50 (zit.: Oertmann ZHR 78)
Oetker, Hartmut	Das Dauerschuldverhältnis und seine Beendigung, Tübingen 1994 (zit.: Oetker)
Oetker, Hartmut	Arbeitsrechtlicher Bestandsschutz und Grundrechtsordnung, RdA 1997, 9-21 (zit.: Oetker RdA 1997)
Olzen, Dirk/ Wank, Rolf	Zivilrechtliche Klausurenlehre mit Fallrepetitorium, 2. Auflage, Köln, Berlin, Bonn, München 1998 (zit.: Olzen/Wank)
Ostermeyer, Hans	Die sozialwidrige und die aus sonstigen Gründen unwirksame Kündigung (§ 11 KSchG a. F.), RdA 1952, 142-143 (zit.: Ostermeyer RdA 1952)
Ott, Stefanie Katrin	Außergerichtliche Konfliktbeilegung in Zivilsachen, Dissertation, Stuttgart 2000 (zit.: Ott)
Otto, Hansjörg	Die Präklusion, Dissertation, Berlin 1970 (zit.: Otto)
Otto, Hansjörg	Personale Freiheit und soziale Bindung, München 1978 (zit.: Otto Personale Freiheit)

Otto, Hansjörg — Schranken der Kündigungsfreiheit außerhalb des allgemeinen Kündigungsschutzes, Festschrift für Günther Wiese, S. 353-375, Neuwied, Kriftel 1998
(zit.: Otto FS Wiese)

Palandt, Otto — Bürgerliches Gesetzbuch, 62. Auflage, München 2003
(zit.: Palandt/Bearbeiter)

Paschke, Marian — Das Dauerschuldverhältnis der Wohnraummiete, Berlin 1991
(zit.: Paschke)

Pawlowski, Hans-Martin — Methodenlehre für Juristen, 3. Auflage, Heidelberg 1999
(zit.: Pawlowski)

Pawlowski, Hans-Martin — Allgemeiner Teil des BGB, 6. Auflage, Heidelberg 2000
(zit.: Pawlowski AT)

Pohle, Rudolf — Buchbesprechung zu Rosenberg, Leo: Lehrbuch des deutschen Zivilprozeßrechts, 6. Auflage, München und Berlin 1954, JR 1954, 436-437
(zit.: Pohle JR 1954)

Pohle, Rudolf — Zur Beweislast im internationalen Recht, Festschrift für Hans Dölle, Band II, S. 317-339, Tübingen 1963
(zit.: Pohle FS Dölle II)

Preis, Ulrich — Prinzipien des Kündigungsrechts bei Arbeitsverhältnissen, Dissertation, München 1987
(zit.: Preis)

Preis, Ulrich — Der Kündigungsschutz außerhalb des Kündigungsschutzgesetzes, NZA 1997, 1256-1270
(zit.: Preis NZA 1997)

Preis, Ulrich/ Gotthardt, Michael — Schriftformerfordernis für Kündigungen, Aufhebungsverträge und Befristungen nach § 623 BGB, NZA 2000, 348-361 (zit.: Preis/Gotthardt NZA 2000)

Reuss, Wilhelm — Die arbeitsrechtliche Kündigung ohne Grundangabe, AuR 1960, 1-5 (zit.: Reuss AuR 1960)

Rimmelspacher, Bruno — Materiellrechtlicher Anspruch und Streitgegenstandsprobleme im Zivilprozeß, Göttingen 1970 (zit.: Rimmelspacher)

Rinke, Michael — Anhörung des Betriebsrats: Vorgezogenes Kündigungsschutzverfahren? NZA 1998, 77-88 (zit.: Rinke NZA 1998)

Röhl, Klaus Friedrich — Allgemeine Rechtslehre, 2. Auflage, Köln, Berlin, Bonn, München 2001 (zit.: Röhl)

Roquette, Hermann — Das Mietrecht des Bürgerlichen Gesetzbuches, Tübingen 1966 (zit.: Roquette)

Rosenberg, Leo — Lehrbuch des Deutschen Zivilprozeßrechts, 1. Auflage, Berlin 1927 (zit.: Rosenberg ZPR 1. Auflage)

Rosenberg, Leo — Lehrbuch des deutschen Zivilprozeßrechts, 5. Auflage, München und Berlin 1951 (zit.: Rosenberg ZPR 5. Auflage)

Rosenberg, Leo — Die Beweislast auf der Grundlage des Bürgerlichen Gesetzbuchs und der Zivilprozeßordnung, 5. Auflage, München 1965 (zit.: Rosenberg Beweislast)

Rosenberg, Leo	Die Präklusionswirkung von Urteilen, SJZ 1950, 313-319 (zit.: Rosenberg SJZ 1950)
Rosenberg, Leo/ Schwab, Karl Heinz/ Gottwald, Peter	Zivilprozeßrecht, 15. Auflage, München 1993 (zit.: Rosenberg/Schwab/Gottwald)
Roth, Herbert	Die Einrede des Bürgerlichen Rechts, München 1988 (zit.: Roth)
Rüßmann, Helmut	Die Streitgegenstandslehre und die Rechtsprechung des EuGH - nationales Recht unter gemeineuropäischem Einfluß? ZZP 111 (1998), 399-427 (zit.: Rüßmann ZZP 111)
Schaub, Günter	Arbeitsrechts-Handbuch, 9. Auflage, München 2000 (zit.: Schaub)
Scheffler, Hans-Herman	Die allgemeine Pflicht zur Begründung von Verwaltungsakten, DÖV 1977, 767-774 (zit.: Scheffler DÖV 1977)
Schellhammer, Kurt	Zivilprozeß, 8. Auflage, Heidelberg 1999 (zit.: Schellhammer ZPR)
Schellhammer, Kurt	BGB Allgemeiner Teil und gesamtes Schuldrecht mit Nebengesetzen, 3. Auflage, Heidelberg 1999 (zit.: Schellhammer BGB)
Schick, Walter	Notwendigkeit und Funktion der Begründung bei Verwaltungsakten, JuS 1971, 1-9 (zit.: Schick JuS 1971)
Schilken, Eberhard	Zivilprozeßrecht, 2. Auflage, Köln, Berlin, Bonn, München 1995 (zit.: Schilken)

Schlegelberger, Franz — Handelsgesetzbuch, 1. Band, 4. Auflage, Berlin, Frankfurt am Main 1965
(zit.: Schlegelberger/Bearbeiter)

Schlosser, Peter — Gestaltungsklagen und Gestaltungsurteile, Bielefeld 1966
(zit.: Schlosser)

Schlosser, Peter — Zivilprozeßrecht I, 2. Auflage, München 1991
(zit.: Schlosser ZPR)

Schlosser, Peter — Anmerkung zu BGH ZZP 80, 132-137, ZZP 80 (1967), 137-144
(zit.: Schlosser ZZP 80)

Schmidt, Karsten — Zum Streitgegenstand von Anfechtungs- und Nichtigkeitsklagen im Gesellschaftsrecht, JZ 1977, 769-777
(zit.: K. Schmidt JZ 1977)

Schmidt, Karsten — Verbraucherschützende Widerrufsrechte als Grundlage der Vollstreckungsgegenklage nach neuem Recht - Zur Bedeutung des neuen § 361 a BGB für den prozessualen Rechtsschutz des Schuldners, JuS 2000, 1096-1099
(zit.: K. Schmidt JuS 2000)

Schmidt-Futterer, Wolfgang — Mietrecht, 7. Auflage, München 1999
(zit.: Schmidt-Futterer/Bearbeiter)

Schmidt-Futterer, Wolfgang/ Blank, Hubert — Wohnraumschutzgesetze, Kommentar, 6. Auflage, München 1988
(zit.: Schmidt-Futterer/Blank [6. Auflage])

Schneider, Egon — Der Streitgegenstand im Zivilprozeß, MDR 1968, 290-292
(zit.: Schneider MDR 1968)

Schnorr von Carolsfeld, Ludwig — Internationalrechtliche Fragestellungen zur Dogmatik des deutschen Zivilprozeßrechts, Festschrift für Friedrich Lent, S. 245-270, München und Berlin 1957
(zit.: Schnorr von Carolsfeld FS Lent)

Schönke, Adolf/
Kuchinke, Kurt — Zivilprozeßrecht, 9. Auflage, Karlsruhe 1969
(zit.: Schönke/Kuchinke)

Schopp, Heinrich — Die Grenzen der Rechtskraft von Räumungsurteilen, ZMR 1963, 353-356
(zit.: Schopp ZMR 1963)

Schopp, Heinrich — Anmerkung zu LG Hamburg MDR 1978, 847, MDR 1979, 57-58
(zit.: Schopp MDR 1979)

Schreiber, Klaus — Die Verjährung titulierter Ansprüche, Festschrift für Dieter Medicus, S. 575-585, Köln, Berlin, Bonn, München 1999
(zit.: Schreiber FS Medicus)

Schubert, Werner/
Jakobs, Horst Heinrich — Die Beratung des Bürgerlichen Gesetzbuchs in systematischer Zusammenstellung der unveröffentlichten Quellen, Allgemeiner Teil, §§ 1-240, 2. Teilband, Berlin, New York 1985
(zit.: Schubert/Jakobs)

Schumann, Ekkehard — Die Relativität des Begriffes der Rechtshängigkeit, Festschrift für Gerhard Lüke, S. 767-791, München 1997
(zit.: Schumann FS Lüke)

Schütze, Rolf A. — Schiedsgericht und Schiedsverfahren, 3. Auflage, München 1999
(zit.: Schütze)

Schwab, Karl Heinz — Der Streitgegenstand im Zivilprozeß, München und Berlin 1954
(zit.: Schwab)

Schwab, Karl Heinz	Buchbesprechung zu Habscheid, Walther J.: Der Streitgegenstand im Zivilprozeß und im Streitverfahren der freiwilligen Gerichtsbarkeit, Bielefeld 1956, ZZP 71 (1958), 155-160 (zit.: Schwab ZZP 71)
Schwab, Karl Heinz	Der Stand der Lehre vom Streitgegenstand im Zivilprozeß, JuS 1965, 81-86 (zit.: Schwab JuS 1965)
Schwab, Karl Heinz	Gegenwartsprobleme der deutschen Zivilprozeßrechtswissenschaft, JuS 1976, 69-74 (zit.: Schwab JuS 1976)
Schwab, Karl Heinz	Noch einmal: Bemerkungen zum Streitgegenstand, Festschrift für Gerhard Lüke, S. 793-807, München 1997 (zit.: Schwab FS Lüke)
Schwerdtner, Peter	Anmerkung zu BAG JZ 1973, 375-377, JZ 1973, 377-381 (zit.: Schwerdtner JZ 1973)
Schwerdtner, Peter	Die Präklusionswirkung von Urteilen im Kündigungsschutzprozeß, NZA 1987, 263-266 (zit.: Schwerdtner NZA 1987)
Schwerdtner, Peter	Grenzen der Zulässigkeit des Nachschiebens von Kündigungsgründen im Kündigungsschutzprozeß, NZA 1987, 361-366 (zit.: Schwerdtner NZA 1987)
Seckel, Emil	Die Gestaltungsrechte des Bürgerlichen Rechts, Sonderausgabe, Darmstadt 1954 (zit.: Seckel)
Soergel, Hans Theodor	Bürgerliches Gesetzbuch, Band 2, Allgemeiner Teil 2, §§ 104-240, 13. Auflage, Stuttgart, Berlin, Köln, Mainz 1999

Band 4, Schuldrecht III, §§ 705-853, 11. Auflage, Stuttgart, Berlin, Köln, Mainz 1985
Band 4/1, Schuldrecht III/1, §§ 516-651, 12. Auflage, Stuttgart, Berlin, Köln 1997
(zit.: Soergel/Bearbeiter)

Söllner, Alfred — Einseitige Leistungsbestimmung im Arbeitsverhältnis, Mainz 1966
(zit.: Söllner)

Söllner, Alfred — Die Kündigungserklärung, Arbeitsrecht-Blattei, Handbuch für die Praxis, Band 15, D, Kündigung I-XII, Kündigungsschutz, II Kündigungserklärung, Stuttgart 1972
(zit.: Söllner AR-Blattei)

Söllner, Alfred — Anmerkung zu BAG AP § 15 BBiG Nr. 1 1972, AP § 15 BBiG Nr. 1 1972 Bl. 797, 798
(zit.: Söllner Anm. BAG AP § 15 BBiG Nr. 1)

Sowka, Hans-Harald — Kündigungsschutzgesetz, Kölner Praxiskommentar unter Berücksichtigung sozialrechtlicher Bezüge, 2. Auflage, Köln 2000
(zit.: KPK/Bearbeiter)

Spinti, Henning — Prozessuale Fragen des Kündigungsrechts, Arbeitsrecht-Blattei, Handbuch für die Praxis, Band 15, D, Kündigung I-XII, Kündigungsschutz, Kündigungsschutz, III Prozessuale Fragen, Stuttgart 1972
(zit.: Spinti AR-Blattei)

Stadie, Volkmar — Rechtskraft und erneute Räumungsklage, MDR 1978, 798-800
(zit: Stadie MDR 1978)

Stahlhacke, Eugen — Der Streitgegenstand der Kündigungsschutzklage und ihre Kombination mit einer allgemeinen Feststellungsklage, Festschrift für Otfried Wlotzke, S. 173-189, München 1996
(zit.: Stahlhacke FS Wlotzke)

Stahlhacke, Eugen — Grundrechtliche Schutzpflichten und allgemeiner Kündigungsschutz, Festschrift für Günther Wiese, S. 513-533, Neuwied, Kriftel 1998
(zit.: Stahlhacke FS Wiese)

Stahlhacke, Eugen/ Preis, Ulrich/ Vossen, Reinhard — Kündigung und Kündigungsschutz im Arbeitsverhältnis, 7. Auflage, München 1999
(zit.: Stahlhacke/Preis/Vossen)

Staudinger, Julius von — Kommentar zum Bürgerlichen Gesetzbuch mit Einführungsgesetz und Nebengesetzen, Erstes Buch, Allgemeiner Teil, §§ 90-240, 12. Auflage, Berlin 1980
Erstes Buch, Allgemeiner Teil, §§ 134-163, 13. Bearbeitung, Berlin 1996
Erstes Buch, Allgemeiner Teil, §§ 164-240, 13. Bearbeitung, Berlin 1995
Zweites Buch, Recht der Schuldverhältnisse, §§ 362-396, Neubearbeitung 2000, Berlin 2000
Zweites Buch, Recht der Schuldverhältnisse, §§ 433-534, 13. Bearbeitung, Berlin 1995
Zweites Buch, Recht der Schuldverhältnisse, §§ 564-580 a, Bearbeitung 1997, Berlin 1997
Zweites Buch, Recht der Schuldverhältnisse, §§ 620-630, 13. Bearbeitung, Berlin 1995
Zweites Buch, Recht der Schuldverhältnisse, §§ 652-740, 12. Auflage, Berlin 1991
Drittes Buch, Sachenrecht, §§ 854-882, Neubearbeitung 2000, Berlin 2000
Drittes Buch, Sachenrecht, §§ 925-984,

13. Bearbeitung, Berlin 1995
Viertes Buch, Familienrecht, §§ 1297-1362, 13. Bearbeitung, Berlin 2000
Fünftes Buch, Erbrecht, §§ 1967-2086, 13. Bearbeitung, Berlin 1996
(zit.: Staudinger/Bearbeiter)

Ältere Auflagen:
Erster Band, Allgemeiner Teil, §§ 1-240, 11. Auflage, Berlin 1957
(zit.: Staudinger/Bearbeiter [11. Auflage])
Drittes Buch, Sachenrecht, §§ 854-902, 12. Auflage, Berlin 1989
(zit.: Staudinger/Bearbeiter [12. Auflage])

Stebut, Dietrich von — Der soziale Schutz als Regelungsproblem des Vertragsrechts, Berlin 1982
(zit.: von Stebut)

Stein, Friedrich/ Jonas, Martin — Kommentar zur Zivilprozeßordnung, Band 3, §§ 253-299 a, 21. Auflage, Tübingen 1997
Band 4, Teilband 1, §§ 300-347, 21. Auflage, Tübingen 1998
Band 5, Teilband 2, §§ 592-703 d, 21. Auflage, Tübingen 1993
(zit.: Stein/Jonas/Bearbeiter)

Ältere Auflagen:
Band 1, §§ 1-252, 20. Auflage, Tübingen 1984
Band 3, §§ 511-703 d, 20. Auflage, Tübingen 1977
(zit.: Stein/Jonas/Bearbeiter [20. Auflage])
Band 2, §§ 300-703 a, 19. Auflage, Tübingen 1972
(zit.: Stein/Jonas/Bearbeiter [19. Auflage])

Steinbeck, Anja Verena — Die Übertragbarkeit von Gestaltungsrechten, Dissertation, Berlin 1994

	(zit.: Steinbeck)
Stelkens, Paul/ Bonk, Heinz Joachim/ Sachs, Michael	Verwaltungsverfahrensgesetz, 5. Auflage, München 1998 (zit.: Stelkens/Bonk/Sachs)
Sternel, Friedemann	Mietrecht, 3. Auflage, Köln 1988 (zit.: Sternel)
Sternel, Friedemann	Die Pflicht zur Begründung der Kündigung im Mietrecht, Festschrift für Hanns Seuss, S. 281-294, München 1987 (zit.: Sternel FS Seuss)
Stürner, Rolf	Der deutsche Prozeßrechtslehrer am Ende des 20. Jahrhunderts, Festschrift für Gerhard Lüke, S. 829-844, München 1997 (zit.: Stürner FS Lüke)
Tettinger, Peter J./ Wahrendorf, Volker	Verwaltungsprozeßrecht, Köln, Berlin, Bonn, München 2000 (zit.: Tettinger/Wahrendorf)
Thomas, Heinz/ Putzo, Hans	Zivilprozeßordnung, 23. Auflage, München 2001 (zit.: Thomas/Putzo)
Ulmer, Peter	Kündigungsschranken im Handels- und Gesellschaftsrecht, Festschrift für Philipp Möhring, S. 295-317, München 1975 (zit.: Ulmer FS Möhring)
Urban, Sandra	Der Kündigungsschutz außerhalb des Kündigungsschutzgesetzes, Dissertation, Bochum 1999 (zit.: Urban)
Vogg, Stefan	Anmerkung zu BAG EzA § 322 ZPO Nr. 9 1993, EzA § 322 ZPO Nr. 9 1993 Bl. 15-20 (zit.: Vogg Anm. BAG EzA § 322 ZPO Nr. 9)

Vollkommer, Max — Begründet die Dreiwochenfrist des § 3 des Kündigungsschutzgesetzes eine besondere Prozeßvoraussetzung oder ist sie eine materiellrechtliche Frist? AcP 161 (1962), 332-356
(zit.: Vollkommer AcP 161)

Vollkommer, Max — Der Grundsatz der Waffengleichheit im Zivilprozeß – eine neue Prozeßmaxime? - Festschrift für Karl Heinz Schwab, S. 503-520, München 1990
(zit.: Vollkommer FS Schwab)

von Tuhr, Andreas — Der Allgemeine Teil des Deutschen Bürgerlichen Rechts, Erster Band, Leipzig 1910
(zit.: von Tuhr AT I)

von Tuhr, Andreas — Der Allgemeine Teil des Deutschen Bürgerlichen Rechts, Zweiter Band, Erste Hälfte, München und Leipzig 1914
(zit.: von Tuhr AT II 1)

von Tuhr, Andreas — Der Allgemeine Teil des Deutschen Bürgerlichen Rechts, Zweiter Band, Zweite Hälfte, Berlin 1918
(zit.: von Tuhr AT II 2)

Waechter, Heinz — Das Nachschieben von Kündigungsgründen, DB 1962, 571, 572
(zit.: Waechter DB 1962)

Walker, Wolf-Dietrich — Die Streitgegenstandslehre und die Rechtsprechung des EuGH - nationales Recht unter gemeineuropäischem Einfluß? ZZP 111 (1998), 429-454
(zit.: Walker ZZP 111)

Waltermann, Franz-Josef — Die Übertragbarkeit von Gestaltungsrechten im Rahmen von Geschäftsbesorgungen, Dissertation, Münster 1968
(zit.: Waltermann)

Wank, Rolf — Die Auslegung von Gesetzen, 2. Auflage, Köln, Berlin, Bonn, München 2001 (zit.: Wank Auslegung)

Wank, Rolf — Rechtsfortbildung im Kündigungsschutzrecht, RdA 1987, 129-160 (zit.: Wank RdA 1987)

Wank, Rolf — Die Reform des Kündigungsrechts und der Entwurf eines Arbeitsvertragsgesetzes 1992, RdA 1992, 225-234 (zit.: Wank RdA 1992)

Wank, Rolf — Tendenzen der BAG-Rechtsprechung zum Kündigungsrecht, RdA 1993, 79-88 (zit.: Wank RdA 1993)

Wenzel, Leonhard — Neue Kündigungsbestimmungen im Arbeitsrecht, MDR 1969, 968-978 (zit.: Wenzel MDR 1969)

Westermann, Harm Peter — BGB-Sachenrecht, Schwerpunkte, 9. Auflage, Heidelberg 1994 (zit.: Westermann Schwerpunkte)

Westermann, Harry — Sachenrecht, Ein Lehrbuch, 7. Auflage, Heidelberg 1998 (zit.: Westermann)

Wieczorek, Bernhard/ Schütze, Rolf A. — Zivilprozeßordnung und Nebengesetze, 3. Auflage, erster Band, Einleitung, §§ 1-127 a, Berlin, New York 1994 (zit.: Wieczorek/Schütze/Bearbeiter)

Windel, Peter Axel — Der Interventionsgrund des § 66 Abs. 1 ZPO als Prozeßführungsbefugnis, Dissertation, Heidelberg 1992 (zit.: Windel)

Windscheid, Bernhard — Die Actio des römischen Civilrechts vom Standpunkte des heutigen Rechts, Düsseldorf 1856 (zit.: Windscheid)

Windscheid, Bernhard	Die Actio, Abwehr gegen Dr. Theodor Muther, Düsseldorf 1857 (zit.: Windscheid Abwehr)
Winterstein, Heinz-Peter	Die Zulässigkeit des Nachschiebens von Kündigungsgründen im Kündigungsschutzprozeß, Neuwied, Darmstadt 1987 (zit.: Winterstein)
Winterstein, Heinz-Peter	Nachschieben von Kündigungsgründen - Hinweise für die betriebliche Praxis, NZA 1987, 728-731 (zit.: Winterstein NZA 1987)
Wolter, Udo	Mietrechtlicher Bestandsschutz, Frankfurt am Main 1984 (zit.: Wolter)
Zeiss, Walter	Zivilprozeßrecht, 9. Auflage, Tübingen 1997 (zit.: Zeiss)
Zeuner, Albrecht	Die objektiven Grenzen der Rechtskraft im Rahmen rechtlicher Sinnzusammenhänge, Tübingen 1959 (zit.: Zeuner)
Zeuner, Albrecht	Wiederholung der Kündigung und Rechtskraft im Kündigungsschutzstreit; zum Verhältnis von Rechtskraft und neuen Tatsachen im Zivilprozeß, MDR 1956, 257-261 (zit.: Zeuner MDR 1956)
Zeuner, Albrecht	Beobachtungen und Gedanken zur Behandlung von Fragen der Rechtskraft in der Rechtsprechung des Bundesgerichtshofes, Festschrift für den Bundesgerichtshof, Band III, S. 337-366, München 2000 (zit.: Zeuner FS BGH)

Zietsch, Udo A./ Roschmann, Kristin — Die Regelungen des vorprozessualen Güteverfahrens, Beilage zu NJW Heft 51/2001, 3-8 (zit.: Zietsch/Roschmann Beilage NJW 51/2001)

Zimmermann, Klaus — Anmerkung zu LG Heidelberg WuM 1982, 133 f., WuM 1982, 134 (zit.: Zimmermann WuM 1982)

Zitelmann, Ernst — Internationales Privatrecht, Zweiter Band, Leipzig 1898 (zit.: Zitelmann IPR II)

Zöller, Richard — Zivilprozeßordnung, 23. Auflage, Köln 2002 (zit.: Zöller/Bearbeiter)

Zöllner, Wolfgang — Privatautonomie und Arbeitsverhältnis, AcP 176 (1976), 221-246 (zit.: Zöllner AcP 176)

Zöllner, Wolfgang — Sind im Interesse einer gerechteren Verteilung der Arbeitsplätze Begründung und Beendigung der Arbeitsverhältnisse neu zu regeln? Gutachten D für den 52. Deutschen Juristentag, Band I, Wiesbaden 1978 (zit.: Zöllner 52. DJT)

Zöllner, Wolfgang — Materielles Recht und Prozeßrecht, AcP 190 (1990), 471-495 (zit.: Zöllner AcP 190)

Zöllner, Wolfgang/ Loritz, Karl-Georg — Arbeitsrecht, 5. Auflage, München 1998 (zit.: Zöllner/Loritz)

Zunft, Fritz — Grenzen der Rückwirkung im Zivil- und Zivilprozeßrecht, AcP 152 (1952/53), 289-322 (zit.: Zunft AcP 152)

Peter Lang · Europäischer Verlag der Wissenschaften

Jan Wittenberg

Der Bestandsschutz von Arbeitsverhältnissen im Umwandlungsrecht

Frankfurt/M., Berlin, Bern, Bruxelles, New York, Oxford, Wien, 2002. XIX, 199 S.
Schriften zum Gesellschafts- und Kapitalmarktrecht.
Herausgegeben von Lutz Michalski, Axel Jäger und Klaus-Rudolf Wagner. Bd. 2
ISBN 3-631-39051-3 · br. € 35.30*

Unternehmensumwandlungen werden häufig von einer Anpassung des Personalbestands an die Bedürfnisse der beteiligten Unternehmen begleitet. Der Frage des Bestandsschutzes von Arbeitsverhältnissen kann daher zentrale Bedeutung bei einer Umwandlung von Unternehmen zukommen. Mit den §§ 322 Abs. 2, 323 und § 324 enthält das Umwandlungsgesetz Regelungen, die dem Bestandsschutz von Arbeitsverhältnissen dienen. Gegenstand der Arbeit ist die Reichweite dieser Regelungen. Zunächst wird eine Einordnung von Verschmelzung und Spaltung als Fälle des Betriebsübergangs nach § 613a BGB vorgenommen und erörtert, ob Arbeitsverhältnisse auch umwandlungsrechtlich oder durch Zuordnung in einem Interessenausgleich übertragen werden können. Sodann wird die Zulässigkeit von Sanierungskündigungen und die Fortgeltung kündigungsrechtlicher Regelungen in Kollektivvereinbarungen untersucht. Schließlich wird diskutiert, in welchem Umfang § 323 Abs. 1 UmwG die kündigungsrechtliche Stellung von Arbeitnehmern sichert und welche Besonderheiten § 322 Abs. 2 UmwG bei der gemeinsamen Führung eines Betriebes vorsieht.

Aus dem Inhalt: Übergang von Arbeitsverhältnissen im Umwandlungsrecht · Kündigungsverbot wegen Betriebsübergangs (§ 613a Abs. 4 BGB) · Fortgeltung kündigungsrechtlicher Regelungen in Kollektiv- und Einzelvereinbarungen · Erhaltung der kündigungsrechtlichen Stellung bei Spaltung und Teilübernahme (§323 Abs. 1 UmwG) · Gemeinsam geführter Betrieb im kündigungsschutzrechtlichen Sinne (§ 322 Abs. 2 UmwG)

Frankfurt/M · Berlin · Bern · Bruxelles · New York · Oxford · Wien
Auslieferung: Verlag Peter Lang AG
Moosstr. 1, CH-2542 Pieterlen
Telefax 00 41 (0) 32 / 376 17 27

*inklusive der in Deutschland gültigen Mehrwertsteuer
Preisänderungen vorbehalten

Homepage http://www.peterlang.de